Barbara Foster / Michael Foster

Alexandra David-Néel –
Die Frau, die das verbotene Tibet entdeckte

Barbara Foster / Michael Foster

Alexandra David-Néel – Die Frau, die das verbotene Tibet entdeckte

Die Biographie

Aus dem Amerikanischen
von Hans Link

HERDER / SPEKTRUM
Verlag Herder Freiburg · Basel · Wien

Titel der amerikanischen Originalausgabe:
The Secret Lives of Alexandra David-Neel.
A Biography of the Explorer of Tibet and its Forbidden Practices,
© 1998 by Barbara Foster and Michael Foster,
published by The Overlook Press,
Peter Mayer Publishers Woodstock, New York 1998

Gedruckt auf umweltfreundlichem, chlorfrei gebleichtem Papier
Alle Rechte vorbehalten – Printed in Germany
© Verlag Herder Freiburg im Breisgau 1999
Satzverarbeitung: Fotosetzerei G. Scheydecker
Herstellung: Freiburger Graphische Betriebe 1999
ISBN 3-451-26871-X

Inhalt

ERSTES BUCH:
DIE SUCHENDE

ZWEITES BUCH:
DIE PILGERIN

DRITTES BUCH:
DIE GELEHRTE

6

Die Reisen Alexandra David-Néels

1891–1893	Indien
1911–1912	Ceylon, Indien
1912–1916	Sikkim, Nepal, Südtibet (ausgewiesen)
1916–1918	Indien, Burma, (Französisch-)Indochina, Japan, Korea, China
1918–1921	Osttibet (Kum Bum)
1921–1924	Reise durch Osttibet, die Mongolei und Westchina nach Lhasa sowie durch Südtibet
1925	Rückkehr nach Frankreich
1937–1945	Sowjetunion, China, Chinesisch-Tibetisches Grenzland, Indien
1946	Endgültige Rückkehr nach Frankreich

Zeittafel

24.10.1868	Louise Eugénie Alexandrine Marie David kommt in Paris zur Welt
1871	Aufstand der Kommune
1873	Familie David zieht nach Belgien
1888–1890	Alexandra macht nähere Bekanntschaft mit der *Society of the Supreme Gnosis*, London. Sie entdeckt die Theosophische Gesellschaft in Paris, den Buddhismus und andere fernöstliche Philosophien
1891	Abreise nach Indien
1895	Als Sängerin der Opéra Comique in Indochina
1898	Veröffentlichung von *Pour la vie*, einem libertinären Essay
1904	Hochzeit mit Philippe Néel; der Vater stirbt
1911	Zweite Asienreise
1912	Treffen mit Prinz Sidkeong von Sikkim, flüchtiger Eindruck von Tibet und zwei Interviews mit dem Dalai Lama
1914–1916	Als Einsiedlerin im Himalaja
1917	Rundreise nach Japan und Korea
1918–1920	Leben unter Mönchen im Kloster Kum Bum
Oktober 1923	Aufbruch zu einem viermonatigen Fußmarsch nach Lhasa
Februar 1924	Ankunft in Lhasa, zweimonatiger Aufenthalt dort
1925	Rückkehr nach Frankreich
1927	*My Journey to Lhasa* erscheint in New York, London und Paris
1928–1936	Kauf des Anwesens Samten Dzong in Digne, Frankreich; Vollendung von *Mystiques et magiciens du Tibet*, *Le Bouddhisme* und *Initiations lamaïques*
1937–1945	Leben in China während des Japanisch-Chinesischen Kriegs
1941	Tod Philippe Néels

1946	Rückkehr nach Frankreich
1955	Tod Yongdens, ihres angenommenen Sohnes
1959	Marie-Madeleine Peyronnet kommt nach Samten Dzong
1968	Feier des hundertsten Geburtstages in Digne
8.9.1969	Die Vielgeehrte stirbt in Digne und hinterläßt zahlreiche unvollendete Arbeiten

Einleitung
Unser Weg zu Alexandra

Der Rahmen war vollkommen: ein geräumiger, weißgestrichener Raum, unter dessen Decke sich langsam ein Ventilator drehte, dekoriert mit tropischen Blumen und zu einem üppigen Garten hin geöffnet, der die Hitze Südindiens milderte. Pondicherry, ehemals französische Kolonie, hatte sich ein mediterranes Flair erhalten. Und wenn in der Abenddämmerung das Zirpen der Heuschrecken und das Summen der Insekten den Raum von draußen her zu erfüllen begann, fühlten wir uns dem Lärm New Yorks weit entrückt. Die Zeit: die späten siebziger Jahre; der Ort: die Bibliothek des Ashrams, der von Sri Aurobindo Ghose gegründet worden war, dem Patrioten und Philosophen, der auf dem indischen Subkontinent ähnlich geehrt wird wie Gandhi. Ein Porträt von Aurobindo, dem rationalen Mystiker, hing auch an der Wand, daneben ein glänzendes Foto jener Französin, als »die Mutter« bekannt, die der Meister zu seiner Lebensgefährtin und Nachfolgerin gemacht hatte. Uns hatte nicht zuletzt diese Freiheit von sexuellen Vorurteilen, wie sie die angeblich Erleuchteten allzuoft erkennen lassen, an diesen idyllischen Ort gelockt.

Wir schlossen uns den kleinen, privaten Treffen Wahrheitssuchender an, die unter der Leitung des gelernten Bibliothekars Mehtananda abgehalten wurden und Themen galten, die auch für Alexandra von drängendem Interesse gewesen waren: psychische Phänomene und okkulte Mächte. Außer uns saß an diesem Abend ein Dutzend weiterer Teilnehmer dabei, eine bunte Mischung von blonden Schweden, einem britischen Pärchen (mit hummerroter Haut, weil sie zu lange am Strand gewesen waren) und mehreren Asiaten. Wir waren ziemlich überrascht, als der hochgewachsene, würdige, bereits ergraute Inder als Thema des Abends tantrische Sexualpraktiken ankündigte. In weichem, gepflegtem Englisch sprach er über die höheren Zwecke sexueller Initiation, darüber, daß man sich den schwierigen Praktiken unterzog, um ein höheres Bewußtsein zu erlangen und nicht etwa eine sinnlich erotische Belohnung. Denn die sei schließlich einfacher auf ganz gewöhnlichem Wege zu erreichen.

11

Er erwähnte in seinem Vortrag männliche Initiaten, die sich die Fähigkeit antrainiert hatten, ihre Samenflüssigkeit zurückzuhalten, ja diese sogar nach dem Erguß wieder aufzusaugen. Diese Adepten hätten sich dafür entschieden, den Samen des Lebens nicht zu opfern, sondern zusammen mit der komplementären weiblichen Energie wieder in sich aufzunehmen. Ihre Partnerinnen, die von ihnen angebetet wurden, erwarben dabei Kräfte, die sie den *dakinis* (oder *kandomas*, wörtlich: Himmelstänzer) ebenbürtig machten. Die Dakinis waren nach der tibetischen Überlieferung Muttergottheiten, die die mystischen Lehren und magischen Wissenschaften lehrten. Manche sehr erfahrene Adepten suchten den direkten Verkehr mit der Göttin, ohne Vermittlung durch deren menschliche Vertreterin. (Alexandra wurde übrigens auf ihren Reisen in Tibet vom einfachen Volk für eine Dakini gehalten, und sie hat diese Vorstellung nie klar zurückgewiesen.)

Zu unserer Gruppe gehörte auch ein Tibeter. Dieser bestätigte die Feststellungen des Vortragenden und wies auf das Beispiel des VI. Dalai Lamas hin, Tsanyang Gyatso, dessen Name »Ozean der reinen Melodie« bedeutet. Der rebellische Potentat sorgte im achtzehnten Jahrhundert zur Verzweiflung seines Umfeldes für manchen Skandal. Er war als Wiedergeburt des verehrten V. Dalai Lamas erkannt worden, hatte jedoch vor allem, wie sich bald zeigte, einen Blick für lockere Frauen. Wenn die Nacht kam, machte er in den Schenken und Bordellen der Hauptstadt Lhasa die Runde. Er besang seine Taten und Eroberungen in Liedern, bis er schließlich auf das Betreiben des chinesischen Kaisers hin abgesetzt und ermordet wurde. Einige Gelehrte sehen in ihm nicht nur »den einzigen erotischen Poeten des Jahrhunderts«. Er sei nicht einfach ein Lüstling, sondern ein Adept geheimer Kenntnisse gewesen, was in einem seiner Verspaare sichtbar werde:

Nie habe ich ohne einen Schatz geschlafen
noch einen einzigen Tropfen Samen verbraucht.

Während wir noch die Rolle des Skeptikers spielten, wie sie uns unsere abendländische Erziehung nahelegt, wandte sich der Leiter unserer Gruppe abrupt einem offensichtlich morbiden Thema zu: Es ging um Riten, die mit Toten praktiziert werden. Wir wurden gebeten, unsere Augen zu schließen und uns im Geiste über die Ketten des Himalajas hinweg auf die knapp fünftausend Meter hoch gelegene, felsübersäte Ebene Tibets zu versetzen, das Dach der Welt. *Rolang* – »die Leiche, die aufspringt« – war eine der geheimen Praktiken der tibetischen Schamanen aus vorbuddhistischer Zeit. Selbst heute wird kein Leichnam zerlegt und den Geiern zum Fraß vorgeworfen, bevor nicht ein buddhistischer Lama nach ordnungsgemäßem Verfahren das, was wir die »Seele« nennen würden, befreit hätte. Der Lama gibt der »Seele« in seinen Gesängen Anweisungen, wie sie ihren Weg zum Paradies des Maitreya, des Buddhas der kommenden Welten, finden kann. Sonst muß aus der Seele ein Hungergeist werden, der unstet umherschweift und Schaden stiftet.

Beim Rolang liegt der Schamane Mund an Mund auf dem toten Körper; er hält ihn umarmt und wiederholt dabei unablässig eine magische Formel. Die Leiche bewegt sich schließlich, erhebt sich dann und versucht freizukommen. Der Schamane klammert sich an ihr fest, obwohl sie außerordentlich hohe Sprünge macht, hüpft und den Menschen dabei mitschleppt, der aber weiterhin die Lippen auf dem Mund des Leichnams hält und in der Wiederholung seiner magischen Worte fortfährt.

Dann kommt der entscheidende Moment, in dem die Leiche die Zunge herausstreckt. Der Adept muß sie mit den Zähnen festhalten und abbeißen; daraufhin bricht die Leiche zusammen. Wenn irgendein Teil der Aktion mißlingt, kann der Tote entkommen und beginnt andere zu töten. Die ordnungsgemäß getrocknete Zunge ist eine magische Waffe, der nur die erleuchtetsten aller Tibeter etwas entgegenzusetzen haben.

Uns allen war in dem schwülheißen Raum in Pondicherry plötzlich kühl geworden. Ohne unsere Zweifel zu äußern, fragten wir, wie solche streng geheimgehaltenen Praktiken hatten bekanntwerden können. Als Antwort zog Mehtananda ein englischsprachiges Exemplar von *Heilige und Hexer: Glaube und Aberglaube im Lande des Lamaismus* hervor, des, wie er uns erklärte, meistgelesenen Buchs Alexandra David-Néels. Wir stellten fest, daß wir von der Autorin noch nie gehört hätten. Kurz darauf ging die Gruppe auseinander – die anderen zweifellos empört über unsere Ignoranz. Wir liehen das besagte Buch aus und eilten durch einen schweren Regenguß zurück zu unserem Hotel.

Die Quellenangabe der Autorin für ihre Darstellung des Rolang beeindruckte uns dann außerordentlich: Sie hatte in der tibetischen Steppe einen *ngagspa* (Zauberer) kennengelernt, der behauptete, diesen Ritus selbst durchgeführt zu haben. Er hatte ihr sogar seine Angst beschrieben, als die Zunge der Leiche seine Lippen berührte und er sie abbeißen mußte, wenn er nicht der tödlichen Kraft des Leichnams unterliegen wollte. Der Ngagspa zeigte Alexandra die abgetrennte Zunge, die er in einem Krug aufbewahrte und von der er sagte, sie sei ein mächtiges Zaubermittel. Sie wiederum fragte sich, ob der Zauberer nicht einer Form von Selbsthypnose erlegen war und sich die ganze Sache vielleicht in einer Trance nur eingebildet hatte.

Eine Skeptikerin, rationale Mystikerin, unermüdliche Reisende und Entdeckerin – das alles in einem war die Frau, die Indien und Tibet besucht hatte, dort vierzehn Jahre lang unter sehr verschiedenen Menschen – Maharadschas, Banditen, *naljorpas* (Anhängern von geheimen Lehren) – gelebt hatte und nach ihrer Rückkehr faszinierende, aber leidenschaftslose Berichte ihrer Beobachtungen verfaßt hatte. Was sie kennenlernte, reichte zurück in die verlorene Welt eines Tibet vor der chinesischen Besetzung, sogar vor der Erfindung des Rades. Wenn es damals noch Meister des geheimen Wissens jenseits des Himalajas gegeben hat, Praktikanten jener psychischen Phänomene, die die *New York Times* als »Astralleiber und tantrischen Sex« tituliert hat, muß David-Néel sie kennengelernt haben. Und obwohl die Welt von damals vergangen ist, können auch wir sie kennenlernen, indem wir uns mit Alexandras Leben und ihrer Arbeit vertraut machen. Mit diesem Interesse begannen wir also die Suche, die unser nächstes Jahrzehnt in Anspruch nehmen sollte.

Von Pondicherry aus begaben wir uns nach Adyar in der Nähe von Madras, um dort die ansehnliche Bibliothek des Sitzes der Theosophischen Gesellschaft aufzusuchen. Hier hatte um die Jahrhundertwende eine junggebliebene Alexandra unter dem ausladenden heiligen Bobaum gesessen und die geheimen Lehren diskutiert. »Es gibt keine höhere Religion als die Wahrheit« lautet das theosophische Motto, und bezeichnenderweise fanden wir unter den Büchern dort David-Néels *Die erste Pilgerfahrt einer weißen Frau nach der verbotenen Stadt des Dalai Lamas*, das Werk, mit dem sie den Durchbruch erzielt hatte. Es war 1927 fast gleichzeitig in New York, London und Paris erschienen und erzählt schöner, als es jeder Roman vermag, vom winterlichen Marsch über die Berge des Transhimalajas – Alexandra als Bettlerin verkleidet und lediglich von ihrem sikkimesischen Adoptivsohn Yongden begleitet.

Wir wollten besser verstehen, wie diese Frau es mit Mitte Fünfzig allein hatte schaffen können, in die tibetische Hauptstadt zu gelangen – eine Herausforderung, an der die erfahrensten und gefeiertsten männlichen Forschungsreisenden gescheitert waren. So kamen wir dazu, auch die fünfundzwanzig anderen Bücher durchzusehen, die sie im Laufe ihres langen Lebens veröffentlicht hatte, sowie ihre wichtigsten Zeitschriftenbeiträge. Wir fanden auch Bücher über sie, aber alles recht wirr und voller Wiederholungen, wobei immer wieder die einen die Fehler der anderen kopierten ... Und dann stießen wir auf *Alexandra David-Néel in Tibet* von Jeanne Denys.

Dieser dünne, kurz nach Alexandras Tod 1968 veröffentlichte Band hatte eine kleinere Sensation hervorgerufen, wird darin doch behauptet, Alexandra sei niemals in Tibet gewesen. Denys nannte sie eine Schauspielerin und behauptete, sie habe die Geschichten ihrer Reisen und Studien schlichtweg erfunden. Die Motive dieses böswilligen, antisemitischen Traktats wurden offensichtlich in der Beharrlichkeit, mit der die Verfasserin behauptete, Alexandras Eltern hätten ein kleines Geschäft betrieben und seien einfache Juden gewesen, die zu Hause Jiddisch gesprochen hätten. Und dennoch nährte das Buch unseren Verdacht, daß die Wahrheit über Alexandra David-Néel nicht leicht ans Licht zu bringen sein würde. Denys, eine eingeschworene Gegnerin Alexandras, hatte Jahre darauf verwendet, irgendwelchen Schmutz ans Licht zu bringen und war stolz über ihre »Entdeckungen«. Kurzentschlossen buchten wir einen Flug nach Paris.

Der französische Intellektuelle René Grousset hatte einst treffend bemerkt: »Es gibt zwei Madame David-Néels: Die eine schreibt, und die andere weiß, was vorgefallen ist.« Die unstete Alexandra begann ihre Suche nach Erleuchtung im Pariser Musée Guimet. Die Wandbilder in dessen großangelegtem Treppenhaus zeigten damals Szenen aus der Geschichte der großen Religionen des Ostens. Dazu gehörte auch das Leben des Siddhartha, des nepalesischen Prinzen, der vor zweieinhalb Jahrtausenden zu Gautama, dem Buddha, wurde. Inzwischen sind die Wandgemälde dort verblaßt. Und Alexandra hat kaum Spuren hinterlassen in der französischen Hauptstadt, die sie zuerst anzog, ihr dann eine Niederlage zufügte und sie schließlich – vielleicht zu spät – belohnte. Wir suchten weiter und überquerten den Ärmelkanal mit Ziel London.

Alexandra war zu Fuß, zu Pferde und mit dem Yak durch einen asiatischen Kontinent gereist, der von drei Reichen beherrscht wurde – dem britischen, dem russischen (später sowjetischen) und dem dahinsiechenden chinesischen. Der Kampf um politische Vorherrschaft unter diesen Behemots ist von Rudyard Kipling als »das große Spiel« bezeichnet worden. Aber an Ort und Stelle, unter den Karawanenhändlern, Banditen, Soldaten und Pilgern, mit denen Alexandra auf vertrautem Fuße lebte, bestimmte der örtliche »Warlord« oder einfach die Bande, die über die stärkste Feuerkraft verfügte. Die Dakini aus Paris setzte sich durch aufgrund ihrer Guerillainstinkte, ihres Charmes und ihrer Kenntnisse des Englischen, der *lingua franca* dieses asiatischen Gebräus.

In der damals im Britischen Museum untergebrachten *British Library* lernten wir durch seine unveröffentlichten Schriften Sir Charles Bell kennen. Er war in der Himalajaregion stationiert, und galt als einer der führenden »Falken«, die bestrebt waren, Tibet ganz der Einflußsphäre des Britischen Empires einzuverleiben. Nach seiner Vorstellung sollte das Machtvakuum in Zentralasien durch die Ausdehnung des Einflusses Britisch-Indiens nach Norden gefüllt werden. Zunächst Alexandras Führer wurde Bell zu ihrem Rivalen und bösen Geist. Des Tibetischen ebenso mächtig wie sie, zugleich furchtlos und seiner Ziele sicher, erfreute er sich der Unterstützung des Empires und dessen Geheimdienstes ebenso wie der des XIII. Dalai Lamas und dessen Gefolgschaft.

In der gleichen altehrwürdigen Bibliothek, unter deren großartiger Kuppel Karl Marx die Fußnoten zu *Das Kapital* niedergeschrieben hatte, stießen wir auf Spuren von Alexandras Liebesaffäre mit einem gutaussehenden Tibeter, dem Prinzen Sidkeong Tulku von Sikkim. Dieses Verhältnis und sein plötzliches Ende legten Alexandras Weg Richtung Lhasa und Richtung Ruhm unwiderruflich fest. In der Geschichte ihres Lebens schien es um alles zu gehen – Liebe, Abenteuer, Verrat und Sieg. Aber was davon war wahr?

Beim Lunch in einem kleinen Restaurant zwischen all den Londoner Antiquariaten befragten wir Peter Hopkirk, den Autor mehrerer Bücher über Zentralasien: War er überzeugt, daß Alexandra ihre Reise in verbotenes Gebiet nach Lhasa wirklich unternommen hatte? »David Macdonald wäre wohl kaum zu täuschen gewesen«, erwiderte er. Dann schlug er uns vor, die Geheimakten des India Office nach weiteren Anhaltspunkten durchzusehen. Macdonald? Geheimakten? Uns standen noch viele Überraschungen bevor.

Das etwas verstaubte, aber sonst ausgezeichnete Archiv des India Office belohnte uns mit einigen Kostbarkeiten, Beispielen der Intrigen und Doppelbödigkeiten, die für das »große Spiel« typisch waren. Alexandra hatte sich in diesem politischen Netz verfangen, ohne sich dessen bewußt zu sein. Der Geheimdienst hatte sie beobachtet und ihr den Decknamen »Französische Nonne« gegeben. Durch ihre Beobachtung und Verfolgung lag jetzt eindeutiges Beweismaterial für ihre Reisen über die unendlichen Weiten der tibetischen Hochebene vor – einem Gebiet, aus dem man sie eigentlich hatte fernhalten wollen. Später lieferte uns auch Bells Nachfolger Hugh Richardson die Geschichte David-Néels in Tibet aus seiner Sicht. Dieser Europäer, der Tibet wie kein anderer kennt, vereint in seiner Person alles das, was das Britische Empire so großartig gemacht hatte.

Es gab also klare Beweise für Alexandras Abenteuer. Jetzt rückte die Frage nach dem Warum um so mehr in den Vordergrund. Wieder überquerten wir den Kanal, diesmal mit dem Reiseziel Digne, einem kleinen Thermalbad in Südfrankreich, wo sie als Sechzigjährige ein Haus erworben und sich niedergelassen hatte. Sie brachte dort ihre umfangreiche Sammlung tibetischer Manuskripte und Kuriosa unter und nannte es Samten Dzong »Feste der Meditation«. Dort lernten wir Mademoiselle Marie-Madeleine Peyronnet kennen, die die letzten Jahre für Alexandra als Köchin, Haushälterin und Sekretärin gearbeitet hatte. Unter ihrer Obhut (und nomineller Aufsicht des Bürgermeisters von Digne) lagern kistenweise Manuskripte und Fotos Alexandras – sie hatte sich schon früh für die Fotografie begeistert –, darunter die gut dreitausend maschinegeschriebenen Seiten ihrer Briefe an den daheimgebliebenen Ehemann Philippe Néel.

Welcher Ehemann? In keinem der von Alexandra zu Lebzeiten veröffentlichten Bücher ist ein Ehemann erwähnt. Ihr Privatleben hatte sie mit Rücksicht auf ihr öffentliches Ansehen sorgfältig geheimgehalten. Bei verschiedenen Gelegenheiten befahl sie sowohl ihrem Mann als auch ihrer Sekretärin, Teile ihres Briefwechsels zu zerstören. Philippe, der in der Regel den Wünschen seiner Gemahlin nachkam, widersetzte sich diesem. Aber Marie-Madeleine sah für sich keine Wahl, als einen beachtlichen Stapel von Dokumenten den Flammen zu übergeben.

Die verbliebenen Briefe, von denen bisher erst ein Drittel veröffentlicht ist, enthüllen, daß hinter der Maske des erleuchteten Wesens das
Herz einer echten Frau schlug, abwechselnd besorgt oder von Stolz erfüllt, glücklich oder verzweifelt. Manchmal widersprechen Alexandras vertrauliche Briefe ihren Veröffentlichungen. Natürlich ist auch die Korrespondenz in der Darstellung einseitig, denn eine Ehefrau, die zur Jahrhundertwende fern der Heimat auf Reisen war, hatte möglicherweise
nicht die Absicht, ihrem konventionellen Ehemann, der sehr widerwillig
ihre Rechnungen bezahlte, alles mitzuteilen, was sie vielleicht hätte mit-
teilen können. Wieder kam uns die Vorstellung vom Rolang in den Sinn,
als wir die Briefe überflogen. Es waren die Trümmer der gewaltigen Explosion, als die Alexandras Leben verlief. Die Biographie dieser Frau zu
schreiben war fast so, als brächten wir ihren Leichnam wieder ins Leben
zurück. Jeden Augenblick konnte er aufspringen, unsere vorgefaßten Meinungen erschüttern und sich auf eigene Faust davonmachen.

»Sie war eine geborene Entdeckerin«, bemerkte Marie-Madeleine,
während wir im Garten zusammen Tee tranken, eine Sitte, die Alexandra
von den Engländern übernommen hatte. Aber warum hatte sie sich Tibet
zum Ziel genommen? »Weil es das Größte war, und deshalb ihrem Charakter entsprach. Es spornte sie an.«

Aber *warum* unternahm sie den selbstmörderischen Marsch nach
Lhasa mitten im Winter? Marie-Madeleine dachte einen Augenblick
nach: »Sie war zweimal im Süden zurückgewiesen worden – im wahrsten
Sinne des Wortes vor die Tür gesetzt – und zweimal im Norden. Das
hatte ihren unermeßlichen Stolz verletzt.«

Das war eine weitere Antwort, und Alexandra selbst hatte ja auch
schon verschiedene Auskünfte auf die gleiche Frage gegeben. Wer aus ihrer Geschichte ein Theaterstück machen wollte, hätte für den Kern der
Handlung – ihren Vorstoß nach Lhasa – kein glaubwürdiges Motiv. Für
Mademoiselle Peyronnet ist ihre ehemalige Arbeitgeberin eine Journalistin, eine Berichterstatterin über die Merkwürdigkeiten eines untergegangenen Asiens. Die *National Geographic Society* bezeichnete David-Néel in
ihrem Bildband *Into the Unknown* (Zu neuen Ufern) als eine »damenhafte
Forschungsreisende«, die Überschrift lautet: »Sie besiegte den Osten und
den Westen in ihrem Streben, ein verbotenes Land zu erforschen.« Und
Alexandras autorisierte französische Biographie von Jean Chalon bezeich-

net die buddhistische Agnostikerin beharrlich als »Unsere gute Frau von Tibet«, als jemanden, der einer göttlichen Vorsehung gefolgt sei.

Welch ein vielgestaltiges Leben! Alexandra war nacheinander Debütantin, radikale Studentin und Bohemienne der Belle Époque, eine gescheiterte Opernsängerin und die frustrierte Ehefrau eines Kolonialbeamten in Tunis. Erst als sie sich nach Osten wandte, fand sie ihren Weg. Und so begaben auch wir uns auf ähnlichen Wegen noch einmal nach Indien. Am Ganges im heiligen Benares hat Alexandra sich bemüht, die Unpersönlichkeit von Leben und Tod zu akzeptieren. In Nepal pilgerte sie zu den duftenden Gärten von Lumbini, dem Geburtsort Siddharthas. An der Grenze zu Tibet machte sie – schon auf mystischen Pfaden – noch einmal halt. Alexandra stand das Schicksal nicht in den Sternen geschrieben; sie setzte es vielmehr gegen das damals mächtigste Reich auf Erden durch.

Wir schreiben dies am 10. März 1997, am achtunddreißigsten Jahrestag des tibetischen Volksaufstandes gegen die Besetzung des Landes durch die Rote Armee der Volksrepublik China und die Zerstörung der tibetischen Kultur und Institution durch die Chinesen. Der Widerstand des tibetischen Volkes im Jahr 1959 und die blutige Vergeltung durch die Rote Armee – bei der etwa neunzigtausend Tibeter getötet wurden – veranlaßten den XIV. Dalai Lama und sein Gefolge, über die Grenze nach Indien zu fliehen. Sein fortdauerndes Exil hat zur Bildung einer sehr lebendigen tibetischen Diaspora geführt, die sich von Dharamsala in Indien im Westen bis nach Bhutan im Osten am Himalaja entlangzieht. Genau dort wollten wir unsere Suche nach einer vergangenen Zeit, einem untergegangenen Land und einer verstorbenen Person fortsetzen.

Alexandra hat in den Bergen des Himalajas gelagert, hat sich dort zum Fotografieren an Wölfe und Schneeleoparden herangepirscht. Die Bilder eines anderen leidenschaftlichen Liebhabers dieser gewaltigen Berge, des Russen Nicholas Roerich, bereiteten uns nur sehr unzureichend auf den feuerleuchtenden Sonnenaufgang über dem fünfgipfeligen Kanchenjunga vor. Wie mag Alexandra diese »Blüte des Schnees« von Gangtok im Sikkim aus an einem klaren Morgen gesehen haben? Hier im winzigen Kalimpong, der Endstation der Maultierzüge übers Gebirge des ehemaligen Britisch-Bhutan, entstanden unsere ersten eigenen Skizzen für ein Porträt Alexandra David-Néels. Victoria Williams, Tochter des britischen

19

Beamten David Macdonald, erzählte uns von der Begegnung zwischen Alexandra und ihrem Vater.

Im »Himalajan Hotel«, das von der Familie Macdonald betrieben wird, schrieben wir die ersten Seiten über die »erstaunlichste Frau unserer Zeit«. So hatte Lawrence Durrell sie genannt. Vorher hatten wir Mrs. Williams gefragt: »Warum hatte, ihrer Meinung nach, Alexandra die geradezu selbstmörderische Reise nach Lhasa unternommen?«

»Warum?« wiederholte sie. »Um zu zeigen, daß eine Frau es schaffen konnte!«

ERSTES BUCH

■ ■ ■

DIE SUCHENDE

Kein Wahrheitssuchender ist,
wer andere Wesen verletzt.
(*aus dem* DHAMMAPADA)

1

Das Auge des Empires

Es war im Mai 1924. David Macdonald hielt nach dem Tee sein Schläf-chen. Die Frühlingsnachmittage in Südtibet waren angenehm, und da er keine Besucher erwartete, hatte der britische Handelsagent sich in eines der Schlafzimmer seines Hauses zurückgezogen; dieses Haus lag inner-halb der Steinfestung mit Blick auf Gyantse und die umliegenden, noch kahlen Felder. Die Stadt, die drittgrößte in Tibet, beherrschte strategisch günstig die Kreuzung mehrerer bedeutender Straßen: der Wollstraße, die aus Südosten kam, der Holzstraße von der bhutanesischen Grenze und einigen anderen Handelsstraßen, die von Nepal her über die Pässe des Himalajas führten. Aber die wichtigste Straße von allen war die Straße der Religion, über die zu Anfang des siebten Jahrhunderts der Buddhis-mus aus Indien nach Tibet gelangt war.

Als ein indischer Diener Macdonald weckte, vernahm er mit Verwun-derung, daß eine Frau und ein junger Mann ihn zu sehen wünschten; die Frau trage, so hieß es, das weiße Kleid der Einheimischen und einen Hut mit spitz zulaufenden Ohrklappen, der Mann sei in ein zerlumptes Lamagewand gekleidet. Trotz seines bescheidenen Titels repräsentierte der Beamte halb schottischer, halb asiatischer Abstammung vor Ort das Britische Empire, und die ihm zugeteilte Truppe – indische Mannschaf-ten mit einigen britischen Offizieren – war die einzige Streitkraft am Ort. Man befand sich etwa vierhundert Kilometer nördlich der Grenze von Sikkim auf dem am weitesten vorgeschobenen Vorposten der Briten in Tibet.

Der Diener berichtete, die beiden Besucher sähen aus wie Landstrei-cher, aber die Frau spreche ein prägnantes Englisch – nach Art der Europäer. In Macdonald keimte der Verdacht auf, es könne sich bei den beiden vielleicht wieder um irgendwelche Neunmalklugen handeln, die sich auf eigene Faust über die Grenze gewagt hatten und angesichts der Feindseligkeit der Einheimischen nun um Hilfe baten. Vor einigen Jah-ren war ein amerikanischer Draufgänger, ein merkwürdiger kleiner Mann namens Schary, von Ladakh herübergekommen. Sein Pony war ihm eingegangen, sein Diener mit seinem Geld davongelaufen; er mußte betteln gehen und als er zu guter Letzt auf Händen und Knien in die Festung gekrochen kam, war er am ganzen Körper von eitrigen Geschwüren bedeckt und halb wahnsinnig. Er erklärte, er habe die *mahatmas* – die legendären weisen Männer – finden und ein Buch über seine Abenteuer schreiben wollen.

Macdonald, der nun vollends wach war, mußte feststellen, daß es tatsächlich eine Frau war, die ihm einen Besuch abstattete. Es war eine der Angewohnheiten Annie Taylors gewesen – der Missionarin, die in Yatung an der sikkimesischen Grenze gelebt hatte, sich zu verkleiden und nach Tibet hineinzustehlen, um die Lamas zum Christentum zu bekehren. Aber sie war schon vor langer Zeit nach England zurückgereist und hatte vermutlich das Zeitliche gesegnet. Nein, wahrscheinlich handelte es sich um seine Tochter Victoria zusammen mit einem Freund. Sie spielte ihm oft und gerne Streiche. Wahrscheinlich war sie mit dem Buggy gekommen – dem einzigen auf Rädern fahrenden Vehikel in Tibet –, um ihrem Vater eingelegte Früchte und Gemüse zu bringen, die im milderen Chumbi-Tal wuchsen. Nun, er wollte sich einen Spaß mit ihr machen.

Macdonald wies den Diener an, die Dame hereinzuführen. Dann tat er so, als schlafe er. Er hörte Schritte und schließlich eine Stimme: »Mr. Mac-Do-Nald?« Oh, Victoria hatte sich einen französischen Akzent zugelegt.

»Geh weg! Ich habe keine Zeit für ein dummes kleines Mädchen!«

»Ich bin Alexandra David-Néel«, erwiderte die durchaus erwachsene Frau.

Macdonald setzte sich mit einem Ruck auf. Ebenso wie die anderen Grenzbeamten hatte man ihn angewiesen, nach dieser rätselhaften Französin Ausschau zu halten. Sie stand in Verdacht, eine Spionin zu sein, obwohl niemand genau wußte, für welches Land sie dieser Tätigkeit nachging. Abgesehen davon, daß er sich nun wie ein Esel vorkam, wußte er jedoch genau, daß sie in Tibet nichts zu suchen hatte.

Er war jedoch ein freundlicher Mann, der von seinem Schnurrbart bis hinab zu den Reitstiefeln eine orientalische Ausgabe von Teddy Roosevelt hätte sein können. Er entschuldigte sich und führte seine Besucherin in den Salon. Dort fielen ihm ihre vom Licht der Berge erfüllten Augen auf, und er bemerkte, daß sie ziemlich klein war, blaß und, abgesehen von einer merkwürdigen Wölbung um die Taille herum, viel schlanker, als er erwartet hatte. Nicht einmal im Traum wäre er auf den Gedanken gekommen, daß sie in dem Gürtel, den sie unter ihrer Kleidung trug, kostbarsten Goldschmuck aufbewahrte – das Geschenk eines Maharadschas. Die Tatsache, daß sie auch einen Revolver mitführte, hätte ihn wahrscheinlich noch mehr in Erstaunen versetzt.

Madame David-Néel nippte an ihrem Tee und war insgeheim enttäuscht, daß er nach englischer Manier zubereitet war; sie hätte viel lieber den salzigen, gebutterten, tibetischen Tee getrunken, der an eine Brühe erinnerte. Sie zögerte nicht lange, den Grund ihres Kommens zu nennen: Sie sei von Peking nach Kalkutta unterwegs, mitten durch Zentralasien, auf einer Reise, die sie schon mehrere Jahre gekostet habe. Sie und ihr Adoptivsohn Lama Yongden seien die letzten Monate zu Fuß gereist, von Yunnan in China durch das unerkundete Land Po bis nach Lhasa, Tibets verbotener Hauptstadt. Sie habe chinesische, tibetische und britische Behörden hinters Licht geführt, indem sie durch rauhes, zerklüftetes Terrain gewandert sei, häufig bei Nacht und als Bettlerin verkleidet.

Macdonald, der seine für einen Eurasier ungewöhnliche Position durch Fleiß und Intelligenz erworben hatte, fragte seine Besucherin auf Tibetisch, wie sie denn ihren Weg gefunden habe. Sie antwortete mit der Mühelosigkeit einer Einheimischen in der Landessprache, erwähnte aber die Landkarten nicht, die sie als Futter in ihren Yakfellstiefeln trug. Ein ehemaliger britischer Offizier hatte sie ihr gegeben, ein Mann, den Macdonald zutiefst respektierte. Statt dessen betonte Alexandra, daß sie als Buddhistin ohne Bedenken die Rolle einer bettelnden Pilgerin habe annehmen können. Sie und Yongden hätten unter freiem Himmel oder in den Hütten der armen, aber freigebigen Einheimischen geschlafen und gegessen, was ihnen an Almosen zugefallen sei. Zwei Monate hätten sie unbemerkt in Lhasa zugebracht. Jetzt wollte sie für ein paar Tage um ein Quartier im Gästehaus bitten, bevor sie den Himalaja Richtung Indien überquerten.

Macdonald staunte. Wenn seine Besucherin die Wahrheit sagte, hatte sie für eine Frau von gut fünfzig Jahren und zierlichem Körperbau eine großartige Leistung vollbracht. Er kannte Tibet und nahm regen Anteil am Leben der Einheimischen und deren Gebräuchen. Alexandra David-Néel mußte Dschungel und schneebedeckte Gebirgszüge durchwandert haben; sie mußte auf dürftigen Seilbrücken tiefe Abgründe überquert und Meile um Meile schlüpfriger Felsen bezwungen haben, um auf Straßen zu stoßen, die nicht breiter waren als Schlammpfade. Sie mußte Wölfe, Bären und die riesigen Mastiffs abgewehrt haben, die jedes Dorf verteidigten und einen Fremden ohne Zögern in Stücke rissen. Das Unglaublichste aber war, daß sie dieses wilde, unzugängliche Land mitten im Winter durchquert hatte! Macdonald drängte sie, weitere Einzelheiten preiszugeben.

Zuerst weigerte Alexandra sich. Sie habe die Absicht, ein Buch zu schreiben, in dem er und alle, die es wissen wollten, von ihrer Reise lesen konnten. Sie trüge sich mit dem Gedanken, nach Amerika zu gehen, wo sie mit Gewißheit vor vollen Sälen Vorträge würde halten können. Der Beamte erinnerte seine Besucherin daran, daß die Regierung von Indien ihr die Einreiseerlaubnis nach Tibet verwehrt habe; tatsächlich hatte man sie in Sikkim und Indien sogar des Landes verwiesen. Sie erwiderte wie aus der Pistole geschossen, daß ihre Reise die besagten Länder nichts angehe, da Tibet eine unabhängige Nation sei. Außerdem sei sie Bürgerin Frankreichs.

Macdonald ging darauf nicht ein; statt dessen wies er darauf hin, daß vor nicht allzu vielen Jahren ein hoher Lama ausgepeitscht und dann ertränkt worden sei, weil er unwissentlich einem indischen Spion geholfen hatte, nach Lhasa hereinzukommen. Anderen, die in diesem Fall verwickelt gewesen waren, hatte man Arme und Beine abgeschlagen und die Augen ausgestochen. Obwohl die Tibeter von Natur aus gutherzig seien und eifrig darauf bedacht, sich durch gute Taten Verdienste zu erwerben, wecke doch kein Wort in ihrer Sprache größeres Mißtrauen als *philing* (Fremdling).

Alexandra nahm ihre Mütze ab, ihr braunes, mit grauen Strähnen durchzogenes Haar wurde sichtbar. Sie begann widerstrebend von ihren Erkundungen zu sprechen. Sie erzählte von Nächten in den verschneiten Einöden. Dorfbewohner hätten ihnen ihre Türen geöffnet, weil sie hofften, Yongden würde ihre Yaks segnen, auf daß diese so zahlreich würden wie die Sterne des zentralasiatischen Himmels. Aufmerksame Haushaltsvorstände hatten die bettelnden Pilger zu gefülltem Hammelmagen eingeladen. Die Bauern füllten ihre Bettelschalen mit *tsampa* (Gerstenschleim), um sich eine vorteilhafte Wiedergeburt in zukünftigen Leben zu sichern.

Sobald sie in Lhasa waren, hatten die Eindringlinge sich erst einmal unter die vielen tausend Pilger gemischt, die aus dem ganzen Land herbeigeströmt kamen. Gemeinsam mit diesen und den zwanzigtausend Mönchen aus den drei großen Klöstern der Hauptstadt hatten sie dann voller Freude das Fest des tibetischen Neujahrs begangen. Sie hatten die Tänze der maskierten Lamas gesehen, die Pferderennen und Bogenschießwettbewerbe der hochgewachsenen Nomaden, die mit ihren Fellhüten an Dschingis Khans goldene Horde erinnerten. Und sie hatten auch das Ritual miterlebt, bei dem man den armen, zum Sündenbock bestimmten Burschen, der die Vergehen der Gemeinschaft auf sich genommen hatte, aus der Stadt jagte. Wohl verborgen in der buntgemischten Menschenmenge konnten sie farbenprächtige Umzüge miterleben, bei denen riesige, aus Butter gefertigte Figuren präsentiert wurden; in über dreieinhalbtausend Meter Höhe standen sie nicht in Gefahr, zu schmelzen.

Alexandra und Yongden hatten schließlich eine Führung durch den ehrfurchtgebietenden Potalapalast des Dalai Lamas mitgemacht und dort dessen Reichtümer an Gold, Silber und juwelenbesetzten Götterstatuen betrachtet. Sie hatten die zahllosen Räume besichtigt, in denen kostbarstes Porzellan und Jade ausgestellt waren, allesamt Spenden frommer chinesischer Kaiser. Von dem mit Goldpagoden gekrönten Dach des Palastes hatten sie einen Blick über die Täler und die fernen Berge geworfen, der sie für all ihre Anstrengungen entschädigte.

Macdonald, einer der wenigen Ausländer, die Lhasa besucht hatten, zweifelte jetzt nicht länger an den Worten seiner Gäste. Aber als die Frau, die plötzlich viel größer wirkte, als ihre hundertfünfundfünfzig Zentimeter rechtfertigten, um eine unterschriebene Erklärung zum Beweis ihrer Reise bat, zögerte der Handelsagent.

»Madame«, sagte er, »Sie haben unglaubliche Härteproben auf sich genommen. Ihr Mut und Ihre Vitalität brachten Ihnen Erfolg, wo andere gescheitert sind. Unglücklicherweise haben Sie Tibet aufgrund der von Ihnen gewählten Verkleidung aus der Sicht des armen Pilgers kennengelernt.«

Beinahe hätte er gesagt, »aus der Sicht eines Gesetzlosen«. Die politische Atmosphäre Tibets wurde auf unheimliche Weise durch den Machtkampf zwischen dem Pantschen Lama und dem XIII. Dalai Lama bestimmt, und jeder der beiden wurde von einer anderen der rivalisierenden Großmächte hofiert. Macdonald mußte seine gutmütigen Instinkte gegen die offizielle Diplomatie abwägen. Am nächsten Tag, dem 7. Mai, würde er seine unmittelbaren Vorgesetzten in Sikkim und Indien über diese Besucher ins Bild setzen.

Wenn Alexandra auch lächeln mochte – sie hatte für früher erlittene Demütigungen süße Rache genommen –, konnte sie es sich doch nicht leisten, durchblicken zu lassen, wie elend und müde sie und Yongden sich fühlten. Sie hatte bewiesen, was der Wille einer Frau auszurichten vermochte; jetzt war es an der Zeit, die Welt an ihren Erfahrungen teilhaben zu lassen. Weder sie noch der scharfsinnige Schotte vermochten das Ausmaß ihres Sieges abzuschätzen: den Ruhm und die Ehre, die ihr in einem langen Leben zuteil werden sollten. Dennoch würde diese kraftvolle Frau auch noch viele Enttäuschungen und großes Herzeleid erfahren müssen.

Durch einen Fingerzeig von Yongden wurde Alexandra schließlich auf einen Proviantsack aufmerksam, auf dem etwas lag, das wie ein Auge aussah. Macdonald, der ihre Überraschung bemerkte, erklärte ihr, daß der Telegraphenmeister von Indien heraufgekommen sei, um die soeben installierte Leitung nach Lhasa zu inspizieren, das via Gyantse jetzt mit der gesamten Welt verbunden sei. »Er hat ein Glasauge«, fuhr Macdonald fort. »Und er pflegt es auf seinen Besitz zu legen, um ihn vor Dieben zu schützen. Da die Einheimischen abergläubisch sind, machen sie einen großen Bogen um seine Sachen.«

Alexandra erkundigte sich sofort, ob sie die Neuigkeit über ihren Triumph nach Paris telegraphieren könne. Aber Yongden, der immer noch das kleine blaue Ding aus Glas betrachtete, sagte: »Das ist das Auge des Empires.«

Und der Telegraph war das Ohr des Empires. Lhasa war nicht länger von der Welt abgeschottet. Von dem Tag an, da der Telegraph seine Arbeit aufnahm, bis zur chinesischen Invasion im Jahr 1950 gab es in Lhasa stets britische oder von Briten ausgebildete Vermittler. Das unberührte Tibet, unbekannt und nicht kartographiert, wie es die erste Tibetreisende in ihren Büchern porträtierte, verblaßte bereits zu einer Erinnerung. Aber 1924 war es unvorhersehbar, daß nicht Großbritannien, sondern die Rote Armee von China aus jene drastische Operation vornehmen würde, die die tibetische Nation von ihren uralten religiösen und kulturellen Wurzeln abschnitt. Für Alexandra war die Britische Regierung Indiens der gefürchtete Gegner.

Ironischerweise unterstützte David Macdonald, Handelsagent in Gyantse, Alexandras Anliegen, indem er sie zu seiner Familie in Yatung im Chumbi-Tal schickte. Die liebevolle Fürsorge dieser Menschen hat möglicherweise ihr und Yongden das Leben gerettet, denn damals waren beide von Erschöpfung und Krankheiten vollkommen geschwächt. Die erst zwanzigjährige Victoria gab ihr ordentliche Kleidung, die sie in Indien tragen konnte. In ihren Augen war Alexandra die hübscheste Frau, die sie je gesehen hatte.

2

Gefangene eines Traums

An einem glutheißen Abend Mitte August im Jahre 1911, dreizehn Jahre vor Alexandra David-Néels Begegnung mit Macdonald, ließ der Dampfer *City of Naples* sein Horn ertönen und verließ langsam den Hafen von Biserta in Tunesien. Die Araberinnen, die sich auf die Reling stützten, stießen eine Kakophonie schriller, heulender Laute aus, die der Schiffssirene um nichts nachstanden. Die dritte Klasse lag über statt unter Deck, und die ärmeren Reisenden, die zum Suez-Kanal oder noch weiter wollten, bewahrten dort ihre gebündelten Habseligkeiten auf. Unten im Frachtraum regte sich das Rattenvolk in Vorfreude auf die bevorstehenden, guten Mahlzeiten. Alexandra, die einen absurden, federgeschmückten Hut trug, stand mitten im Gedränge der Einheimischen, während ihr Ehemann Philippe ganz im Bewußtsein seiner steifen, bürgerlichen Würde an Land zurückblieb. In dem Tumult um sie herum sah sie schweigend zu, wie seine Silhouette immer kleiner und blasser wurde, bis die Nacht sie schließlich vollkommen verschlang.

Warum, so fragte sie sich, erweckte der Gedanke an Philippe körperlichen Ekel in ihr? Der Chefingenieur der Französischen Eisenbahnen in Nordafrika mochte nicht der inspirierende Lebensgefährte ihrer Träume sein, aber sie hatte ihn doch aus freiem Willen geheiratet. Ihre Schuldgefühle wurden größer, und mehr und mehr wuchs auch die Distanz. Dennoch schien er ihr den Ehemännern der Frauen, die sie bei ihren Reisen kennengelernt hatte, bei weitem vorzuziehen zu sein.

Dem äußeren Anschein nach war Alexandra, die Philippe Néel 1904 in Tunis geheiratet hatte, ebenso erfolgreich wie zufrieden. Als Feministin und Orientalistin von beträchtlichem Ansehen war sie pausenlos unterwegs. Während der Jahre nach ihrer Eheschließung bereiste sie Paris, Brüssel, London und Rom, nahm sich aber auch die Zeit, Philippe in Tunis zu besuchen. Sie nahm an verschiedenen Konferenzen teil, trank auf dem Boulevard Saint-Germain zum Aperitif genüßlich ein Glas Champagner und in London traf sie sich mit ihren kultivierten Freunden zur Teestunde. Die zunehmend erfolgreiche Journalistin spürte Verleger auf, insbesondere Monsieur Rachilde von der einflußreichen Zeitschrift *Mercure de France*. Er belohnte sie, indem er im Dezember 1909 ihren Aufsatz »Zeitgenössische buddhistische Denker« veröffentlichte.

1910 hielt Alexandra vor dem aufmerksamen Publikum der Theosophischen Gesellschaften von Paris und London Vorträge. Sie war entzückt, in Edinburgh zu einer Gruppe indischer Medizinstudenten sprechen zu dürfen. 1911 schrieb und publizierte sie in Paris *Moderner Buddhismus und der Buddhismus Buddhas*, ein Buch, dessen Titel noch etwas unbeholfen klingt. Sie sei auf dem richtigen Weg, versicherte die Autorin ihrem Ehemann. Jetzt, da sie ständig beschäftigt war, ging es ihr besser als seit vielen Jahren.

Dennoch spürte sie, daß etwas Wichtiges fehlte. Von London aus schrieb sie an Philippe, daß sie der Poseure, die ein nur oberflächliches Interesse am Osten zeigten, gründlich müde sei. Sie hatte beispielsweise einen Exzentriker kennengelernt, der darauf beharrte, eine Buddhabiographie in miltonischem Blankvers zu verfassen. Die meisten dieser Schwärmer gaben Meinungen aus zweiter Hand zum besten und konnten nur die Kritiker zitieren. Im Pariser Salon Professor Sylvain Levis, des angesehensten Orientalisten der Sorbonne, hatte Alexandra voller Begeisterung von einer lebendigen östlichen Philosophie gesprochen, die nicht in der Vergangenheit begraben liege – und sie hatte festgestellt, daß die Gäste den Professor links liegen ließen, um sich um sie zu scharen. Aber war sie selbst denn mehr als eine Schauspielerin? Ihre Arbeit basierte auf Büchergelehrsamkeit und nicht auf dem hart erkämpften Wissen persönlicher Erfahrung.

Zu ihrer Überraschung schlug Philippe vor, sie solle nach Indien reisen, um ihre Kenntnisse der orientalischen Sprachen, insbesondere des Sanskrit, zu vervollkommnen. Er war bereit, ihr einen Aufenthalt von etwa einem Jahr zu finanzieren. Die Mittvierzigerin ergriff diese Chance beim Schopf, obwohl sie argwöhnte, daß ihr Mann sich eine Geliebte genommen hatte. Bereits im August stand sie auf dem Dampfer, dessen Ziel östlich von Suez lag. Während ihr der Geruch von ranzigem Essen um die Nase wehte, konnte sie kaum glauben, daß sie wirklich und wahrhaftig unterwegs war.

Alexandra schrieb in der Einleitung zu *Meine Reise nach Lhasa*, daß sie sich bereits als kleines Kind in einem Pariser Vorort danach gesehnt habe, ihrem heimischen Garten zu entkommen, um ferne Länder zu erkunden. Selbst Alexandras ärgste Feindin, Jeanne Denys, gibt zu, daß Alexandra »von ihrem fünften Lebensjahr an ihren Hang zu Reisen und ihren Freiheitsdrang unter Beweis gestellt habe, als sie sich von ihrem Kindermädchen losriß, um den Stadtwald von Vincennes zu erkunden.« Dabei ignorierte Jeanne Denys, daß Alexandra nicht nur von etwas *weglief*, sondern auch auf etwas *zu*, und diese zweifache Wirklichkeit von Gefangenschaft und Flucht wurde ihr später zur Gewohnheit. Als Fünfjährige flüchtete die geliebte kleine Tochter, so zumindest berichtet sie es uns als Erwachsene, vor den Plänen ihrer Familie, von Paris nach Brüssel umzusiedeln.

Alexandra verglich ihre Eltern einmal mit zwei Statuen, die einander ein Leben lang wortlos ansahen, verschlossen und kalt. Ihr Vater, Louis Pierre David, wurde am 6. Juli 1815 als Sohn einer alten Hugenottenfamilie in Tours geboren. Er war entfernt verwandt mit Napoleons Lieblingsmaler, Jacques-Louis David. Alexandra deutete an, daß die Familie einst zu den Albigensern gehört habe (einer im Mittelalter als Ketzer verfolgten Gruppe von Christen). Die Vorfahren ihrer Mutter, Alexandrine Borghmans, kamen aus Holland, Norwegen und Sibirien, und aufgrund dieser teilweise sibirischen Abkunft behauptete die Tibetreisende später, mongolisches Blut zu besitzen.

Es war das einzig Positive, das sie je über ihre Mutter sagte. Auf Fotos wirkt Alexandrines üppige Gestalt einschüchternd, wie man es bei bodenständigen Menschen erlebt, die nicht viel für Spekulationen übrig haben. Angetan mit flämischer Spitze und plissierten Blusen führte sie das Kommando über Familie und Dienstboten und stellte auf dem Marktplatz mit ihren Forderungen die Geduld der Kaufleute auf die Probe. Zu Hause mußte alles makellos sauber sein, aber die Damastservietten und das gute Porzellan wurden nie benutzt.

Als Kind lehnte Alexandra sich gegen die Restriktionen ihrer Mutter auf, und noch als erwachsene Frau konnte sie ihr nie ganz verzeihen. Hingegen bewunderte Alexandra ihren nachsichtigen Vater und verbündete sich mit ihm. Louis David wuchs heran als Louis-Philippes, der bourgeoise Monarch, über Frankreich herrschte. Die Revolution von 1830 hatte ihn an die Macht gebracht, und man konnte ihn in Straßenkleidung über die Promenaden von Paris schlendern sehen. Es war eine Epoche wirtschaftlicher Liberalität, materieller Verbesserungen und spirituellen Unbehagens, aus der merkwürdigerweise die heroische Dichtung des jungen Victor Hugo und die titanischen Ölgemälde von Delacroix hervorgingen. Zuerst entschied sich Louis für den Beruf seines Vaters, eines Provinzschulmeisters.

Louis, schlank, ernst, mit leuchtenden Augen und hübschen, feingemeißelten Zügen, betrachtete sich als politischen Aktivisten. In den vierziger Jahren des neunzehnten Jahrhunderts, nach der Lockerung der Zensur, gründete Louis ein republikanisches Magazin, den *Courrier d'Indre et Loire* – ein lokales Wochenblatt, das offizielle Ankündigungen, Immobilienanzeigen, humoristische Bemerkungen und verschleierte Kommentare des Herausgebers miteinander kombinierte. David zählte in Tours bald zur lokalen Prominenz.

Der im Jahre 1851 erfolgte Staatsstreich Louis Bonapartes und seine Thronbesteigung als Napoleon III. zwangen Louis David, das Land zu verlassen; er ging nach Louvain in Belgien ins Exil. Der Junggeselle, der inzwischen in seinen mittleren Jahren war und sich seines guten Aussehens rühmen durfte, versuchte einen klaren Kopf zu behalten und pflegte weiter sorgfältig seinen grauen Bart – das Kennzeichen der Republikaner. Da er beinahe mittellos dastand, gab er den jungen Töchtern des flämischen Bürgermeisters der wohlhabenden Industriestadt Französischlektionen. In dessen Haushalt lebte auch seine Adoptivtochter Alexandrine. Sie war mittlerweile zweiundzwanzig und hatte bereits etwas Altjüngferliches an sich. Daher erhob der Bürgermeister keine Einwände, als Louis 1854 um Alexandrines Hand bat. Das Paar wurde ohne großen Aufwand getraut.

Alexandra zufolge, die diesbezüglich unsere einzige Quelle ist, waren ihre Eltern von Anfang an unglücklich. Alexandrine, jetzt Madame David, war ein praktisch veranlagter Mensch, der sich wenig für Politik oder neue Ideen interessierte. Ohne auffällig religiös zu sein, hatte sie doch einen Hang zum Mystischen und war zum Katholizismus konvertiert. Eher untersetzt wirkte sie älter, als sie wirklich war, und trug ihr dickes Haar gern zu einem Knoten gebunden über ihrem rundlichen, selbstzufriedenen Gesicht. Warum hatte der von starken Leidenschaften getriebene Louis diese matronenhafte Frau geheiratet?

Als Exilant waren seine wirtschaftlichen Aussichten düster, während Alexandrine von ihrem leiblichen Vater eine Stoffhandlung und ein hübsches Sümmchen Geldes geerbt hatte. Das Geld, das an Stoffhändler verliehen worden war, brachte ein sicheres Einkommen ein. Während Alexandras Jugend mangelte es ihrer Familie weder an Besitz noch an Dienern oder gesellschaftlichem Status. Bis Louis bei dem großen Kurssturz des Jahres 1893 schwere Verluste an der Börse hinnehmen mußte, konnte er seiner einzigen Tochter Gouvernanten, Musik- und Englischlektionen sowie ein Taschengeld gewähren.

Es ist merkwürdig, daß die Davids nach fünfzehn Jahren einer immer freudloseren Ehe schließlich doch ein Kind bekamen. Alexandra erzählte Philippe später, daß ihre mürrische Mutter während der Schwangerschaft die Romane von James Fenimore Cooper gelesen habe. In Gedanken hatte sie, während sie Alexandra unterm Herzen trug, Steppen und Wälder durchstreift und haarsträubende Abenteuer bestanden.

Eine unmittelbare Konsequenz von Alexandrines Schwangerschaft bestand in Louis' Beharren darauf, daß sein Kind auf französischem Boden geboren würde, damit es ein Bürger dieses Landes wurde. 1868 zog das Paar nach Paris. Alexandra wurde am 24. Oktober in St-Mandé geboren, einem wohlhabenden Vorort von Paris, der zwischen dem Stadtwald von Vincennes und den alten Verteidigungsmauern lag, die die Stadt umgaben. Drei Tage später wurde der Säugling in der Pfarrgemeinde auf den Namen Louis Eugénie Alexandrine Marie David getauft. Zur Verzweiflung ihrer Mutter und zur Freude ihres Vaters zog sie es später vor, Alexandra genannt zu werden.

Louis David, der ernsthafte Republikaner von 1848, fand eine drastisch veränderte, kaiserliche Hauptstadt vor. Baron Haussmann hatte breite Boulevards anlegen und die engen Gäßchen der befestigten, mittelalterlichen Stadt niederreißen lassen. Entlang der prächtigen Alleen waren überall neue Gebäude und Cafés entstanden. Ein mondänes Leben beherrschte Tag und Nacht. Paris amüsierte sich im Schein der Gaslichter zu jeder Tageszeit. Jacques Offenbach schrieb die fröhlichen Melodien, zu denen die Tänzerinnen die Beine schwangen und ihre in roten Satin gehüllten Körper wiegten.

Sobald sie alt genug war, zog Alexandra mit ihrem Vater und seinen Jagdhunden durch ihren friedlichen, belaubten Wohnbezirk. Auch von frischen Wintertagen nicht abgeschreckt plauderten sie wie Erwachsene miteinander. Häufig endeten ihre längeren Ausflüge beim Gare de Vincennes oder beim Gare de Lyon, wo sie das Kommen und Gehen der Züge beobachteten. Man hatte von Paris ausgehend bis in jeden Winkel des Landes ein gewaltiges Eisenbahnnetz angelegt. Auch die Träume des gehegten und gehätschelten Kindes – das mit übertriebener Sorgfalt ausstaffiert war und winzige Ohrgehänge sowie dazu passende Ketten trug – machten nicht an der französischen Grenze halt. Auf den Bahnsteigen sehnte sie sich nach gewaltigen verschneiten Ländern wie Rußland. Die unendlichen Weiten lockten sie schon damals.

Und dann lief Alexandra zum erstenmal von zu Hause fort. Die Gründe dafür waren komplexer, als sie es später zugeben wollte. Sie mochte nie eingestehen, daß sie von ihrer Mutter ihr Durchhaltevermögen, ihr gutes Aussehen und ihre Gesundheit geerbt hatte. Denn Alexandrine war eine adrette Frau und ergänzte aufs gefälligste Louis' schlanke Empfindsamkeit. Ihre Gegensätzlichkeit fiel ins Auge. Als Alexandrine am 26. Januar 1873 nach neunzehn Ehejahren einen Jungen zur Welt brachte, war Louis Alexandras Berichten zufolge jedoch eher verlegen als begeistert. Fest stehen dürfte, daß seine fünfjährige Tochter alles andere als erbaut war. Während sie ihren kleinen Bruder im Bad beobachtete, soll sie eine Bemerkung über seinen winzigen Penis gemacht haben: »Nun, so etwas habe ich jedenfalls nicht.«

Selbst wenn diese Anekdote, die später mehr als einer ihrer Biographen aufgreifen sollte, womöglich nicht der Wahrheit entspricht, betrachtete jedenfalls das anspruchsvolle kleine Mädchen die Aufmerksamkeit für ihren Bruder mit großer Eifersucht. Als Louis Jules im Alter von sechs Monaten starb, machte Alexandra keinen Hehl aus ihrer Zufriedenheit darüber, aber später hat sie deswegen möglicherweise Schuldgefühle entwickelt. Dies entspräche zumindest der klassischen Freudschen Theorie. Nichtsdestoweniger war sie als erwachsene Frau durchaus in der Lage, sich an Sex zu erfreuen. Ursprünglich war ihre Einstellung Männern gegenüber typisch für das Milieu, in dem sie großgezogen wurde. Nach dem Tod des Säuglings befand sich die Familie David in Aufruhr. Die unglückliche Alexandrine verlangte die Rückkehr in die Stadt, in der ihre Adoptivmutter lebte. Louis, der in der Dritten Republik ständig unter dem Damoklesschwert einer möglichen Rückkehr der Bourbonen lebte und weder bedeutende Freunde noch Hoffnungen hatte, lehnte sich nicht lange gegen dieses Ansinnen auf. Das war der Zeitpunkt, am Abend vor dem Aufbruch der Familie nach Brüssel, als das kleine Mädchen einer unaufmerksamen Kinderfrau im Stadtwald davonlief. Die entsetzte Angestellte rief einen Gendarm herbei, und nach einer großangelegten Suchaktion wurde Alexandra aufgegriffen und zum Bahnhof gebracht. Zum Dank für seine Mühen kratzte sie den Polizisten. Als ihr verärgerter Vater sie abholte, zeigte sie keinerlei Reue. Ihrer späteren Behauptung, als Wilde geboren worden zu sein, verleiht dieser Zwischenfall eine gewisse Glaubwürdigkeit.

Vor der Rückkehr nach Belgien tat Louis etwas, das ein Geheimnis zwischen Vater und Tochter blieb. Er ließ Alexandra noch einmal taufen, diesmal protestantisch. Sie hat nie offenbart, was in ihr vorging, als sie in einer fremden, schmucklosen Kirche stand und der schwarzgekleidete Pfarrer mit kühlen Fingern ihre Stirn berührte. In späteren Jahren sprach Alexandra durchaus gut von den Hugenotten, und sie identifizierte sich mit deren unabhängigem Geist und sozialem Gewissen. Aber in Zeiten der Not konnte sie in den strengen Gottesdiensten der reformierten Protestanten keinen Trost finden.

Katholikin und Protestantin, Träumerin und Optimistin mit einem Hang zum Sinnlichen wie zum Ernsthaften – Alexandras Wesen fußte auf Gegensätzen. Das junge Mädchen, das in den Vororten von Brüssel in einem steifen, bürgerlichen Haushalt lebte, floh in die Phantasiereiche ihrer Bücher. Ihre Lieblingslektüre waren die Romane von Jules Verne, und sie schwor sich, die Taten seiner Helden noch zu übertreffen, sei es in der Luft, sei es unter der Meeresoberfläche. Puppen und Kleider langweilten sie, und zu ihren Geburtstagen wünschte sie sich Bücher über entlegene Länder oder – besser noch – einen Globus – die ganze Welt! Sie träumte weder von hübschen Verehrern noch von eleganten Kostümbällen, sondern von wilden Landschaften und vergletscherten Gipfeln. Wenigstens während der Schulferien hätten ihre Eltern mit ihr auf Reisen gehen können, fand sie.

Sie taten dies jedoch nicht, und so versuchte Alexandra vergeblich zu entfliehen. In Belgien unterrichteten damals in den Grundschulen ausschließlich Geistliche. Als Alexandras Gouvernante Nonne wurde und die Zehnjährige erkrankte, schob ihre Mutter sie nach Bois Fleuri ab, in eine

Klosterschule, wo kleine Fläminnen mit rosigen Wangen ihren grauen Alltag mit zahlreichen Mahlzeiten und Nachereien aufhellten. Auch Alexandra suchte Trost im Essen; sie wurde dicklich, aber ihre Seele fand keine Ruhe. Statt dessen schlug eine Geschichte über Buddha, über die sie eines Tages gestolpert war, sie in ihren Bann – die Geschichte handelte von einer früheren Inkarnation als Gautama, nämlich der eines Mannes, der eines Tages im Dschungel einer Tigerin begegnete und sein eigenes Fleisch opferte, um deren hungernde Jungen zu speisen. Der Opfercharakter dieser Geschichte entflammte Alexandras Phantasie.

Sie hatte damals schon begonnen, Autoren zu lesen, deren intellektuelle Ansprüche selbst einen Erwachsenen einschüchtern konnten: Augustinus, Proudhon, Kierkegaard. In Nachahmung der alten Stoiker unterwarf sie ihren Körper rigorosen Kraftproben und schlief beispielsweise auf Brettern. Dies wurde ihr zur Gewohnheit, und selbst im Alter gestattete sie sich nur den Luxus, in einem Armsessel zu dösen. Sie pflegte zu scherzen, daß die Seele eines mittelalterlichen Theologen im Körper eines Schulmädchens wiedergeboren worden sei. Auch ihrem grundsätzlichen Pessimismus blieb sie treu, obwohl er erst von sozialem Radikalismus und dann von einer höchst unkonventionellen Lebensweise überdeckt wurde. Der Buddhismus mit seinem Ziel, den menschlichen Leiden ein Ende zu bereiten, war für die verzweifelte junge Frau, die sich durch den Materialismus der Welt betrogen fühlte, der einzige Trost.

Mit fünfzehn Jahren, als Alexandra bereits ihr privates Musik- und Gesangsstudium aufgenommen hatte, durchbrach ein seltsamer Vorfall das Einerlei ihrer Tage. Sie bekam eine englische Zeitschrift in die Hände, die von der *Society of the Supreme Gnosis* herausgegeben wurde. Eine gewisse Mrs. Elizabeth Morgan hatte ihr das Journal geschickt, und obwohl Mrs. Morgan eine schattenhafte Gestalt bleiben sollte, wurde sie Alexandras erste Gönnerin. Sie war eine Frau in reiferen Jahren, eine Okkultistin, die sich mit französischen Studenten auf Englandreise anfreundete. Alexandra, die allein im Garten saß, konnte sich nicht von dem Anblick des hellblauen Deckblatts mit seinen rätselhaften orientalischen Symbolen losreißen. Der Inhalt der Zeitschrift war noch verblüffender: Eine unvertraute Sprache, Gedankensprünge, hier und da ein Brocken Sanskrit. Zuerst hielt sie das Ganze für Unsinn, aber schon bald beschloß sie, der Sache persönlich auf den Grund zu gehen.

Als ihre Familie in jenem Sommer in Ostende Urlaub machte, wanderte Alexandra nach Holland hinüber und fuhr über den Kanal nach England. Dort suchte sie Mrs. Morgan auf, die sie zu einer Rückkehr nach Hause überredete. Auf den Fotos der sechszehnjährigen Alexandra wird ihr Verlangen, aus dem erstickenden Milieu ihres Elternhauses zu fliehen, offensichtlich. Sie trägt ein strammes Korsett, Gesäßpolster und ein rüschenbesetztes Kleid, das bis unters Kinn zugeknöpft war, und in den weißbehandschuhten Fingern hält sie einen Fächer. Alexandra blickt mit geziemender Miene in die Kamera, obwohl sie aussieht, als hätte ihr Gewand sie verschluckt. Ihre braunen, hochfrisierten Haare, ihre dunklen, leuchtenden Augen, die regelmäßige Nase und der beinahe sinnliche Mund sowie eine gewisse melancholische Ausstrahlung erwecken den widersprüchlichen Eindruck von Eleganz und Verletzlichkeit zugleich. Die Debütantin Alexandra sollte in Kürze dem Kaiser und der Kaiserin von Belgien vorgestellt werden, welche mit brutalem Terror über Millionen schwarzer Untertanen im Kongo herrschten. Wie haben der flotte Leopold II. und seine Gattin, Henrietta Maria, wohl auf dieses Mädchen reagiert? Wir können nur raten. Alexandra spürte bereits, daß die Männer sie begehren würden, und ihr Unvermögen, damit umzugehen, setzte ihr schwer zu.

1885, in ihrem siebzehnten Lebensjahr, unternahm Alexandra einen neuerlichen Fluchtversuch. Diesmal wanderte sie allein über den Sankt-Gotthard-Paß durch die Alpen bis zu den oberitalienischen Seen. Sie hatte kaum mehr bei sich als einen Regenschirm und die *Maximen* von Epiktet, dem Philosophen der Stoiker. Ihre Mutter durfte sie in Mailand abholen. Dieser »Ausflug« kam sie teuer zu stehen, denn Madame David war der exzentrischen Ideen ihrer Tochter endgültig müde und steckte sie ins Ladengeschäft der Familie, wo sie Stoffe für Damenkleidung verkaufen mußte. Louis David war damit nicht einverstanden, aber wie gewöhnlich setzte seine Frau sich durch.

Alexandra bemühte sich um die entgegenkommende Freundlichkeit einer Verkäuferin, hatte damit jedoch keinen Erfolg. Draußen vor dem Geschäft spielte ein nordafrikanischer Leierkasten eine fremde Melodie. Alexandra kam ins Träumen, und die Kunden waren vergessen. Schon bald kehrte sie der Welt des Handels endgültig den Rücken. Als sie achtzehn Jahre alt war, konnte man unter Alexandras zurückhaltendem Äußeren einen Anflug von Romantik wahrnehmen. Dieser sollte endlich sein Ventil in der Fortsetzung jenes Musikstudiums finden, das sie im Internat begonnen hatte. Zur Vorbereitung für die Aufnahmeprüfung am Königlichen Konservatorium von Brüssel übte Alexandra Klavier und widmete sich erneut der Musiktheorie. Im April 1886 trat sie dem Konservatorium bei, aber dann war es ihr Sopran, mit dem sie drei Jahre später den ersten Preis gewann. Louis David, der großes Vertrauen in die Talente seiner Tochter hatte, bestärkte sie energisch in ihrem Gesangsstudium. In den Augen ihrer Mutter schien dieser Wunsch das geringere Übel zu sein und würde ihrer Tochter auf dem Heiratsmarkt vielleicht bessere Chancen verschaffen.

1888 bot sich Alexandra eine weitere Gelegenheit zur Flucht, und sei es auch nur für kurze Zeit. Mrs. Morgan hatte sie eingeladen. Sie konnte in London studieren und bei der *Supreme Gnosis* eine billige Unterkunft finden. Dort stand sie unter respektabler Gönnerschaft, und im Herzen hatte sie sich bereits für die Laufbahn einer ärztlichen Missionarin im Fernen Osten entschieden. Ihre Mutter wandte ein, daß nur Nonnen Missionarinnen werden könnten, aber Alexandra ließ nicht locker und trug schließlich den Sieg davon. Sie wußte, daß sie das Englische, die allgemein übliche Sprache der gebildeten Asiaten, würde perfekt beherrschen müssen.

Für ihre Reise nach London schiffte Alexandra sich im holländischen Hafen Flushing ein. Von dort aus war die Schiffspassage länger als von Calais aus. Bis an ihr Lebensende würde sie das Reisen lieben. Am Abend der Abreise schlenderte Alexandra bei Einbruch der Dämmerung über den Kai. Der Nebel senkte sich herab und verwandelte die Passanten in geisterhafte Erscheinungen. Ein seltsamer Friede und ein intensives Glücksgefühl erfaßte die Rebellin. Hier war sie allein und absolut unbekannt. Alle geistige und körperliche Erregung fiel von ihr ab, und sie spürte – nein, sie schmeckte – das Leben in seiner reinsten und einfachsten Form.

Die junge Frau, die an der Schwelle zu ihrer ersten ernsthaften Herausforderung stand, hatte zu einer Einsicht gefunden, zu einem Durchbruch von jener Art, den die Zenbuddhisten *satori* nennen. Nach Christmas Humphreys' *A Popular Dictionary of Buddhism* »ist er der Anfang und nicht das Ende« der direkten Erfahrung der Realität. Anschließend folgt »eine Phase der Reife«.

39

3

Der Einzige und sein Eigentum

Jeanne Denys war die Ärztin, die 1958 der neunzigjährigen Alexandra David-Néel half, ihre Bibliothek in ihrem Haus in Südfrankreich zu ordnen. Yongden war drei Jahre zuvor gestorben. Denys, die hoffte, eine erleuchtete Weise kennenzulernen, hatte es statt dessen mit einer schrulligen alten Frau zu tun, die über ihre Wehwehchen klagte und – statt gelehrt über den Buddhismus zu dozieren – mit lebhaftem Interesse den Aktienmarkt verfolgte. Denys sagte Alexandra David-Néel schließlich ins Gesicht, daß sie eine Betrügerin sei: »Madame, Sie waren niemals in Lhasa, und Sie haben auch nie an einer mystischen Initiation teilgenommen.« Alexandra lächelte spöttisch und erwiderte: »Beweisen Sie es!« Hauptsache, es wurde weiterhin von ihr gesprochen und über sie geschrieben.

Denys verwandte das nächste Jahrzehnt darauf, Alexandras Leben zu erforschen und ihren gewundenen Weg durch Asien nachzuvollziehen. In *Alexandra David-Néel au Tibet* skizziert Denys Alexandras Reisen, angefangen 1911 in Adyar in Indien durch Benares, Sikkim, Nepal, Shigatse, Tibet und wieder zurück nach Indien; von dort aus nach China, Burma, Korea, Japan, in die Mandschurei, nach Peking, Osttibet und schließlich nach Lhasa. Sie beendet ihre Ausführungen mit der Feststellung: »Damit hätte diese Reisende einen Gutteil des gewaltigen asiatischen Kontinents durchquert, etwa dreißigtausend Kilometer zu Pferd oder mit einem Yak, per Rikscha, Sänfte, Zug oder Schiff, ja sogar zu Fuß zurückgelegt, und all das binnen nur vierzehn Jahren. Sie müssen zugeben, daß das reichlich phantastisch ist.« Alexandra David-Néels Abenteuer sind in der Tat phantastisch – unglaublich und erstaunlich –, aber sie hat sie wahrhaftig durchlebt.

Zur biographischen Recherche gehört eine gewisse geistige Offenheit; es reicht nicht, in einem Pariser Café zu sitzen und sich eine Lebensgeschichte nach Bedarf zusammenzureimen. Nichtsdestoweniger pflichten wir Madame Denys' Bemerkungen bei, was »die extreme Zurückhaltung der Autorin (David-Néel) bezüglich der ersten vierzig Jahre ihres Lebens« betrifft. Alexandra unternahm den vorsätzlichen Versuch, sich als von Emotionen freie »Superfrau« zu schildern und bezeichnete sich gerne als »rationale Mystikerin«. Hinweise auf dunklere Seiten ihres Ichs verschleierte und zerstörte sie. Eine Truhe voller Kostüme, über die Marie-Madeleine nach dem Tod ihrer Arbeitgeberin stolperte, war ein erster Fingerzeig dafür, daß Alexandra eine Karriere als Opernsängerin hinter sich hatte. Alexandra widerstrebte es, an alte Wunden erinnert zu werden. Ihre innere Suche vollzog sich in einem speziell tibetischen buddhistischen Kontext.

Am 18. März 1913 schrieb Alexandra ihrem Mann von Benares in Indien aus zum erstenmal von einem besonderen Erlebnis: Während sie zugesehen hatte, wie man Leichen auf den Totenverbrennungsplatz häufte, hatte der Geruch von versengtem Fleisch ihre früheste bewußte Erinnerung an die Oberfläche geschwemmt, eine Erinnerung, die ihr ganzes Leben an ihr genagt hatte. Da dieses Trauma die Grundlage für Alexandra David-Néels Menschenbild darstellt, wollen wir es möglichst detailgetreu rekonstruieren:

Paris – geteilt und von Feuer verzehrt, 1871. Inmitten eines heftigen Regengusses trägt ein gut gekleideter Mann mit einem gepflegten grauen Bart ein kleines Mädchen auf den Armen über den verlassenen Boulevard Voltaire. Das Mädchen hat in seinem hübschen gestärkten Kleid und mit seinem geflochtenen und wie für ein Fest mit Schleifen geschmückten Haar eine leichte Ähnlichkeit mit *Monsieur*. Hier und da können die beiden vor sich Gewehrfeuer hören und der Mann hat einige Mühe, durch die Rauchschwaden zu spähen, die weiter entfernt aufsteigen. Für die beiden unsichtbar fechten die als Pariser Kommune bekannten Revolutionäre hinter einer Barrikade aus Pflastersteinen an der Ecke der Rue du Faubourg du Temple und der Rue de la Fontaine im 11. Arrondissement einen letzten Kampf aus. Die Kanonen der Armee übertrumpfen die vereinzelten Musketenschüsse der Kommunarden.

Voller Angst drängt Louis David weiter und hält sich sorgsam aus den Kämpfen heraus. Er steht in dem Ruf, ein liberaler Journalist zu sein, ein loyaler Republikaner. Zu seinen engen Freunden zählt Victor

Hugo, Frankreichs bedeutendster Literat und Geißel des mittlerweile entthronten Kaisers Napoleon III. Eine solche Verbindung genügt in dieser Woche reaktionären Terrors, um einen Mann an den Galgen zu bringen. Auf Befehl der neuen Regierung in Versailles hat die Armee die Rebellen von Paris in ihren Verstecken aufgespürt und ist dabei, sie massenweise hinzurichten, insgesamt vielleicht fünfundzwanzigtausend. Männer, Frauen und Kinder.

Vater und Tochter erreichen schließlich das in Trümmern liegende Tor des Friedhofs Père-Lachaise. Niemand verwehrt ihnen den Eintritt. Der schlammige Boden ist übersät mit umgestürzten Grabsteinen und frischen Leichen. Rund um die Büste Honoré de Balzacs verteilt liegen Opfer beider Seiten. Louis David treibt es weiter und weiter.

Vor ihm erhebt sich eine Steinmauer. Wenige Minuten zuvor hatten Soldaten in Reih und Glied Aufstellung genommen, ihre Waffen angelegt und auf Kommando gefeuert. Gestalten mit auf den Rücken gefesselten Händen fielen zu Boden wie Marionetten mit abgerissenen Fäden. Während die einen noch im Todeskampf stöhnten, wurde an der Mauer bereits die nächste Gruppe aufgestellt. Unbeugsame Männer, schwangere Frauen, weinende Jungen, auf deren Wangen der erste Flaum sproß – sollten dem Tod überantwortet werden. Das Regime der *haute bourgeoise* war fest entschlossen, der Kommune den Garaus zu machen.

Die Soldaten sind bereits weitermarschiert und haben den Brandgeruch von Schießpulver und zahllose Leichen zurückgelassen, die jetzt von irgendwelchen Leuten in die Löcher geworfen werden, die die Opfer zuvor selbst gegraben hatten. Louis David braucht all seine Kraft, um nicht zu zittern, aber das runde Gesicht seiner kleinen Tochter bleibt ungerührt, ihr Blick ist auf ein anderes Ziel gerichtet. Sie hat gerade ihren »unsichtbaren Gefährten« entdeckt, der sie durch eine unglückliche Jugend leiten wird. Dennoch wird dieser Leichenhaufen für die zweieinhalbjährige Alexandra zu einem Phantom verschmelzen, das für den Rest ihres Lebens in den Tiefen ihrer Psyche rumoren wird. Niemals wird sie vergessen, daß der Mensch eine barbarische Spezies ist.

Wenn Alexandras linke politische Anschauungen vom Vater ererbt waren, dann entsprang die Neigung zum Mystizismus, die sie den Menschen im Westen gegenüber nur selten offen zeigte, der mütterlichen Seite. Sie beklagte sich darüber, ein Bauer in dem endlosen Schachspiel ihrer Eltern zu sein, und schwankte doch zeitlebens zwischen Vernunft und Spiritualität. Es ist schwierig, Alexandras Handeln vom Ende der achtziger Jahre des vergangenen Jahrhunderts bis zum Zeitpunkt ihrer Hochzeit mit Philippe Néel 1904, zu erklären. Der Grund dafür liegt in dem Umstand, daß sie in zwei oder mehr Richtungen gleichzeitig steuerte. In London geriet sie als Zwanzigjährige unter den Einfluß des Okkultismus, der sich, was sie betraf, lediglich als eine Ablenkung entpuppte, sowie der Theosophie, die sie durchaus ernster nahm.

1888 stieg eines Abends eine unsichere Zwanzigjährige in Victoria Station aus dem Zug. Verwirrt von dem Tumult ringsum sie, brachte sie den Mut auf, in stockendem Englisch nach dem Weg zu fragen. James Ward, ein Mitglied der *Supreme Gnosis*, erspähte die junge Frau glücklicherweise in der Menge und geleitete sie zu dem Gebäude der Gesellschaft. Obwohl Alexandra diesem Augenblick entgegengefiebert hatte, brach sie, kaum daß man sie in dem schwach beleuchteten Raum allein gelassen hatte, in Tränen aus. Sie war ohne jeden vertrauten Menschen in einer fremden Hauptstadt, und sie hatte Heimweh.

Als Alexandra sich zum Schlafen niederlegte, verstörten sie die Vibrationen, die von den mit Stoffjalousien fest verschlossenen Gartentüren ausgingen. Was war hinter diesen Türen? Sie hatte von Geheimgesellschaften gelesen, die neue Bewerber für ihre Gemeinschaft grauenvollen und beängstigenden Martyrien unterwarfen. Nachdem sie endlich in einen unruhigen Schlummer verfallen war, wurde sie jäh von einer Prozession geisterhafter Gestalten geweckt, die durch die Türen traten und in geheimnisvollen Kreisen im Zimmer umherwanderten.

Alexandra war fest entschlossen, nicht die Beherrschung zu verlieren. Hatte sie ihre Mutter nicht stets für deren grundlose abergläubische Angst verhöhnt? Sie stahl sich aus dem Bett, um die Türen zu untersuchen. Als es ihr endlich gelungen war, eine Ecke der steifen Stoffbespannung zu heben, um einen Blick dahinter zu werfen, sah sie nichts als Dunkelheit. Es gab eine elektrische Lampe im Zimmer. Diese stellte sie an ihr Kopfende und war, falls irgendwelche Phantome auftauchen sollten, darauf gefaßt, das Licht in deren Richtung zu schwenken und sie davonzujagen.

Am nächsten Morgen um sieben Uhr kam ein Zimmermädchen mit Tee und Biskuits herein, um die fest schlafende junge Frau zu wecken. Sie drückte auf einen winzigen Schalter, und die Türen öffneten sich vor einem freundlichen Garten, wie man ihn hinter Londoner Stadthäusern recht häufig findet. Alexandra erledigte in aller Eile ihre Toilette, um zum Frühstück zu gehen, fand dort jedoch nur einige wenige, ausgemergelt wirkende Tischgenossen. Als sie sich über die spärliche Kost beklagte, erntete sie damit nur Tadel und bekam eine Geschichte über den Präsidenten der Gesellschaft zu hören: Er lebte von einem Dutzend Mandeln am Tag und verzehrte gelegentlich eine Orange.

Alexandra gewöhnte sich langsam an das Leben unter den Gnostikern, die allesamt älter waren als sie, von urbaner Lebensart und taktvoll. Sie zwangen ihr weder Regeln noch Dogmen auf. Normalerweise kamen sie in der großen, behaglichen Bibliothek zusammen, in der zahlreiche Werke über Alchemie, Metaphysik und Astrologie zu finden waren, und sie lasen, wonach ihnen gerade der Sinn stand. Schwelende Weihrauchstäbchen verliehen dem mit Büchern gesäumten Raum eine orientalische Atmosphäre. Einige Leute rauchten pausenlos türkische Zigaretten, während andere in über den Boden schleifenden, weißen Roben lautlos durch den dichten, blauen Rauch glitten. Bereits mit ihren zwanzig Jahren bewahrte ein kritischer Sinn Alexandra davor, sich mit wahren Gläubiger oder auf einen schwammigen Mystizismus einzulassen. Im Alter schrieb sie Erinnerungen an ihre jugendliche Suche, deren Veröffentlichung sie jedoch anschließend ablehnte. Da sie immer auf die Aufmerksamkeit und das Geld erpicht war, das ein Buch ihr einzutragen pflegte, war dieses Verhalten ungewöhnlich. Andererseits konnten sich diese verschleierten Lebenserinnerungen als peinlich erweisen, falls irgend jemand zwischen ihren Zeilen zu lesen vermochte. *Le sortilège du mystère (Im Bann des Geheimnisses)*, das posthum veröffentlicht wurde, verzeichnet verschiedene Abenteuer der Suchenden in diesem Fin-de-siècle-Universum der Metaphysik und der versponnenen Kulte. Viel später erst sollte Alexandra die Gnostiker als extravagant bezeichnen. Aber wo sonst hätte eine junge Dame im viktorianischen London eine so billige und sichere Unterkunft finden können? Die Gnostiker boten ihr die Möglichkeit,

Englisch zu studieren und sich in den Reichtum des Wissens zu versenken, den das Britische Museum barg. In ihrer kleinen Lesenische der dortigen Bibliothek stapelten sich schon bald die Schriften über die Philosophie der Hindus, den Buddhismus und den chinesischen Taoismus. In den Nebenstraßen gab es Buchhandlungen, die sich auf solche Themen spezialisiert hatten und in denen echte turbantragende Inder und Chinesen mit Pferdeschwanz ein und aus gingen.

Elizabeth Morgan behielt die immer noch naive, attraktive junge Frau durchaus im Auge. Alexandra sprach von dieser schattenhaften Gestalt als ihrer »Patin«, obwohl das Wort *marraine* auch »Gönnerin« bedeuten kann. Das London jener Zeit war ein Sammelbecken okkulter Gesellschaften und Persönlichkeiten. Die Kabbala und die Rosenkreuzer hatten ihre Anhänger ebenso wie Zirkel, in denen ägyptische magische Riten praktiziert wurden. Der Spiritualismus war der letzte Schrei, und das in allen Gesellschaftsschichten. Victor Hugo hatte sich dafür begeistert, während er auf Guernsey lebte, und er verwandte unzählige Tage darauf, Tische zu kippen, um Kontakt zu dem Geist seiner ertrunkenen Tochter aufzunehmen. Scharfsinnige Geister wie Sir Arthur Conan Doyle erforschten das Phänomen. Das Massenpublikum strömte zu den Vorführungen der großen Medien wie Douglas Home, der Menschen in den Schwebezustand versetzen konnte, Florence Cook, die Wesen materialisierte, und dem Meister der Trance, William Stainton Moses.

Alexandra erwähnt trotz ihres exzellenten Gedächtnisses an keiner Stelle, daß sie irgendeinem dieser berühmten Medien begegnet sei. Wir wissen jedoch, daß sie an Séancen teilnahm, denn sie gab später eine wohlüberlegte Erklärung des Vorgangs ab. Die Geister, die die Menschen bei Séancen wahrnähmen, seien »Elementarwesen«, entkörperte Geister, die in Ermangelung einer materiellen Hülle nach einer Wiedergeburt strebten, um den Kontakt zu lebenden Wesen aufzunehmen. Wenn ihnen dies nicht möglich sei, ergriffen sie vielleicht vorübergehend Besitz von einem willigen Medium, das sie benutzen, um spirituelle »Phänomene« zu produzieren – Geräusche oder Gefühle –, oder sie griffen auf ein unwilliges Medium zurück, das sie auf diese Weise sogar töten. Diese Elementarwesen wären niemals menschlicher Natur, sondern fielen in die Klasse, die die Tibeter als »Dämonen« bezeichneten. Sie bewohnten eine schattenhafte Unterwelt und hätten im Laufe der Zeitalter Magiern, Schamanen und Zauberern gedient.

Alexandra glaubte damals an eine andere, nicht materielle Welt, die der sogenannten astralen oder ätherischen Sphären, in denen die Grenzen der materiellen Wirklichkeit transzendent sind. Damit näherte sie sich spirituell der beherrschenden Gestalt des Okkultismus im neunzehnten Jahrhundert – Madame Helena P. Blavatsky. Die Gründerin der Theosophischen Gesellschaft wohnte 1888 in einer kleinen Villa auf der Lansdowne Road in Südlondon. Samstags hielt Madame Blavatsky vom Nachmittag an und oft bis in die frühen Morgenstunden des Sonntags hinein Vorträge über die Prinzipien der Geheimen Doktrin, wie sie ihr von den spirituellen Meistern Tibets auf telepathischem Wege vermittelt worden seien. Diese Mahatmas, die mehr Weisheit besaßen als bloße Gurus, bildeten in einem Shangri-La jenseits des Himalajas eine Geheime Bruderschaft, und ihr Wille wurden nur über ausgewählte Schüler in die Welt getragen.

Madame Blavatsky dozierte mit überlauter Stimme – in einer ruhigen Gegend war sie mehrere Häuserblocks weit zu hören. Sie sprach vor dem verzückten Publikum ihrer Anhänger aus der *Society of Psychical Research* – die schon bald zu ihren Feinden rechnen würden – und anderen trendbewußten Zuhörern. Alexandra erinnerte sich in einem nicht datierten Tagebucheintrag daran, daß Elizabeth Morgan sie in Madame Blavatskys Salon eingeführt und ihr damit neue Dimensionen eröffnet habe. Madame Blavatskys Gedankengut enthielt stark feministische und antikolonialistische Elemente, und ihr Einfluß auf Alexandra war bei weitem größer, als diese es später zugeben mochte. Madame Blavatskys Biograph, Maurice Léonard, schreibt: »Es ist offensichtlich, daß es gewisse Dinge in ihrer Vergangenheit gab, vor deren Wiederbelebung Madame sich fürchtete.« Dasselbe läßt sich von Alexandra sagen.

David Macdonald hielt ebenfalls fest, daß Alexandra »für gewisse Zeit mit der von Madame Blavatsky ins Leben gerufenen Organisation in Verbindung stand«. Das ist nicht zuletzt auf eine gewisse Bequemlichkeit zurückzuführen. Léonard bemerkte, daß »1883 in Indien und Ceylon dreiundvierzig neue Zweige der Theosophischen Gesellschaft – neben den Zweigen in London, New York, Paris und dem übrigen Europa – entstanden«. Madame Blavatsky war mittlerweile zu einer internationalen

46

Gestalt geworden, deren Laufbahn von Millionen Menschen mit Interesse verfolgt wurde. »Es hatte seine Vorteile und vermittelte auch ein Gefühl von Identität, Theosophin zu sein.«

Alexandra fühlte sich vor allem zu Annie Besant hingezogen, die zunächst Madame Blavatskys Schülerin, bald jedoch zur führenden Gestalt und nach dem Tod der Gründerin im Jahre 1891 auch Präsidentin der Theosophischen Gesellschaft wurde. Es war kein Zufall, daß Alexandra der Gesellschaft im nächsten Jahr offiziell beitrat, bei Annie Besant in London blieb und im Jahre 1893 längere Zeit im Haus der Theosophischen Gesellschaft in der Nähe von Adyar in Indien verbrachte. Nach der Rückkehr von dieser ersten Reise in den Osten blieb sie Madame Besant auch weiterhin sehr verbunden. Diese willensstarke Frau war Feministin gewesen und beredte Befürworterin der Freien Liebe, worunter man damals lediglich die freie Wahl des Sexualpartners verstand.

Die junge Frau interessierte sich aber vor allem für ihre heimliche romantische Beziehung zu Jacques Villemain, dem *artiste parisien*. Sie fühlte sich zu dem schlanken, eleganten Ästheten mit den zarten Gesichtszügen und dem blassen Teint hingezogen. Auch später sollte sie sich immer wieder zu Männern dieses mönchshaften Typs hingezogen fühlen. Jacques Villemain vermittelte den Eindruck, ein Gentleman zu sein, was Alexandra beruhigte.

Villemain malte in einem okkulten Stil: Landschaften, in denen es von bedrohlichen, anthropomorphen Gestalten wimmelte, als berge jeder Stein und jeder Baum ein geheimes inneres Wesen, das den Betrachter anblicke. In seinem Atelier betrachtete Alexandra ein solches Gemälde von einem schneebedeckten Gipfel, der einen verlassenen Salzsee überschattete, das Ganze gewaltig und leer und doch mit undeutlichen Gestalten bevölkert. Vollkommen in den Bann des Bildes geschlagen, wollte sie es berühren, aber der Künstler riß ihr sein Werk weg. Er warnte sie, daß sie Gefahr laufe, in die Landschaft einzutreten.

Alexandra wollte nähere Erklärungen, aber Villemain vertröstete sie mit Tee und Toast. Kurze später Zeit begann er sich mehr und mehr zurückzuziehen. Miss Holmwood, ein weiteres exzentrisches Mitglied der *Gnosis*, offenbarte Alexandra, daß er ein Novize sei, der Einlaß und Zugang zum Geheimnis begehre, dem inneren Zirkel der Gesellschaft. Nach einer Weile tauchte der junge Mann ausgezehrt und geistesabwesend zurück, und seine Gesundheit war von zu langen Entbehrungen geschädigt. Um ihn aufzuheitern – und auch um ihn in die Enge zu treiben, damit er ihre Fragen beantwortete –, schlug Alexandra einen gemeinsamen Besuch des Kristallpalastes vor, eines Überbleibsels der Weltausstellung von 1851. Zufällig war das Gebäude in dem Viertel neu aufgebaut, in dem Madame Blavatsky ihre Samstagsvorträge hielt.

Bei starkem Nebel stiegen die beiden in den Zug. Villemain war schweigsam und ganz in seine eigenen Gedanken verloren, und Alexandra schlief prompt ein. Als sie erwachte, stellte sie zu ihrem Erstaunen fest, daß sie in einen Expreßzug nach Schottland gestiegen waren. Nach dem Umsteigen mußten sie bis zum Abend warten, um mit einem Nahverkehrszug nach London zurückzufahren. Es begann zu nieseln, und sie warteten unter einem kleinen Schutzdach. Alexandra ergriff die Gelegenheit beim Schopf und verlangte zu erfahren, was Villemain gemeint hatte, als er sagte, »sie könne in ein Gemälde eintreten«.

Der junge Okkultist holte zu einer merkwürdigen Geschichte darüber aus, inwiefern unser Schicksal durch unseren astralen Doppelgänger in der anderen Welt bestimmt sei. Die Stunden flogen nur so dahin. Die Gedanken, die Villemain seiner faszinierten Freundin auseinandersetzte, gingen auf die Neoplatoniker zurück; gleichzeitig entsprachen sie auch den Auffassungen des tibetischen Buddhismus. Eine Geschichte voller böser Omen schlug Alexandra besonders in ihren Bann.

Ein Maler hatte ein Bild von einer Oase in Afrika gemalt. Eine bereits initiierte Frau kam, um es sich anzusehen. Sie fühlte sich plötzlich benommen, als fiele sie zwischen den Palmen zu Boden. Dann lief sie in der Wüste umher und wischte sich, da ihr heiß wurde, mit einem Taschentuch das Gesicht ab. Da befiel sie ein Krampf. Sie ließ ihr Taschentuch fallen und befand sich wieder im Atelier des Malers. Sie saß in einem Lehnsessel, in dem sie offenkundig ohnmächtig geworden war. Als sie nach ihrem Taschentuch suchte, entdeckte sie es in dem Gemälde – am Fuß einer Palme gemalt! Der Maler schwor, er sei nicht verantwortlich für diesen widersinnigen Gegenstand in seinem Bild, und andere bestätigten, daß sie das Gemälde zuvor ohne das mysteriöse Taschentuch gesehen hatten. Hatte die Frau es verloren, als sie in dem Landschaftsgemälde umherschlenderte?

Villemain mochte an astrale Doppelgänger glauben, die eine nicht materielle Realität bewohnten, aber Alexandra suchte nach einer greifbareren Erklärung. Vielleicht waren alle Betroffenen Opfer einer Illusion geworden? Bei ihrer Rückkehr in die Stadt verlangte sie nach einem guten italienischen Abendessen. Der junge Mann kehrte aber recht bald zu seiner asketischen Haltung zurück, und gleichzeitig erlag James Ward, Alexandras erster Freund in London, seiner Drogensucht. Immer noch von ihren Eltern abhängig, beschloß Alexandra, London zu verlassen. Das Gemälde eines unheimlichen schneebedeckten Gipfels inmitten einer öden Landschaft, das Villemain ihr gezeigt hatte, konnte sie jedoch nicht mehr aus ihren Gedanken verbannen. Jahrzehnte später fand die Reisende sich in dem unwirtlichen Gelände eines gewaltigen, alles beherrschenden, eisbedeckten Berges auf dem tibetischen Hochplateau wieder. Die Sonne versank über einem See, an dessen Ufer ein goldköpfiger Vogel sein Mißvergnügen über die vorüberziehende Karawane kundtat. Und wieder erinnerte sie sich an Villemains Theorie, daß es möglich sei, in ein Gemälde einzutreten.

Alexandra kehrte 1889 nach Brüssel zurück, um ihr Musik- und Gesangsstudium wieder aufzunehmen. Sie fand Aufnahme in einem Kreis junger Intellektueller, die sich um Elisée Reclus, einen alten, radikalen Freund ihres Vaters, scharten. Er war einer von zwei Brüdern, die auf den Barrikaden für die Pariser Kommune gekämpft hatten, und seine Mutter war die Beauftragte der Kommune für Mädchenerziehung gewesen. Die Forderung nach Ausbildung für Mädchen galt seinerzeit als radikal. Hatte nicht der große Balzac geschrieben: »Das Schicksal der Frau und ihr einziger Ruhm bestehen darin, die Herzen der Männer höher schlagen zu lassen ... Sie ist ein Stück Vieh ... nur eine Stütze des Mannes«? Alexandra unterstützte dieses Postulat und würde selbst unter dem rabiaten Antifeminismus an französischen Universitäten zu leiden haben.

Während Alexandras Eltern sich noch über deren Zukunft stritten, nahm die junge Frau die Dinge selbst in die Hand. Elizabeth Morgan besorgte ihr eine billige Unterkunft in einer Zweigstelle der Theosophischen Gesellschaft im Pariser Studentenviertel *Quartier Latin*. Es war eine schlecht beleuchtete, schäbige Wohnung, die vorne auf den Boulevard Saint-Michel hinausging und deren theosophischer Besitzer behauptete, ein Nachfahre von Mondwesen zu sein. Das Abendessen bestand aus dicken Brocken steinharter Kartoffeln und einem aufgeblähten Stück Brot, das in gekochtem Spülwasser schwamm. Einige Löffel von dieser Suppe, und das niedergeschlagene junge Mädchen zog sich auf sein Zimmer zurück, wo es nachdenklich aus dem Fenster schaute. Ihre Aufmerksamkeit widmete sie den zahllosen Fußgängern auf dem Boulevard.

Alexandra erlebte die Hochzeit der *Belle Époque*. Die Bewohner des *Quartier Latin* strömten die Straße fröhlich und lebhaft entlang; man stellte sich zur Schau. Es war ein einziges Kommen und Gehen, das Alexandra faszinierte. Sie war verstört von den Gesten einer herausgeputzten Hure, die in einem Café Kunden anzulocken versuchte, während die Männer zu tief im Absinth ertranken, um auf sie aufmerksam zu werden. War die Menschheit vom Mond herabgestiegen, um das hier zu erreichen?

Alexandra schrieb sich im Collège de France ein, wo sie bei dem ehrwürdigen Professor Philippe-Edward Foucaux Sanskrit studierte. Ihr Lehrer hatte Schriften aus dem Sanskrit ins Tibetische übersetzt und eine Grammatik dieser Sprache verfaßt. Als typischer Gelehrter seiner Zeit hatte er das Land des Schnees nie selbst besucht – es war westlichen Augen verboten –, und er hätte nicht im Traum daran gedacht, dennoch eine Reise zu unternehmen. Nie hätte er gedacht, daß seine Schülerin einmal die geheimnisvolle Hauptstadt Tibets aufsuchen würde.

Alexandra hielt sich an die Gewohnheiten, die sie in London angenommen hatte; sie ersetzte lediglich das Britische Museum durch das Musée Guimet. Dort las sie über den Fernen Osten, wobei sie sich nicht nur für Religion interessierte, sondern auch für Geschichte, Geographie und Volkskunde. Wenn sie sich die Gemälde und Statuen im Museum ansah, begegnete sie auch hier Gleichgesinnten. Als sie schließlich in Paris Fuß gefaßt hatte, entdeckte sie nach und nach die zahlreichen hiesigen esoterischen Gesellschaften. Am faszinierendsten war der Salon von Marie Duchesse de Pomar (Lady Caithness) zu Holyrood in ihrer Villa auf der Rue de l'Université.

Alexandra stieg voller Eifer eine Flucht rosafarbener Marmortreppen zu dem prunkvollen Schlafgemach der Pomar hinauf, wo die Herzogin, angetan mit einem scharlachroten Samtgewand und einer langen Kette gewaltiger Diamanten um den Hals, Besucher empfing. Die Zimmerdecke war mit Engeln bemalt, die im Kreis um einen goldenen Stern herumschwebten. Die Herzogin, eine spanische Schönheit, hatte in erster Ehe einen betagten Adligen geheiratet und nach dessen Ableben den schottischen Lord Caithness. Da sie sich als die Reinkarnation von Maria Stuart betrachtete, hatte sie in einer Nische ihres Boudoirs ein Porträt jener Unglücklichen aufgestellt. Die Herzogin hatte sich tief in Legenden um die tote Königin versenkt und umgab sich mit »Marien-Reliquien«. Bei den Seancen saßen gewöhnlich zwölf Jünger unter der Führung eines weiblichen Mediums um einen Tisch herum und berührten einander an den Fingerspitzen. Schweigend warteten sie auf eine Erscheinung, während das Medium unter leisem Murmeln einer Trance entgegentrieb. Blitzende Lichter, grauer Rauch und ein köstlich duftendes Rosenparfum gingen der Ankunft von Marias Geist voraus – der übrigens über einen unversehrten Kopf verfügte und dessen Küsse angeblich ein sichtbares Zeichen hinterließen.

Die Duchesse de Pomar entsprach keineswegs dem Typ des leichtfertigen Gesellschaftsscharlatan, den Alexandra erwartet hatte. Sie hatte vielmehr einige gewichtige Bücher herausgegeben, insbesondere die *Serious Letters to Serious Friends*. Aufgrund ihrer ketzerischen Ansichten hatten ihre Schriften die Geistlichkeit Europas schockiert. Sie war eine Bekannte von Madame Blavatsky und Annie Besant und Gründerin der Pariser Loge der Theosophen. Die ehrgeizige Frau war eine radikale Denkerin, die für »die Herrschaft des weiblichen Gehirns« eintrat. Ihre Vorbilder reichten auf neolithische Zeiten zurück, da weibliche Gottheiten über jene Züge verfügten, deren Wert eine zukünftige Gesellschaft wieder begreifen würde. Die Frau – fruchtbar, sinnlich, intuitiv und gewaltlos – sollte den Weg zu einer neuen Menschenrasse und einer Ära des Friedens bereiten. Die kriegerischen männlichen Herrscher, wie etwa jene Fürsten, die die Macht der Maria von Schottland an sich gerissen hatten, würden obsolet werden und von der Bildfläche verschwinden.

Im Paris des Fin-de-siècle war Dekadenz sowohl eine Lebensart als auch eine Atmosphäre. Alexandra behauptete, daß die heidnischen Kulte, von denen sie wußte, keine Versuchung für sie dargestellt hätten. Dennoch ließ sie sich von ihrer Zugehfrau von nächtlichen Zusammenkünften im Wald außerhalb der Stadt erzählen, Zusammenkünften, bei denen es auch um den sogenannten Kult der Frau ging. Das Problem bei diesen Treffen bestand ihrer Meinung nach darin, daß sie die falschen Leute anzogen – Bankangestellte und dergleichen. Den Satansmessen folgten unausweichlich sexuelle Orgien, auf die unsere viktorianische junge Frau nicht vorbereitet war.

Mit Anfang Zwanzig ging Alexandra auf der Sorbonne ihren Studien nach, aber als Frau war für sie ein Vollzeitstudium unmöglich. Alexandra kehrte häufig nach Brüssel zurück, um ihr Musikstudium fortzusetzen. Der gestrenge Richter in ihr gönnte sich keine Ruhe. Sie konnte sich auf keine spezielle Laufbahn vorbereiten, da ihre Möglichkeiten als Frau sehr begrenzt waren.

Unglücklich und frustriert konvertierte die junge Frau – allerdings nicht leichten Herzens – zum Buddhismus. Später im Leben erweckte sie gern diesen Eindruck, aber in Wirklichkeit hatte sie schmerzlich zwischen mehreren Extremen geschwankt. Geboren als Katholikin, dann im protestantischen Glauben getauft, hatte sie sich zu den Vorstellungen Platons und den Offenbarungen des Korans hingezogen gefühlt. Wenn sie das Bedürfnis hatte zu beten, kniete sie sich vor eine Andachtslampe und sang die Gebete aus den hinduistischen Veden.

1889 beschloß die Regierung der Dritten Republik, eine weitere Universalausstellung bzw. eine Weltmesse zu veranstalten, um an das Jahrhundert der Französischen Revolution zu erinnern. Präsident Carnot eröffnete die Veranstaltung, deren Sinn es war, Frankreichs weltlichen und künstlerischen Reichtum zur Schau zu stellen und eine Horde von Touristen nach Paris zu locken. Die Zweieinhalbmillionenstadt lud zu zahllosen Vergnügungen ein, und »das elektrische Wunder« verwandelte Paris in eine wahre Stadt des Lichtes.

Die Ausstellung reichte von einer gigantischen Maschinengalerie bis hin zur Rekonstruktion einer Straße in Kairo, bei der nicht einmal die Bauchtänzerinnen fehlten. Wissenschaftliche Entdeckungen wie Edisons Grammophon und das Radium der Curies waren für die Besucherscharen von größtem Interesse. Auf dem Marsfeld an der Seine erhob sich als Gipfelpunkt des französischen Genies der bis in die Wolken ragende Eiffelturm. Die meisten Pariser haßten diese innovative Eisenkonstruktion. Es schockierte ihre ästhetischen Überzeugungen und machte ihnen Angst. Ein Komitee von Künstlern verfaßte ein Manifest, in dem das Bauwerk verunglimpft wurde: »Es beherrscht Paris wie ein schwarzer, gigantischer Fabrikschornstein.« Alexandra betrachtete den Eiffelturm durchaus wohlwollend; er war ein gewaltiges Symbol wissenschaftlichen Fortschritts, an den sie glaubte, und ein Symbol maskuliner Macht – an der es ihr ärgerlicherweise mangelte.

1889 ist auch das Jahr, in das Alexandras erste sogenannte Nervenkrise fällt. »Neurasthenie« ist ein Ausdruck, der heute durch die Bezeichnung »Depression« ersetzt wird. Alexandra verinnerlichte ihre Abhängigkeitssituation und versuchte, sich von Dingen zu emanzipieren, die in ihren Augen unwürdige Leidenschaften und Gewohnheiten waren. Sie glaubte, die Banalität der meisten menschlichen Vergnügungen erkannt zu haben. Sie strebte Höherem zu, besaß aber nicht die Kraft, sich aus ihrer banalen Verzweiflung zu lösen. Jung, hübsch und zierlich quälten sie Wünsche und Ängste. Ihrem Tagebuch (von dem Fragmente später entdeckt und 1986 in *Das Licht der Weisheit*, veröffentlicht wurden) vertraute sie an, daß sie nicht an romantische Liebe glauben könne, die schließlich doch nur zu Untreue, Verrat und einem gebrochenen Herzen führte.

In Gedanken beschäftigte Alexandra sich ständig mit dem Tod. Unter ihrer äußeren Schönheit und dem Wohlstand sah sie eine verwesende Leiche und prophezeite fälschlicherweise, daß sie jung sterben würde. Sie hätte diese Prophezeiung übrigens um ein Haar erfüllt, als sie einen Selbstmordversuch beging. Ohne Vorwarnung flüsterte ihr eine dämonische Stimme ins Ohr, daß sie einen schnellen Ausweg aus ihren Schwierigkeiten wählen sollte. Sie wußte aber, daß sie diese Stimme nicht den Sieg davontragen lassen durfte.

»Ich gehöre einer neuen Rasse an«, pflegte sie zu antworten. »Wir sind nicht zahlreich, aber wir werden unsere Mission erfüllen. Ich tue, was ich tun muß.«

Angesichts der heutigen Suizidkulte legen diese Dinge die Vermutung nahe, daß Alexandra in eine extremistische politische oder messianische Gruppe hineingeraten war. Falls das der Wahrheit entspricht, hat sie die Beweise dafür jedoch zerstört. In ihrem Tagebuch erwähnt die ehemalige Debütantin nur, daß sie in ihrem Pariser Zimmer eine Pistole mitsamt Munition aufzubewahren pflegte. Alexandra versuchte, ihre Instinkte zu akzeptieren. Sie verlangte einerseits Bewunderung von ihren Kameraden, während sie sich andererseits davor fürchtete, diesen nachzugehen. Eines Abends während des Winters der Jahre 1890/1891 lud sie ihre Handfeuerwaffe, hielt sie sich an den Kopf und befahl sich: »Drück ab!« Dann aber begann sie mit sich selbst zu argumentieren: Eine Kugel konnte lediglich die Atome zerstreuen, aus denen ihr Körper zusammengesetzt war, nicht aber ihren Geist töten. Damals glaubte sie bereits, daß sie eines Tages wiedergeboren werden würde und für ihre Taten Rechenschaft würde tragen müssen.

Verräterischer noch ist der Umstand, daß Selbstmord in jener Zeit Fahnenflucht bedeutete. Nun gut, Alexandra traute ihren Kameraden nicht und belog sie gewohnheitsmäßig. Oft gingen große Geldsummen durch ihre Hände – vielleicht war sie als Kurier tätig –, was ihr Unbehagen verursachte. Außerdem hatte Alexandra Zugang zu Drogen. Es gibt starke Hinweise darauf, daß sie ein Leben im Untergrund führte und eine politische Radikale war. Sie kritzelte in ihr Tagebuch Bemerkungen darüber, wie ihr Blut bei Ungerechtigkeiten zu kochen pflegte, und daß eine Revolte vonnöten sei – eine Forderung, die am linken Seine-Ufer lange Zeit *en vogue* war.

Alexandra verstand sich auf den Umgang mit Pistolen. Ihr Vater war Jäger gewesen, und er hatte seine Tochter häufig mitgenommen und ihr das Schießen beigebracht. Sie hatte von diesem Sport genug gesehen, um ihn zu hassen, und in ihren Augen war es nichts anderes als Mord an Tieren. Jeanne Denys beharrt in ihrem Buch darauf, daß Alexandra »einen Zusammenstoß mit dem Gesetz gehabt haben müsse«. Die belgischen Behörden informierten Madame Denys darüber, daß »bei der Ausländerpolizei des Justizministeriums ein Dossier mit Nr. 508–533 [über Alexandra] vorliege«. Denys bat um Zusendung der Akte, ein Wunsch, der ihr jedoch verwehrt wurde, da solche Akten nur zu Regierungszwecken oder für Verwandte einsehbar sind.

Aus der Sicht der belgischen Polizei war Alexandra jedenfalls in zweifelhafte Dinge verstrickt. Mehr als zwei Jahrzehnte später stellte der britische Gouverneur von Indien Nachforschungen über ihre Vergangenheit an, weil ihre dortigen Aktivitäten ihn in Sorge versetzt hatten. Schlußendlich hieß es, daß sie zumindest radikale Bekanntschaften in Paris und Brüssel gehabt hätte. Die Antwort auf dieses Rätsel liegt in dem Einfluß, den der alte Kommunarde Elisée Reclus auf sie hatte. Dieser war nach Jahren des Umherziehens in Ixelles, einem Vorort von Brüssel, seßhaft geworden, und hatte mit der Abfassung seiner großen *Géographie Universelle* begonnen. Gleichzeitig stand Reclus immer auch im

Dienst seiner Kameraden. Einer davon war Louis David, sein Nachbar in Ixelles.

Reclus war ein kompromißloser Radikaler. Er gab weiterhin die weit links stehende Zeitschrift *La Rive Gauche* heraus und schrieb solch provokative Manifeste wie »*Arbeiter, übernehmt die Maschinen! Bauern, übernehmt das Land!*«. Ohne Priester oder Magistrate hinzuzuziehen, nahm er die Trauung seiner beiden Töchter mit gleichgesinnten jungen Männern vor. Auch stellte er sein schönes Heim mit dem üppigen Garten jungen Menschen zur Verfügung, die er ermutigte, sich dort zu versammeln und kontroverse Debatten zu führen. Unter seinem Dach lernte Alexandra politische Flüchtlinge kennen, bärtige Freidenker, ausgemergelte Poeten und andere Traumtänzer.

Bei Reclus wurden Männer und Frauen, Hochgeborene und Arbeiter gleichermaßen willkommen geheißen. Diese hoffnungsvollen Menschen saßen dann zusammen an einem Tisch, auf dem einige Flaschen billigen Weins standen, und diskutierten bis spät in die Nacht hinein über Philosophie und Politik – alle von einer inneren Flamme ergriffen. Als Autorin in reiferen Jahren fragte Alexandra sich, was aus diesen Kameraden ihrer Jugend wohl geworden sein mochte. Älter und klüger geworden, wußte sie, daß einige davon auf ihrer Suche nach Gerechtigkeit den Märtyrertod gestorben waren; andere hatten ihre Illusionen verloren und waren jung gestorben. Diese Rebellen sollten auf den Straßen von Paris während des Studentenaufstands von 1968 wiedergeboren werden, jenes Aufstands, der die Regierung stürzte und dem Alexandra in ihrem hundertsten Lebensjahr ihren Segen gab.

Aber um Alexandras extreme Denkweise zu verstehen, müssen wir einen Blick auf Max Stirner werfen, den deutschen Anarchisten, dessen Arbeiten ihre Weltsicht als junge Rebellin – und auch als alte! – beherrschten. Stirner, ein Gegner seines erfolgreicheren Landsmannes Hegel, führte ein wenig bemerkenswertes Leben. Er unterrichtete an einer respektablen Mädchenschule in Berlin und war mit seinen Übersetzungen von Adam Smith bekannt geworden. Aber sein Hauptwerk, *Der Einzelne und sein Eigenthum*, ließ Alexandra von einem rein ideellen Freigeist zu einem doktrinärer, praktischer Art konvertieren.

Stirner, der den gemeinen Menschen als »einen Hund, der an seiner Kette reißt«, verächtlich machte, feierte den Egoisten, der kühn genug war, seinen natürlichen Instinkten zu folgen, die seiner Meinung nach in Einklang mit »den Gesetzen des Universums« standen. Die romantische Tradition aufgreifend, glorifizierte er das Ich im Gegensatz zur Gesellschaft. »In jedem einzelnen Augenblick schneiden die Fesseln der Realität tief in mein Fleisch. Aber mein eigenes Ich bleibt.« Tatsächlich leugnete Stirner, daß es irgendeine Wahrheit jenseits des freien Willens des Individuums gebe.

Stirner griff Nietzsche und sogar Freud voraus. Er beschrieb das Ich als geteilt zwischen seinen Wünschen und Bedürfnissen auf der einen Seite und einer Ordnungsgewalt auf der anderen Seite, die entschlossen war, das Ich daran zu hindern, sich zu befriedigen. Diese Thesen entsprachen haargenau Alexandras innerstem Aufruhr. Laßt dem Ego freie Bahn, lautete seine Forderung; leugnet die sogenannte Ehrlichkeit, indem ihr »den Mut zur Lüge« aufbringt. Begeht Verbrechen, um den »Zement« (Respekt für das Gesetz) zu schwächen, der den Staat zusammenhält. Seine kriegerischste These lautete: »Mir ist eine freie *grisette* (Hure) lieber als tausend in Keuschheit ergraute Jungfrauen.« Das klingt nach einer Mischung aus *La Bohème* und einem Romantizismus, dessen Fundament sich später faschistische Ästheten zu eigen machen sollten. Aber Alexandra, die es nicht ertragen konnte, Befehle auszuführen, wiederholte den frustrierten Deutschen, der erklärte: »Jeder Augenblick, in dem ein Mensch sich einem äußeren Willen unterwirft, ist eine seinem Leben gestohlene Sekunde.«

Elisée Reclus war seinem Wesen nach ein freundlicherer Mann, der für Alexandra zum Gegenbild ihres schwachen Vaters wurde. Er übernahm die Rolle ihres Mentors – der nächste in einer Reihe, die überwiegend aus Männern bestand. Ein Foto von Alexandra, das ungefähr 1890 in Reclus' Garten aufgenommen worden sein muß, zeigt sie nüchtern bekleidet mit einer hochgeschlossenen Bluse und einer Männerkrawatte, die im Bund eines bis auf ihre Stiefel herabreichenden Rockes steckt. Sie scheint ein perfekter Blaustrumpf gewesen zu sein. Ihr Haar ist auf dem Foto lockig, kurz und schmucklos frisiert; nicht eine einzige Rüsche mildert die Strenge ihrer Kleidung. Offensichtlich gehörte sie nicht zu den Heerscharen junger Frauen, die die Pariser Kaufhäuser aufsuchten, um große Summen Geld für die neueste Mode auszugeben. Alexandra steht in Habachtstellung, den rechten Fuß nach vorn geschoben, als sei sie auf dem Sprung – in ein fernes Land.

Für den jungen Havelock Ellis war dieser Sommer in Paris der reinste Spaß. In *From Rousseau to Proust* erinnerte er sich, daß er zusammen mit den angehenden Ästheten zu den Dienstagabendveranstaltungen des Dichters Mallarmé willkommen geheißen wurde. Er beobachtete Paul Verlaine (dessen Liebe zu dem jungen Arthur Rimbaud seine Ehe zerstört hatte), wie er sich in einem Café auf dem Boulevard des Italiens zu Tode trank. Es versetzte den hoffnungsvollen Bohemien – den Erkunder des verbotenen Reiches des Sexus – in Hochstimmung, über die breiten, mit Kastanien gesäumten Boulevards zu schlendern. Seine bewundernden Blicke wurden von teuer gekleideten, wenn auch verdächtigen Damen erwidert, die an mitternächtliche *Soupers* im *Maxim's* gewöhnt waren. Sie erwarteten nichts anderes, als daß sich bei ihrem Auftritt am Arm eines Mannes allenthalben Köpfe nach ihnen umdrehten.

Nicht zuletzt durch das Bild dieser Halbweltdamen war die Pariserin schlechthin zum Symbol für Eleganz und Erotik geworden. Das Künstlermilieu war in der Zwischenzeit genauso rebellisch geworden wie die französische Arbeiterklasse, die zu den schlechtestbezahlten in ganz Europa zählte. Paul Gauguin und seine Gefolgsleute begannen in ihrem *Salon des Indépendants* mit den akademischen Betrachtungsweisen aufzuräumen. Gauguin, der an Europa verzweifelte und mit dem Geschmack der Bourgeoisie auf Kriegsfuß stand, brach nach Tahiti auf, um dort die Herrlichkeit der Barbarei wiederzufinden. Tatsächlich erklärte er die Kluft zwischen individueller Kreativität und den Zwängen der westlichen Gesellschaft für unüberbrückbar. Er war einer der Wegbereiter des Orientalismus, der seinen Weg in die Salons der Mittelklasse und in das Herz unserer empfänglichen jungen Französin finden sollte.

1891 war Alexandra Anfang Zwanzig, und ihre Zukunftsaussichten schrumpften zusehends. Sie konnte unterrichten oder, wie ihre Eltern hofften, heiraten. Wenn sie mehr von einer Kokotte gehabt hätte, hätte sie einen reichen, alten Gönner finden und Ränke schmieden können, um sich einen Platz in seinem Testament zu sichern. Die anständig erzogene Mademoiselle zögerte, die unschickliche Laufbahn einer Sängerin einzuschlagen.

Dann starb Elizabeth Morgan, und Alexandra erbte eine kleine, aber doch recht hübsche Summe. Madame David bestand darauf, daß sie das Geld in einen Tabakladen investierte. Louis, der in Halbruhestand getreten war, lebte von Aktien und Mieten und unterstützte den praktischen Plan seiner Frau. Er wünschte, daß sein einziges Kind in seiner Nähe bleiben möge. Um ihr Dilemma zu lösen, suchte Alexandra in Paris Zuflucht zu dem von Sri Ananda Saraswati geführten Kult. Die Anhänger dieses populären Gurus nahmen Drogen, insbesondere nordafrikanisches Haschisch, um bei ihren Astralreisen Visionen zu empfangen. Alexandra schlüpfte in die Verkleidung eines jungen Mannes, trat ihnen bei und kam auch in den Genuß einer Haschisch-Zigarette. Sie hoffte auf eine Erleuchtung.

Wenige Züge an der ersten Zigarette lösten eine Art Tagtraum bei ihr aus. Der »junge Mann« sah seinen astralen Doppelgänger im trüben Licht des elterlichen Salons. Er bekam Angst, fühlte sich schwach, krümmte sich schließlich vor Schmerzen. Er fürchtete, man werde ihn zu einem Gefangenen machen und nie wieder frei lassen. Stöhnend fand er sich in dem Salon wieder, wo ihn jemand geweckt hatte. Alexandra schreibt, daß der »junge Mann« noch am selben Abend nach Marseille aufbrach, um dort ein Schiff nach Indien zu nehmen.

In Wahrheit durchschnitt Alexandra ihre Fesseln nicht so leicht wie in diesen Traumbildern. Sie flüchtete sich abermals in ihren Tempel der Gelehrsamkeit, das Musée Guimet. Sie stieg die große Treppe hinauf, vorbei an Fresken von einem Brahmanen, der ein rituelles Feuer schürte, an buddhistischen Mönchen in safranfarbenen Gewändern, die mit Bettelschalen einhergingen, an einem japanischen Tempel, der inmitten von Kirschblüten vor eisbedeckten Bergen stand. Da fühlte sie sich plötzlich wie ein Pilger, der im Begriff steht, das höchste Mysterium zu enthüllen.

In der Bibliothek des Museums führte ein großer vergoldeter Buddha über Bücher und Leser gleichermaßen die Aufsicht, ein nachsichtiges Lächeln in seinem mondförmigen Gesicht. Alexandra hatte es sich zur Gewohnheit gemacht, die Statue ehrerbietig zu grüßen. Jetzt kam sie mit ihren Problemen zum Buddha – und er antwortete ihr mit einem Segen. Die Statue sprach zu der jungen Gelehrten, wenn auch nicht in Französisch oder Englisch. Als Gegenstand des Gebets hatte die Statue etwas von der Energie und der Hingabe, die man ihr entgegenbrachte, in sich aufgenommen, so wie die Erde die Wärme der Sonne aufzunehmen vermag. Wie der Sand der Wüste noch mitten in der Nacht Wärme spenden kann, so warf der steinerne Buddha das Leuchten seiner verblichenen

Jünger zurück. Aber das ist Alexandras spätere Erklärung und entspricht nicht unbedingt ihrer tatsächlichen Erfahrung.

Ein weiterer Bericht von einer solchen Verbindungsaufnahme kommt von dem bekannten Schriftsteller und Buddhisten John Blofeld. Er beschreibt, wie ein Abbild von Kuan Yin, der chinesischen Göttin des Mitleids und Gewährerin von Vergünstigungen, mit den folgenden Worten auf seine Zweifel geantwortet habe: »Halte nicht im Reich des äußeren Scheins Ausschau nach meiner Realität ... Suche sie in deinem eigenen Geist.« Blofeld hielt aus Angst vor Spott diese Erfahrung jahrzehntelang vor den Menschen im Westen geheim. Erst spät machte er seine Vermutung publik, daß das Wesen Kuan Yin Kontakt zu ihm aufgenommen hatte.

Ob Alexandras Gefühl des Einsseins mit dem Buddha ein objektives oder ein subjektives Fundament hatte sei dahingestellt. Im Osten gilt dies sowieso als eine sehr fadenscheinige Unterscheidung. Als sie nach traditioneller Weise mit vor dem Herzen aneinandergelegten Handflächen und geneigtem Kopf der Statue ihre Ehrerbietung darbrachte, wurde ihr jedenfalls für einen Augenblick zuteil, was ihre hugenottischen Vorfahren »Gottesgnade« genannt hatten. Zwischen ihr und dem Abbild des Buddhas kam es zu einem Austausch über die Belange der Zukunft.

Alexandra hatte nun ein Ziel »irgendwo östlich von Suez«.

4

Eine traurige Geschichte

1951, nachdem Indien unabhängig geworden war, veröffentlichte die damals dreiundachtzigjährige Alexandra David-Néel in Paris eine Denkschrift (*L'Inde, hier, aujourd'hui, demain; Zwischen Göttern und Politik: Indien – gestern, heute, morgen*) über ihre verschiedenen Reisen auf dem Subkontinent. Sie schreibt unerschrocken über die Dinge, die sie mitangesehen hat – herrliche Dinge und grausame –, aber wie gewöhnlich unterwarf sie ihren Bericht sehr eigenwilligen Gesetzen. Alexandra, die jede Chronologie verabscheute, ließ sich durch nichts davon abhalten, eine gute Geschichte zu erzählen. Impressionen verschiedener Reisen werden, wenn es der Sache dient, vermischt. Aber warum hat es so lange gedauert, bis die Erinnerungen an ihr erstes asiatisches Land ihre Phantasie entflammten?

Von 1891 an – Alexandra war dreiundzwanzig – reiste sie mehr als ein Jahr lang durch Ceylon und Indien bis an den Fuß des Kanchenjunga an der Grenze von Nepal und Sikkim, dessen fünf schneebedeckte Gipfel an einem klaren Morgen von Darjeeling aus zu sehen sind und den Suchenden in sein rätselhaftes Reich locken. Dort machte auch Alexandra halt, aber nicht ihre Phantasie. In einem 1904 veröffentlichten Artikel, »Die religiöse Macht Tibets«, schrieb Alexandra von den Lamas als »übermenschlichen Wesen«, die ein so hehres und weltfernes Leben führten, daß sie den griechischen Mythos umgekehrt hatten, nach dem die Götter vom Olymp herabgestiegen seien, um sich mit den Menschen zu vermischen. Der Gedanke, daß sie eines Tages diese Meister studieren sollte, hätte sie in Erstaunen gesetzt.

Während der Schiffsreise nach Indien durchs Rote Meer wurde die Hitze unerträglich, und die Passagiere an Bord dösten den ganzen Tag vor sich hin. Alexandra, damals wahrscheinlich noch Jungfrau, fühlte sich zu der mageren, blonden Schönheit einer Mitreisenden hingezogen, die auf einem Klappstuhl in der Nähe der Kabinen der ersten Klasse lag. Obwohl sie etwas von einer Göttin an sich hatte, glaubte Alexandra, in ihr eine Edelprostituierte zu erkennen. Sie bemerkte, daß einer der beiden

Mönche, die in Suez an Bord gekommen waren – Christen eines fernöstlichen Ordens –, die Frau wie unter Zwang anstarrte. Als dieser große, hagere Mönch bemerkte, daß Alexandra sich seiner Blicke bewußt war, errötete er, zog seine Kapuze hoch und ging unter Deck. Zuvor jedoch tauschten er und die Frau einen Blick von unmißverständlicher Bedeutung.

Die schöne Kurtisane und der gutaussehende Mönch setzten ihr Annäherungsspiel in der Düsternis der sinnbetörenden, östlichen Nacht fort. Als das Schiff sich Ceylon näherte und das Meer wie Silberlamé glänzte, beobachtete Alexandra eines Abends, wie die Frau mit ihrem verführerischen, durchsichtigen Kleid an der Reling lehnte und der Mönch sich ihr zögernd näherte. Sie wechselten einige wenige Worte, die Alexandra von ihrem Platz aus nicht hören konnte; dann schlang der Mönch zitternd die Arme um die Frau und folgte ihr in ihre Kabine. Als die junge Reisende in Colombo von Bord ging, war keiner der beiden an Deck, und Alexandra vermutete, daß sie sie nie wiedersehen würde.

Bei ihrer ersten Indienreise hielten ihre europäischen Vorstellungen von Hygiene Alexandra um Armeslänge vom Land und seinen Menschen fern. Sie studierte bei den Theosophen in Adyar in der Nähe von Madras Sanskrit und trat nach einem Gespräch mit Annie Besant offiziell der dortigen Gesellschaft bei. In Benares, der Heiligen Stadt an den Ufern des Ganges, lernte Alexandra bei einer hochberühmten Persönlichkeit Yoga. Der Mann hieß war Bashkarananda und lebte das ganze Jahr über in einem Rosengarten. Sie spürte, daß der Swami über ein tiefreichendes Verständnis der indischen Gedankenwelt verfügte und faßte den Plan, sich als *sannyasin* (Entsagende) initiieren zu lassen, wenn sie fünfundzwanzig Jahre alt war. Bevor es soweit kam, ging ihr jedoch Geld aus, und sie mußte nach Brüssel zurückkehren.

Wieder einmal war sie von ihren Eltern abhängig. Ermutigt von Elisée Reclus, nahm sie jedoch die Arbeit an einer anarchistischen »Hymne an das Leben« auf, dem recht langen Essay *Pour la vie*. »Dies ist ein stolzes Buch«, erklärte Reclus im Vorwort dazu, »geschrieben von einer Frau, die noch stolzer ist.« Er konnte mit einiger Autorität sprechen, da er schließlich das Risiko tragen würde, dieses maßlose Traktat zu veröffentlichen.

Die faszinierendsten Aspekte darin entspringen Alexandras sehr persönlichen Erfahrungen. Sie verdammte den künstlichen Glauben ihrer

Mutter und einen grausamen Gott, der im Leben Schmerz und Tränen als Lohn für ein Paradies nach dem Tod verlangt. Alexandra betrachtete die Gesellschaft ihrer Zeit als die großgeschriebene Fassung der Moral ihrer Mutter, als Autorität von Zwang und Tod. Sie verdammte die engstirnige Jagd nach Reichtum, insbesondere nach Erbschaften. Ironischerweise hatte der Börsenkrach von 1893 die Aktienmärkte der Welt erfaßt und sich besonders schmerzlich an der Pariser Börse ausgewirkt, wo das Ende der französischen Bemühungen um die Erbauung des Panamakanals die wirtschaftliche Situation noch verschärft hatten. Louis Davids Investitionen verwandelten sich in wertloses Papier. Er konnte es sich nicht länger leisten, für die Launen seiner Tochter aufzukommen, und ihr Erbe verringerte sich beträchtlich.

Während Alexandra sich der Notwendigkeit gegenübersah, ihren Lebensunterhalt selbst zu verdienen, gingen anarchistische Zellen wie »Die Furchtbaren« daran, im Namen des Volkes zu fälschen, zu rauben und zu morden. Diese Amateurterroristen, die zu keiner Zeit wirklich zahlreich waren, versetzten die Regierung dennoch in Angst und Schrecken. 1893 wurde von der Galerie aus eine Bombe in die Abgeordnetenkammer geworfen und forderte dort mehrere Verletzte. 1894 lockte die Enthauptung des zweiundzwanzigjährigen Émile Henry eine große, begeisterte Menschenmenge an. Er hatte eine Bombe in ein Bahnhofscafé geworfen, in dem die Leute an ihren Apéritifs nippten. Auf die Frage, ob er beabsichtigt habe, unschuldige Menschen zu verletzen, antwortete er: »Es gibt keine unschuldigen Bürgerlichen.«

Die Terrorwelle erreichte ihren Höhepunkt mit der Ermordung Carnots, des beliebten Staatspräsidenten, am 24. Juni. Er wurde von einem Italiener erstochen. Frankreich sah sich zum Äußersten getrieben, und die Polizei führte in den Verstecken und Häusern der Linken Razzien durch. Dreißig angeblich anarchistische Schriftsteller und Journalisten wurden vor Gericht gestellt, aber ihre geistreichen Antworten verwandelten den Prozeß in ein Fiasko. Nichtsdestoweniger gingen viele Radikale ins Exil, andere in den Untergrund. Elisée Reclus entschied sich für die sichere Stellung als Professor für Geographie an der Neuen Universität von Brüssel. Die Anarchie als politische Bewegung hatte ausgedient.

Obwohl Alexandra ihre subversive »Hymne« nicht veröffentlicht hatte – und dies auch in den nächsten fünf Jahren noch nicht tun würde –, war sie der Polizei in Brüssel und Paris wohlbekannt. Man führte dort Dossiers über sie, die fast zwanzig Jahre später den britischen Beamten in Indien übergeben werden sollten. Alexandra blieb in dieser Zeit nichts anderes übrig, als sich wieder auf ihre weiblichen Vorzüge zu besinnen: ein hübsches Äußeres und eine schöne Sopranstimme. Für ihre neue Karriere erschien es ihr klug, die meisten ihrer alten Kameraden abzuschreiben und ein Pseudonym anzunehmen.

Von 1894 bis zum Ende des Jahrzehnts lebte und arbeitete Alexandra als emporstrebende Chanteuse, die unter dem Namen Alexandra Myrial (eine Figur aus den Schriften Victor Hugos) auftrat. Sie hatte eine Koloraturstimme, die zart genug war, um sich an die Interpretation von Léo Delibes' »Bell Song« zu wagen. Sie sang in Opern der Komponisten Bizet, Gounod, Puccini und vor allem Jules Massenet. Die ganzen Jahre über hatte sie an ihrer Liebe zur Musik festgehalten. Mit Mitte Zwanzig studierte sie mit fieberhaftem Eifer am Brüsseler Konservatorium, dann siedelte sie nach Paris über. Sie komponierte selbst, und ihr Ziel war es, den begehrten *Prix de Rome* zu erringen, was ihr jedoch nicht gelingen sollte.

Das Leben einer ehrgeizigen Schauspielerin und Sängerin in Paris war schwierig. Später sprach Alexandra von ihren sogenannten Heringstagen, weil ein Lebensmittelladen ihr Kartoffeln und ein Dutzend Heringe auf Kredit zu geben bereit war. Damit mußt sie sich begnügen. Doch versprach die glamouröse Welt der Oper einen Ausweg. Alexandra verschlang Operettenpartituren, die sie entflammen konnten, als seien es romantische Romane. Voller Ingrimm erzählte sie von den Müttern, die sie hinter der Bühne dabei beobachtete, wie sie ihre Töchter zu Huren erzogen. Sie dagegen hatte einen Vater hinter der Bühne: Louis David hatte stets nützliche Ratschläge bereit. Er war begeistert, als seine Tochter einzig und allein wegen ihres Talents im Herbst 1895 auserwählt wurde, mit dem Gastspiel-Ensemble der Opéra-Comique in Indochina auf Tournee zu gehen. In Hanoi und Haiphong sollte sie auf Plakaten als *première chanteuse* aufgeführt werden.

Alexandra spöttelte einmal darüber, daß sie schon nostalgische Gefühle für Asien entwickelt habe, bevor sie jemals dort gewesen sei. An Bord des Dampfers, dessen Ziel der Golf von Tonkin war, kritisierte ihre Kabinengenossin die Sängerin wegen ihrer täglichen Bäder, da diese angeblich ihre Haut ruinieren würden. Alexandra hatte nichts übrig für die zügellose Gesellschaft, in der sie sich nun befand. Ebensowenig wußte sie viel Gutes über Frankreichs Kolonien zu sagen, wo sich die jungen Männer und Frauen des Ensembles auf sexuelle Abenteuer einließen. Reiche Plantagenbesitzer mußten zu ihrer Überraschung feststellen, daß sie Alexandras Gunst nicht erkaufen konnten.

Ihren ersten Triumph feierte sie als Violetta in *La Traviata*. Unverzüglich schickte sie einen Ausschnitt aus der Lokalzeitung an Louis David, dem sie gleichzeitig Anweisung gab, ihn an die belgischen Zeitungen weiterzuleiten. Genauso verfuhr sie später mit dem Mann, den wir als ihren »Gatten hinter den Kulissen« bezeichnen können. Die *première chanteuse* schuf sich ein bestimmtes Image. Sie studierte ihre Rollen mit großer Sorgfalt und überwachte die Fertigung ihrer Kostüme. Die Rolle der Thaïs sang sie in einem mit Perlen und Gold besetzten Seidenumhang, den sie anhand der Beschreibungen einer Kurtisane aus dem alten Alexandria hatte schneidern lassen. Sie stellte Delibes' Lakmé dar – eine Rolle, die großes Feingefühl verlangte – und hatte damit Erfolg. Sie ernährte sich gesund und folgte dem Anraten ihres Vaters, regelmäßig Chinin zu nehmen und den frühmorgendlichen Nebel zu meiden.

Dann beging Alexandra einen Fehler. Der Direktor der Oper von Hanoi, beeindruckt von ihrer Fähigkeit, das Haus zu füllen, bot ihr zweihundert Francs pro Abend, wenn sie mehrere Abende hintereinander die Carmen sänge. In Erinnerung an ihre Heringstage nahm die Sängerin, die mit ihren achtundzwanzig Jahren auf dem Höhepunkt ihrer Kraft stand, das Angebot an. Die Carmen ist eine Rolle für einen Mezzosopran, eine etwas tiefere Stimme, als Alexandra sie hatte, und obwohl sie eine solche Rolle gelegentlich singen konnte, begann sie in Hanoi damit ihre Stimme zu ruinieren.

Für die Saison 1897 kehrte Alexandra nach Paris zurück. Sie hatte bereits eine Korrespondenz mit Jules Massenet aufgenommen, indem sie ihn geschickterweise um Ratschläge betreffend der Figur der Manon gebeten hatte. Der Komponist hatte dieser Figur eine große psychologische Tiefe verliehen. Alexandra konnte diese Frau nur allzugut verstehen, die nicht bereit war, ein Schicksal der Mittelmäßigkeit zu akzeptieren. Frankreichs führender Komponist sang in jenem Frühling in einem Brief das Loblied auf ihre Stimme und ihre schauspielerischen Fähigkeiten. Obwohl ein vorgesehenes Rendezvous nicht stattfinden konnte, empfahl der entgegenkommende Massenet sie an Léon Carvalho weiter, den Direktor der Opéra-Comique, bevor er vor dem Pariser Winter nach Süden floh.

Carvalho war, obwohl er sentimentale Opern komponierte, ein nüchtern denkender Geschäftsmann. Er erkannte das Potential der Sängerin, bot ihr aber für dreihundert Francs im Monat eine Nebenrolle an. Das war kaum mehr, als sie in Hanoi an einem Abend verdient hatte. Alexandra konnte in Paris hungern oder in den Provinzen für eine bessere Bezahlung singen. Im Frühjahr 1897 brach sie zu einer folgenreichen Tournee in Südfrankreich auf.

Dort machte Alexandra ihre erste sexuelle Erfahrung. Frühere Biographen haben behauptet, Alexandra hätte eine Aversion gegen Männer gehabt, ja dem anderen Geschlecht sogar mit Grauen gegenübergestanden. Diese Vorstellung ist schlicht absurd; wir haben es mit einer Frau zu tun, die ihren Vater liebte, über lange Jahre verheiratet war, einen Sohn adoptierte und auf ihre Art romantisch war. In Wirklichkeit kam Alexandra David-Néel wie Madame Blavatsky viel besser mit Männern als mit Frauen zurecht, sei es auch nur deshalb, weil es einträglicher war. Sie hatte ein starkes Verlangen nach väterlicher Zuneigung, auf die sie stets reagierte. Victor Hugo, ein Bär von einem Mann, war der erste, der das kleine Mädchen auf seinem Schoß reiten ließ. Körperliche Kraft war die wichtigste Eigenschaft, auf die Alexandra bei einem Mann achtete. Später verlagerte sie diese Vaterrolle in die eines Mentors (oder sogar eines Gurus) und all diese Männer waren immer auch sehr sinnlich. Schließlich und endlich waren sie und diese Männer einander ebenbürtig, Gefährten auf Entdeckungsreise.

Auch von einem anderen Männertyp fühlte sich Alexandra angezogen, nämlich dem des jüngeren Bruders. Möglicherweise war dies eine Entschädigung für den frühen Verlust ihres eigenen Bruders. Diese Beziehungen hatten einen gewissen, wenn auch gedämpften, sexuellen Unterton. Zu guter Letzt war es ihr Adoptivsohn Yongden, der dieses Bedürfnis nach Nähe befriedigte. Der ideale Mann würde für Alexandra beide Rollen gleichzeitig spielen müssen, würde gleichzeitig autoritär und empfindsam sein müssen, um tiefe Liebe in ihr wecken zu können. Wenn Alexandra nicht die Leidenschaft erspürt hätte, für die ihre Figuren in *Manon* oder *Thaïs* zu sterben bereit waren, hätte sie diese Rollen nicht so überzeugend singen können. Und sie hätte auch die Geschichte der Kurtisane und des Mönchs nicht so ungemein bewegend gefunden, jene Geschichte aus dem wahren Leben zwischen Sinnlichkeit und Askese. Denn abermals konnte sie, diesmal in Paris, einen Blick auf die »Göttin vom Olymp« werfen. Von der Besitzerin eines Schönheitssalons, mit der sie gern plauderte, erfuhr sie, daß die Göttin Claire de Langy war, eine sagenhaft teure Prostituierte.

Die nunmehr fast dreißigjährige Frau war ihrer Keuschheit müde geworden. Sie glitt langsam vom Status des Mädchens in den der alten Jungfer hinüber. Eine konventionelle Ehe ging ihr durch und durch gegen den Strich, da sie sie ihrer Freiheiten beraubt hätte. Was sie für ein Leben in Paris brauchte, war eher ein Zimmergenosse als ein Ehemann.

Alexandra fand genau den richtigen jungen Mann: Jean Haustont, Komponist und wie sie Orientalist. Ein Foto zeigt einen großen, schlanken, ernsten Burschen ohne große Charakterstärke. Er ist attraktiv, bärtig und blond, wie es die Mode vorschreibt. Jean wurde 1867 in Brüssel geboren und lernte Alexandra bei einer Zusammenkunft der Theosophischen Gesellschaft kennen. Sie hatten ähnliche Interessen, aber von großer Leidenschaft konnte nicht die Rede sein.

In dieser eher kritischen Phase schrieb Alexandra einen langen, kitschigen, mehr oder weniger autobiographischen Roman, den sie erfolglos zu veröffentlichen versuchte. »Hohe Kunst – Erinnerungen einer Schauspielerin« offenbart die extreme Empfindsamkeit der Autorin sowie ihre zwiespältige Persönlichkeit. Der Roman behandelt das Thema Sexualität auf eine für jene Zeit typische Weise: Roher, maskuliner Sex wird femininer Empfindsamkeit gegenübergehalten. Aus unbekannten Gründen hat die Autorin diesen Romanversuch niemals vernichtet.

Jean wird im Roman zu Pierre, dem blauäugigen und melancholischen Pianisten der Operntruppe. Er verliebt sich in Cécile (Alexandra), die glamouröse Sopranistin, welche nur zärtliches Mitleid für den erwachsenen Mann empfindet, den sie später als ihr »Kind« bezeichnen wird. Während sie bei Proben unschuldig miteinander flirten – das Ensemble hält sich in Bayonne auf –, wird Cécile von einem griechischen Bühnenarbeiter beobachtet.

In dem Roman wird Cécile von dem Bühnenarbeiter brutal vergewaltigt, woraufhin sie bewußtlos wird und fiebrigen Phantasien verfällt, die mehrere Wochen andauern. Ihr Leben hängt an einem dünnen Faden, aber der getreue Pierre pflegt die nunmehr befleckte Frau mit Beharrlichkeit. Diese Art Melodrama war in jenen Tagen sehr populär, entsprach aber nicht wirklich Alexandras Lebensgefühl, weil diese kein passiver Typ war. Der Bühnenarbeiter stand wahrscheinlich für ihren ersten Liebhaber, der von ihr mehr oder minder zu ihrer Entjungferung »benutzt« wurde. Jean Haustont, den sie begehrte, war nicht der Typ, der eine Affäre in Gang gebracht oder gar eine Frau entjungfert hätte. Alexandra fühlte sich wohl wirklich von tierischer Roheit angezogen, und als sie Jahrzehnte später fesselnde Belletristik schrieb, war einer ihrer glaubwürdigsten Helden gerade solch ein Mann.

Alexandra war damals auf dem Höhepunkt ihrer Schönheit. Ein Foto von ihr in einem kunstvollen Opernkostüm zeigt eine gerundete, aber immer noch zierliche Gestalt mit einem symmetrischen Gesicht, dessen auffälligstes Charakteristikum zwei grüblerische Mandelaugen sind. Die gerade, aber zierliche Nase ähnelt der des Vaters, und von der Mutter hat sie den sinnlichen Schmollmund mit der vorgeschobenen Unterlippe geerbt. Gekrönt wird ihre Erscheinung von einer gewellten Frisur, aus der ein unechter Zopf über ihre Schultern fällt. Obwohl ihr Aussehen später etwas Matronenhaftes bekam, behielt sie die Haltung einer echten Schönheit.

Alexandra und Jean zogen zusammen in eine Wohnung in dem Vorort Passy, wo sie den größten Teil der nächsten drei Jahre lebten und arbeiteten. Bezeichnenderweise wohnten sie dort unter dem Namen Monsieur und Madame Myrial, jenem Namen, den Alexandra als Pseudonym annehmen sollte. Gemeinsam verfaßten sie auch ein lyrisches Drama in einem Akt – »Lidia« –, Jean schrieb die Musik und sie den Text. Es war jedoch niemand zu finden, der das Stück auf die Bühne bringen wollte. Ruhige Bohemiens, die sie waren, besuchten sie Elisée Reclus, der ihnen genau wie Louis David seinen Segen gab. Der ältliche Herr mochte Jean und schrieb ihm von Zeit zu Zeit. Er beneidete das Paar um das, was er für wahre Liebe hielt.

Die Laufbahn der Sängerin führte nirgendwohin, und auch als Schriftstellerin und Essayistin stieß sie auf Ablehnung und blieb unbekannt. Aber des Künstlerlebens war sie immer noch nicht überdrüssig. Sie suchte dort nach einem Rettungsanker und schrieb anerkennend von dessen sinnlichen Befriedigungen. Als sich im Herbst 1899 die Gelegenheit ergab, an der Athener Oper aufzutreten, einem zweitklassigen Haus, zögerte sie nicht lange anzunehmen. Ihre Stimme war jedoch bereits nicht mehr verläßlich. Louis David schickte ihr ein Heilmittel für ihre wunde Kehle: eine Mischung aus getrockneten Feigen, Rosinen und Honig. Gleichwohl mußte sich die Sängerin bald eingestehen, daß ihre Karriere in den hohen Künsten ein Fehlschlag war.

Im Sommer 1890 – während Paris wieder mit einer Weltausstellung prankte – schickte Alexandra ihren Eltern aus Marseille ein kurzes Schreiben, in dem sie ihnen mitteilte, daß sie ein Engagement an der städtischen Oper in Tunis angenommen habe. Mit ihrer Karriere ging es eindeutig abwärts: vom zweiten Ensemble in die Provinzen und von dort aus in die Kolonien. Eine ganze Weile hörte Louis David nichts mehr von ihr, und er schrieb voller Sorge an Jean. Der ernsthafte junge Musiker wußte nicht mehr als ihr Vater. Alexandra hatte ihn wegen eines anderen Mannes fallengelassen.

Alexandra hatte Jean bemuttert und empfand eine süße, gelassene Zuneigung zu ihm. Aber ihre Beziehung war weder praktisch oder gewinnbringend noch von leidenschaftlicher Natur. Der introvertierte Haustont erfand eine neue, auf Vibrationen basierende musikalische Notation. Irgendwann ging er dann nach China, wo er Musik unterrichtete und bis ans Ende seiner Tage blieb. Alexandra, die ihn noch eine Weile besuchte und mit ihm korrespondierte, unternahm später keine Anstrengung, ihren ehemaligen Liebhaber im Orient ausfindig zu machen.

Nachdem sie erst ihren späteren Mann kennengelernt hatte, verlor Jean Haustont zunehmend an Bedeutung. Philippe Néel, ein Junggeselle von neununddreißig Jahren, war ein Mann, der alles zu haben schien, außer einer Ehefrau. Er war in Alès in Südfrankreich geboren; seine Familie von alter normannischer Abkunft kam aus Jersey, und sein Vater war Methodistenmissionar gewesen. Seine Mutter war die Tochter eines protestantischen Pfarrers. Philippe war im Gegensatz zu Alexandra eines von zehn Kindern; seine Eltern sorgten jedoch dafür, daß er die damals bestmögliche Ausbildung erhielt – als Ingenieur. Philippe war maßgeblich für die Erbauung der Eisenbahnlinie von Bône in Algerien nach Guelma in Tunesien zuständig und wurde anschließend Chefingenieur dieser Bahnlinie.

Er hatte die Ausstrahlung eines englischen Gentleman, bevorzugte Fräcke, hohe Kragen mit Krawatte und Krawattennadel; im Dienst trug er ein Jackett mit farblich kontrastierenden Knickerbockern, Kniestrümpfen und einem lässig aufgesetzten Hut. Seine Gesichtszüge waren fein geschnitten, seine Augen von einem kalten Blau und sein Schnurrbart sauber gestutzt. Alexandra erschien er als eleganter, perfekter Gentleman. Aber er war kein Don Juan und sie niemals rasend in ihn verliebt. Philippe ließ sich mehr mit einem ländlichen Casanova vergleichen, unbeholfen in seinen Annäherungsversuchen und ständig von Schuldgefühlen geplagt. Die Pariserin, die sich Alexandra Myrial nannte, mittlerweile zweiunddreißig und weltgewandt war, erregte unter den einsamen Franzosen in Tunis einen ziemlichen Aufruhr.

Sie lernte Philippe im Casino kennen. Hier fand das gesellschaftliche Leben für die Kolonisten statt, zumindest für die Männer unter ihnen, und hier kam man zusammen, um zu spielen, zu klatschen und einer Pariser *Chanteuse* zu lauschen, die Kaffeehaus-Balladen sang. Die Armee-Offiziere und Verwaltungsbeamten vergaßen schier für den Augenblick, daß sie sich fern der Heimat in einem arabischen Land befanden. Im September 1900 war die Sängerin am Klavier Alexandra Myrial, ein ehemaliges Mitglied der Opéra-Comique. Sie sang für ihr höfliches, wenn auch nicht allzu aufmerksames Publikum leichte Arien. Einer ihrer Zuhörer war der Chefingenieur Philippe Néel. Er besaß eine Art Jacht, die *Swallow*, auf die er die Pariserin einlud. Am 15. September nahm sie nicht nur seine Einladung an, sondern ging ihrem Tagebuch zufolge auch an Ort und Stelle mit ihm ins Bett. Zur Abwechslung fand Philippe Néel sich einmal in Gesellschaft einer Frau, die er ernst nehmen mußte.

Die Jacht war der übliche Schauplatz für derartige Stelldichein, aber in der Regel handelte es sich um Prostituierte aus Marseille, die in Tunis gestrandet waren. Als eines der Mädchen einmal mehr als den üblichen Preis verlangte, schickte Philippe es weg. Der Missionarssohn sündigte gern, aber nur, wenn es billig war. Einmal ließ er eine Postkarte mit einem Foto von der *Swallow* machen und verschickte sie mit identischen Galanterien an sämtliche Mädchen. Natürlich versicherte er Alexandra zuerst, sie sei die einzige Frau in seinem Leben. Wenn es andere gegeben hatte, könne er sich an deren Namen nicht mehr erinnern.

1902 nahm Alexandra eine attraktivere Stellung als künstlerische Direktorin des Casinos an, was sie möglicherweise Philippes Einfluß zu verdanken hatte. Nebenher schloß sie sich vorübergehend einer Expedition deutscher Botaniker in die südliche Wüste an, wo sie ihrem Interesse an ethnologischen Fragen nachgehen und die Beduinen studieren konnte. Sie schrieb auch weiterhin für radikale Zeitschriften. In »The Origin of Myths and their Influence on Social Justice« (*Free Thought* [Brüssel 1901]) griff sie die jüdisch-christliche Tradition an und verunglimpfte deren Geistliche als Abkömmlinge von Wunderheilern. Den Buddhismus dagegen bezeichnete sie als rational und liberal. Sie hoffte auf eine Revolution des Denkens und der Besinnung – nicht um der Massen, sondern um der Befreiung des Individuums willen.

Alexandra fuhr gelegentlich nach Paris, wo sie bei Jean Haustont in ihrer alten Wohnung in Passy wohnte. Er kam sie im Sommer 1902 in Tunis besuchen. Vielleicht wollte sie Philippe eifersüchtig machen. Die angehende Autorin brauchte überdies eine Verbindung zu ihren Pariser Verlegern, und im selben Jahr veröffentlichte sie zwei Artikel in dem einflußreichen *Mercure de France*. Alexandra schien ihre eigene Zukunft vorherzusehen. Im Winter 1904 war Alexandra als Philippes anerkannte Mätresse in sein hübsches, nach Manier der Einheimischen gebautes Haus *La Goulette* gezogen. Trotz dieser Intimität sah es nach einer Weile so aus, als würden Alexandra und Philippe sich als erbitterte Feinde trennen. Er hatte einen perversen Zug: Er machte von seinen käuflichen Eroberungen intime Fotos, die er anschließend aufbewahrte. Verwaltungsbeamter vom Scheitel bis zur Sohle legte er die Fotos zusammen mit den Briefen der Mädchen sorgfältig ab. Entweder durch Zufall oder mit Absicht ließ Philippe diese Beweise seiner Untreue an einem Platz liegen, an dem seine Geliebte den ganzen Stapel finden konnte. Sie fand sie tatsächlich und, was bei weitem schlimmer war, sie fand auch ihre eigenen Briefe, die mitten zwischen den übrigen eingeheftet waren. Philippe reagierte auf Alexandras gewaltigen Zorn mit großer Nonchalance. Er vergaß, daß er sie belogen hatte, und stellte ihr seine Hurengalerie mit leutseliger Geste vor. Keine dieser übergewichtigen und einfachen Frauen war hübsch, und Philippe und Alexandra lachten über ihre Grobschlächtigkeit wie zwei Komplizen. Alexandra brachte es fertig, ihren Ärger vor sich selbst mit vernünftigen Argumenten abzutun. Na schön, was war schon dabei, wenn ein Mann ein Schürzenjäger war? Und jetzt stolzierte er herum wie ein

Pfau! Aber er hatte ihr etwas vorgemacht, als er erklärt hatte, sie sei sein ein und alles. Schlimmer noch war, daß all diese Mädchen ein Bild von ihm hatten und es künftigen Kunden vorzeigen konnten.

Sobald Alexandra sich beruhigt hatte, wurde ihr klar, daß sie es mit einem Gecken zu tun hatte. Ihr »Mouchy« – wie sie ihn nannte – hatte ihr seine Vergangenheit als Geisel ausgeliefert. Alexandra erahnte die methodistischen Schuldgefühle, die hinter seiner weltmännischen Pose lauerten. Der vierzigjährige Philippe, Stammkunde zahlreicher Prostituierter, mußte sich durch eine Ehe erlösen. Alexandra hatte mit ihren sechsunddreißig Jahren einige Mühe, ihr Gewicht unter Kontrolle zu halten, und besaß nichts als einige Bücher und billigen Schmuck. Ihre feministischen Prinzipien waren stark, ihre buddhistischen Sehnsüchte real, aber die Aussicht auf ein Leben als arme, einsame Frau in mittleren Jahren war wirklich zu trostlos.

Am 4. August 1904 heiratete Alexandra ihren Freund im französischen Konsulat in Tunis. Die Wahl ihres Ehemanns erwies sich als brillanter Schachzug. Philippe bat den erstaunten Louis David in einem offiziellen Schreiben um dessen Zustimmung zur Hochzeit. Der ältliche Herr, der auf die Neunzig zuging, erklärte sich einverstanden – nachdem er sich beim Präsidenten der Eisenbahngesellschaft erkundigt und dessen Informationen über das Einkommen, Charakter und die Pensionsansprüche des Ingenieurs vernommen hatte. Während ihrer Hochzeitsreise segelten Alexandra und Philippe nach Frankreich und fuhren von dort aus mit dem Zug in den Kurort Plombiers. Nach einer Woche trennten sie sich. Philippe kehrte nach Tunis zurück, Alexandra reiste weiter nach Paris, um bei den Verlegern die Runde zu machen. Dort erreichte sie die Nachricht, daß ihr Vater im Sterben lag, und sie eilte nach Brüssel. Ihre Mutter, die praktisch senil war, erkrankte zur gleichen Zeit. Während sie kummervoll über die letzten Tage ihres Vaters wachte, konnte Alexandra sich auf den soliden Philippe vollkommen verlassen.

Während der nächsten Jahre sollte *La Goulette*, die Villa der Néels am Mittelmeer, Alexandras immer wieder verletztem Ego als heilungspendender Hafen dienen. Es war ein hübsches, maurisches Haus mit weißgetünchten Mauern und Arkaden, einem kühlen Patio und fröhlich plätschernden Springbrunnen. Im August 1905, als sie gerade dabei war, ihr Heim neu streichen zu lassen, bekam sie die Nachricht von Elisée Reclus'

Tod. An Philippes Schulter konnte Alexandra wie ein kleines Mädchen weinen. Für den Augenblick hatte sie einen Ersatzvater gefunden. Aber noch undeutlich zeichnete sich langsam eine ältere, dunklere Vatergestalt ab: der Schatten Dschingis Khans.

So sehr sie es auch versuchte, Alexandra konnte die Rolle als Gattin eines Verwaltungsbeamten und als Amateurschriftstellerin nicht bis in alle Ewigkeit ertragen. Ein Schnappschuß, der irgendwann vor 1910 auf dem Patio im Haus der Néels aufgenommen wurde, zeigt sie auf einer Chaiselongue liegend, eine wohlhabende, leicht übergewichtige Matrone in einem orientalischen Morgenmantel. Sie scheint einen Diener herbeizurufen, um sich ihre Teetasse nachfüllen zu lassen. Ihr Haar ist ordentlich nach oben frisiert und in der Mitte gescheitelt. Um den Patio herum stehen tropische Pflanzen, aber nichts an der Szene wirkt wild, bis auf die Augen der in ihrem Käfig gefangenen Ehefrau.

Ihr eigentliches Schicksal erwartete Alexandra auf der windgepeitschten Hochebene von Tibet, dem Dach der Welt. Sie würde dort in ein geheimnisvolles Reich eindringen, das nur wenige europäische Männer kannten und keine einzige europäische Frau.

Nach der Rückkehr von ihren Reisen, während eines kurzen Aufenthalts in Paris, wo sie den ihr zustehenden Beifall entgegennahm, begegnete sie abermals Claire de Langy, die immer noch schön wie eine Komteß, aber furchtbar traurig war. Claire, eine Bewunderin von Alexandras Schriften, lud sie in ihr Haus ein und vertraute ihr ihre Geschichte an.

Claire de Langy hatte den jungen Mönch an Bord des Schiffes aus einer Laune heraus verführt. Der Gedanke, seine Askese und seine Schwüre vor Gott zu überlisten, erregte sie. Lichtblitze flammten vor ihren Augen auf, als sie das rauhe Tuch seiner Robe an ihrer weichen, weißen Haut spürte. Bis zum Morgen hatte sie sich hoffnungslos in den Viscount de Trévaux verliebt, der einem Mönchsorden beigetreten war und sich mit der Absicht trug, diesem Orden sein Vermögen zu überschreiben. Als die beiden in Colombo gemeinsam an Land gingen, trug der Viscount einen modischen Tropenanzug und einen schwarzen Turban. Erst da wurde Claire bewußt, wie schön ihr Geliebter war – wie ein griechischer Gott. Aber sie wußte auch, daß sie eine Todsünde begangen hatte.

Es entbrannte eine leidenschaftliche Liebesaffäre, aber Trévaux bestand auf Heirat. Claire, die ihm nicht widerstehen konnte, gab nach. Das

Paar lebte in Luxus an der französischen Riviera. Claire spürte sehr schnell die Rastlosigkeit ihres Mannes, und tatsächlich verließ er eines Morgens das Haus, um nicht wieder zurückzukehren. Sein Anwalt informierte Claire, daß sie nun wohlhabend sei und das Haus behalten könne, daß sie ihren Mann, der einem unbekannten Kloster beigetreten war, jedoch nie wiedersehen würde. Claire engagierte Detektive und ließ überall nach ihrem Mann suchen, den sie zutiefst liebte, aber alle Unternehmungen waren sinnlos. Schlußendlich informierte der Anwalt sie über Trévaux' Tod und daß sie sein gesamtes Vermögen geerbt habe.

Claire hatte eine wichtige Frage an Alexandra: »Gibt es ein Leben nach dem Tod?« Sie konnte den Gedanken, den geliebten Mann nie wiederzusehen, einfach nicht ertragen. Ihre einzige Freude war die Vorstellung, sich mit ihrem Mann im Tode wieder zu vereinigen. Sie hoffte, daß Alexandra das Geheimnis gelüftet hatte, wie sie mit seinem Geist Kontakt aufnehmen konnte. Die Buddhistin Alexandra David-Néel riet ihr, zum Nutzen ihres verschiedenen Mannes für das Wohlergehen aller fühlenden Wesen zu beten. Aber sie spürte, daß die Frau trotz ihrer liederlichen Vergangenheit nur an diesen einen Mann denken konnte.

Als sie ging, wurde Alexandra klar, daß Claire die Rolle der reuigen Kurtisane, die sie selbst auf der Opernbühne gespielt hatte, wirklich lebte. Claires Geschichte war in gewisser Weise auch ihre eigene Geschichte, was sie so sehr betroffen machte. Während sich Claire sich in ihrem Kummer jedoch nirgendwo hinwenden konnte, fand sie selbst in Reisen und im Studium des Buddhismus immer wieder Zuflucht.

5

Indien – absurd und wunderbar

Als die dreiundvierzigjährige Alexandra David-Néel 1911 zum zweitenmal nach Indien reiste, war dies, obwohl sie erster Klasse fuhr, wahrhaftig kein Vergnügen. Die Araber, die mit den Händen aus schmutzigen Körben aßen, die Gerüche von schlechten Sanitäranlagen unter einer sengend heißen Sonne, das Ungeziefer in ihrer Kabine, all das setzte ihr zu. Sie glaubte, daß sie sich mit verschiedenen Mikroben infiziert hätte und lieb-äugelte mit einer vorzeitigen Rückkehr. Aber die Würfel waren gefallen: Alexandra sollte ihren lieben »Mouchy« vierzehn Jahre lang nicht mehr wiedersehen. In der Zwischenzeit sollte sie sich von einer Schülerin des Ostens zu einem gelehrten Lama entwickelt haben, von einer Suchenden zu einer Pilgerin und schließlich zu einer Gelehrten.

Trotz aller Unannehmlichkeiten war Alexandra zu klaren Betrachtungen über ihr Verhalten fähig. Sie war in Feministenkreisen sehr bekannt und hatte verschiedenen Konferenzen nicht nur beigewohnt, sondern bei diesen Gelegenheiten auch gesprochen, unter anderem auf dem ersten Frauenkongreß 1907 in Rom. Dieser war ihr übertrieben zahm erschienen und war von Frauen dominiert, die der Klasse der Müßiggänger angehörten. Sie hatte einen guten Ruf als Journalistin, die für kleine Zeitschriften über eine Vielzahl von Themen schrieb, angefangen von der Reform des Eherechts bis hin zum Zionismus. Am besten bekannt war sie vielleicht als Autorin eines Buches über die älteste Form des Buddhismus, den Theravada-Buddhismus, der in Ceylon, Burma und Thailand praktiziert wurde. Dieses Buch sollte viele Überarbeitungen und Auflagen erleben und ist noch heute im Druck.

In Wirklichkeit hatte Alexandra ihren Wissensschatz erschöpft, und sie fühlte sich trotz ihres scheinbar produktiven Lebens zutiefst elend. Alexandra klagte ständig über Kopfschmerzen, Müdigkeit und schlechten Appetit. Sie spürte, daß sie alt und ihrer Mutter immer ähnlicher wurde. Den Kontakt zu ihrem Schutzgeist hatte sie verloren, aber ihre wachsende Bindung an den Buddhismus gab ihr neue Hoffnung. Sie beschloß, ihren persönlichen Platz in der französischen Orientalistik einzunehmen: nicht als Spezialistin, sondern als Fürsprecherin der lebendigen Philosophie des Ostens. Etwas vorschnell hoffte sie, die Lehren des Buddhismus reformieren und rationalisieren zu können.

Währenddessen beklagte sich Alexandra, die Genießerin, über das Essen an Bord des Schiffes, insbesondere über die mit Zwiebeln gekochten Linsen, die es zum Dinner gab. Wenn sie geahnt hätte, daß sie eines Tages um Schweinefraß betteln – und ihn mit Freuden verzehren würde! Colombo in Ceylon, wo sie am 30. August von Bord ging, gefiel ihr nicht besser als die Reise, die sie dorthin geführt hatte. Unter den im Wind schwankenden Palmen schwärmten die Kaufleute umher wie die Fliegen und priesen ihre Seiden, Stoffe und Saphire. Besonders erzürnte Alexandra der Anblick einer kanarienvogelgelben Buddhastatue, in deren offene Hände ein Gläubiger eine Schachtel mit Zahnstochern gelegt hatte und ein anderer einen Krug Erbsen. Sie hielt Vorträge in der Theosophischen Gesellschaft und gab im Royal College eine Konferenz, bevor sie ins Landesinnere weiterreiste. In einer von dem deutschen Gelehrten Nyanatiloka (Geburtsname Anton Gueth) gegründeten Einsiedelei lernte Alexandra Pali. Diese alte Sprache ist die Schriftsprache des Hinayana-Buddhismus, und ihre Wiederbelebung ist vergleichbar dem Studium des Hebräischen durch die ersten Protestanten. Alexandras Verständnis des Buddhismus war zu jener Zeit durch und durch rationaler Natur: Buddha war ein sehr weiser Mann gewesen, der eine Möglichkeit zu kollektivem Tun gelehrt hatte, zu der auch der Verzicht auf weltlichen Profit gehörte. So ließ sich der Buddhismus mit Alexandras sonstigen Überzeugungen, was die Wissenschaften und den Antikolonialismus anging, vereinbaren.

Nichtsdestoweniger genoß Alexandra es, die *mem sahib* zu spielen. Ganz in Weiß gekleidet, auf dem Kopf einen Hut mit weißem Schleier, ließ sie sich in einer Rikscha von einem Ort zum anderen bringen. Zwei Monate lang besuchte sie die heiligen Stätten einschließlich des Bobaumes, der aus einem Ableger des Baumes gezüchtet worden war, unter dem Gautama seine Erleuchtung zuteil geworden war. Aber es war alles zu angenehm und zu simpel, und moderne Buddhisten waren hier rarer als in Paris.

Alexandra war froh, über den Golf von Mannar davonsegeln zu können – in einem behäbigen Kahn ohne elektrische Lichter. In Madurai verbrachte sie einen zauberhaften Abend unter den Sternen, berauscht vom Parfum Indiens. Sie war im Süden angekommen, in dem Land der feinknochigen, dunkelhäutigen, gefühlsbetonten Dravidianer. Diese Menschen, die den Eroberungsarmeen sowohl der Aryaner (Überbringer des Sanskrit) als auch der Moghulen (Moslems) widerstanden hatten, waren glühende Anhänger der hinduistischen Trinität. Diese besteht aus Brahma, dem Schöpfer (für den es weder Tempel noch Abbilder gibt); Vishnu, dem Bewahrer (der manchmal als Eber dargestellt wird, dessen bekannteste Inkarnation aber Krishna ist, der blaue Kuhhirte); und Shiva, dem großen Zerstörer (dessen zahlreiche Arme in einem Wirbelwind von Klingen hin und her schwingen), der das Feuer der Reinigung repräsentiert. Shiva trägt die Gestalt eines gewaltigen steinernen *lingam*, eines phallischen Symbols, das von Matronen wie Jungfern gleichermaßen angebetet und mit geschmolzener Butter übergossen oder mit süßlich duftenden Blumengirlanden bedeckt wird.

Alexandras Haltung den Gebräuchen gegenüber, die sie theoretisch mißbilligte, entspannte sich. Sie besuchte den barocken und mit Statuen wahrlich übervölkerten Meenakshi-Tempel, der das überfüllte Pilgerzentrum beherrschte. Der riesige, rechteckige Bau aus dem Jahre 1560 war schon immer ein Bienenstock gewesen, wo der Handel blühte. Auf dem äußeren Hof huschten Gestalten in leuchtend bunten Seidengewändern durch die Marktstände. Bettler hielten die Hand auf, und Hausierer boten Armbänder aus Glas feil, während die Leute schwatzten und um Blumen und Früchte feilschten, die Shiva, die herrschende Tempelgottheit, besänftigen sollten. In regelmäßigen Zeitabständen ließ man Flaschenkürbisse erklingen, um die Gläubigen inmitten von Weihrauchschwaden, Ringelblumenblättern und einem Rosenwassernebel zum Gebet zu rufen. Das alles erinnerte Lanza del Vasto, den sizilianischen Adligen, der zu einem Anhänger Gandhis wurde, an biblische Beschreibungen des Tempels von Jerusalem zu Zeiten Jesu.

Alexandra gefielen die Prozessionen an Festtagen am besten. Zuerst hallten Muschelschalen und Gongs über das Gelände, ein Geräusch, das die ehemalige Sängerin als imponierend, ja gewaltig beschreibt. Dann eilten die brahmanischen Priester enthusiastisch aus den Tempelanlagen, während die Gläubigen eine riesige Kutsche auf Holzrädern durch die Straßen wuchteten. Auf dieser Kutsche tanzte Krishna einen Tanz von

Tod und Wiedergeburt, und immer wieder suchten Gläubige den Tod, indem sie sich ihr in den Weg warfen und zermalmt wurden. Bis auf ihre Lendentücher nackte, mit Asche beschmierte oder mit Symbolen bemalte Männer hielten Fackeln wie Waffen empor. Die Teilnehmer der Prozession hockten an den Straßenrändern oder warfen sich zu Boden, um die Pflastersteine zu küssen, nachdem der Gott vorbeigefahren war. Dieses Inferno ließ die angeblich so rationale Beobachterin bis ins Mark frösteln.

Alexandra gab zu, daß die ganze Szene direkt aus dem Mittelalter zu stammen schien, ja daß ihr geradezu etwas Satanisches anhaftete. Dennoch war sie bei weitem mitreißender als die lauwarmen Festtagsumzüge, die im christlichen Europa veranstaltet wurden. Die heidnischen Griechen hatten einen ähnlichen heiligen Schrecken gekannt. Die Tempelhalle mit ihren tausend kunstvoll geschnitzten Steinsäulen, welche wiederum verschiedene Aspekte der hinduistischen Mythologie illustrierten, bot einen ehrfurchtgebietenden Anblick. Das innere Allerheiligste war – und ist – der Öffentlichkeit nicht zugänglich. Hier hielten Priester mit halbnackten Leibern komplizierte Zeremonien ab, und hier fanden die tantrischen Riten statt, Sexualpraktiken, von denen die meisten Menschen im Westen gehört haben, ohne sie in ihrer Essenz zu begreifen. Alexandra, die sich an einem verborgenen Ort versteckte, konnte diese Riten eines Abends miterleben.

In ihren fast ein halbes Jahrhundert später verfaßten Memoiren behauptet Alexandra, sie habe sich in das innere Allerheiligste geschlichen. Vielleicht hat sie sich den Zutritt dorthin erkauft. Jedenfalls befand sich in dem Haus der fischäugigen Göttin Meenakshi eine wunderschön geformte Statue dieser Gefährtin Shivas – mit gerundeten Hüften und Brüsten, die Alexandras Bewunderung erregte. Die *devadasis*, die heiligen Prostituierten des Tempels, nahmen sich Meenakshi zum Vorbild. Diese Tänzerinnen waren Sklavinnen, die bei ihrer Geburt mit Shiva verheiratet wurden. Ursprünglich konnte ein wohlhabender Bewunderer die Freiheit einer Frau erkaufen, indem er eine große Summe an die Tempelschatzkammer zahlte. Danach konnte er sie mitnehmen und zu seiner Konkubine machen. Die Tänzerinnen traten nur vor Hindus der oberen Kaste auf, und nur die Söhne der besten Familien wohnten jenen Riten bei.

Alexandra sah zu, wie vierzig Frauen, begleitet von Flöten und Trommelmusik, durch das trübe Licht wirbelten. Die Musiker folgten den

Schritten der Tänzerinnen, um mit ihren Klängen den lasziven Schwung der dunklen, biegsamen Leiber nachzuahmen. Langsam baute sich ein stetiger Rhythmus auf, der von verschwommenen Enthüllungen nackter Brüste akzentuiert wurde, eine Darbietung, die die männlichen Anwesenden in einen Rauschzustand versetzte. Obwohl die Tänzerinnen, die von Kindheit an für ihren Beruf ausgebildet wurden, sich bestens auf die erotischen Künste verstanden, konnte Alexandra in ihrer Darbietung nichts Raffiniertes oder Anmutiges entdecken. Sie bezeichnete die Gruppe der tanzenden Frauen als asiatisches Varieté. Da sie keineswegs eine Puritanerin war, hatte sie das *Kama Sutra* gelesen und mit »Mouchy« dessen komplizierte Beischlafstellungen praktiziert. Aber die Frauen, die sie im Tempel sah, waren verweichlicht von einem trägen Leben und verletzten Alexandras Schönheitssinn. Die männlichen Madurai gerieten beinahe außer sich. Stimuliert von sich drehenden Hüften und Brüsten, schwoll ihre Lust zu einem Crescendo an. Einer von ihnen begann sich mit weit aufgerissenen Augen zu winden und in einer ekstatischen Parodie des *samadhi* zu keuchen, jenes Zustands entrückter Wonne. Plötzlich flohen die Tänzerinnen von der Bühne, und die Gläubigen stürzten hinter ihnen her in eines der im Innern gelegenen Gemächer, in dem Shiva wohnte, seine Gefährtin und ihre Nachkommen. Alexandra folgte den anderen nicht, um die angeblich göttliche Erfüllung mit anzusehen. Statt dessen preßte sie sich zwischen die Beine eines riesigen Steinpferdes und leistete dessen überdimensionierte Lingam Gesellschaft, während die Woge geiler Männer an ihr vorbeistürzte. Dann verließ sie mit einem deutlichen Gefühl der Überlegenheit den Tempel.

Alexandra wurde bewußt, daß sie lediglich einer Pervertierung des tantrischen Ritus beigewohnt hatte. In seinem Werk *Tantra: The Yoga of Sex* berichtet Omar Garrison von seiner Erkundung einer »Nachtschule« in Brindaban, wo ein Guru mehrere Schüler im Geheimen Ritual unterwies – der Einnahme von fünf verbotenen Substanzen einschließlich Alkohol und Fleisch, deren Höhepunkt die *maithuna* war, die eheliche Vereinigung zwischen einem Schüler und seiner *shakti*, seiner Zeremonialpartnerin. Der Guru klagte darüber, daß er zwar seine Schüler sorgfältig ausgewählt und mehr als ein Jahr lang ausgebildet habe, daß sie jedoch, als er einen Ritualkreis mit Frauen für deren letzte Initiation arrangiert habe, allesamt in der Prüfung gescheitert seien. Der Guru fuhr fort:

Bei dieser Praxis ist eine Beherrschung der Sinne unabdingbar, vor allem das Zurückhalten des Samens. Es darf unter gar keinen Umständen zu einer Abgabe desselben kommen.

Aber einer der Jungen konnte sich nicht zurückhalten, wie ich es ihn gelehrt hatte. Statt dessen verausgabte er seinen Samen ... Und zu den anderen Mitgliedern des Kreises sagte er: »Das macht Spaß. Laßt es uns genießen.«

So stürzten sie alle unter lauten Schreien davon wie die Teilnehmer eines Polospiels. Also waren die Früchte ihrer langen *sadhana* (Übung) verloren. Jetzt müssen sie einen anderen Weg zur Befreiung finden.

Der tantrische Sex ist trotz seiner Übernahme durch Paare in der ganzen westlichen Welt in seinem Ursprung eine heilige Praxis. Sein Ziel ist es, dem Sexualleben eine kosmische Dimension zu geben. Bezeichnenderweise ist Fürst Shiva die erwählte Gottheit sowohl der tantrischen Adepten (Shaktas) als auch der asketischsten aller Yogis, die bei ihm die Zerstörung des Begehrens suchen. Die Shaktas verehren Shiva durch die verschiedenen Abbilder seiner Gefährtin, denn es ist nicht Lust, nach der sie streben, sondern die weibliche Kraft. Unter der Anhängerschaft dieses Kults finden wir jene, die wir als Magier bezeichnen sollten, oder wie Lanza del Vasto in seinem *Die Pilgerfahrt zu den Quellen* schrieb: »Die Destillateure von Liebestränken, die Hersteller von Amuletten, die Weber von Zaubersprüchen, Heiler und Wunderwirkende – sie alle haben eines gemeinsam ihr heiliges Buch ist das Tantra.«

Der Tantrismus könnte, obwohl die orthodoxen Brahmanen ihn verachten, älter sein als der Hinduismus selbst. Das Tantra blickt auf die Praktiken der vedischen Rishis vor der Invasion durch die Aryaner zurück; letztere brachten das nördliche Muster der als Schamanismus bezeichneten Glaubensanschauungen mit; auch von diesen hat der Tantrismus einzelne Teile übernommen. Der Tantrismus verlangt die mündliche Weitergabe von Geheimnissen durch den Meister an den Schüler, und sein Ziel ist der Erwerb magischer Kräfte, die unmittelbaren Einfluß sowohl auf die innere als auch die äußere Welt nehmen sollen. Statt das Erotische zu regieren, trachtet der Tantrismus danach, dessen Energie für seine Zwecke einzuspannen. Jenen sechsten Sinn, den die Sexualorgane zu besitzen scheinen, ist der Schamane zu erlangen bestrebt. Es ist noch gar nicht allzu lange her, daß diese okkulte Tradition in einigen Gebieten Indiens – und in Tibet, dem Land, in dem die Zeit stillstand – auf die reinste Weise praktiziert wurde.

Die Bedeutung, die dieses bis dahin geheimnisvolle System für das Leben Alexandras, der rationalen Buddhistin, erlangte, war eminent. Obwohl sie sich in mehreren Schulen fernöstlichen Denkens heimisch machte, gründete sich ihr Ruhm auf das, was sie über den tibetischen buddhistischen Tantrismus wußte und schrieb. Auch ihr ging es nicht um Sex als solchen, sondern um die Nutzung elementarer Energien für andere Zwecke. Nur dank der verschiedenen Techniken, die sie sich in einer Höhle im Himalaja angeeignet hatte, etwa das *tumo*-Atmen und die Erzeugung einer schützenden Körperwärme, wurde ihr gefährlicher Marsch nach Lhasa zu einem Erfolg. Wie wir noch sehen werden, galt Alexandra schon als tantrische Adeptin, lange bevor sie wirklich eine wurde.

Die Suchende reiste mit dem Zug nach Norden durch Teakholzwälder und vorbei an Lichtungen, in denen uralte Dörfchen schlummerten. Die Strände entlang der Südostküste waren übersät mit Palmyrapalmen, und Alexandra äußerte sich sehr positiv über ein Volk, dessen Wirtschaft sich auf die Kokosnuß gründete statt auf die Kuh. An den größeren Bahnhöfen warteten komfortable Bungalows auf die Europäer, und ein einheimisches Zimmermädchen verstand sich auf die geschickte Massage müder Beine. Ihre Gefährten erwiesen sich als interessant, und die Brahmanen begegneten der einsamen Reisenden mit Respekt.

Aber Alexandra war der heftigen Monsunregenfälle müde. Sie fand den Himmel zu grau und die Felder beinahe zu grün. Wohin sie auch blickte, überall sah sie Schlamm. Sie vergaß die Zeit und träumte von ihrer ersten, nun beinahe zwei Jahrzehnte zurückliegenden Indienreise. Damals war sie noch eine junge Frau gewesen, deren Geist in Einklang mit den kurzen, rosa überhauchten Morgendämmerungen war, die einem goldenen, heißen Tag vorangingen. Es war nicht Indien, das sich verändert hatte, sondern sie. Die Folgen des qualvollen Jahrzehnts, während dessen Alexandra Philippe Néels Geliebte und Ehefrau gespielt hatte, läßt sich nur durch den Spiegel ihrer eigenen Überlegungen betrachten. Ihre intime Korrespondenz jener Jahre verbrannte sie.

Als Alexandra in Pondicherry ankam – dem Überbleibsel von Franzö-

sisch-Indien –, heiterte eine Begegnung mit Sri Aurobindo Ghose sie
Gott sei Dank auf. Aurobindo entwickelte sich damals gerade vom politischen Aktivisten zum spirituellen Führer. Der 1872 geborene Bengale
wurde mit sieben Jahren zur Ausbildung nach England gebracht. 1893,
nach zwei Jahren eines Studiums der englischen Klassiker in Cambridge,
kehrte er im Dienste eines einheimischen Maharadschas nach Indien
zurück. Während er Englisch unterrichtete, begann er selbst Sanskrit zu
lernen und versenkte sich in die Kultur Indiens. 1905 gab der britische
Plan, Bengalen in West und Ost (Hindus und Moslems) zu teilen, Anlaß
zu gewalttätigen Protesten. Aurobindo wurde zu einem führenden bengalischen Nationalisten und einer wichtigen Gestalt des sogenannten extre-
mistischen Flügels der Kongreßpartei, der eine sofortige und absolute
Unabhängigkeit von Großbritannien forderte.

1907 gründete Aurobindo eine Zeitung, *Bande Mataram*, in der er sein
Programm entwickelte: Verweigerungshaltung gegenüber der britischen
Regierung und deren Gesetzen, Boykott im Ausland hergestellter Waren
und, soweit nötig, ziviler Ungehorsam. Diese Strategien förderten nach
ihrer späteren Übernahme durch Mahatma Gandhi die Unabhängigkeit
Indiens. Aber die Zeit war noch nicht reif dafür (Gandhi kehrte erst 1915
nach Indien zurück), und die Regierung verhaftete Aurobindo wegen
Aufwiegelung. Insgesamt wurde er dreimal verhaftet und jedesmal wieder
freigelassen, verbrachte aber insgesamt ein Jahr im Gefängnis. Als er 1909
entlassen wurde, war die Kongreßpartei zerschlagen, ihre Führer verhaftet
oder exiliert; 1910 nahm Aurobindo dann Zuflucht im französischen
Pondicherry, um eine erneute Verhaftung zu vermeiden.

Die Regierung konnte nicht wissen, daß der Gefängnisaufenthalt aus
dem politischen Radikalen einen durchgeistigten Philosophen gemacht
hatte. Für Aurobindo begann eine Phase des Schweigens und der Yoga-
Praxis, die er erst 1914 beendete; danach schrieb er seine wichtigeren
Werke, gründete seinen Ashram und dank der Anstrengungen seiner
Gefährtin, der Pariserin Mirra Alfassa (ihrer gemeinsamen Gefolgschaft
als »die Mutter« bekannt), die neue Stadt Auroville. Daß Aurobindo
sein Schweigen brach, um mit Alexandra zu sprechen, ist überraschend,
aber sie sollte noch öfter von solchen Ausnahmen profitieren, die bedeutende oder mächtige Männer, unter ihnen der XIII. Dalai Lama, für sie
machten.

Als Alexandra Aurobindo im November 1911 kennenlernte, war er ein gutaussehender Mann, der auf die Vierzig zuging. Sein Zimmer war nur mit einem Tisch und zwei Stühlen möbliert; Aurobindo saß mit dem Rücken zum weit geöffneten Fenster; der weite Himmel über Indien bildete den Hintergrund für das intensive Gespräch. Vier junge Männer hielten sich in der Nähe auf – seine Schüler, die ihm ins Exil gefolgt waren. Draußen auf der Straße postierten die Männer der indischen Geheimpolizei.

Das Treffen dieser beiden Vertreter des Reformbuddhismus und der für das zwanzigste Jahrhundert charakteristischen Wiederbelebung alten indischen Wissens war vielversprechend. Vielleicht sprach der Philosoph zu Alexandra über sein Konzept des allumfassenden Geistes, der sich der ewigen Wahrheiten bewußt ist, aber auch dazu gebracht werden kann, Materie und alles Leben zu durchdringen. Dieser Zustand, nach dem Aurobindo strebte, unterschied sich nicht sehr von der Erleuchtung, die Gautama Buddha erlangt hatte. Der Philosoph und seine Gesprächspartnerin hatten viel gemeinsam. Aber obwohl Alexandra Aurobindos gedankliche Klarheit rühmte, sollte sie später ihr Gespräch als »Klatsch« bezeichnen.

Die Unterhaltung hatte tiefgreifende Folgen für Alexandras Streben und führte zu einer Kette von Ereignissen, die sie schließlich ein Dutzend Jahre später in Verkleidung nach Lhasa führen sollte. Obwohl sie begriff, daß Aurobindo und seine Gäste beobachtet wurden, war sie doch überrascht, als sie in Madras der Polizeichef persönlich vom Zug abholte. Er befragte sie höflich über ihr Ziel und die Gründe ihres Indienbesuchs. Als Antwort zeigte sie dem Polizeichef ihre an den Vizekönig und die Provinzgouverneure gerichteten Einführungsschreiben Londoner Beamter. Nach Darstellung Jacques Brosses, des zuverlässigsten ihrer früheren Biographen, entließ der Polizeichef sie in der sicheren Erkenntnis ihrer politischen Naivität.

Dieser Irrtum ist in späteren Biographien immer wieder aufs neue aufgetischt worden; zugleich wurde meist Alexandras Respektabilität und Prominenz herausgestellt, als ob es sich bei ihr um eine Gesellschaftsmatrone auf einer Wohltätigkeitsveranstaltung gehandelt hätte. Zutreffend dagegen ist, daß sie nicht viel später gemeinsam mit dem Gouverneur von Madras dinierte. Sie tauschten sogar freundliche Belanglosigkeiten über

Aurobindo aus. Dies war der Anfang einer absichtlich janusköpfigen Politik ihr gegenüber, die auf höchster indischer Regierungsebene angeordnet worden war. Ein vertraulicher Bericht, der zwei Jahre später für Sir Arthur Hertzel vom India Office in London angefertigt wurde, stellt fest:

> Madame David-Néels Besuch in ... Pondicherry, um dort den führenden Extremisten aufzusuchen. Sie sehen aus [einem früheren] Telegramm vom 19. Dezember 1911, daß der Gouverneur von Madras Anweisung hatte, den Vizekönig in Kalkutta von ihren Unternehmungen in Kenntnis zu setzen. Unter diesen Umständen dürfen wir vielleicht annehmen, daß der G von I alle nötigen Informationen über sie besitzt?

Diese offensichtlich optimistischen Annahmen beruhten auf »geheimen Untersuchungen in Paris«, die unmittelbar nach Alexandras Interview mit Aurobindo in Gang gesetzt worden waren und Teile ihrer radikalen Vergangenheit wieder ans Licht gebracht hatten. Den Briten bereiteten ihre früheren Freunde sowie ihre Angewohnheit, unterschiedliche Namen zu benutzen, Sorgen, und sie argwöhnten, Alexandra könne eine Agentin der Franzosen oder einer anderen Regierung sein. Der Gouverneur war postwendend mit den folgenden Worten alarmiert worden: »Deswegen wäre es gut, sie nicht aus den Augen zu lassen und die ... Abteilung für Kriminalermittlungen von Kalkutta auf dem laufenden zu halten.«

Die indische Regierung praktizierte die angeforderte Überwachung mit diplomatischer Zurückhaltung; ihre Agenten hatten ein waches Auge auf die Reisen und die Kontakte der Französin. Diverse Beamte, die sich ihr als äußerst hilfreich erwiesen, meldeten ihre Bewegungen dem Vizekönig. Und wenn sie es für notwendig hielten, vereitelten sie ihre Anstrengungen. Diese Janusköpfigkeit der britischen Beamtenschaft setzte sich während der gesamten Reise fort. Für Alexandra war schmerzlich zu begreifen, daß die britische Regierung ihr kollektiv feindlich gegenüberstand und daß es sich für sie lohnte, die Briten an der Nase herumzuführen. Uns verhilft diese Ausspähung durch die Briten zu objektiven Berichten über die Schritte der Reisenden auf ihrem Weg durch Zentralasien. Jeanne Denys hatte sich getäuscht: Eine Frau von mittlerem Alter konnte sehr wohl allein Lhasa erreichen.

Alexandra verfügte über das bemerkenswerte Talent, die Kolonialbüro-kratie abzulehnen und doch gelegentlich selbst wie einer ihrer chauvini-stischsten Vertreter zu klingen. Sie verglich Madras mit einem Haufen Lumpen und zählte sich zu den Gegnern des gesamten brahmanischen Systems, das auf der Vedanta (den heiligen Vedas oder Schriften) und den Kasten beruhte. Die Brahmanen hatten den Buddhismus im Land seiner Entstehung unterdrückt und Indien in den Zustand der Sklaverei geführt, in dem es sich jetzt befand. Außerdem waren ihr die Häuser der Brahmanen, die beschmutzt seien durch die Gewohnheiten von deren Domestiken, zu schmierig, als daß sie darin hätte essen wollen. Sie ver-mied alle Einladungen, indem sie in die nahe gelegene Zentrale der Theosophischen Gesellschaft im nahe gelegenen Adyar zog.

Hier störten Alexandra andere Dinge. Sie bezog ein luxuriöses Quar-tier in einem großen Raum eines Hauses, das dem Trianon Ludwigs XIV. ähnelte. Das Gelände der Theosophen erstreckte sich bis zum Meer hin und schloß dort einen weiten Strandabschnitt ein, der abends von einer Ansammlung von Verrückten, wie sie sie zu nennen pflegte, belebt wurde; diese flanierten dort mit Laternen. Unter ihnen befand sich ein europäischer Graf, ein hübscher, zum Missionar bekehrter Zirkuskünstler und eine Schar reifer Damen. In der Bibliothek studierte ein gewisser Herr Grunewald mit Goldrandbrille in alten Texten, um sich zu vergewis-sern, wie die mittelalterlichen Rabbis *golems* hergestellt hatten, künstliche Menschen, die ihrem Willen gehorchten. Ein schwedisches Mädchen, das geschworen hatte, sich selbst verhungern zu lassen, konnte davon erst in letzter Minute durch ein Telegramm Annie Besants abgehalten werden.

Die in ihre Meditation vertieften Theosophen waren auch völlig gleichgültig gegenüber den giftigen Schlangen auf dem Grundstück. Alex-andra schrieb ihrem Gatten, daß man dort auch Königskobras antreffen könne, die das Zeichen Shivas trügen. Wenn eine solche Schlange sich aus zusammengerolltem Zustand erhob, den Hals aufblähte und feurige Augen bekam, dann konnte das Opfer nur noch beten. Der Biß der Kobra bedeutete einen schnellen, aber schmerzhaften Tod. Nachdem Alexandra Philippe so geängstigt hatte, versicherte sie ihm, daß sie nicht wirklich in Gefahr sei. Ihren Gatten zunächst in Sorge zu versetzen, um ihn dann wieder zu beruhigen, gehörte zu ihren Taktiken, ihn aus der Entfernung zu beherrschen.

Die Nächte bezauberten Alexandra, die in der Dunkelheit der tropischen Symphonie der Natur lauschte. Viele der anderen Theosophen waren so fest entschlossen, sich auf ein ausgewähltes Mantra zu konzentrieren, daß sie das unheimliche Lärmen der Vögel, das Summen, Brummen, Zwitschern der Insekten, das ganze lebhafte Hin und Her nicht ertragen konnten. Alexandra dagegen machte dieses kreative Chaos klugerweise zum Thema ihrer Meditation. In der Dunkelheit schrumpfte die menschliche Eitelkeit auf die ihr angemessene Bedeutungslosigkeit zusammen. Die Laute der Nacht waren die Stimme der Wahrheit.

Alexandra hielt daran fest, daß die Yoga-Praktikanten – ob sie die Kunst nun in ihrer körperlichen oder mehr geistigen Form ausübten – einander an dem Licht in ihren Augen erkennen konnten. Ob nun auf diese Weise oder anders, jedenfalls machten einige Vishnuiten sie in Adyar ausfindig und luden sie ein, sich ihnen anzuschließen. Mit Saris bekleidet und mit Asche beschmiert, waren sie Vertreter des alten Indiens und eines ungeschminkten Mystizismus. Sie schienen Alexandra zu verehren, stellten ihr eine Reihe Fragen zum Hindu-Schrifttum und würdigten ihre Antworten mit hingerissener Aufmerksamkeit.

Auf genauere Nachfrage erfuhr Alexandra, daß der Guru der Yogis eine ältere Frau war, die in einem öffentlichen Park nackt unter einem Baum saß. Dort hatte sie schon seit Jahrzehnten meditiert und zeigte allmählich Erschöpfungserscheinungen. Ihre Anhänger suchten nach passendem Ersatz. Alexandra erheiterte es, daß die Adepten sie für eine *avatar* hielten, eine wiedergeborene Gottheit, und sie war sich wohl bewußt, daß selbst die größten französischen Sanskritgelehrten nicht auf diese Weise geehrt worden wären. Jedoch verspürte sie nicht das Bedürfnis, ohne Möbel und ohne Diener zu leben. Sie entließ ihre Verehrer mit dem Hinweis, daß sie eine verheiratete Frau sei, deren Gatte es nicht billigen würde, wenn sich seine Frau nackt in der Öffentlichkeit zeigte.

Auf größeres Interesse stieß bei Alexandra die Einladung, Frankreich auf dem internationalen Kongreß für moralische Erziehung, der im August 1912 in Den Haag stattfinden sollte, zu vertreten. Ihre Zusage verdeutlicht ihr Vorhaben, im folgenden Sommer aus Indien zurückzukehren. Sie versicherte Philippe, daß sie wertvolle Dokumente sammle und hoffe, ein Buch über die lebendige Philosophie der Hindus zu schreiben, für das sie durch ihre gegenwärtigen Erfahrungen das Material zu gewinnen dachte. Es würde schön sein, wenn sie zusammen im Alter ihre Werke genießen könnten. Tatsächlich aber sollte sie, nichts über Indien schreiben, solange Philippe Néel lebte.

Alexandras erstes Weihnachtsfest fern der Heimat deprimierte sie. Es regnete, und wie um ihre Einsamkeit noch zu betonen, feierten die Europäer fröhlich die Geburt Jesu. Diejenigen, die von Christus predigten, klagte sie, gehörten zu jenen, die ihn gesteinigt haben würden. Die Kreuzigung war der Lohn für jemanden, der versuchte, die Menschheit zu retten, erinnerte sie ihren Gatten, der jedoch keinerlei missionarischen Eifer besaß. Sie vermißte »Mouchy«, wünschte seine Nähe und seine Umarmungen. Aber rasch fügte sie hinzu, daß Indien ihn langweilen würde; er würde sich lediglich für die ausgezeichneten Eisenbahnbrücken interessieren, die die Briten gebaut hatten.

In den letzten Tagen des Jahres bereitete Alexandra sich auf eine Reise in den Norden vor. Wie sie auch gegen die Europäer wettern mochte, ganz gleich, ob es sich um Theosophen, Beamte oder Missionare handelte, sie blieb doch die Mem Sahib, die sich in makelloses Weiß kleidete und selbstherrlich das Kommando über ihre Kulis führte. Schon Luree Miller, eine Reiseschriftstellerin, hat darauf hingewiesen: »Eine Errungenschaft des Liberalismus, die viele Frauen von so bescheidenen Mitteln wie David-Néel eifersüchtig hüteten, war, daß sie niemals zu kochen gelernt hatten, sondern es immer fertigbrachten, sich bedienen zu lassen.«

6

Stadt der Freuden

Am Neujahrstag 1912 war Alexandra David-Néel bereits im Norden, in
Kalkutta. Die bengalische Stadt mit ihrer aggressiven Atmosphäre, die damals die Hauptstadt Britisch-Indiens war, dehnte sich ungezügelt entlang
des Flusses Hooghly aus. Ursprünglich eine Handelsgründung aus dem
neunzehnten Jahrhundert, war sie inzwischen zum Zentrum der Hindu-
Renaissance geworden, eines heftigen, auf Konfrontation bedachten
Nationalismus, und beherbergte Dichter und Intellektuelle wie Rabindranath Tagore, den ersten Asiaten, der den Nobelpreis für Literatur erhielt.
Die Stadt war in ein Einheimischen- und ein Britenviertel geteilt; in letz-
terem gab es eine anglikanische Kathedrale, einen Park (den Maidan)
und prächtige Wohnhäuser.

Alexandra wurde zwar von wohlhabenden Bengalis willkommen geheißen und gefeiert, aber sie konnte deren Speisen nicht vertragen und
zog bald in die englische Pension einer Mrs. Walter. Sie war drauf und
dran, die in ihren Augen lumpige und ungesunde Stadt wieder zu verlassen. Jedes Jahr brachen bei niedriger Wasserführung des Flusses Seuchen
aus. In rebellischer Stimmung weigerte sie sich, allgemein geachteten Swa-
mis durch Verbeugung ihre Ehrerbietung zu erweisen, und schüttelte
ihnen statt dessen die Hände. Wenn sie gebeten wurde zu sprechen, predigte sie die buddhistische Lehre, und zwar auf militante Weise. Aber
ihrem forschen Auftreten fehlte es ebensosehr an Überzeugungskraft wie
dem brahmanischen Riten- und Kastensystem, das sie wegen seines Man-
gels an Nächstenliebe und Mitleid verdammte.

Recht gut gefiel ihr allerdings, daß sie in Kalkutta durch den Nachdruck einiger ihrer in Europa veröffentlichten Artikel im *Indian Mirror*
und *Statesman* bekannt war. Sie mußte zugeben, daß Teile der Stadt dem
St. James Park oder dem Kensington Park in London ähnelten, und daß
der graue Abendnebel über dem Fluß sie an die Themse erinnerte. Auch
prominente Persönlichkeiten der britischen Gemeinde hofierten sie, und
bald schon kleidete auch sie sich passend für die Dinners mit juwelen-

geschmückten Damen in tief ausgeschnittenen Kleidern und Herren im Frack. Sie vermißte ihren Begleiter Philippe und vermutete, daß sie als Paar durchaus Eindruck gemacht hätten. Aber schnell wurde sie dieser Geselligkeiten überdrüssig.

Außerdem wurde bald die Ankunft König Georges VI. erwartet, der als Kaiser von Indien gekrönt werden sollte und die Verlegung der Hauptstadt nach Delhi bekanntgeben würde. Die Briten hofften, durch die Wiedervereinigung Bengalens die Bengalis zu beschwichtigen und außerdem demnächst in einer Hauptstadt zu residieren, die nicht von ständigen Demonstrationen für die indische Unabhängigkeit beunruhigt wurde. Aber die indische Regierung verärgerte damit nur die Moslems, die die Trennung zwischen Ost- und Westbengalen favorisiert hatten und sich jetzt zur *Moslem League* zusammenschlossen. Diese sollte die treibende Kraft für die Teilung Indiens im Jahre 1946 werden.

Alexandra lernte auch britische Beamte kennen, die nicht dem stümperhaften Stereotyp entsprachen, das wir aus Filmen kennen, die während der britischen Regierung Indiens spielen (zum Beispiel *Heat and Dust* oder *Gandhi*). Sir John Woodruffe, Richter am Obersten Gericht, war der erste höhere Beamte, der sich mit Alexandra befreundete und sicherlich Einfluß auf ihre Arbeit und ihr Leben gewann. Der hochkultivierte Mann war damals Mitte Vierzig, begann aber selbst erst 1918 – unter dem Pseudonym Arthur Avalon – zu veröffentlichen, und zwar eine überaus wichtige Studie zum Tantra. Bei der Übersetzung der alten Bücher und der Darstellung der Rituale mußte Sir John große Vorsicht walten lassen; er schrieb, wie Omar Garrison es ausdrückte, »für ein doppelt puritanisches Publikum« – die britischen Viktorianer und die indischen Vedantisten.

Sir John zog Alexandra unverzüglich ins Vertrauen. Er begleitete sie zum Tempel der Kali – Kalkutta bedeutet »der Ort, wo Kali an Land ging« –, einer grausamen Manifestation der universalen Mutter. Hier waren Menschenopfer dargebracht worden, bis die Briten Mitte des neunzehnten Jahrhunderts diese Rituale unterbanden. Zu Alexandras Zeit wurden dort Schafe, Ziegen und Wasserbüffel in so reicher Menge geschlachtet, daß sie ihre Röcke raffen mußte, um durch das Blut zu waten. Diese Leichenhalle konnte Sir John, einen hingebungsvollen Anhänger Kalis, einen Mustergatten und freundlichen Vater von vier Kindern, nicht beunruhigen.

Obwohl Alexandra nicht verstand, was er eigentlich meinte, wenn er von materiellem Nutzen sprach, den er aus seinen *sadhana* (Übungen) zog, war sie doch erfreut, ihn und seine Frau auf indische Empfänge und zu geheimen Kirtans begleiten zu dürfen. Diese Gottesdienste, die auch ein Konzert einschlossen, konnten sich zu ebensolcher Ungebärdigkeit entwickeln wie im Westen die Treffen der Wiedererweckungsbewegung. Zum Rhythmus der Tamburins und Zimbeln – einer Musik, die damals im Westen unbekannt war – riefen die Teilnehmer immer wieder den Namen »Hari!« (Vishnu). Sie steigerten sich in einen heiligen Rausch hinein, wurden immer lauter, tanzten mit in die Seiten gestemmten Armen, fielen sogar mit Schaum vor dem Mund in Zuckungen. Andere, die in eine Art Trance versanken, ignorierten dieses wilde Treiben wiederum völlig.

Alexandra hatte ein ausgesprochen kritisches Verhältnis zu den schön geschmückten Prozessionen. Warum diese Dutzende von Elefanten in goldene Decken gehüllt und mit Smaragden und Rubinen geschmückt sowie Kamele in Netzwerke von getriebenem Silber und Gold, während die Massen unter bitterster Armut litten? Bei jeder Prozession regte sich Alexandra aufs neue auf. Die Sitte der Verheiratung von Kindern machte sie zornig. Oft wurden kleine Mädchen an ältere Männer verheiratet, Ehen, die erst nach der ersten Menstruation der pubertierenden Mädchen vollzogen werden konnten. Wenn der sie erwartende Bräutigam starb, waren diese Mädchen vielleicht mit zwölf oder dreizehn Jahren bereits verwitwet – aber immer noch Jungfrauen. Da ihnen eine zweite Heirat verwehrt war, wurden sie oft zu Prostituierten, die in käfigartigen Räumen in besonderen Vierteln der großen Städte angeboten wurden und immer noch werden. Alexandra fand es sehr lobenswert, daß eine amerikanische Schule sich einiger dieser Unglücklichen angenommen hatte.

Alexandras Neugierde überwog manchmal die Abneigung, sich mit den offensichtlichen Anzeichen des Elends abzugeben. Als sie sich einmal auf den Fluß hinausrudern ließ, machte sie der Flößer auf etwas aufmerksam, das am Ufer angeschwemmt war. Es sah aus wie eine aufgeschwemmte Lederpuppe, erwies sich bei näherem Hinsehen aber als ein Toter. Ein ausgehungerter Hund fraß ihm das Gesicht weg und hinterließ ein klaffendes Loch, durch das die Zähne der Leiche leuchteten. Alexandra beobachtete die Szene, bis der Hund sein grausames Mahl beendet hatte. Dann befahl sie dem Fährmann, näher heranzurudern, um die Szene zu fotografieren. Sie hoffte, daß ihre Fotografien eines Tages veröffentlicht würden. Gleichzeitig ermahnte sie Philippe, solche Bilder niemandem zu zeigen, weil die Europäer sich derart vor dem Tod scheuten. Langsam, Schritt für Schritt geriet die Aktivistin in den Bann des Fernen Ostens. Ihre Kritik verstummte oder wurde hintersinnig. Als ein brahmanischer Priester hochmütig die Gabe einer Tafel Schokolade zurückwies, warf sie ihm einige Rupien hin, die er gierig auflas. Alexandra mußte daran denken, wie der römische Kaiser Vespasian die Kritik an der von ihm auf öffentliche Bedürfnisanstalten erhobenen Steuer zurückgewiesen hatte: »Geld stinkt nicht.« Einmal legte sie sich angewidert von den Tricks der Fakire auf ein gerade freies Nagelbett. Einem britischen Passanten – einem Touristen – erklärte sie, daß ihr nach einem Schläfchen zumute sei und sie sich glücklich schätze, eine bequeme Couch gefunden zu haben.

Obwohl Alexandra sich immer noch selbst als Verfasserin einer ganzen Reihe dicker Bücher ansah, konnte sie sich doch nicht entscheiden, in welcher Tradition sie schreiben sollte. Sie beschäftigte sich mit dem Gedankengut und dem Leben zweier großer Gestalten der Hindu-Renaissance – des heiligen Ramakrishna und seines Schülers Vivekananda, dessen Vorbild die meisten der Yoga-Ashrams im Westen heute noch folgen. Sie war beeindruckt davon, daß der asketische Vivekananda sich selbst durch reine Willenskraft in jungen Jahren zu Tode gebracht hatte – während er nach außen hin scheinbar meditierte. Aber noch mehr beeindruckte sie die Frau des verstorbenen Ramakrishna, die sie besuchen konnte. Obwohl Caroda Devis sechsundvierzig Jahre alt war, wies ihr Gesicht keine einzige Falte auf, ihre Augen waren hell und leuchtend. Alexandra versuchte, ihr die Geheimnisse ewiger Jugend zu entlocken.

Gefördert von Woodruffe, wandte sich Alexandra den Geheimnissen des Tantra zu. Sie nahm an dem Ritual der sogenannten »fünf verbotenen Substanzen« teil: Fleisch, Fisch, Korn und Wein – alle bis auf das Korn den Brahmanen durch ihre Religion verboten. Die fünfte Substanz ist Maithuna (die sexuelle Vereinigung), die dem zeremoniellen Verzehr der ersten vier folgt. In ihren seit Mitte der fünfziger Jahre verfaßten Büchern über Indien und Nepal berichtet Alexandra, zumindest an drei verschiedenen tantrischen Zeremonien teilgenommen zu haben, die alle fünf Elemente enthielten.

An der ersten, zu der sie ein Guru eingeladen hatte, nahmen zehn Hindus der Oberklasse teil, die jeder von seiner Frau und einer Shakti oder geschmückten Frau begleitet wurden. In einem prachtvoll ausgestatteten Haus setzten sich die Dreiergruppen zu einem Chakra (mytischem Kreis) auf die am Boden ausgebreiteten Polster. Alexandra selbst war eine Shakti und sang auf Sanskrit; Weihrauch wurde verbrannt, die Lichter der Öllampen ließen die Gesichter aufflackern und Bronzeglocken läuteten. Endlich witterte sie das Parfum des Abenteuers – jetzt fühlte sie sich im Leben.

Bei dieser Gelegenheit wurde auch die sexuelle Vereinigung als fünftes Element praktisch vollzogen; jeder Mann wickelte sich selbst und seine Frau in ihren extralangen Sari ein. In ihren farbenprächtigen Kokons schienen die Paare lange Zeit bewegungslos zu verharren. Tatsächlich hatte jeder Mann sich mit seiner Partnerin verschlungen, und beide meditierten über die höchste Vereinigung mit der universalen Macht. Bald kamen die beiden wieder hervor, um ihre Shakti anzustarren und zu verehren. Alexandra sagt nicht explizit, was sonst noch geschah, machte aber geltend, daß es eine Demütigung für sie gewesen sei.

Bei einer anderen Gelegenheit fand der tantrische Sex in einem abgelegenen Pavillon in einem Garten statt, während draußen die Schakale heulten. Alexandra hatte den Gärtner bestochen, deren Arbeitgeber in gewissen mondlosen Nächten die Gottheit oder die weibliche Kraft anbeteten. Sie wurde auf einer Treppe zu einer Terrasse versteckt und konnte von dort aus unentdeckt den rituellen Akten zuschauen.

Zuerst wurde eine Ziege geschlachtet, dann tranken die in einem Chakra sitzenden Teilnehmer eine Menge Wein aus einem gemeinschaftlichen Krug. Danach umarmte jeder der zehn Männer seine Shakti. Sie war in diesem Kult seine Gefährtin oder Partnerin; es konnte jede Frau sein, außer seiner eigenen. Die Paare vereinten sich, ohne sich dazu ganz zu entkleiden, in verschiedenen Stellungen, so wie die tantrischen Statuen, die bestimmte indische Tempel schmücken. Nach dem, was sie später einem Vertrauten gegenüber zugeben sollte, ist anzunehmen, daß Alexandra Teilnehmerin und Zuschauerin zugleich war.

Das dritte Mal, als Alexandra Zeugin tantrischer Sexualpraktiken wurde, verlief weniger glatt. Das war ein Jahr später in Nepal, und beteiligt war der Schlag von Hilfskräften, die von der Kolonialgesellschaft ungeachtet ihres wirklichen Alters »boys« genannt wurden. Alexandra hatte eine Vorliebe für junge, hübsche, kluge Boys, und in Nepal wurde sie von einem jungen Mann namens Passang begleitet. Als sie einmal fragte, warum ein riesenhafter Stein-Lingam eigentlich als Symbol Shivas gelten solle, erwiderte er verächtlich, daß so nur ein Ausländer denken könne: »Für uns ist der Lingam Shiva selbst.«

Passang schmuggelte Alexandra, als tibetischer Mann verkleidet, auf einen Heuschober; der Ritus fand unter ihr zu ebener Erde statt. Fünf Männer und die gleiche Anzahl von Frauen nahmen daran teil; Alexandra konnte durch die weit auseinanderklaffenden Bodenbretter zusehen. Nach einleitenden Gebeten wurde eine Ziege hereingebracht und geköpft; die Tantrikas tauchten ihre Finger in deren Blut und malten sich damit Zeichen aufs Gesicht. Nahrung und Alkohol – vier der geforderten Elemente – wurde in großen Mengen konsumiert. Dann verlöschte plötzlich die Lampe, und inmitten des Blutgeruchs hörte Alexandra »ein tierisches Stöhnen«. Schweigend verließ sie Passang folgend ihr Versteck; ihr Appetit auf Voyeurismus war gedämpft.

Ende Januar 1912 klagte Alexandra ihrem Gatten gegenüber, daß sie sich gehetzt fühle, durcheinander sei und unter Schwindelanfällen leide; die täglichen Tragödien des indischen Alltags gingen ihr stark zu Herzen. Und doch machte sie sich schon einen Monat später voller Enthusiasmus bereit, in den Himalaja zu reisen. Sie schrieb Philippe, daß sie die Vision von einem guten Geist habe, der ihr voranging, ihr den Weg öffne und ihr helfe. Das muß nicht unbedingt metaphorisch verstanden werden. Zwar ließ Alexandra ihren geistigen Führer immer in einer äußeren Gestalt erscheinen, die ihrer jeweiligen Umgebung entsprach, aber das änderte nichts an ihrem Vertrauen in eine äußere Kraft, die über sie wachte. Nur wenn sie den Kontakt zu dieser Macht verlor, verfiel sie in Verzweiflung.

Nach einer einjährigen Reise in Sikkim und Nepal kehrte Alexandra im März 1913 ins Gangestal und die Heilige Stadt Benares (Varanasi) zurück. Wieder verfiel sie in eine Depression. Im Laufe des Jahres hatte sie die Tür zu Tibet einen Spalt weit aufgestoßen, nur um sie vor ihrer Nase zugeschlagen zu bekommen. Ihr brennendes Verlangen, die erste Abendländerin zu sein, die das verbotene Land betrat und verstand, verzehrte sie schier. Jetzt, im Alter von vierundvierzig Jahren, verglich sie sich selbst wieder mit einer alten Frau. Und einmal mehr kehrte sie zu ihren Studien des Sanskrit und der Vedanta zurück.

Benares – der Name bedeutet »lichtglänzend« – war seit den Anfängen der Geschichte die religiöse Hauptstadt Indiens. Als Gautama Buddha etwa 500 v. Chr. hierher kam, sah er die alten Tempel, die etwa aus der gleichen Zeit stammten wie die in Babylon, in Ninive und Theben. Alle gläubigen Hindus verlangt es danach, an den heiligen Stätten von Benares zu beten und an den Ufern seines heiligen Flusses Ganges ihr Leben zu beenden. Auf diese Weise können sie sich ihrem Ziel nähern, nicht mehr zu einer irdischen Existenz wiedergeboren zu werden, sondern in die Gesamtseele des Brahma einzutreten. Die endgültige Befreiung vom Rad des Lebens ist denen sicher, die ständig den Namen des Gottes – »Rama!« – wiederholen, bevor sie in Benares sterben, so wie es Shiva selbst tut.

Alexandra erkundete das Gewirr schmaler Gassen, in denen sich unzählige Tempel und Schreine drängten. Sie sah sich die Menschenmenge auf den Ghats an – den kilometerlangen Steintreppen, die von der Höhe des Steilufers hinunter und bis in den Fluß hinein führen. Sie war schon im Morgengrauen unterwegs, um jung und alt bei der Einübung von Yogapositionen zuzusehen. Sie beobachtete Eiferer, die mit unverwandtem Blick in das grelle Licht der aufgehenden Sonne blickten und einen dem Vishnu Geweihten mit zu Matten verfilztem Haar, der seinen verschrumpelten Arm in unbeweglicher Pose ständig hoch ausgestreckt hielt. Phantomgleiche Gestalten lösten sich aus den niedrigen Nebelbänken über dem Fluß um zu baden, während die Kühe gemächlich die terrassierten Hänge entlangliefen. Saddhus (heilige Männer) stimmten Mantras zur Anrufung der kosmischen Einheit an. Mutter Ganges bot eine großartigere Bühne als jede, auf der Alexandra je gesungen hatte. Während Jungfern und Matronen mit blitzartiger Geschwindigkeit ihre nassen Saris gegen trockene vertauschten, baten die Witwen, die in separaten Häusern am Ufer untergebracht waren, kläglich um ihren Tod.

Alexandra fand Gefallen an dieser von Frömmigkeit aufgeladenen Atmosphäre. Sie entschloß sich, die safranfarbene Robe der Sannyasin, der Entsagenden, anzulegen. Als Philippe sich durch diese Geste in ihrer Ehe bedroht sah und ihr vorwarf, nur ihrem eigenen Ego zu leben, versicherte sie ihm, daß sie keine Nonne geworden sei. Die Robe in der Farbe des Sonnenaufgangs ermöglichte eine Zurückgezogenheit, die alle steinernen Mauern und eisernen Gitterstäbe eines Konvents überflüssig machte. Obwohl sie nicht vorhatte, für alle Zeiten zu meditieren und zu fasten, drohte sie Philippe, in einer Höhle im Himalaja Zuflucht zu nehmen, falls er sie zur sofortigen Heimkehr zu zwingen versuche.

Alexandra gestand, die Geborgenheit ihrer Ehe zu vermissen, das schöne Haus, die köstlichen Dinners … Aber sie hatte in Tunis wie eine Schlafwandlerin gelebt, nicht ihrem wahren Selbst entsprochen. Jetzt mußte sie den illusionären Charakter dieses Selbst erkennen. Wie ein Saddhu wollte sie nichts mehr besitzen. Aber beinahe im gleichen Atemzug versicherte Alexandra Philippe, daß er eine Person hohen Ranges und Ansehens geheiratet habe und stolz auf ihren Namen sein könne. Das Sanskrit-College hatte eine Zusammenkunft einberufen, um sie mit der Würde eines Ehrendoktors der Philosophie auszuzeichnen. Man stelle sich vor, hier in der Hochburg der Hindu-Orthodoxie als Europäerin, als Frau, als Buddhistin so herausgehoben zu werden! An der Zeremonie nahmen auch brahmanische Priester teil, die auf dem Boden sitzend hingerissen Alexandras Vortrag über Vedantismus folgten. Es war ein beispielloses Ereignis.

Alexandra hatte schnelle Fortschritte in Sanskrit gemacht, der für ihre Schwierigkeit bekannten Sprache der Veden; hauptsächlich verdankte sie das dem Unterricht durch einen älteren gelehrten Brahmanen, der sie am Morgen und noch einmal am Abend aufzusuchen pflegte. Der Brahmane verfügte über bewundernswerte Kenntnisse der alten Texte, hingegen ging ihm jeder gesunde Menschenverstand ab. Als eine Choleraepidemie ausbrach, erklärte er sie für eine Erfindung übelgesinnter Ausländer. Er verspottete die Europäerin dafür, daß sie ihr Zimmer in der Theosophischen Gesellschaft jeden Tag mit Desinfektionsmittel säubern ließ: Es sei nutzlos, alles sauberzuhalten.

Nachts defilierten Begräbnisprozessionen vorbei und immer wieder wurde der göttliche Name gesungen: Ram! Ram! Der Widerschein der Fackeln drang bis unter das Schutznetz, unter dem Alexandra zu schlafen versuchte und die Moskitos verfluchte, deren Summen sie wach hielt. Sie machte einen großen Bogen um die am schlimmsten verseuchten Gebiete; die Armen, die zugrunde gingen wie zertretene Ameisen, konnten es sich

94

nicht leisten, die Wäsche ihrer toten Verwandten zu verbrennen, und verbreiteten die Seuche unwissentlich weiter, indem sie diese Wäsche weiter benutzten. Alexandra versuchte, sich auf ihre Studien zu konzentrieren, während die Temperatur auf über vierzig Grad Celsius anstieg.

Teils um das Ausmaß der Epidemie abzuschätzen, aber mehr noch aus Neugier ging sie hinunter zu den Ghats, wo die Leichen verbrannt wurden. Sie hockte sich unter die Angehörigen und die Yogis und schaute zu, wie die Toten auf hölzernen Betten eingeäschert wurden; ihre Asche wurde nachher in den Ganges gestreut. Tag und Nacht dauerte das Schauspiel an, gehorchten die Menschen ihrer Religion, ließen andere in Feuer aufgehen, im sicheren Wissen, bald selbst an der Reihe zu sein und ebenfalls in Flammen aufzugehen. Alexandra war fasziniert von den stämmigen Burschen, die diese Arbeit taten, von ihren nackten Leibern, die nur mit einem kurzen Schurz über den muskulösen Lenden bekleidet waren. Das ganze kam ihr vor wie eine furchtbare Küche. Die Arbeiter stießen Teile der zerfallenen Leiber zurück ins Herz der Flammen, wendeten sie wie Fleisch auf dem Spieß. Die Beckenknochen, der Sitz der Fortpflanzungsorgane, widerstanden den Flammen am längsten.

Mittlerweile wurde der Pandit stark von Geldsorgen in Anspruch genommen. Er erzählte Alexandra durchsichtigerweise die Geschichte eines Freundes, der all seine Schüler verlor. Sie glaubten nicht länger an die Hindu-Gottheiten und hatten nichts im Sinn, als nach England zu emigrieren. Aber wenn es diesem Freund gelänge, die Kunst, Wunder zu vollbringen, zu erlernen, dann würden sich die Schüler wieder in Scharen um ihn sammeln. Da Alexandra mit dem Tantra vertraut war, sollte sie ihn zu magischen Zeremonien mitnehmen. Dafür würde er alles tun, flüsterte der Pandit mit geweiteten Augen – selbst das Gehirn eines Toten verzehren.

Alexandra begriff, daß es sinnlos war, ihm zu erklären, daß sie nicht an die Art Magie glaubte, um die es ihm ging. War sie denn nicht im Himalaja gewesen? Jeder Inder wußte, daß es dort Zauberer gab; selbst die Engländer sagten das. Alexandra lachte, als der Pandit verlangte, mit Praktikern der schwarzen Künste bekannt gemacht zu werden. Was sie dagegen ernst nahm, war die Krankheit, die sie im späten Sommer befiel. Ihr war fiebrig zumute, sie war schwindelig und niedergeschlagen – handelte es sich um eine Seuche? Praktisch im Delirium hatte sie Visionen von Bergen, von Seen, in denen sich die schneebedeckten Gipfel spiegeln.

Die Illusionen erinnerten auf unheimliche Weise an das Bild, das ihr vor langer Zeit Jacques Villemain, der junge Künstler von der *Gnosis*, gezeigt hatte – verbunden mit der Warnung, sich nicht in dieser Landschaft zu verlieren.

Alexandra litt nicht unter der Cholera, sondern eher unter einer Unpäßlichkeit der Seele. Sie sehnte sich nach der Kälte des Himalajas, nach dem Ausblick auf die Berge, nach der reinen, knisternden Luft der Hochsteppen. Ein kurzer Eindruck von Tibet hatte gereicht, sie gefangenzunehmen und ihre Zukunftspläne über den Haufen zu werfen. In ihrem letzten Zuhause im französischen Digne existiert noch ein unvollendetes Manuskript, das sie in Benares begann und das die Vedanta zum Thema hat. Sie würde diese Arbeit aufgeben, um ihren Traum zu verfolgen. Plötzlich erreichte sie die Nachricht, daß im königlichen Kloster von Sikkim eine Wohnung für sie bereitstand. Augenblicklich wiederhergestellt, packte Alexandra ihre Taschen, ihr Zelt, ihr Faltbett und eine verzinkte Wanne zusammen, die sie für transportabel erklärt hatte. Von ihren Aufenthalten in Großbritannien hatte die Weitgereiste zwei Angewohnheiten beibehalten: Sie trank Tee in großen Mengen, und wo auch immer sie sich befinden mochte – zur Meditation in einer Höhle im Himalaja, auf einem Marsch durch den Dschungel oder irgendwo von Banditen belagert –, bestand sie auf einem heißen Bad am Tag.

7

Genie und Dämon

»Sikkim ist das gebirgigste Land der Welt. Noch mehr als die Schweiz«, sagte der Prinz. In seiner Robe aus orangefarbenem Brokat und mit einem Diamanten an der Mütze kam er Alexandra vor wie ein von eben diesen Bergen herabgestiegener freundlicher Geist. Er war nicht nur der Thronerbe von Sikkim, sondern auch die Inkarnation eines Lamas. Mit seinem schön geschmückten Pferd und einer Schar orientalischer Gefolgsleute in bunten Seidenkleidern erinnerte der Prinz Alexandra an eine Gestalt aus einer ihrer Opern.

Er hatte sie gerade in seine Hauptstadt Gangtok eingeladen. Er würde selbst weiterreisen müssen, bevor sie abreisefertig war, würde ihr aber einen seiner Untertanen, Kazi Dawasandup, als Führer und Dolmetscher zurücklassen. Sie glaubte zu träumen, als der Prinz und sein Gefolge davonritten. Aber Dawasandup, ein kompakter Mann in traditioneller Kleidung, der bei ihr wartete, war Garant für die Realität dieser Einladung. Alexandra beschrieb ihre Abenteuer im Land des Donnerkeils mehr als fünfzehn Jahre, nachdem sie sich ereigneten, und weit vom Geschehen entfernt in Südfrankreich; dennoch war ihr Ton dabei nicht frei von Emotionen. Vielleicht ist *Mystiques et magiciens du Thibet*, das in alle großen Sprachen übersetzt wurde, deshalb ihr populärstes Buch geworden und geblieben.

Die Suchende hatte sich zum erstenmal aus einer Laune heraus in den Himalaja gewagt. Als sie im März 1912 in Kalkutta schwitzte, erhielt sie ein Angebot des altehrwürdigen Sanskrit-College in Hardwar am Ganges: freie Unterkunft und vegetarische Verpflegung, Diener, ein Privatlehrer und Zugang zur Fakultät, um sich die Texte erklären zu lassen. Dieses Angebot würde ihr die Möglichkeit geben, sich eine Gelehrsamkeit anzueignen, die im Westen ihresgleichen suchen konnte. Sie schrieb Philippe von ihrer Begeisterung, nahm das Angebot an und ließ ihren Gatten nebenbei wissen, daß sie während der Wartezeit eine Reise nach Sikkim unternehmen wolle.

Das monotone Rattern des Zuges beruhigte sie. Es ging durch die grüne bengalische Ebene, die durch scharlachrote Flecken aufgelockert war – Bäume mit dem Namen »Flamme des Waldes« –. Das Land war zwar bestellt, vor allem mit Reisfeldern, aber die Vitalität der Natur brach sich in Bambusdickichten und Palmenhainen immer wieder Bahn. Einen Monat weiter und die Temperatur würde die Vierzig-Grad-Marke übersteigen, die Regenstürme würden einsetzen, die Brut der Moskitos ausschlüpfen und zur weiteren Verbreitung der Malaria beitragen. In Siliguri, wo man auf die Schmalspur der Darjeeling-Himalaja-Eisenbahn wechselte, bemerkte Alexandra zum erstenmal Menschen mit gelber Haut und Schlitzaugen, die eine schwerere Nationaltracht trugen.

Der »Spielzeugzug« zockelte mit fünfzehn Stundenkilometern durch den Wald. Manchmal wurde der Anstieg so steil, daß ein Mann, der vor der Lokomotive herritt, Sand auf die Schienen streute, um das Vorwärtskommen zu erleichtern. Als die Bergstation von Darjeeling erreicht war, öffnete sich den Reisenden der Blick auf ein atemberaubendes Amphitheater: Auf der anderen Seite des Flusses Rungeet erhoben sich Bergketten in gigantischen Etagen – Sikkim – und in weiter Ferne konnte man die erhabenen Hochländer Tibets erkennen. Das Panorama gipfelte in dem massiven fünfgipfeligen Kanchenjunga, der sich achteinhalbtausend Meter über die Ebenen erhob.

Alexandra vergaß die fiebrige Hitze Kalkuttas und ihre eigene Unzufriedenheit. Sie nahm sich eine kleine Stute, wählte Träger aus, um die Höhenstufen des Urwaldes zu durchqueren. Der Weg ging durch einen dichten Vorhang von Blattwerk, der seine Geheimnisse wohl bewahrte. Während Alexandra auf über zweitausendeinhundert Meter Höhe durch Teeplantagen ritt, sah sie die ersten Reiter in tibetischer Tracht mit ihren gewaltigen Krummsäbeln. In Gedanken an ihren »Vorfahren« Dschingis Khan stürzte sie sich in das Asien der Mongoliden – und vergaß darüber vollkommen ihre körperlichen Wehwehchen.

Alexandra machte Station im Dak-Bungalow in Kalimpong. Mitten in dem manchmal als Britisch-Bhutan bezeichneten Gebiet gelegen, war dies der Endpunkt der Maultierzüge, die mit Wolle beladen über den Himalaja kamen. Die Bungalows waren von der Regierung als Quartier für durchreisende Beamte errichtet worden, aber diese einfachen, bequemen, etwas abgelegenen Einrichtungen wurden auch von anderen Europäern aufgesucht, die des Weges kamen. Die Behausungen waren nicht immer gut in Schuß, und die Französin beklagte sich über den schlechten Service. Das Personal gab sich zwar alle Mühe, hatte aber bereits mit der Person und der Gefolgschaft des Prinzen von Sikkim alle Hände voll zu tun. Sie lebte erst wieder auf, als er ihr seine Karte schicken ließ und sie ihm unverzüglich einen Besuch abstatten konnte.

Alexandra hatte ihren Märchenprinz gefunden: den Maharadscha Kumar (Kronprinz) von Sikkim, Sidkeong Tulku. Tulku bedeutet so viel wie »Phantomleib«. Im Volksglauben handelt es sich dabei um einen lebenden Buddha oder, um genauer zu sein, um eine von vielen Inkarnationen eines großen und heiligen Geistes. Der Dalai Lama ist das bekannteste Beispiel eines Tulku. Sidkeong hatte diese Emanation – eine Vorstellung, die noch unbestimmter ist als die westliche von der »Seele« – von seinem Großonkel empfangen, der kurz vor seiner Geburt gestorben war.

Der dreiunddreißigjährige Prinz war der älteste Sohn des Maharadscha von Sikkim und offiziell der Abt des königlichen Klosters. Nicht viel größer als Alexandra, mit einer Vorliebe für Satin und geprägte Ledergürtel, war er attraktiver als Alexandra Philippe enthüllen mochte. Sidkeong hatte ebenmäßige Züge, gedankenverlorene Mandelaugen, eine starke Nase, einen sinnlichen Mund, trug sein Haar zu einem dicken Zopf geflochten und mit Silber zusammengebunden. Von seiner ganzen Haltung her war er ein Herrscher. Jacques Brosse hat scharfsinnig bemerkt, daß Alexandra gewöhnlich sehr genau beschrieb, »so genau, daß es oft kalt wirkte, als ob sie fürchtete, zuviel zu sagen, sich selbst zu verraten. Sie war vorsichtig, vor allem wenn sie ihrem Gatten schrieb.«

Alexandra begeisterte sich sofort für Sidkeongs warme Ausstrahlung und Intelligenz, die trotz seines abgehobenen Status' spürbar waren. Dieses Bild eines orientalischen Despoten hatte schließlich auch eine europäische Erziehung genossen, zuerst durch Hauslehrer, später in Oxford. Danach war er auf eine große Asienreise geschickt worden, um sich mit den dort herrschenden Monarchen bekannt zu machen. Seine Leidenschaft galt der Land- und Forstwirtschaft und dem Erziehungswesen, um das er sich mit Hingabe kümmerte. Der Prinz mußte bei seinem Volk Eindruck machen und seiner Rolle entsprechen, aber er selbst zog Tweedstoffe und die Kleidung eines Landedelmannes vor.

Sidkeongs Vater, der kränkelnde Maharadscha Thutob, war ein wohlmeinender, aber abergläubischer Mann, in jeder Hinsicht sehr traditionell. Desillusioniert von der Politik, bestand sein Hauptvergnügen in der Jagd. Er war überzeugt, daß es üble Folgen nach sich ziehen mußte, wenn er länger als eine Woche keinen Erfolg bei der Jagd hatte und der lokalen Gottheit, die er verehrte, kein angemessenes Opfer darbringen konnte. Dieser grausame Gott mit einer aus fünf Schädeln gebildeten Krone, der auf einem Schneelöwen ritt, lebte zwischen den Gipfeln des Kanchenjunga. Die königliche Familie war tibetisch und im sechzehnten Jahrhundert zusammen mit dem Buddhismus den einheimischen Lepchas, sorglosen animistischen Waldbewohnern, aufgezwungen worden. Der britische General Mainwaring, der die scheuen Lepchas studiert hatte, betrachtete sie als »ursprüngliche, unverdorbene Kinder Adams und Evas«. In der Tat hatte das Sikkim, das Alexandra kennenlernte, etwas von einem Eden – und wie es sich gehörte, fehlte auch die Schlange nicht.

Maharadscha Thutob hatte seine erste Frau verloren, Sidkeongs Mutter, und die Tochter eines adligen Geschlechtes aus Lhasa geheiratet, die ihm einen zweiten Sohn geboren hatte. Yeshe Drolma trug zwar den Namen der tibetischen Gottheit der Gnade, verfügte aber über einen eisernen Willen, den sie ihrem gleichgültigen Gatten gegenüber durchsetzte. Ihr Sohn, und nicht Sidkeong, sollte den Thron erben. In alten Zeiten hatten die Frauen Tibets Festungen beherrscht und sogar ganze Provinzen. Im späten neunzehnten Jahrhundert noch hatte W.W. Rockhill, der amerikanische Botschafter in China, hervorgehoben, daß ihr rechtlicher und sozialer Status nicht nur dem anderer asiatischer Frauen, sondern auch dem der europäischen Frauen überlegen sei. Yeshe Drolma war dem vorherrschenden Brauch der Vielmännerei entsprechend sowohl mit Thutob als auch mit dessen jüngerem Bruder verheiratet. Unter dem Namen ihres Gatten schrieb sie eine Geschichte Sikkims, und sie scheint zu den »Praktikern der Schwarzen Kunst« gehört zu haben. Sie hatte das Staatssiegel unter Verschluß, und soweit dies unter dem Protektorat der indischen Regierung möglich war, regierte sie.

Die britischen Beamten hatten in Anlehnung an die expansionistische Politik des ehemaligen Vizekönigs Lord Curzon definitive Pläne für die Zukunft Sikkims gemacht, das wie ein Keil zwischen den größeren unabhängigen Monarchien von Nepal, Tibet und Bhutan lag. Nach den

Worten des indischen Historikers George Kotturan ist Sikkim »der einzige Paß in einer langen Strecke beeindruckender natürlicher Barrieren, der die beiden erfolgreichsten Nationen der Welt verbindet« – China und Indien. Der politische Resident der indischen Regierung in Gangtok, Claude White, der die Erziehung Sidkeongs beaufsichtigt hatte, war sich nur zu sehr der Tatsache bewußt, daß Sikkim das Tor nach Tibet im Himalaja war.

Also wurde White die führende Kraft bei der »Regulierung«, der sikkimischen Verwaltung. »Überall herrschte Chaos«, schrieb er. »Es gab kein Steuersystem ... keinen Gerichtshof, keine Polizei, keine Infrastruktur, keine Erziehung für die nachwachsende Generation ... Das alles lag in meinen Händen.« White reduzierte die Gefolgschaft des Maharadschas von dreihundert auf fünfzig Personen und förderte die wirtschaftliche Entwicklung des Landes. Da die benachbarten Monarchien das britische Protektorat über Sikkim noch nicht anerkannt hatten, beschloß das Außenministerium, die Bindung des Herrschers durch die Vermittlung einer dynastischen Allianz zwischen Prinz Sidkeong und einer burmesischen Prinzessin, die er nicht kannte, zu festigen. Die Briten hatten sich der Tradition widersetzt, daß die Maharani eine Tibeterin sein müsse, und durch die Wiedereinsetzung Sidkeongs als Thronfolger den Wünschen Yeshe Drolmas zuwidergehandelt.

Alexandra, die von der Komplexität der Situation nicht das Geringste ahnte, fühlte sich vom Charme des schmächtigen Sidkeong unmittelbar angezogen. Sie entdeckte bald, daß er ein rationaler Buddhist ganz nach ihrem Herzen war. Von seinem Volk wurde er zwar verehrt, aber den Glauben des Volkes teilte er nicht; vielmehr war er ein Reformer nach dem Vorbild Milarepas, des großen tibetischen Dichterheiligen aus dem zwölften Jahrhunderts. Der Prinz, der sehr angetan davon war, eine Europäerin zu finden, die ebenso dachte wie er, lud Alexandra also in seine Hauptstadt ein. Da er vorausreisen mußte, stellte er ihr Kazi Dawasandup als Begleiter zur Verfügung.

Drei Tage lang reiste das Paar zu Pferde durch eine von Nebelschwaden erfüllte Landschaft, wo die mit Moos und Flechten behangenen Bäume nur noch schemenhaft erkennbar waren. Die Bäume schienen die Reisenden durch Gesten warnen zu wollen, als kündeten sie von verborgenen Einflüssen. Alexandra wird in ihren Beschreibungen immer wieder das Bild eines undurchdringlichen Vorhangs bemühen, um okkulte Kräfte anzudeuten. Auch Dawasandup paßte in dieses Bild. Er stammte von Landadeligen aus dem Gebirge ab und hatte deren Vorliebe für das Geheimnisvolle geerbt. In seiner Jugend hatte er bei einem tantrischen Guru gelernt, in einer Höhle in den Bergen von Bhutan gelebt und geheimen Umgang mit den Dakinis (weiblichen Gottheiten) gesucht, um magische Kräfte zu erlangen. Der gepflegte kleine Mann war der Sklave zweier Leidenschaften: Er trank und er las exzessiv. Seine Trinkgelage fanden nur gelegentlich statt, aber seinen Lesestoff hatte er jederzeit und überall dabei, so daß er ohne weiteres über einen Text, der ihm gefiel, in eine lange, ekstatische Trance verfallen konnte.

Dawasandup war damals Direktor des tibetischen Internats in Gangtok. Wie Alexandra schrieb, ertrug er es allerdings nicht, seine Zeit im Klassenzimmer zu verbringen, und beauftragte einen untergebenen Lehrer mit seinen Aufgaben, dem es aber ähnlich ging wie seinem Vorgesetzten. So hatten die Schüler gute Zeiten, bis eines Tages ohne jede Vorankündigung der Direktor erschien, um sie umso strenger zu disziplinieren. Er ließ immer einen Jungen vortreten, der dann seine Fragen zu beantworten hatte, und wenn der Bursche versagte, mußte der nächste in der Reihe ihm ins Gesicht schlagen. Wenn die Schüler nicht fest genug zuschlugen, verprügelte Dawasandup eigenhändig alle beide. Mit einem schweren Knüppel schlug er unter lautem Gebrüll auf die Arme der Jungen ein. Sie jammerten fürchterlich, lernten danach aber so fleißig wie nie zuvor.

Unglücklicherweise hatte Alexandra die Angewohnheit, ihre Konkurrenten auf heimtückische Weise zu verunglimpfen. Dawasandup war in der Tat ein Dolmetscher, dessen sich die Briten oft bedienten. Der Earl of Ronaldshay, Gouverneur von Bengalen, schätzte ihn als »einen Mann der Bildung mit guten Kenntnissen des Englischen und Gelehrtenkenntnissen des Tibetischen«. W.Y. Evans-Wentz, ein Amerikaner, der in Oxford lehrte und das *Bardo Thodol* (das tibetische Totenbuch) kompiliert hat, wählte sich Dawasandup zu seinem Guru. Die beiden arbeiteten im Kloster Rumtek in Sikkim zusammen; Dawasandup übersetzte, und Evans-Wentz (damals noch ein sehr junger Mann) redigierte das, was dann der berühmteste tibetische Text wurde und die lebendige Tradition des Buddhismus im Westen wesentlich mitbegründete.

Evans-Wentz gab auch die von seinem Mentor aus traditionellen Quellen ins Englische übersetzte Lebensgeschichte Milarepas heraus. Später stellte er fest, daß Dawasandup damit im Juni 1902 begonnen hatte; »er arbeitete regelmäßig daran, wann immer er Zeit dafür erübrigen konnte – er war die einzige Stütze seines alten Vaters und seiner Mutter, seiner Frau und dreier Kinder –, vollendete es aber erst im Januar 1917«. Der Direktor starb 1923 als angesehener Professor der Universität von Kalkutta an einem Fieber, bevor er sein tibetisch-englisches Wörterbuch vollenden konnte. Aber wir werden noch sehen, daß es Evans-Wentz, der Amerikaner, war und nicht dessen asiatischer Mentor, den Alexandra in Mißkredit zu bringen bemüht war.

Gangtok, die Hauptstadt Sikkims, liegt zwischen Reisterrassen eintausendsechshundertvierzig Meter hoch. Damals war die Stadt ein wichtiger Handelsplatz, »ein Kaleidoskop von Rassen und Trachten«, wie ein Beobachter sagte, »wo von den Tibetern, Sikkimesen, Lepchas, Indern, Sherpas und Bhutanesen, die die Maultierkarawanen beladen und entladen, alle möglichen Sprachen zu vernehmen sind«. Die Tibeter gingen mit Dolchen im Gürtel stolz und großspurig durch die Straßen Gangtoks, das ihnen groß erscheinen mußte. Die kleine europäische Kolonie bestand hauptsächlich aus Missionaren; der britische Resident kümmerte sich um die Angelegenheiten Seiner Majestät sowohl in Sikkim als auch im südlichen Tibet. Einmal im Jahr reiste er über die Berge, um die Handelsniederlassung in Gyantse aufzusuchen. Das liegt gut zweihundert Kilometer entfernt und war zu dieser Zeit der vorgeschobenste Posten britischer Macht im Land des Schnees.

Als Alexandra und ihr Begleiter sich Gangtok näherten, wurden sie durch einen plötzlich einsetzenden, wüsten Hagelschauer begrüßt, der wie von Zauberhand aus einem klaren blauen Himmel niederging. Geängstigt durch das wilde Unwetter machte sich Dawasandrup sofort auf, um einen Mopa (Orakel) zu konsultieren, während Alexandra weiter zur Privatvilla des Prinzen ritt, der sie dort empfangen wollte. Das Erdgeschoß, in dem sich der Salon befand, war nach europäischem Geschmack eingerichtet, aber im 1. Obergeschoß entdeckte sie interessante Bilder, einen tibetischen Altar und Statuen von Buddhas und Heiligen. Überall standen ausgewählte Kunstwerke, die der Prinz bei seinen Reisen gesammelt hatte. Die bescheidene Villa, die in dem wunderschönen

Palastgarten lag, spiegelte die Sensibilität ihres Besitzers aber auch die Spaltung seiner Persönlichkeit.

Wunderbare Unterhaltungen folgten. Zuerst traf ein Lama der Gelbmützen aus Tibet ein – dies ist die zölibatäre, reformierte Richtung, die vom Dalai-Lama angeführt wird –, und kurz darauf ein Lama der Rotmützen – der älteren, weniger verbreiteten Richtung, deren Anhänger heiraten dürfen. Sidkeong, der in einer Robe gekleidet auf einer niedrigen Couch saß, leitete das Gespräch mit viel Diplomatie und Bescheidenheit. Alexandra saß ihm gegenüber in einem Sessel, die Lamas in ihren granatfarbenen Roben zu beiden Seiten des Prinzen. Dawasandup als Dolmetscher hockte im Schneidersitz auf dem Teppich. Ein merkwürdiger Tee wurde serviert, der mit Salz und geschäumter Butter gewürzt war. Reiche Tibeter, von denen man zu sagen pflegte, »ihre Lippen sind immer feucht«, tranken endlose Mengen von diesem Gebräu. Obwohl die meisten Abendländer es nicht mögen, gewöhnte sich Alexandra schließlich an den Trank, nicht zuletzt, weil sie die Bedeutung der Teezeremonie für die asiatische Etikette richtig einschätzte.

Das Gespräch über die Feinheiten des Buddhismus wurde noch stundenlang fortgesetzt, und die suchende Alexandra quälte die Lamas mit Fragen über die Geheimnisse der Initiation, über magische Kräfte, den Tod und das Jenseits. Ein Lama ist nicht ein einfacher Mönch (oder Trapa), sondern gewöhnlich verehrungswürdiger und besser gebildet, und die beiden anwesenden Lamas hätten in Europa wohl den Grad eines Doktors der Philosophie geführt. Alexandra gefiel es, zwei treue Anhänger der sich mitunter befehdenden Rot- und Gelbmützen zugleich befragen zu können. Noch größere Differenzen existieren allerdings zwischen dem Hinayana- und dem Mahayana-Buddhismus sowie zwischen dem tibetischen Lamaismus und dem Rest der buddhistischen Welt.

Alexandra erzählte möglicherweise aus Übermut die Geschichte des griechischen Königs Menander, der den Mönch Nagasena (ca. 100 v. Chr.) nach der Existenz der menschlichen Seele fragte. Der Mönch nahm statt einer Antwort zunächst den Wagen des Königs Stück für Stück auseinander, um diesem zu zeigen, daß es nichts wie einen Wagen an und für sich gäbe – geschweige denn eine Seele. Dawasandup zeigte auf ein Tanka (Bild) an der Wand, welches das *Bardo Thodol* illustrierte und die Wanderung der Seele vom Leben durch das reinigende Feuer zur Wiedergeburt zeigte. »Wie kann es eine solche Beschreibung geben, wenn es keine menschliche Seele gibt?« verlangte er zu wissen.

Da das *Bardo Thodol* als ein Werk des Padmasambhava galt, des Begründers des Buddhismus in Tibet im achten Jahrhundert, konnten die Lamas schlecht dem widersprechen, was einer geheiligten Schrift gleichkam. Der Prinz schien sehr interessiert und stimmte Dawasandups Argument zu. Aber Alexandra, die keine Autorität – nicht einmal das Wort Buddhas – als endgültig akzeptieren wollte, konnte das nicht überzeugen. Sidkeong war im Grunde ohnehin weniger an metaphysischen Fragen interessiert, sondern wandte sich mehr den praktischen Erfordernissen seines Reiches zu. Dazu gehörte die Reformen der kleinen Mönchsgemeinde der Rotmützen. Er war entschlossen, deren feudale Privilegien (zum Beispiel die Arbeitsdienstleistungen, die den Klöstern von den Pächtern zustanden) abzuschaffen und die Mönche ihren Beitrag zum sozialen Fortschritt leisten zu lassen. Alexandra überlegte nicht lange, als ihr der Prinz anbot, sie auf seine Inspektionsreise zu den außerhalb gelegenen Klöstern zu begleiten. Das hieß allerdings, ihr Sanskritstudium aufzugeben.

Am Abend des 1. Mai, des Jahrestages der Erleuchtung Gautama Buddhas, strahlte der Vollmond am Himmel. Am nächsten Tag wollten Sidkeong und Alexandra zum Kloster Podang aufbrechen, dessen Abt der Prinz nominell war. Im Mondschein erzählte Sidkeong Alexandra leise von seinem Vater, der von seiner Frau, Yeshe Drolma, beherrscht wurde. Um ihren eigenen Einfluß zu vergrößern, hatte sie ihn dazu angestachelt, sich der britischen Regierung zu widersetzen. Der britische Resident, Claude White, hatte ihn daraufhin bei Brot und Wasser in Einzelhaft nehmen lassen. Sidkeong beklagte sich, daß er zwischen der Partei konservativer Kleriker, seiner Stiefmutter und den Briten, denen sowohl die sikkimesischen Sitten als auch das Land gleichgültig seien, zwischen allen Stühlen sitze. Er konnte seine Reformideen nicht verwirklichen. Alexandra erschien er wie ein exotischer Vogel in einem zu kleinen Käfig, und sie beschloß, ihm bei seiner Befreiung zu helfen.

Nachdem sie zu Bett gegangen war, konnte sie kaum schlafen. Draußen spielte ein kleines Orchester die Nacht hindurch, das aus zwei *gyalings* (Oboen), zwei *ragdongs* (sehr langen Trompeten) und einem Paar Pauken bestand. Das tibetisch anmutende Konzert klang finster und hätte Tote geweckt. Inzwischen sind sehr viel mehr Abendländer mit dieser Musik vertraut, weil die Komponisten sowohl Rockmusiker als auch Komponisten ernster Musik Elemente der tibetischen Musik aufgegriffen haben. Aber ein früher Reisender, Captain Knight, nannte sie »den teuflischsten Lärm ... seit der Erfindung der Musik«. Alexandra hatte den Eindruck, von den ernsten, langsamen, tiefen Tönen bis ins Mark erschüttert zu werden.

Die ehemalige Diva stand am nächsten Morgen voller Freude auf, und doch war sie vom Schlafmangel wie benommen. Der prinzlichen Gesellschaft folgte eine Ehrengarde von Musikern, die auf derart langen Trompeten spielten, daß die Instrumente von vorauslaufenden Jungen gestützt werden mußten, um nicht auf der Erde zu schleifen. Immer weiter wand sich der Weg hinauf; sie wurden begleitet von einem Gefolge von Lamas, die Alexandra in ihren spitzen Mützen wie mittelalterliche Inquisitoren vorkamen. Die roten Mützen und Roben der Mönche waren besondere Farbtupfer in einer Szenerie schillernder Wasserfälle und mannigfaltiger Orchideen.

Sidkeong war wie Alexandra ein Amateurbotaniker, und er zeigte seinem Gast einige der viertausend Blüten- und Farnpflanzen, die Sikkim zu einem so außerordentlich vielfältigen Garten machten. In größeren Höhen machte die tropische Vegetation robusteren alpinen Pflanzen Platz; im Wald herrschten Tannen, Fichten und Birken vor. Hier und dort reckte eine riesige Lilie ihren graziösen Stengel im Waldesdunkel empor. Farbenprächtige Schmetterlinge unterschiedlichster Art regten die Phantasie der Reisenden an. Einer mit pechschwarzem Körper und großen Flügeln ähnelte im Flugbild sogar einem Vogel. Alexandra, die Entdeckerin, fühlte sich in den kühleren Hochlagen sehr viel wohler als im Hitzestau des Flachlands.

Es regnete, so daß Alexandra mit dem Fotografieren kein Glück hatte. Sie hätte zu gern Aufnahmen von seltenen Pflanzen und besonderen Menschen gemacht und sie Philippe mit der Bitte geschickt, sie für zukünftige Publikationen aufzubewahren. Immerhin unterhielt der Prinz sie mit Geschichten seiner sorglos gekleideten Untertanen, von denen viele die Straße säumten, um ihm zu huldigen. Dabei drehten sie Gebetsräder, die im Wind seufzten. Die in diesen Geräten aufbewahrten Zitate aus den heiligen Schriften gelten bei jeder Umdrehung als gesprochen;

damit will man die Geister in anderen Seinsbereichen grüßen und um ihre Gunst für alles Irdische bitten. Sidkeong kannte sein Volk gut – die handelnden Nepalis, die Lepchas mit ihrer cremefarbenen Haut und die stämmigen bhutanesischen Hirten. Aber Alexandras Blick wanderte immer wieder zu den stolzen, herrscherlichen Tibetern mit ihrem Ohrschmuck aus Türkis, Jade und Korallen und den getriebenen Behältern für Zaubersprüche, die sie um den Hals trugen; selbst die Satteltaschen ihrer Pferde leuchteten in hellen, bunten Farben.

Podang Gompa war wie andere sikkimesische Klöster relativ klein und beherbergte nicht mehr als etwa einhundert Mönche. Es war eine Bastion des von Reformen unberührten Traditionsbuddhismus. Auf einer Terrasse mit Blick über das Tal wehten in jeder freien Ecke Gebetsfahnen; man hatte den Eindruck, hier sei eine chinesische Landschaftsmalerei lebendig geworden. Die Mönche hießen ihren Abt trotz dessen westlichen Lebensstils ehrerbietig willkommen. Es mißfiel Alexandra, daß eine Delegation von Würdenträgern sich dreimal der Länge nach zu Boden warfen. Dem Prinzen war es vor seinem Gast ebenfalls peinlich. Um ihren Respekt vor dem heiligen Ort zu bezeugen, legte Alexandra die Handflächen zu einem Hindugruß zusammen. Mochten die Lamas sie auch für rüde halten – sie würde sich jedenfalls weder vor Männern noch vor Bildern verbeugen.

Sicherlich klaffte eine tiefe Kluft zwischen Alexandras rationalen Überzeugungen und dem Glauben der Insassen von Sikkims siebenundsechzig Klöstern. Diese Mönche verschiedener alter Sekten lebten ständig mit den Bildern einer infernalischen Geisterwelt voller Gottheiten mit Diademen aus menschlichen Schädeln und Halsketten aus Knochen. Dennoch waren die beängstigenden Aspekte dieses tantrischen Universums der Orientalistin nicht völlig fremd. Die große Reiseschriftstellerin Isabella Bird – die erste Frau, die in die *Royal Geographical Society* aufgenommen wurde – nannte die heiligen Schriften der Buddhisten, die sie nicht lesen konnte, noch »Märchen und Geschichten von zweifelhafter Moral«.

Die Wandmalereien im Kloster stellten Männer und Frauen dar, die sich in komplizierten und unmißverständlichen Stellungen vereinten, während sie gleichzeitig versuchten, der vielstufigen tibetischen Hölle zu entrinnen. Alexandra machten diese Bilder sehr betroffen. Ihre sexuellen Verstrickungen, seien es nun zufällige Begegnungen oder die Kama-

Sutra-Übungen mit Philippe, hatten dazu beigetragen, sie in Maya gefangenzuhalten, der Welt der Illusionen, die man für die Wirklichkeit hält. Die furchtbar wirkenden Männer und Frauen auf den Wandbildern mit ihren zusammengebissenen Zähnen und vielen schlangenhaften Armen bebten nicht etwa vor Lust, sondern waren wider alle Lust verbunden; die Leichen zu ihren Füßen verkörperten die der dahingeschlachteten Begierden.

So verstand zumindest Alexandra diese beängstigenden und doch erotischen Bilder. Nach scheinbar endlosen Fußfällen der Mönche begaben sie und der Prinz sich in die Versammlungshalle zu den üblichen Gesprächen, zu denen Tee gereicht wurde. Sie scherzte Philippe gegenüber, daß ihre Vorliebe für das salzige Getränk ein Zeichen dafür sei, daß sie ein vergangenes Leben in Tibet verbracht habe. Sie versprach ihm, das Rezept mit heimzubringen, um den Buttertee auch in Tunis zusammenbrauen zu können. Sie ließ ihn auch wissen, daß sie am Abend zu der Versammlung der Mönche gesprochen habe. Vom Standpunkt des Hinayana-Buddhismus aus habe sie die Tugenden des frühen Buddhismus herausgestellt sowie die Notwendigkeit, der Fetische Herr zu werden, die die Botschaft der großen Lehre entstellt hätten. Die Versammlung hörte den Ausführungen der Ausländerin übrigens respektvoll zu, obgleich sie deren Einfluß auf ihren Abt mißtrauten. Für die Buddhisten, ganz gleich wie dekadent sie waren, bildete die Toleranz eine der Säulen ihres Glaubens.

Mit dem Tanz des Yamas – des Todesfürsten – wurden die Festlichkeiten fortgesetzt. Jungen tanzten mit Skeletten und rüttelten und schüttelten dabei echte Menschenknochen durch. Sie waren verkleidet und trugen Masken mit reißzahnbewehrten Mäulern voller Geschwüre und blutigen, vorspringenden Augen. Sidkeong erzählte derweil seinen Vertrauten Witze von rabelaisschem Zuschnitt. Er schien die Tänzer gar nicht wahrzunehmen, die jetzt so taten, als verspeisten sie das Gehirn der Toten. Alexandra, die durch die Vorführung bereits wie betäubt war, bestürzte zudem die kindisch respektlose Haltung des Publikums. Sie beruhigte sich mit dem Gedanken, daß in der buddhistischen Tradition der Tod als eine Unterbrechung des Lebens galt, die kaum mehr Grund zu Klagen bot als andere Ereignisse.

Die Nacht brachte weitere Überraschungen. Alexandra wurde gestattet, im Allerheiligsten zu schlafen. Die Liege des Prinzen wurde zu einer Seite des Hochaltars aufgestellt, ihre auf der anderen. Obwohl Bedienstete sie ständig umsorgten, konnten diese doch nicht die Flöhe verjagen, die ihre Beine verstochen. Auch die Moskitos, gnadenlos wie die Dämonen, labten sich an ihr, und ein rasches Getrippel deutete darauf hin, daß auf dem Boden Ratten umherhuschten, um sich über die Speiseopfer herzumachen. All diese Geschöpfe, begriff sie, hatten das gleiche Recht zu leben wie sie selbst.

Solche Unbilligkeiten konnten denn auch durchaus nicht den hypnotischen Glanz des Augenblicks dämpfen. Weiches Mondlicht fiel vom Balkon herein und spielte um die Säulen. Eine Lampe ließ den Schatten einer goldenen Buddha-Statue tanzen, und gelbe Zinnien verströmten ihren subtilen Duft. Alexandra fiel ein, daß im alten Griechenland ein Novize vor seiner Initiation im Allerheiligsten zu Füßen des Altars schlafen mußte. Würde irgendein merkwürdiger Zauber sie befallen? Während sie in eine Art Halbschlaf entglitt, den regelmäßigen Atem des nur wenige Meter entfernten Prinzen wahrnahm, stellte sich das Gefühl ein, daß sie doch noch Geheimnisse kennenlernen würde, die nie zuvor einem Europäer offenbart worden waren.

Alexandras euphorische Stimmung mäßigte sich mit dem Abstieg nach Gangtok. Dort erwarteten sie Briefe von Philippe, der sie nach ihrer Rückkehr fragte, sich über ihren immer stärkeren Mystizismus beklagte, so wie er einst über ihre zu starke Vergeistigung gejammert hatte. Sie antwortete ihm rasch und versicherte ihm, sie sammle Material für ihre Bücher, die sie zu schreiben gedenke, wenn sie zusammen alt würden. Aber sie mußte auch zugeben, daß der Intellekt seine Grenzen habe, daß sich ihr eine andere Tür zur Erfahrung öffne. Alexandras dringenderes Problem war jedoch der Klatsch, der unter den Missionaren in der winzigen Hauptstadt die Runde machte. Ihre Ausflüge und spätabendlichen Tête-a-têtes mit dem Prinzen, der ja Junggeselle war, hatten allerlei Gerüchte in Umgang gebracht. Die Europäer gingen davon aus, daß alle Asiaten unmoralisch waren, und da sie im königlichen Palast wohnte, ganz in der Nähe von Sidkeongs Villa, argwöhnten die guten Christen, daß die beiden ein Liebespaar seien.

Ironischerweise lautete der schwerste gegen Alexandra erhobene Vorwurf, daß sie gefährlich demokratisch handle, wenn sie sich mit dem Prinzen und den obersten Lamas des Landes einließe. Die hergebrachte Überlegenheit der weißen Rasse stand in Gefahr! Natürlich schienen Alexandra, in der immer noch etwas von dem ehemaligen Bohemien lebte, die ortsansässigen Briten als mittelmäßige Spießbürger. Die Frauen unterhielten sich endlos übers Kochen, und ihre Männer stümperten auf irgendwelchen Instrumenten herum.

Ein schönes Beispiel für genau den Typ evangelistischer Persönlichkeit, den Alexandra David-Néel besonders verabscheute, wird von James Hilton in seinem Klassiker *Lost Horizon* dargestellt. Der 1933 erschienene Roman war stark von Alexandras Arbeiten beeinflußt und zeigte in der Thematik eine bemerkenswerte Ähnlichkeit mit ihrer Lebensgeschichte. Hilton führt eine freundliche, wenn auch maßlos begriffsstutzige Miss Brinklow ein, die ebenso mutig wie uneinsichtig ist und deren Wißbegierde alles andere übertrifft. »Werden Sie uns nicht die Lamas bei Ihrer Arbeit zeigen?« verlangt sie in Shangri-La zu wissen. Dieser reifen Jungfer geht jede geistige Offenheit ab, aber desto begieriger ist sie, »irgend etwas pittoresk Primitives zu erleben, über das sie zu Hause reden könnte. Sie hat ein außerordentliches Talent, niemals sehr überrascht zu wirken und dennoch ständig leicht entrüstet zu sein …« Für Miss Brinklow existieren die Heiden, um bekehrt zu werden, und da sie nun einmal in Shangri-La festsitzt, lernt sie pflichtschuldigst Tibetisch, um die Seelen jener zu retten, die bereits im Paradies sind.

Die Missionarin Annie Taylor ist eine aus der Wirklichkeit gegriffene Figur. 1892 drang diese unerschrockene Fanatikerin von China aus nach Tibet vor und unternahm einen, wie Luree Miller es nannte, »naiven und schlecht vorbereiteten … Versuch, Lhasa zu erreichen«. Und doch war diese kleine Frau mittleren Alters – seit ihrer Kindheit halb Invalidin – erst zurückgeschickt worden, als sie nur noch ein Fußmarsch von einer Woche von der verbotenen Hauptstadt trennte. Sie hatte die Angewohnheit, Karten mit Bibeltexten auf Tibetisch zu verteilen, und obwohl die meisten Einheimischen nicht lesen konnten, haben sie irgendwie Aufmerksamkeit ausgelöst. Von den buddhistischen Lamas sagte sie: »Arme Dinger, sie wissen es nicht besser; keiner von ihnen hat je von Jesus gehört.«

Ein Engländer von ganz anderem Schlage löste Alexandras Unterbringungsproblem. Der als politischer Resident nach Sikkim entsandte Charles Alfred Bell lud sie ein, bei sich Quartier zu nehmen. Obwohl Bell – später Sir Charles – Alexandra in einigen Dingen hilfreich war und ihre Forschungen zunächst unterstützte, waren die beiden natürliche Rivalen und Gegner. Bell war 1870 in Kalkutta zur Welt gekommen, als Sohn eines Gerichtsanwaltes, der am Obersten Gericht zugelassen war. Wie es üblich war, besuchte er englische Schulen, zuerst in Winchester und dann Oxford. 1891 war er in die britisch-indische Verwaltung eingetreten und in Bengalen eingesetzt worden.

Der blonde, helläugige, willensstarke, junge Beamte war körperlich nicht besonders robust, und das Klima der indischen Ebenen machte ihm schwer zu schaffen. Er hatte mit der Malaria zu kämpfen, und nur seine Versetzung in die Berge von Darjeeling im Jahr 1900 rettete ihm sein Leben. Bell selbst erzählt: »Hier verbrachte ich drei Jahre, während deren ich die wenigen Mußestunden, die ich hatte, auf das Studium der tibetischen Sprache, tibetischer Gebräuche und der Geisteswelt Tibets verwandte.« 1905 veröffentlichte er ein *Manual of Colloquial Tibetan* einen exzellenten Führer für die tibetische Umgangssprache.

1908 wurde Bell zum Nachfolger Claude Whites in Sikkim berufen. Die zehn Jahre Dienst als Zivilbeamter nutzte er, um die Beziehung der britischen Verwaltung mit diesem Fürstentum zu kontrollieren und die britische Politik gegenüber Bhutan und Tibet zu beeinflussen. Als im Jahr 1910 der XIII. Dalai Lama auf der Flucht vor den in Tibet einrückenden Chinesen den Himalaja überquerte und in Darjeeling Zuflucht suchte, fand Seine Heiligkeit in Bell einen verläßlichen Verbündeten Tibets. Die beiden entwickelten von da an eine bemerkenswerte, ihr Leben lang anhaltende Freundschaft, und der große XIII. Dalai Lama sprach immer gern von diesem Ideal eines Verwaltungsbeamten: »Wir sind Männer gleichen Sinnes.«

Bell gehörte zu einer herausragenden Gruppe von Diplomaten, die gleichzeitig Gelehrte waren und von Großbritannien in die asiatischen Teile des Empires gesandt wurden. Er war ein aufmerksamer Beobachter, frei von jeglichen rassistischen Vorurteilen und in der Lage, ohne Vorbehalte mit tibetischen Laien und buddhistischen Bonzen zu verkehren. Alexandra erkannte sogleich, daß dieser Gesandte die wirkliche Macht im Fürstentum war, und in ihren Briefen an Philippe betonte sie immer wieder, daß Bell für Tibet bestimmte Pläne habe. Auf jeden Fall war er im großen Spiel um die Vorherrschaft in Zentralasien die britische Speerspitze im Himalaja. »Schon sehr früh in seiner Laufbahn«, schreibt der Historiker C. J. Christie, »erkannte Bell die Notwendigkeit einer britischen Vorwärtsstrategie im Gebiet des Himalajas.« Aber er wurde behindert durch die Beschwichtigungspolitik des Außenministeriums in London und der indischen Regierung.

1906 schlossen die Briten einen Vertrag mit China, der diesem das Recht einräumte, für Tibet zu verhandeln und Verträge zu schließen. Im nächsten Jahr kamen Briten und Russen formal überein, sich nicht in Tibets innere Angelegenheiten einzumischen und keine diplomatischen Vertreter nach Lhasa zu entsenden. Jedes Nachbarland würde seine Grenze mit Tibet polizeilich überwachen lassen und das Land so gegen alle Eindringlinge abschirmen. Bell durfte zu seinem großen Mißvergnügen nicht weiter nach Norden als bis Gyantse. Aber er arbeitete im stillen dafür, diese Rückzugspolitik zu revidieren, und die Flucht des Dalai Lamas bot ihm eine Gelegenheit, sich mit einem Herrscher anzufreunden, der ebenso scharfsinnig war wie er selbst. Im Frühjahr 1912 notierte er in sein Tagebuch: »Tibet wäre hocherfreut, unter britisches Protektorat zu gelangen, seine äußeren Angelegenheiten den Briten zu überlassen und Fragen der inneren Selbständigkeit im großen und ganzen auf der Basis des Bhutanvertrags von 1910 zu beantworten.« Diesen Vertrag hatte Bell verhandelt, und es war sein Modell für eine wohlmeinende Bevormundung, die Großbritannien – und er – über Tibet wahrnehmen sollten.

Nach seinem Rückzug aus dem Amt verfaßte Charles Bell mehrere sachkundige Bücher über Tibet, das tibetische Volk und die tibetische Kultur. Kein Europäer kannte das Land besser, und wenn Alexandra mit ihren scharfen Augen seine politische Bedeutung richtig eingeschätzt hatte, so mußte sie ebenfalls wissen, daß sie es hier mit einem literarischen Rivalen erster Klasse zu tun hatte. Aber zunächst einmal mußte sich Bell mit dem wachsenden Einfluß dieser attraktiven Französin auf Prinz Sidkeong auseinandersetzen. Auf diplomatische Weise überredete der zukünftige Sir Charles Madame Néel, in seine inmitten von Blumengärten gelegene Residenz zu ziehen, wo ihr kein Skandal drohte, wo sie über allen Komfort verfügen würde – und er sie im Auge behalten konnte.

8

Der lebende Buddha

Der kleinen europäischen Gemeinde in Gangtok gefiel es, über Alexandras Beziehung zu Sidkeong zu klatschen, und der Staub, den dieses Verhältnis aufwirbelte, wollte sich nicht so recht legen. Die offizielle Lesart, die Alexandra der Nachwelt hinterlassen hat, lautet nach den Worten ihrer Biographin Ruth Middleton, daß Alexandra Sidkeongs »Vertraute, seine Reisegefährtin, seine Schwester im Geiste wurde«. Middleton führt als Beweis Alexandras Briefe an Philippe an – als ob sie eine Affäre ihrem Ehemann gegenüber zugegeben hätte, wo der doch all ihre Rechnungen bezahlte. Auch Briefe von Sidkeong an Alexandra werden benützt – jedenfalls die, die sie und nach ihr Marie-Madeleine Peyronnet nicht zerstört haben.

Und doch deutet die äußerst vorsichtige Biographin an anderer Stelle an, daß sie es besser wußte: »Im Unterbewußtsein fast jeder Frau, wie unabhängig und emanzipiert sie auch immer sein mag, wie unempfindlich dem Vermächtnis der Liebe gegenüber, liegt eine schneewittchengleiche, schlafende Schönheit begraben, die nur darauf wartet, erweckt zu werden ... Wie angemessen da Alexandras Prinz, als er denn endlich auf der Bühne erschien, in goldenem Brokat daherkam!« Alexandra war zwar kein Schneewittchen, aber im Herzen eine Romantikerin. Einmal schrieb sie ihrem Ehemann, daß sie in ihrem Leben nichts anderes gesucht habe als eine große Leidenschaft – bei Philippe hatte sie sie jedoch nicht gefunden.

Aber Alexandra war auch eine berechnende, reife Frau, die normalerweise bekam, was sie wollte. Sie war nicht einer religiösen Berufung hingegeben und deshalb zölibatär, wie Middleton fälschlicherweise annimmt. Alexandras Mentoren, ihre Meister, die sich dem Streben nach Erleuchtung widmeten, waren nicht zölibatär. Und Sidkeong war der Familientradition nach so etwas wie ein Frauenheld. Schließlich hatte er den Titel eines Tulku – der Reinkarnation eines großen Geistes – von seinem Onkel geerbt, dem zweiten (gleichzeitigen) Ehemann seiner Stiefmutter.

Sidkeongs Jugend war überschattet vom Tod seiner natürlichen Mutter und der Niederlage seines Vaters in der Auseinandersetzung mit Claude White, dem ersten von Großbritannien entsandten Residenten in Sikkim. Der indische Historiker Lal Basnet schreibt, Maharadscha Thutob sei »zermürbt von einer unablässigen Folge unfreundlicher Ereignisse« und führe ein »auf Armut reduziertes Leben«. White hatte Thutob ganze zwei Jahre lang in Haft gehalten. Für ihn steckte Yeshe Drolma, die er als »geborene Intrigantin und Diplomatin« bezeichnete, hinter all diesen Schwierigkeiten. Während die Briten Sidkeong als mögliche Alternative zu seinem Vater unterstützten, begünstigte Drolma ihren eigenen Sohn. Sidkeong war zwar emotional verwaist, aber doch an die entschlossene Figur einer Ersatzmutter gewöhnt – eine Rolle, die jetzt von Alexandra ausgefüllt wurde.

Der Prinz behandelte sie mehr als ehrerbietig, ja beinahe mit Anbetung. Er sammelte ihre Bemerkungen in einem Notizbuch, das er selbst nachts an seinem Bett liegen hatte. Bei anderen Gelegenheiten benahm sich Sidkeong eher wie ein Spielkamerad der stämmigen Dame, die ihn altersmäßig um ein Dutzend Jahre übertraf. Er machte es sich zur Gewohnheit, sie mit Geschenken zu überhäufen, und einmal, als sie an ihrem Schreibtisch arbeitete, brachte er ihr auf seinen Armen ein Yak-Kalb vor ihr Fenster und bot es ihr als Geschenk an. Alexandra, eine Pariserin, die wohl zu flirten wußte, ging durchaus auf die erotischen Untertöne in Sidkeongs Verhalten ein.

Schwerer zu verstehen ist dagegen, warum sie Philippe absichtlich davon in Kenntnis setzte, wie hinreißend sie den dreiunddreißigjährigen Prinzen fand und wie er alles um sie herum glücklich machte. Neben diesen Flirtereien arbeitete Sidkeong hart und nahm seine Regierungspflichten sehr ernst. Die burmesische Prinzessin, die die Briten für ihn ausgewählt hatten, wollte er zwar nicht heiraten, aber Alexandra war überzeugt, daß er für die richtige Ehefrau bestimmt einen guten Ehemann abgeben würde. Anscheinend war sie immer noch mit Philippe in ihren Ehekrieg verstrickt und wies ihn durch ihre Anspielungen auf sein Versagen hin. Er war nicht der Ehemann geworden, auf den sie gehofft hatte.

Noch indiskreter war, daß Alexandra auch von ihren gemeinsamen Ausflügen mit dem Prinzen in die Berge schrieb. Sidkeong – klein, aber stämmig – war ein erstklassiger Bergsteiger, der niemals müde oder übellaunig wurde, ganz gleich, wie steil oder schlüpfrig der Anstieg war. Nach einem besonders steilen Hang, nach dessen Bewältigung Alexandra alles vor Augen verschwamm, blickte sie auf und sah ihren Partner furchtlos voransteigen. Ihre Frischluftaktivitäten ließen die Matrone jünger erscheinen und schlanker werden. Wenn sie in den Spiegel sah, konnte sie feststellen, daß Sorge und Enttäuschung aus ihren Zügen verschwunden waren. Ihre Augen strahlten von einem inneren Licht.

Ende Mai, nach einem Tagesmarsch auf der Route nach Tibet, hatte es in einem einsamen Bungalow einen besonders gemütlichen Abend gegeben. Draußen mochten die Dämonen toben und die Hexen sich versammeln, aber drinnen gab es keine verschlossenen Türen zwischen den Seelengefährten. Zuerst speisten sie zusammen bei Kerzenlicht; dann unterhielten sie sich, während Weihrauchduft die Luft schwängerte, und träumten von einer besseren Welt. Bis spät abends gab sich das Paar seinem, wie Alexandra es nannte, privaten Kult hin. Und dann, so versicherte sie ihrem Gatten, zog sich der Prinz diskret zurück.

Philippe, der Alexandra nur allzugut kannte, glaubte ihr nicht. Er habe erotische Träume von seiner verlorenen Ehefrau. Ohne seinen Verdacht auszusprechen, spürte er, daß es sich um mehr als eine platonische Affäre handelte. Eine starke romantische Strömung zwischen der reifen Frau – die durchaus charmant und attraktiv sein konnte – und dem hinreißenden jungen Prinzen ließ sich nicht leugnen. Daß ihre Gefühle füreinander auf einem gemeinsamen Weltbild aufbauten, fachte die Flammen nur zusätzlich an. Alexandra hatte nie zuvor diese Qualität des Verständnisses, der spirituellen Hingabe, bei einem Mann gefunden, der sie körperlich anzog. Sidkeong vereinte eine gute Kameradschaft mit der Intensität eines Gläubigen. Er war alles, was der weltliche, hypochondrische »Mouchy« niemals sein würde, und Alexandra scheute sich nicht, ihrem Gatten das auch in dieser Form zu schreiben.

Philippe fühlte sich betrogen. Er hatte eine Gelehrte unterstützt und nicht die Mätresse eines orientalischen Potentaten. Noch schlimmer war allerdings, daß es ihm, wie er jetzt mehr und mehr begriff, niemals gelungen war, den einzigen Menschen, der ihm wirklich etwas bedeutete, zu erreichen. Wie in seinem nächsten Brief zu lesen war, unternahm er einen langen melancholischen Sonntagsspaziergang am Ufer des Meeres entlang, einsam und elend. War er so verzweifelt, daß er Selbstmord in

Erwägung zog? Der Brief, in dem er seine Gefühle beschrieb, wurde von Alexandra nicht weiter beachtet – so wie andere seiner Briefe, obwohl sie auf diesen mit ungewöhnlicher Eile antwortete.

Sie erbot sich, unverzüglich zu ihm zurückzukehren, falls der Schmerz, den ihre Abwesenheit ihm verursache, wirklich so ernst wäre. Sie nannte Philippe mit Kosenamen und versicherte ihm ihre Treue und ihre Absicht, eines Tages nach Tunis zurückzukehren. Mit der Bitte um Geduld wechselte Alexandra dann das Thema und erinnerte Philippe daran, daß Buddha ein Mann des aktiven Lebens gewesen sei, so wie er selbst es war. Alexandra machte einen allmählichen Prozeß durch, in dem sie das *Sexuelle* zugunsten des *Sinnlichen* aufgab. Sie schwelgte in der exotischen Umgebung einschließlich der gebräunten Schönheit von Männern und Frauen, ergötzte sich an ihrem Anblick und den Klängen ihrer Stimmen mit Augen, Ohren und allen anderen Sinnen. Das hat nichts mit Puritanismus zu tun; es geht vielmehr um eine Schärfung der Wahrnehmung, die ein Schritt zum tantrischen Pfad zur Macht ist. Allerdings war ihre Entwicklung alles andere als abgeschlossen, und die Frage bleibt offen, ob sie nun eine Liebesaffäre mit dem Prinzen von Sikkim hatte oder nicht. Philippe ging davon aus, und die Missionare ebenfalls. Charles Bell, der es sicherlich als seine Aufgabe betrachtet hat, der Sache auf den Grund zu gehen, schweigt über die Angelegenheit, selbst in seinen unveröffentlichten Aufzeichnungen.

Sidkeong machte Alexandra einige bemerkenswerte Geschenke. In Digne haben wir einige dieser kostbaren Armbänder, Ohrringe und andere Objekte gesehen, und wie es im Osten Sitte war, bestanden sie teilweise aus massivem Gold. Die Forschungsreisende, ganz gleich, wie verzweifelt ihre Lage war, welche Armut, welchen Hunger und welche Kälte sie erleiden mußte, weigerte sich, davon auch nur ein einziges Stück zu verkaufen. Sie trug die Juwelen während ihrer Marathonreise durch das nicht kartographierte Tibet am Leibe – obwohl die Entdeckung ihrer Schätze sie und ihren Adoptivsohn wahrscheinlich das Leben gekostet hätte.

Alexandra kam bei ihren Bergexkursionen ihr Training als Sängerin zugute. Von Natur aus mit starken Lungen versehen, hatte sie gelernt, ihren Atem zu kontrollieren. Trotzdem war sie vor ihrer ersten allein unternommenen Zeltexkursion Anfang Juni nervös und ängstlich. Sie gab zu, daß dieses Wagnis ein Triumph des Willens über das schwache

Fleisch sei. Sie verlor niemals völlig die Furcht, sich zu verletzen. Der Prinz versorgte sie mit Lasttieren, Yaks, Zelten und Trägern und verabschiedete sie zu einem Marsch, der sie bis auf viereinhalbtausend Meter Höhe führen sollte – gerade noch unterhalb des Gebietes, in dem angeblich der berüchtigte Schneemensch sein Unwesen trieb.

Erregt von der Aussicht, ganz auf sich gestellt zu sein, ging Alexandra ihrer kleinen Truppe voraus, immer höher hinaus, vorbei an Lachen und Tangu, den letzten Vorposten vor tibetischem Gebiet. In den schneebedeckten Bergen, Heimat von Einsiedlern und Heiligen, spürte Alexandra, wie sie sich einer hinter den polierten Gipfeln stets aktiven Ausstrahlung näherte, einem nichtmateriellen Wesen, das dunkler war als die tiefsten Schluchten. Sie mußte in stechendem Schnee drei Stunden auf ihre Diener warten, bis diese sie endlich erreichten und ihr einen Tee zubereiten konnten. Ihr Zelt war nicht dicht, und am nächsten Morgen war es nur noch ein unauffälliger Flecken auf den schneebedeckten Höhen. Alexandra war unfähig, sich zu rühren und spürte, daß ihre Brust von Schmerzen eingeschnürt wurde. Sie mußte schnell handeln, wenn nicht der Schnee ihr Grab werden sollte. Wenn sie sich eine Lungenentzündung oder Herzerkrankung zuzog, stand es schlecht um sie.

Nach der anfänglichen Panik beruhigte sie sich. Wie nobel, inmitten dieser majestätischen Berge zugrunde zu gehen, allein mit den Göttern! Ihr letzter Wunsch war, eine Fotografie des Platzes aufzunehmen, wo sie sterben sollte – für Philippe, wie sie ihm schrieb, aber wahrscheinlicher doch für die Presse. Mit der klobigen Kamera kroch Alexandra aus dem Zelt, stellte ein und löste aus. Schon fühlte sie sich etwas besser und rief nach ihren Gefolgsleuten. Heißer Tee und ein dampfendes Fußbad belebten sie aufs neue, und sie begriff, daß sie sich lediglich eine Erkältung zugezogen hatte. Bald saß sie wieder im Sattel und hielt auf den nächsten Kamm zu.

Diese Exkursion brachte Alexandra die Freuden der Einsamkeit näher, die Übernachtung in einem Zelt in den Bergen des Himalajas, den Verzehr von Speisen, die über einem Feuer aus Yak-Dung zubereitet worden waren – vorausgesetzt natürlich, irgendein Diener besorgte das Kochen. Das tibetische Hochland lag vor ihr; überall kleine, eisbedeckte Seen, beherrscht von glühenden Gipfeln, die sich in den strahlend blauen Himmel erhoben. Diese surreale Landschaft erinnerte sie erneut an das geheimnisvolle Bild, das sie Jahrzehnte zuvor in der Londoner *Gnosis* gesehen hatte. Sollte sie in diese Ebene absteigen? Sie wußte, daß das sowohl von der britischen als auch von der tibetischen Obrigkeit streng untersagt war. Die Frage wurde für sie fürs erste von den sikkimesischen Trägern beantwortet, die froren und unbedingt zurückkehren wollten. Sie kämpften um die Plätze am Feuer, so daß Alexandra sie schließlich mit einer Peitsche trennen mußte.

Auch ihr setzte das harte Klima zu. Das grelle Licht verbrannte ihr die Augen, die Kälte warf Blasen auf ihrer Haut auf. Sie versorgte eine gewaltige weiße Blase auf der Lippe, indem sie die Haut mit einem scharfen Messer einschnitt. Trotz dieser Qualen verspürte Alexandra nach ihrer Rückkehr nach Gangtok den unwiderstehlichen Wunsch, eine weitere Expedition zu unternehmen. Sie wollte mit stärkeren tibetischen Trägern noch einmal diese Ebene besuchen, nicht ohne die verbotene Grenze zu überqueren. Alle Europäer in der winzigen Hauptstadt waren von diesem Gedanken auf seltsame Weise fasziniert, niemand wagte, etwas dagegen zu unternehmen. Als Dawasandup ihr eröffnete, der Hagelsturm bei ihrer Ankunft sei eine Warnung gewesen, und das Orakel habe ihr furchtbare Schwierigkeiten in Aussicht gestellt, falls sie versuche, nach Tibet zu gehen, machte sich die rationale Buddhistin nicht einmal die Mühe zu antworten.

Nach außen hin setzte Alexandra – die manchen als Dilettantin und anderen als noch Schlimmeres erschien – still ihre Studien fort. Sie ließ von ihrem langsam heranreifenden Plan nichts verlauten, sprach darüber weder zu Sidkeong noch zu Charles Bell oder den Missionaren. Nur Philippe vertraute sie in verschleierter Form an, daß sie kurz davor stehe, das Geheimnis zu ergründen, das sie schon so lange umtreibe.

»Das verbotene Tibet! So haben die Abendländer das Land schon seit Jahrhunderten genannt!« schrieb Lowell Thomas jr. Das aus natürlichen Gründen am schwersten zugängliche Land auf Erden hat schon immer die Forscher und Entdecker angezogen, Missionare und diejenigen, die den geistigen Wahrheiten und den Geheimnissen des ewigen Lebens nachspüren. Shangri-La mag nur in der Phantasie existieren, und doch ist sein Äquivalent in diesem vom Bollwerk des Himalajas geschützten Reich gesucht worden, über und unter der Erde. Trotz seiner Lage auf dem Dach der Welt, mit Tälern, die über viertausend Meter hoch liegen, und obwohl man bis vor kurzem von offizieller Seite den Kontakt mit dem Ausland mied, hat Tibet eine ganze Reihe von Abenteurern angezogen, die es gewagt haben, seine heiligen, jedoch nicht überall bewachten Grenzen zu durchdringen. Selbst heute noch zirkulieren zahlreiche falsche Vorstellungen von diesem Land.

Tibet als Lebensraum des tibetischen Volkes ist groß – es umfaßt ungefähr ein Drittel der Fläche der kontinentalen USA –, und der Einfluß seiner Kultur ist für Gebiete Zentralasiens weit über die Grenzen des eigenen Landes hinaus bestimmend gewesen. Seine nächsten Nachbarn waren damals schwer erreichbar oder politisch wenig stabil: im Westen Ladakh und Kaschmir, im Süden die Gebirgsstaaten Nepal, Sikkim (inzwischen Indien einverleibt), Bhutan und wenig bekannte Teile Assams und Burmas; im Osten die chinesischen Grenzregionen, die früher von Räuberbanden und tibetischsprachigen Nomaden besiedelt waren, sofern es sich nicht um völlig unwirtliche Teile der Provinzen Szechuan und Kansu handelte; und im Norden die weiten Wüstengebiete der chinesischen Provinz Sinkiang. Dahinter liegt die Mongolei, weiter westlich Afghanistan. Die Zahlen über die Bevölkerung sind unzuverlässig und teilweise politisch manipuliert; es gibt gut sechs Millionen ethnische Tibeter, von denen zwei Drittel in Gebieten leben, die gegenwärtig zu den westchinesischen Provinzen gehören, während das restliche Drittel in der sogenannten Autonomen Region Tibet der Volksrepublik China lebt, dem alten tibetischen Kernland, zu dem auch Lhasa gehört. Seit 1959, als Truppen der Roten Armee den Volksaufstand niederschlugen, hat eine beachtliche Gemeinde von Flüchtlingen hauptsächlich im Norden in Indien Wurzeln geschlagen, und in jüngerer Zeit auch in Europa und Amerika.

Tibet ist im Laufe seiner Geschichte seiner Höhenlage und der Kargheit des Landes wegen nur selten erobert worden. Selbst die Horden Dschingis Khans oder der späteren Mogulen Indiens zogen es vor, die gewaltige Bergfestung zu umgehen. Heute lebt der nominelle Herrscher des Landes, der XIV. und vielleicht letzte in der Reihe der Dalai Lamas, in Indien im Exil. Dort lebte von 1910 bis 1912 auch schon sein Vorgänger, der große XIII. Dalai Lama, nachdem er ebenfalls vor einer chinesischen Invasion geflohen war. Tatsächlich steht heute noch das gleiche auf dem Spiel wie damals, nämlich die Unabhängigkeit Tibets gegenüber

China. Ein wichtiges Thema für Alexandra, die unbedingt mit dem XIII. Dalai Lama zu einem Gespräch zusammentreffen wollte. Obwohl anfangs skeptisch, akzeptierte der Fürst des Mahayana-Buddhismus die Ausländerin schließlich als dazugehörig – eine Anhängerin der Glaubensgemeinschaft. Der XIII. Dalai Lama unternahm außerordentliche Anstrengungen, um ihre Mission zu erleichtern, sie in ihren Studien zu ermutigen und viele ihrer teilweisen abstrusen Fragen zu beantworten.

Und doch sprach Alexandra nicht mit Begeisterung vom XIII. Dalai Lama. Sie mußte seine profunden Kenntnisse des Buddhismus zugeben, hielt ihn als Person jedoch für kalt, affektiert und mitleidslos. Das war eine ungewöhnliche Kritik. Charles Bell, der den XIII. Dalai Lama über eine ganze Reihe von Jahren hinweg persönlich frequentiert hatte, war sich sicher, daß auf ihn die allgemeine Beschreibung eines Dalai Lamas zutraf: »Er wurde als Gott angesehen, als eine Inkarnation von Chen-re-zi, dem Fürsten der Gnade, der selbst eine Emanation Buddhas war. Da Chen-re-zi als der Begründer der tibetischen Rasse gilt und als Tibets Schutzgottheit verehrt wird, verhalf dies dem Dalai Lama in Tibet zu einer überwältigenden Position.« Das ist auch heute noch zutreffend, sehr zum Mißvergnügen der chinesischen Beamten und Soldaten, die den Besitz von Fotografien des XIV. Dalai Lamas als Verbrechen strafbar gemacht haben.

Wenn Tibeter am Ende eines unterhaltsamen Abends mit gekreuzten Beinen dasitzen, sagt sicherlich einer von ihnen: »Nun laßt uns über den Glauben reden!« Um das einzigartige Phänomen, das der Dalai Lama darstellt, ebenso zu verstehen wie Alexandras merkwürdige Reaktion auf den XIII. Dalai Lama, ist es notwendig, einen kurzen Rückblick auf die Ursprünge des Buddhismus und dessen Etablierung in Tibet zu werfen.

Der historische Buddha, Siddhartha Gautama Shakyamuni – sein persönlicher Familien- und Clanname –, wurde im sechsten Jahrhundert vor Christus in einem Gebiet geboren, das jetzt zum Südteil von Nepal gehört. Wie Alexandra in ihrem Buch *Vom Leiden zur Erlösung: Sinn und Lehre des Buddhismus* schrieb, gehörte er zur Kaste der *kshatriya* (Krieger) und stammte aus vornehmem und reichem Geschlecht. Bell bemerkt, daß »Buddha rassisch durchaus eher ein Mongolide (vielleicht ein Tibeter) gewesen sei als ein Inder«. Der junge Edelmann erhielt die beste Erziehung und wuchs völlig unbeschwert von weltlichen Sorgen auf. Er heira-

120

tete, hatte einen Sohn und schien zufrieden zu sein. Dann ließ sich Siddhartha im Alter von neunundzwanzig Jahren das Haar abschneiden, legte die einfache gelbe Robe eines Sannyasins oder Entsagenden an und sagte allen weltlichen Gütern Lebewohl. Obwohl die Tradition religiöser Bettelmönche damals bereits bestand, war die Familie des jungen Mannes natürlich entsetzt. Es gibt hier eine gewisse Parallele zu Alexandras eigener Situation, und sie bemerkte einmal, daß es einem zuerst recht gut gehen muß, bevor man ein Buddha werden kann; anderenfalls sei der Verzicht auf materielle Güter zu vermessen und zu künstlich.

Siddhartha suchte Erleuchtung, indem er sich berühmten Lehrern seiner Zeit anschloß, danach durch Fasten und asketische Übungen, ohne indes das Geringste damit zu erreichen. Schließlich ward ihm die Erleuchtung zuteil, als er unter dem grünen Dach eines Baumes saß und zwar aus seinem eigenen Geist. Siddhartha war zu Buddha geworden, dem Erweckten. Er hielt seine erste Predigt am Hirschpark vor den Toren von Benares. Obwohl sie sich inhaltlich und von ihrer Zielrichtung her deutlich voneinander unterschieden, hat seine Predigt zur Begründung des Glaubens die Menschen nicht weniger beeindruckt als Jesu Bergpredigt. Hier in der Hochburg der Brahmanen leugnete Buddha – ähnlich wie Jesus die Hohenpriester herausforderte – den Wert der Selbstkasteiung und lehnte die Verwendung von Riten und Opfern ab. Er erklärte, daß alle Dinge aus dem gleichen Urgrund entspringen und daß die Ursache menschlichen Leidens das blinde Streben nach Leben sei. Das Verlangen nach angenehmen Empfindungen führe unweigerlich zum Leid. Nur die Befolgung des Achtfachen Pfades könne das Karma, die Folge von Wiedergeburten, durchbrechen und zum Nirvana führen, dem Stillstand der glückseligen Leere.

Der Buddhismus, der in seinem Ursprungsland Indien beinahe ausstarb, verbreitete sich in andere Länder. Der Terminus Mahayana wird benutzt, um die Buddhisten Ostasiens von der ursprünglicheren Glaubensrichtung der Theravadin oder Hinayana-Buddhisten zu unterscheiden. Nach Sir Charles Eliot, dem Diplomaten und Gelehrten, erwies sich der neuere Glaube als »wärmer, was die Nächstenliebe, persönlicher, was die Hingabe, ausgefeilter, was seine Kunst, Literatur und Riten anbelangte«. Vor allem in Tibet stellt der Mahayana-Buddhismus besonders den übernatürlichen Geist Buddhas heraus, von dem die unzähligen Buddhas vergangener, gegenwärtiger und zukünftiger Zeiten nur Emanationen sind. Zusammen mit diesem Konzept, das ebenso mystisch ist wie die christliche Theologie, gegen die die junge Alexandra einst rebellierte, entwickelte sich die Verehrung der Bodhisattvas – Wesen, die auf ihren Eintritt ins Nirvana verzichten, bis die ganze Menschheit zu diesem Schritt reif ist. Diesen Heroen sind besondere Kulte gewidmet; sie müssen in immer neuen Reinkarnationen erscheinen, um ihre wohltätige Aufgabe zu erfüllen.

»Krieger, Krieger nennen wir uns«, lautete der Anfang eines Lieblingstextes von Alexandra. »Wir kämpfen für unsere glänzende Tugend, für unser hohes Streben, für unsere Weisheit.« Es war der tibetische Kriegerkönig Strongtsan Gampo, der sich im siebten Jahrhundert dem Willen seiner beiden Frauen, einer Chinesin und einer Nepalesin, beugte und Gelehrte nach Indien entsandte, die dort die buddhistischen Texte studieren und übersetzen sollten. Sie mußten sich erst eine Schrift schaffen, weil es für das Tibetische keine gab, und die Bücher buchstäblich auf dem Rücken über den Himalaja tragen. Diese Tradition wurde zum Kernstück des tibetischen Buddhismus, und Alexandra war zu Recht besonders stolz auf ihre Übersetzungen aus dem Tibetischen und die Sammlung von Texten, die sie über die Berge zurück *nach* Indien und in den Westen brachte. Keine andere Frau hat je eine derartige Leistung vollbracht, die sie beinahe das Leben gekostet hätte.

Es dauerte bis zur Mitte des achten Jahrhunderts, bis der Buddhismus in der kalten Erde der tibetischen Hochebene Wurzeln schlug. Tibet war damals zu einer wichtigen Militärmacht aufgestiegen, die Teile von Turkestan, Indien und China erobert hatte. Der König schickte nach Padmasambhava, einem berühmten Yogi-Heiligen, der in den magischen Künsten und dem Mystizismus bewandert war. Der Yogi war ein harter, aber kluger Mann, dem es gelang, seine Lehren der alten tibetischen Dämonologie anzupassen. Die traditionelle, schamanistische Religion Tibets, die unter der Bezeichnung Bon bekannt ist, zielt in erster Linie auf den Schutz vor einer ganzen Horde böser Geister ab. Angesichts einer lebensfeindlichen Umgebung, schneidender Stürme, riesiger Gletscher, plötzlicher Unwetter, unzugänglicher Berge und Schluchten, durch die eiskalte Wassermassen wirbeln, und einem Licht, das entfernte Objekte als nah und nahe Objekte als weit entfernt erscheinen lassen kann, ist der feste Glaube der Tibeter an Hexerei kaum überraschend.

Padmasambhava führte sich selbst als der große Exorzist ein, der über die Macht verfügte, die meisten der wütenden Dämonen in ihre Schranken zu verweisen. Er war genau vom richtigen Schlag, um von einem barbarischen König, einem wohlhabenden Kaufmann oder Viehbesitzer angeheuert zu werden. Guru Rinpoche, wie er von den Tibetern genannt wurde, nutzte seine Macht, um das erste Kloster des Landes, Samye, erbauen lassen und wurde zum Gründer und spirituellem Vater verschiedener Sekten der Rotmützen. Den Überlieferungen zufolge trank er, verkehrte mit Frauen und praktizierte tantrische Sexualriten.

Zuerst betrachtete Alexandra den von Padmasambhava hergeleiteten Zweig des Buddhismus als dekadent und von Aberglauben überfrachtet. Sie hielt es mit den Reformen Tsong Khapas, der 1357 in der Nähe des Koko Nor in Amdo (heute zur Provinz Qinghai der Volksrepublik China gehörig) geboren worden war. Dieser Gründer der Gelbmützenschule, welcher heute die meisten Tibeter und Mongolen angehören, wurde mit sieben Jahren Mönch und erhielt eine vielfältige Ausbildung, zu deren Lehrern auch römisch-katholische Missionare zählten. In seinen frühen Mannesjahren ging er nach Lhasa und begann dort bei den weltlichen Herrschern seine Reformen durchzusetzen. Er begründete eine echte klösterliche Disziplin, zu der eine feste Hierarchie, das Zölibat und gemeinsame Gebete gehörten, die magischen Praktiken lehnte er ab. Tsong Khapa war die treibende Kraft bei der Gründung der drei großen Klöster von Ganden (freudvoller Berg), Sera (Rosenzaun) und Drepung (Reisberg), die die Hauptstadt als die gewaltigen Stützpunkte der Gelbhüte umgaben und ein klerikales Veto über jeden Schritt der Regierung möglich machten. Er gründete auch das Tashilhunpo in Shigatse. Es wurde Sitz des Pantschen Lamas, des späteren Rivalen des Dalai Lamas – was Rang und Ansehen, und schließlich auch, was die Alexandra erwiesenen Gunstbezeigungen betrifft.

Die Autorin von *Le Bouddhisme* schreibt, daß von allen Dalai Lamas, die dem XIII. vorangingen, nur zwei andere einen gewissen Ruhm erlangten: Der große V. und sein Nachfolger, der berüchtigte VI. Der V. ergriff mit Hilfe mongolischer Truppen im siebzehnten Jahrhundert auch das Zepter weltlicher Herrschaft. Dalai bedeutet auf Mongolisch das Meer, wüst und tief. Der V. Dalai Lama ließ Lhasas unglaublich eindrucksvollen Potala errichten, und er legte die Machtbefugnisse der Dalai Lamas so endgültig fest, wie Innozenz. III. die des römischen Papsttums festschrieb. Als die Mandschus 1644 den chinesischen Drachenthron übernahmen, begab sich der V. Dalai Lama nach Peking. Dort verlieh ihm der Kaiser den Titel »universaler Herrscher des buddhistischen Glaubens«.

Der Tod des großen V. Dalai Lamas wurde über ein Jahrzehnt lang geheimgehalten; während dieser Zeit herrschte sein ehemaliger erster Berater, der sein uneherlicher Sohn gewesen sein soll, in seinem Namen. Aber es kann keine Dynastie von Dalai Lamas geben; die Nachfolge geht nicht auf den Sohn über, sondern auf die Reinkarnation des Dalai Lamas in einem neugeborenen Jungen. Daher ist Tibets Herrscher oft ein Kind einfacher Bauern gewesen, das fern von zu Hause im Palast aufwuchs. Jedenfalls wurde der VI. Dalai Lama wegen Meinungsverschiedenheiten bei Hofe erst eingesetzt, als er bereits älter als zehn Jahre war. Er war schon früher entdeckt worden, aber man hatte ihn mit seinen Eltern sein ganz normales Leben weiterführen lassen. Zum Leidwesen der Kleriker war der bemerkenswert gewinnende Bursche auch sehr lebenslustig: Er trank, trug Juwelen und trieb sich nächtelang mit Frauen herum. Melodiöse Reinheit – so wurde er genannt – schrieb wunderschöne Liebeslieder, die auch heutzutage noch von den Tibetern gesungen werden. Das einfache Volk verehrte ihn. Alexandra behauptet steif und fest, daß sie in Lhasa auf einen halb geheimen Kult gestoßen sei, der seinem Gedächtnis die Ehre erweise. Sie übersetzte einige der Gedichte des VI. Dalai Lamas, die oft scharfe soziale Satire enthalten, sich über die Mönche lustig machen, die nicht zu ihren Gelübden stehen, meist aber nur mit lyrischen Worten die Geliebte preisen. Sie schrieb, daß er ein Leben »führte, das uns als voller Ausschweifungen erscheinen muß und in der Tat auch so beurteilt werden müßte, falls es sich um einen anderen als einen ›Initiaten‹ in eine ganz besondere Praxis handelte« – die Praxis des Tantras nämlich. Der indische Gelehrte Agehananda Bharati fügt hinzu: »Der berühmte oder berüchtigte VI. Dalai Lama hatte seine Probleme mit dem orthodoxen reformierten Klerus, aber ich bin mir aus guten Gründen sicher, daß in seinem Fall das Element tantrischer Disziplin nicht beachtet wurde.«

Gewiß jedenfalls war der mandschurische Kaiser nicht erfreut. Er befahl Melodiöse Reinheit unter Bewachung nach Peking – aller üblichen Ehrerbietungen zum Hohn. Unterwegs ließ er ihn vergiften. Das tibetische Volk war empört. Eine unglückselige Gewohnheit nahm hier ihren Anlauf: die jungen Dalai Lamas umzubringen, wenn sie sich dem Mannesalter näherten. Der IX., X., XI. und XII. legten passenderweise ihre irdische Gestalt alle etwa im gleichen Alter ab. Den tibetischen Adeligen, die als Regenten fungierten, war es ohne Dalai Lama lieber, und den beiden chinesischen *ambans* (Botschaftern), die in Lhasa residierten, ebenfalls. Der XIII. Dalai Lama erwies sich allerdings als umsichtiger, als es seine Vorgänger gewesen waren, und überlistete seinen Feind, den chinesischen Kaiser. Lebendig und wohlauf konnte er auch einer entschlossenen vierundvierzigjährigen Französin zuhören, die für sich in Anspruch nahm, eine Buddhistin zu sein, und ihn mit solch genauen Fragen zum Glauben überschüttete, daß er seine Antworten sorgfältig abwägen mußte.

Nächster Spielort: Kalimpong in Indien – zweiunddreißig Kilometer von Darjeeling entfernt –, am 15. April 1912. Die Einwohner dieses geschäftigen Ortes – nepalesische Maultiertreiber, breitgesichtige Bhutanesen, schnurrbärtige Tibeter, dunkle Hindus und eine Handvoll britischer Funktionäre – befanden sich in einem Zustand der Erregung, die schon ans Krankhafte grenzte. Flaggen und Banner wehten im Wind, und eine Büste der verstorbenen Königin Victoria wachte milde lächelnd über diesen Vorposten des Empires. In einem Chalet in den Außenbezirken der Stadt, das dem Maharadscha von Bhutan gehörte, huschten tibetische Diener umher und bereiteten alles für den Tag vor. Trotz eines Nieselregens pflanzten einige Bambusstämme ein, um vor dem bescheidenen Bauwerk eine Art Allee zu bilden. Andere hielten sich in der Nähe ihres Herrn, des lebenden Buddhas auf, der mit gekreuzten Beinen auf einem gelb bezogenen Polster in einer Ecke des obersten Raumes im Hause saß. Es wurde viel geschwatzt und geklatscht.

Vom Marktplatz, wo die Menge die mit Läden fest verschlossenen Geschäfte säumte, erscholl ein Chor der Zustimmung: Eine Europäerin wurde auf einer Trage vorbeigebracht, und ihre vier Träger taten ihr Bestes, um sie nicht zu sehr durchzuschütteln. Die Menge konnte nur einen flüchtigen Blick auf sie werfen, da sie in einen Regenmantel eingehüllt war und das Gesicht mit einem leichten, lachsfarbenen Schleier bedeckt hatte. Wenn man den Leuten gesagt hätte: »Es ist Alexandra David-Néel«, hätte sie es nicht weiter gekümmert. Sie streckten zum Zeichen des Respekts ihre Zungen heraus und zeigten auf die Büste Victorias;

damit taten sie kund, daß sie die Dame für eine Emanation der Königin hielten, die wiederum Palden Lhamo verkörperte, die Schutzgöttin Tibets. Im Fernen Osten ist die Wahrheit schon immer sehr vielschichtig gewesen.

In der Sänfte wanderten Alexandras Gedanken zurück in die Vergangenheit. Das Wetter erinnerte sie an Belgien, an Spaziergänge mit ihrem Vater unter einem regenverheißenden Himmel. Er war ihr erster Mentor gewesen; wie stolz würde er jetzt auf sie sein. Traurig wünschte Alexandra, ihr toter Vater möge auf magische Weise auf der Straße erscheinen, so daß sie haltmachen, ihn umarmen und küssen könne. Aber sie wußte, daß Louis David das nur peinlich berührt hätte. Schließlich hatte er sie auch nicht mehr geliebt als ihre Mutter.

Als sie das Chalet erreicht hatten, mußte Alexandra zunächst am königlichen Kammerherrn vorbeikommen, den sie als schroff empfand. Obwohl das Protokoll für ihren Besuch im voraus festgelegt worden war, schienen Pannen unvermeidlich. Als sie vor den Dalai Lama geführt wurde, hatte dieser seinen Thron verlassen und sich auf einen einfachen Stuhl am Fenster gesetzt. Das war sehr ungewöhnlich, denn er saß immer höher als jeder andere. Hatte er vorhergesehen, daß ihr jeder Pomp mißfiel? Alexandra verglich ihn mit seinem Porträt: eine leicht gebeugte Gestalt mit weit offenen, fesselnden Augen, die etwas ausweichend wirkten, einem gewichsten Schnurrbart, riesigen Ohren (dem Zeichen der Weisheit); er trug eine spitze gelbe Mütze und eine braune Robe. Sie preßte zum Gruß die Handflächen vor dem Herzen zusammen. Jemand drückte ihr einen weißen Seidenschal in die Hand, den sie dem Dalai Lama überreichte; aber die dazu zu sprechenden Worte hatte sie vergessen. Er war nicht sehr groß, und etwas unwillig beugte die Rebellin vor ihm ihr Haupt, woraufhin der Dalai Lama die Hand ausstreckte, um sie zu segnen.

Während ihrer Unterhaltung fragte sie der XIII. Dalai Lama, wie es ihr denn als Französin möglich gewesen sei, ohne einen Lehrer zur praktizierenden Buddhistin zu werden. Insgeheim muß er sich wohl gefragt haben, ob sie überhaupt eine Buddhistin war. Die christlichen Missionare verkleideten sich gern und würden sehr weit gehen, um sein Volk zum Christentum zu bekehren. Aber Alexandras Kenntnisse gingen tief, und sie konnte ihn hinsichtlich seiner Bedenken bald beruhigen. Sie brachte ihn sogar zum Lächeln und versuchte, den zeremoniellen Kammerherrn zu ignorieren, der sie ständig unterbrach. Sie mußte zugeben, daß die europäischen Freunde des Buddhismus normalerweise der älteren theravadischen Schulrichtung anhingen.

»Die religiösen Lehren Tibets werden in Europa nicht verstanden«, ließ Alexandra Seine Heiligkeit wissen. »Ich hoffe, daß Sie mich erleuchten werden.«

Das gefiel dem Dalai Lama, und Alexandra begann ihren Gastgeber mit Fragen zur Erlösung und zur Erlangung von Weisheit zu bestürmen. Sie war nicht unhöflich, orientierte sich in der Gesprächsführung am wissenschaftlichen Disput, wie er im Westen üblich war. Die Lamas müssen sich Hunderte geheiligter Texte einprägen und lernen und die richtige Antwort auf alle möglichen diesbezüglichen Fragen bereit haben. Die eifrige Besucherin stellte so viele Fragen, daß sie und der Dalai Lama schließlich übereinkamen, daß sie sie in schriftlicher Form einreichen solle. Er versprach, sie allesamt zu beantworten, wodurch sie in den Besitz eines einzigartigen Dokuments gelange, das von großem Wert für die Welt sei.

Damit war die Audienz vorüber, die Besucherin erhielt einen weiteren Seidenschal und verließ rückwärts gehend den Raum. Glücklicherweise gab es darin keine Möbel, die sie hätte umstoßen können, und außerdem kannte sie dieses Manöver ja vom belgischen Hof. Die Menge draußen blickte sie ehrfürchtig an, als sie wieder zum Vorschein kam, denn der Dalai Lama hatte dieser Europäerin – der ersten überhaupt – eine Stunde seiner wertvollen Zeit gewidmet. Alexandra dachte, daß diese Geschichte wohl für eine Schlagzeile in einer französischen Zeitschrift gut sei. Der Seidenschal aber roch so muffig, daß sie gar nicht abwarten konnte, ihn wieder loszuwerden.

Die Menge bebte vor Erwartung. Seine Heiligkeit erschien und bestieg einen provisorischen Thron. Dann defilierten die Pilger an ihm vorbei: Reiche und Arme, Händler und Hirten, Buddhisten, Hindus und Animisten. Die Höchstgeborenen segnete er mit beiden Händen, die Landbesitzer mit einer Hand, die Kaufleute nur mit einem Finger oder zweien. Selbst der niedrigste Bettler konnte erwarten, wenigstens mit einer Quaste seines Schals berührt zu werden, was die Segnung vervollständigte und gutes Geschick bescheren sollte.

Hatte nicht dieser Gott auf Erden durch die Macht seiner Beschwörungen den chinesischen Kaiser überwunden? Würde er nicht im Triumphzug nach Lhasa zurückkehren, als universaler Herrscher des buddhistischen Glaubens?

9

Eine unsichtbare Grenze

1912 wagte sich Alexandra David-Néel zum erstenmal auf ein Territorium vor, das kulturell gesehen tibetisch war. Die Ereignisse bis zu diesem Zeitpunkt können als deutliche Vorboten der rotchinesischen Invasion und Besetzung Tibets betrachtet werden, die 1949 begann und bis heute anhält. Die Fragen um Besitz und Macht, die Charles Bell und seine Zeitgenossen aus der Kolonialära beschäftigten, begleiten uns auch heute noch. In der Tat haben Bells diplomatische Manöver die gegenwärtige Politik des Westens gegenüber Tibet geformt. Bemerkenswerterweise steht im Zentrum des Interesses nach wie vor der Dalai Lama – damals der XIII., heute der XIV. Aber es hat immer nur einen Dalai Lama in vierzehn verschiedenen menschlichen Körpern gegeben; es galt immer schon, die neue Emanation nach dem Tod der alten und deren Wiedergeburt aufzufinden und zu erkennen.

In der Vergangenheit war das Verfahren dazu fest vorherbestimmt. Innerhalb maximal zweier Jahre nach dem Hinscheiden des vorhergehenden Herrschers fragte ein Rat hoher Lamas das Staatsorakel nach einer allgemeinen Anweisung. Dann wurde ein hoher Lama zu einem bestimmten See gesandt, in dessen Wasser die unvergängliche Seele des Dalai Lamas residieren sollte. Während er in das eisige blaue Wasser starrte, wurde der Lama von einer Vision heimgesucht, möglicherweise auch von einem hilfreichen Traum in der Nacht. Ihm sollten jedenfalls danach das Aussehen und die Lebensumstände des noch kindlichen zukünftigen Herrschers so klar vor Augen stehen, daß ein Fehler bei dessen Identifizierung ausgeschlossen war.

War der Kandidat gefunden, wurde er einer Prüfung unterzogen. Charles Bell berichtet, der XIII. Dalai Lama, in der Hütte armer Pächter im Jahr 1876 zur Welt gekommen, habe als Kleinkind verschiedene der passenden körperlichen Merkmale aufgewiesen, zum Beispiel »große Ohren« und »ein Mal, das an eine Muschelschale erinnerte, auf einer der beiden Handflächen«. Ein überirdisches Licht ging von seinem Antlitz aus, und er war in der Lage, die alltäglichen religiösen Bedarfsgegenstände, die er in seinem vergangenen Leben benutzt hatte, wiederzuerkennen: den geweihten Donnerkeil (Dorje), eine Glocke und einen vielbenutzten Rosenkranz. Er mußte diese Gegenstände mit unfehlbarer Sicherheit aus einer Reihe vergleichbarer Objekte auswählen. Später würden dann Erinnerungsfetzen an seine frühere Inkarnation wieder auftauchen, und er würde sich an ihm bis dahin unbekannten Orten und unter unbekannten Menschen plötzlich heimisch fühlen. Aber wird es nun, da die alte Ordnung zerstört und Tibet von den Chinesen besetzt ist, jemals einen nächsten Dalai Lama geben?

Traditionellerweise stand dem Mandschurischen Kaiser das Recht zu, die Wahl des neuen Dalai Lamas zu bestätigen. Dadurch wurden natürlich Manipulationen möglich: Die auf Zetteln notierten Namen der möglichen Kandidaten wurden in eine goldene Urne gefüllt, und der chinesische Amban griff einen davon mit Eßstäbchen heraus. Wir müssen argwöhnen, daß er den Streifen mit dem erfolgreichen Kandidaten bereits in seinem außergewöhnlich langen Ärmel bereithielt. Im Falle des XIII. Dalai Lamas waren die Anzeichen, die zu seiner Auswahl geführt hatten, so deutlich, daß die argwöhnischen Tibeter die Verwendung der Urne ablehnten. Der Kaiser fügte sich grollend, so daß der XIII. Dalai Lama China bereits die erste Niederlage zugefügt hatte, bevor er sich dessen überhaupt bewußt war.

Im Alter von zwei Jahren wurde er von Vater und Mutter getrennt und mit drei Jahren vor einer Schar ernster Lamas, die sich vor ihm zu Boden warfen, inthronisiert. Gelehrte unterrichteten ihn in den buddhistischen Riten und der buddhistischen Metaphysik. Ausschließlich von Erwachsenen umgeben, lernte er Tag und Nacht, mußte auf Spielkameraden verzichten und sah kaum je ein weibliches Wesen. Er erfuhr wenig vom täglichen Leben und wußte nicht viel über die Länder außerhalb Tibets. Aber ihm war es bestimmt, anders zu sein als seine Vorgänger.

Die Tradition wollte es, daß der Dalai Lama, wenn er das Alter von achtzehn Jahren erreichte, seine Herrschaft antrat. Zuerst mußte er eine Reise zum »Himmelssee der Gottheit«, gut zweihundertvierzig Kilometer südöstlich von Lhasa unternehmen, um mit Palden Lhamo, der Behüterin des tibetischen Staates, Zwiesprache zu halten. Ihr Heiligtum war »ausstaffiert mit ausgestopften, wilden Tieren und anderen furchterregenden Objekten ... Sie ist sehr mächtig und leicht zu erzürnen.« Auf dem Weg zurück nach Lhasa wurde dem lebenden Buddha ein heiliges Medikament verabreicht, »um seine Lebenskraft zu erneuern und sein Antlitz glänzend zu machen«. Mit rotglühendem Gesicht ging er dann in seine nächste Inkarnation über. Es folgte eine großzügige Bestattung, während deren bekanntgegeben wurde, daß der Mitleidige verzweifelt über die Verderbtheit seines Volkes aus der Welt geschieden sei. Der XIII. Lama, der ein politisches Naturtalent war, erwies sich jedoch als klug genug, um die vergiftete Pille nicht zu schlucken. Wie Bell berichtete, bemerkte ein chinesischer Beamter dazu, daß »die Dinge sehr schlecht geregelt worden seien«. Weder Peking noch die indische Regierung waren es gewohnt, mit einem erwachsenen Herrscher Tibets zu tun zu haben.

In den Anfangsjahren des zwanzigsten Jahrhunderts beunruhigte die russische Expansion in buddhistische Gebiete Zentralasiens hinein die von Indien aus langsam nordwärts vordringenden Briten. Ein russischer Mongole, Dorjieff, hatte bei den Lamas studiert und wurde zu einem vertrauten Ratgeber des jungen XIII. Dalai Lamas. Lord Curzon, der Vizekönig, der die Befürchtung hegte, Dorjieff könne ein Agent des Zaren sein, sandte mehrere Botschaften nach Lhasa, um Gespräche über einen möglichen Handelsaustausch einzuleiten. Aber stets erhielt er die gleiche Antwort: »Wir haben keine Geschäfte mit den Ausländern.«

Im Jahr 1904 wurde Colonel Francis Younghusband mit einem kleinen Kontingent von Sepoys (indischen Truppen) ausgesandt, um dem Dalai Lama einen »Gesandtschaftsbesuch« zu machen. Younghusband war einer der unerschrockensten und kenntnisreichsten Offiziere an der indischen Front. Interessanterweise entwickelte er sich später zu einem Mystiker und Bewunderer Alexandras. Andere Offiziere der Expedition waren Captain L. A. Waddell, der das umfassende, aber voreingenommene Werk *The Buddhism of Tibet* verfassen sollte, und der junge David Macdonald, der damit seinen zwanzigjährigen Dienst in Tibet antrat.

Zur Überraschung der Briten leisteten die Tibeter tapfere Gegenwehr und hielten den Vorstoß im Chumbi-Tal auf. Hier lernte Macdonald Annie Taylor kennen, die weiter in das Land vorgedrungen war als jeder andere Missionar. Als die Armee erst ihre Artillerie über die Berge geschafft hatte, konnten die Verteidiger mit ihren antiquierten Vorderladern und in Unkenntnis moderner Kriegsführung keinen ernsthaften Widerstand mehr leisten. Unglücklicherweise gingen die tibetischen Truppen davon aus, daß die Segnungen der Lamas sie vor den britischen Geschossen schützen würden. Vor jedem weiteren Schritt versuchte Younghusband zu verhandeln, jedoch ohne Erfolg, während der jeweils diensthabende Kommandeur zunächst den Widerstand der Sepoys überwinden mußte, die tollkühnen Tibeter mit Maschinengewehren zusammenzuschießen. Die Briten rückten weiter vor, beklagten sich über die schlechten Pfade, über die bis dahin noch kein berädertes Fahrzeug gefahren war. Bald waren alle betört von der wilden großartigen Landschaft. Als die Truppe Lhasa erreichte und zum erstenmal die goldenen Dächer des Potala erblickte, artete die Expedition in einen wahren Wettlauf aus. Macdonald schreibt, »jeder wollte der erste Europäer sein, der die verbotene Stadt der Lamas betritt«. Am 4. August marschierten die Briten in die Stadt ein »und zogen den Schleier von Jahrhunderten zur Seite«.

Weil der Dalai Lama nach Norden in die Mongolei geflohen war, nahm Younghusband die Verhandlungen mit dem Regenten, dem Abt des Klosters Ganden, auf. Während der Dalai Lama weit entfernt auf den weiten Grasflächen der Steppe Quartier bezog und sich die ihm ergebenen Mongolen um ihn scharten, wurde eine britisch-tibetische Vereinbarung beschlossen und von der tibetischen Nationalversammlung ratifiziert. Das Dokument legte den Grundstein für Tibets Außenpolitik im zwanzigsten Jahrhundert und unterstützte das Ziel, die Unabhängigkeit von China zu erreichen. Weder der Mandschu-Kaiser noch seine Botschafter wurden konsultiert. Die Vereinbarung verbot jede ausländische Besetzung irgendeines Teils von Tibet oder die Einmischung in dessen Angelegenheiten. Alexandra betraf insbesondere die Vereinbarung: »Keine Vertreter oder Agenten irgendeiner fremden Macht sollen Zugang zu Tibet erhalten.« Den Briten wurde allerdings zugestanden, »Handelsmärkte« in Yatung (im Chumbi-Tal) und in Gyantse zu errichten. In Alexandras Augen hieß das, daß dem Britischen Empire der Sprung über den Himalaja gelungen war und es sich den Süden Tibets einverleibt hatte. Diese »Diplomatie der Gewalt« ereignete sich im gleichen Jahr, in dem sie Philippe geheiratet hatte, und sollte ihre Zukunft stark beeinflussen.

Die Mongolen konnten den XIII. Dalai Lama und sein Gefolge nicht lange unterstützen, und obwohl er den Russen Avancen machte, war das geistige Oberhaupt der Buddhisten schließlich gezwungen, sich nach Peking zu begeben und sich dort vor dem himmlischen Thron zu verbeugen. Die Kaiserinwitwe Yehonala und ihr Neffe, der Kaiser, empfingen ihn. Im Anschluß an die Audienz wurde sein Titel auf Yehonalas Intervention hin um die Phrase »treulich gehorsam« erweitert. Die Witwe, die für sich in Anspruch nahm, eine gute Buddhistin zu sein, war in allererster Linie eine skrupellose Politikerin. Die Tatsache, daß sich der Dalai Lama im Jahr 1908 den letzten Mandschus fügte, ist ein Argument, das von der Volksrepublik China heute benutzt wird, um den Anspruch ihrer Souveränität über Tibet zu begründen. Auf seiner Flucht vor den Briten geriet der Dalai Lama vom Regen in die Traufe.

Der drogenabhängige chinesische Kaiser allerdings welkte dahin und fand bald den Tod; vielleicht hatte eine Dosis Gift sein Schicksal beschleunigt. Yehonala wählte eines der kaiserlichen Kinder für den Thron aus und brüstete sich im Alter von dreiundsiebzig, daß sie Königin Victoria an Jahren noch übertreffen würde. Aber sie überlebte ihren Neffen nur um zwei Tage und starb – einen Fluch über die Herrschaft der Frauen und Eunuchen auf den Lippen. Der Dalai Lama vollzog für beide einen gemeinsamen Trauergottesdienst und kehrte nach der Inspektion der Klöster Osttibets nach Lhasa zurück. Vor seiner Ankunft waren aber bereits chinesische Armeen unter dem fähigen General Chao Erh-feng in sein Land eingedrungen, hatten dort geplündert, Klöster in Brand gesetzt, heilige Statuen eingeschmolzen, Hunderte von Mönchen ermordet und alte Bücher auseinandergerissen, um damit die Stiefel der Soldaten zu besohlen. Die Chinesen planten die Errichtung einer Militärstraße von Batang in der Provinz Kham (das später ein wichtiges Ziel für Alexandra wurde) nach Lhasa. Es war ein Vorgeschmack auf die Schrecken der Plünderungen und Verwüstungen, die Tibet ab 1959 kennenlernen sollte.

Die Tibeter leisteten Widerstand, so gut sie konnten, aber als erst einmal ein Truppenkontingent von mehreren Tausend Chinesen einschließlich Kavallerie Lhasa erreicht hatte, floh der vorzeitig gealterte Dalai Lama mitten im Winter über die Pässe des Himalajas in die Arme seiner früheren Feinde, der britischen Regierung Indiens. Im Exil in Darjeeling lernte er Charles Bell kennen, der ihm ein Leben lang Freund und Verbündeter sein sollte. Unglücklicherweise kam es den Interessen des britischen Außenministeriums entgegen, sich an die Verträge mit Rußland und China zu halten, obwohl diese offensichtlich verletzt worden waren. Bell mußte die Bitte des Dalai Lamas abschlagen, Tibet zu einem Protektorat unter der Vorherrschaft des Britischen Empires zu machen. Später werden die Vereinigten Staaten sich Tibet gegenüber ähnlich wankelmütig zeigen.

Und doch waren die Gebete der Lamas offenbar nicht umsonst: Die altersschwache Mandschu-Dynastie brach in sich zusammen. Sun Yat-sens neues China war zunächst ausschließlich mit internen Problemen beschäftigt und vernachlässigte die chinesischen Garnisonen im entlegenen Tibet. Die Truppen plünderten und desertierten schließlich. Der Dalai Lama forderte sein Volk auf, sich zu erheben und die Eindringlinge zu töten. Dafür wurde er von Prinz Sidkeong kritisiert, der sich langsam Alexandras zweifelnder Meinung über den XIII. Dalai Lama näherte. Sidkeong sagte Bell: »Für einen Buddhisten ist es eine Sünde, sich an der Zerstörung von Leben zu beteiligen. Für einen Lama eine noch größere Sünde und eine furchtbare Sünde für den höchsten aller Lamas.« Aber die dreizehnte Emanation des Bodhisattva Avalokitessvara (des Fürsten der Gnade), dem in der Welt der Politik übel mitgespielt worden war, hatte inzwischen seine Lektionen gelernt. Er war der Allwissende, der Alexandra 1912 eine Audienz gewährte und den sie ein zweites und letztes Mal in Ari befragen sollte, einem winzigen Dorf in der Nähe der sikkimesisch-tibetischen Grenze.

Wenn sie an ihren Gatten schrieb, vor allem, wenn sie um weitere finanzielle Mittel bat, strich Alexandra gern den idealistischen Aspekt ihrer Reise heraus. »Wann kommst du heim?« fragte Philippe nur. Er schrieb an die Frau, die er zu heiraten geglaubt hatte – eine ehemalige Opernsängerin, eine Journalistin, eine modebewußte Frau. Sie vermißte wohl die alte Bequemlichkeit ihres früheren Lebens ein wenig, aber aller Geselligkeit und Unterhaltung zum Trotz war es für Alexandra doch eine Zeit der Verzweiflung gewesen. Stete Betriebsamkeit war das Opium einer Frau gewesen, die sich selbst noch nicht gefunden hatte.

Jetzt hielt sie ihrem lieben »Mouchy« eine Predigt. Sie antwortete ihm in buddhistischen Worten, daß sie durch den Erwerb von Wissen (nicht etwa das Sammeln von Büchern) eine Zuflucht für ihr gemeinsames Alter schaffe. Tatsächlich aber sah sie inzwischen Jahre jünger aus und fühlte sich lebendiger denn je. Die Frau genoß die prachtvolle Umgebung und war sich bewußt, in einer ohnehin reichen Phase des voll erblühten Britischen Empires zu den Privilegierten zu gehören. Die Maharadschas hatten ihre Bedeutung verloren und wirkten nur noch wie antiquierte, kuriose Spielkameraden, während in Europa die Gewitter des Krieges sich durch drohendes Wetterleuchten in der Abenddämmerung der untergehenden Epoche ankündigten.

An dem Junitag, an dem der Dalai Lama über die Grenze in sein eigenes Land zurückkehren würde – der Zeitpunkt war von Hofastrologen festgelegt worden –, empfing Seine Heiligkeit in der kleinen Grenzstadt zwischen Sikkim und Tibet ausschließlich königliche Hoheiten. Dennoch strömte auch das Volk in großen Mengen aus den Bergen und Hügeln zusammen, um einen letzten Blick auf diesen irdischen Gott zu werfen. Mit den am Ort und in der Nähe ansässigen Lepchas, Bhutanis und Indern kamen auch chinesische Soldaten, die aus Tibet vertrieben worden waren und offenbar keinerlei Groll hegten. Man war zu folgender Vereinbarung gelangt: Die Chinesen konnten in Frieden ziehen, wenn sie ihre modernen Gewehre zurückließen. Diese würden einer modernen tibetischen Armee zugute kommen, die von den Briten ausgebildet werden sollte. Der Handel trug die Handschrift Charles Bells.

Während Hofbeamte die neugierige Menge mit Knotenpeitschen zurückhielt, nahm Alexandra mit dem Maharadscha von Sikkim und dem Prinzen Sidkeong in einem Bungalow in der Nähe ihren Tee. Eine kleine Eule, ein Geschenk der beiden, sah von ihrem Sitzholz aus zu. Das Protokoll wurde dabei streng beachtet – Tasse und Untertasse des alten Maharadschas waren aus Gold mit Einlegearbeiten aus Türkis und einer wunderbaren Perle, das Service des Prinzen aus Silber mit Korallen. Alexandra war enttäuscht, als ihr der Tee in einer einfachen Porzellantasse gebracht wurde. Sie hatte sich langsam an die Etikette gewöhnt.

Sidkeong, der als Dolmetscher fungieren sollte, begleitete Alexandra bei ihrer letzten Audienz beim XIII. Dalai Lama. Sie trafen auf ein rechtes Durcheinander: Die Lamas erteilten zusammenhanglose Befehle, und die Diener huschten völlig verwirrt umher. Der Dalai Lama war herzlich, aber in Eile. Alexandra spürte, daß er im Geiste bereits in Lhasa war und dort seine Regierung aufstellte. Ihre offensichtich zufällige Bemerkung kann wörtlich verstanden werden: Daß die Adepten in Tibet Gebrauch von ihrer Gedankenform machten – einem zweiten rein geistigen Selbst, das sich willentlich abtrennen läßt. Alexandra stellte zwar den guten Willen des XIII. Dalai Lamas in Frage, nicht jedoch seine spirituelle Macht.

Zu ihrer Überraschung händigte der Dalai Lama Alexandra eine Niederschrift der Antworten auf ihre zahllosen Fragen aus. Sie könne ihn schriftlich um weitere Erklärungen bitten, den Austausch ihrer Briefe würde Charles Bell besorgen. Sie begriff, daß der Mitleidige eine bemerkenswerte Ausnahme für sie als Frau gemacht hatte. Von seiner eigenen Gattin schrieb Bell: »Sie war sorgsam darauf bedacht, nicht zu Seiner Heiligkeit zu sprechen, denn das hätte die tibetischen Gepflogenheiten verletzt.« Bell, der den XIII. Dalai Lama besser kannte als jeder andere Abendländer, hielt ihn für »frank und frei, nicht nur im Gespräch, sondern ganz allgemein in seinen Taten«. Allerdings bestritt er auch nicht, daß er »streng in seiner Glaubenshingabe« sei. Bell beobachtete, daß er »die Gartenarbeit liebte und mit eigener Hand Samen und Keimlinge einzupflanzen pflegte. Und er besuchte seine zahmen Tiere, unter anderem einen bengalischen Tiger.«

Allerdings mußte Bell auch zugeben, daß der große XIII. Dalai Lama mit den Jahren immer selbstherrlicher wurde und ebenso schnell wie willkürlich strafen konnte. Er vereinte mehr weltliche Macht in seiner Hand andere Dalai Lamas. In gefährlicher Zeit fungierte er notgedrungen als Staatsoberhaupt. Wir werden hier an ein altes tibetisches Sprichwort erinnert: »In einem machtvollen Land verfällt die Religion.« Geradezu gegensätzlich verhält es sich für den XIV. Dalai Lama, dessen einzige Macht moralischer Art ist. Und doch ist sein Einfluß weltweit spürbar.

Wann immer dies möglich war, belegte Alexandra ihre Erfolge mit Fotografien, und sie überredete auch den XIII. Dalai Lama, einen Schnappschuß von sich machen zu lassen. Aber als sie den Film entwickelte, war der Dalai Lama darauf nur als vage Form erkennbar, wie ein Geist. Sie versicherte Philippe, daß der Film ordnungsgemäß belichtet worden sei. Sie fand keine Erklärung für dieses sonderbare Detail, mußte aber an eine Geschichte denken, die sie über Younghusbands Expedition gehört hatte. Seine Fotografen hatten viele Aufnahmen von der Innenausstattung der Tempel gemacht, von juwelengeschmückten Buddhas und reichverzierten Altären, ohne auf die Einwände der Lamas zu hören. Als sie aber versucht hatten, die Bilder zu entwickeln, war darauf nichts zu sehen gewesen.

Alexandra glaubte, Opfer des gleichen geheimnisvollen Phänomens geworden zu sein.

Auch war sie angetan von dem Rat, den Seine Heiligkeit ihr gegeben hatte: »Lernen Sie Tibetisch!« Ihr Wunsch, diese schwierige Sprache zu beherrschen, war bereits durch ein früheres paralleles Ereignis geweckt worden. Kurz nach ihrer ersten Audienz, während sie beobachtete, wie der XIII. Dalai Lama der Pilgermenge seine Segnung zuteil werden ließ, fiel ihr ein Mann auf, der in schmutziger, zerrissener Mönchstracht auf dem Boden saß. Das Haar hatte er sich wie einen Turban um den Kopf gewickelt. Er verspottete den ganzen Vorgang. Von Dawasandup erfuhr Alexandra, daß es sich bei diesem Mann um einen umherwandernden Naljorpa aus Bhutan handelte, eine Art von Asketen, die mit jedem Platz zufrieden sind und über magische Kräfte verfügen. Kurz darauf überredete die Neugierige den widerstrebenden Schulmeister, sie zu einem Besuch in der Zelle des Naljorpas in einem nahe gelegenen Kloster zu begleiten.

Der merkwürdige Mann stopfte sich gerade den Mund mit Reis voll und beantwortete ihre Begrüßung mit einem Rülpser. Alexandra versuchte, sich mit ihm zu unterhalten, aber er gluckste nur und murmelte ein paar Worte. Dawasandup weigerte sich, diese zu übersetzen, deutete aber an, daß der Mann Alexandra eine Idiotin genannt hatte. Nach einer Weile erwies sich der Einsiedler als etwas gesprächiger und verurteilte die Segnungen des Dalai Lamas als trügerisch. Er wies darauf hin, daß der XIII. Dalai Lama, wenn er wirklich über besondere Kräfte verfügte, weder Armee noch Verbündete benötigte, um die Chinesen zurückzuschlagen, sondern sie schlicht und einfach zurückhalten könne, indem er Tibet mit einer undurchdringlichen psychischen Barriere umgebe. Alexandra war von dem schmierigen Burschen mit der Halskette aus Menschenknochen und von seiner Wildheit fasziniert. Für alle Einzelreisenden bestand eine unsichtbare Grenze, die sie davon abhielt, Lhasa zu erreichen, die verbotene Hauptstadt. Alexandra wollte wissen, für was der Naljorpa sich hielt. Er lachte geräuschvoll und verglich sich mit einem Schwein, das sich im Schmutz wälze. Aber er nahm gleichzeitig für sich in Anspruch, ein Schüler des Guru Rinpoche zu sein – das ist der Name, unter dem die Tibeter Padmasambhava kennen. In der Tat benutzte er den Code der Anhänger des geheimnisvollen Kurzen Weges, des kühnen, aber gefährlichen Versuches, die Erlösung mittels Magie zu erlangen.

Alexandra blieb skeptisch, und bevor sie die Hütte verließen, gab sie Dawasandup ein paar Rupien für den Bettler. Der Mann lehnte das Geschenk verächtlich ab. Als Dawasandup dem Naljorpa das Geld aufzudrängen versuchte, wankte er plötzlich und taumelte rückwärts gegen die Wand, wobei er sich den Magen hielt. Der Magier hatte nicht einmal eine Augenbraue hochgezogen, stand aber jetzt mit einem Grinsen auf und verließ den Raum. In kleinem Maßstab hatte er selbst eine solch unsichtbare psychische Grenze um sich herum errichtet.

Nicht lange danach lernte Alexandra einen gebildeteren, aber ebenso respektlosen Naljorpa kennen, der als Gomchen – großer Einsiedler – von Sakyong in Osttibet bekannt war. Auch er folgte dem Kurzen Weg und beschwor Alexandra, daß die Erleuchtung in »der Abwesenheit aller Anschauungen und Vorstellungen, aller Fesseln des Denkens, das Illusionen hervorbringt«, bestehe. Das ist für Abendländer schwer zu akzeptieren, da sie so stolz auf ihre Meinungen und Vorstellungen sind. Alexandra fand es zudem wenig glaubwürdig, als ihr der Gomchen von Sakyong prophezeite, sie würde über China nach Tibet reisen und dort in die geheimen Lehren eingeführt werden. Sie war sich sicher, daß sie ihren eigenen Weg finden würde, und daß dieser zurück nach Indien zu den Sanskritstudien nach Benares führen würde. Anschließend hoffte sie, so etwas wie eine vergleichende Darstellung der Religion verfassen zu können – die Art von Buch, die ihr in den vornehmen Salons von Paris Beifall eintragen würde.

Zunächst aber nahm Alexandra eine von Charles Bell vermittelte Einladung des Maharadschas von Nepal an, den Geburtsplatz des Gautama Buddha in Lumbini zu besuchen und von dort aus eine Exkursion in den Tilora-Dschungel an der indisch-nepalesischen Grenze zu unternehmen. Im Dezember bereitete ihr der Maharadscha in Katmandu einen stilvollen Empfang; sie verstrickten sich sogleich in eine Unterhaltung über den Mystizismus. Der Herrscher des großen, strategisch wichtigen Landes war attraktiv, verbindlich und hatte einen Sinn für Äußerlichkeiten. Er teilte Alexandra einen leichten Wagen und zwei Mann als Fußbegleitung zu; die »Boys« hatten Anweisung des britischen Residenten, immer dicht bei ihr zu bleiben. Schließlich wurde Alexandra in einer Sänfte über die Berge in den Dschungel gebracht mit einem Gefolge von einem Dutzend Trägern und vier Elefanten.

Alexandra lebte in den tropischen Nächten auf, berauscht von den Gerüchen der wilden Natur. Unglücklicherweise gab es im Tilora menschenfressende Tiger, und keiner der Kulis und Diener wagte sich weit in den Urwald vor, nicht einmal mit einem der Elefanten. Eines Nachmittags wagte sich die Pariserin in Begleitung eines einzigen »Boys« bis zu einer schönen Lichtung. Dort setzte sie sich mit gekreuzten Beinen nieder und bewunderte den hellblauen Vogel, der auf einem Ast zwitscherte. Ihr »Boy« ließ sie allein.

Alexandra wurde schwermütig. Der achte Jahrestag des Todes ihres Vaters war gerade vergangen und hatte alte Wunden aufgerissen. Sie mußte wieder an den billigen Triumph ihrer Mutter denken, Louis David sterben zu sehen. Aber auch der geliebte Vater war mit ihrer bohemehaften Lebensführung und ihren Studien nicht einverstanden gewesen. Er konnte die Ähnlichkeit ihres Lebens mit dem, das er gern geführt hätte, nicht ertragen. Plötzlich hörte sie ein Rascheln in den trockenen Blättern zu ihrer Linken. Als sie vorsichtig ins Dickicht spähte, erblickte sie in vielleicht sieben Meter Entfernung einen langen, rötlichen, schwarzgestreiften Leib. Die Kreatur war halb von Laubwerk versteckt, und sie dachte zuerst, es könne sich um ein Zebra handeln. Dann aber begriff sie, daß es in diesem Land keine Zebras gab – es war ein Tiger!

Weglaufen kam nicht in Frage; mit zwei Sprüngen hätte die riesige Katze sie erreicht und niedergestreckt. Alexandra versuchte sich zu beruhigen, schloß die Augen und zwang sich zu tiefer Meditation. Sie wußte, daß ein Yogi ein wildes Tier bezwingen konnte, indem er sich von seiner Angst frei machte. Sie rief sich die Geschichte in Erinnerung, wie der Buddha eines früheren Zeitalters seinen Leib einer Tigermutter als Speise für ihre hungrigen Jungen zur Verfügung stellte. Aber Alexandras Lösung bestand darin, sich die Bestie als ein Gewirr roter und schwarzer Blätter vorzustellen. Als sie nach einer Weile aufblickte, war das Tier verschwunden.

Mit diesem Sieg noch nicht zufrieden, versuchte Alexandra, das Bild der großen Katze wieder erstehen zu lassen. Für einen philosophischen Buddhisten ist die Idee eines Tigers ebenso real wie seine körperliche Gegenwart. Aber an der Stelle, wo die Katze gestanden hatte, sah sie nur einen Zipfel blauen Himmels. Gestört durch die Ankunft ihres Boys mit einem Elefanten kehrte Alexandra in ihr Lager zurück.

Von der Philosophie einmal ganz abgesehen: In welcher Gefahr hatte sie sich tatsächlich befunden? Der Naturforscher George Schaller hat darauf hingewiesen, daß die Vorstellung vom Tiger als einem von Natur aus blutrünstigen und grausamen Tier eine Fiktion ist, die von Trophäenjägern aufrechterhalten wird. Er behauptet, daß Tiger vielmehr »gleichmütige, ruhige Tiere sind, beflissen, jede Begegnung mit einem Menschen zu Fuß zu vermeiden, wobei natürlich die seltenen Menschenfresser eine Ausnahme bilden«. Ganz eindeutig waren die europäischen Reisenden keine Experten, was die Geschmacksvorlieben der Tiger anbelangte. Als Madame Blavatsky von einem menschenfressenden Tiger angegriffen wurde – so berichtete sie wenigstens –, mußte sie ihren Meister zu Hilfe rufen, der ihn nach Art eines Tarzans überwältigte. Alexandra reagierte mutig, willensstark und diszipliniert. Wie die meisten von uns hatte sie zu kämpfen, um tapfer zu sein.

In der Nacht ließ das ferne, aber dennoch erschreckende Brüllen eines Tigers die Boys vom Lagerfeuer aufspringen. Die große Katze war wohl auf Jagd, aber war es die gleiche, die Alexandra gesehen hatte? Alexandra bereute, keine Kamera mitgeführt und kein Foto des Tieres gemacht zu haben. Denn dann hätte sie Philippe den Schnappschuß schicken können und damit Bewunderung geerntet.

◾ 10 ◾

Im Reiche Shivas

Alexandra David-Néel war bereits seit zwanzig Jahren Buddhistin, als sie in Benares zwischen all den Sterbenden zu der grundlegenden Erkenntnis kam, daß das Ego nicht existierte. Sie begriff, daß das, was sie »Leben« genannt hatte, ein Alptraum war, aus dem sie in den Frieden Buddhas erweckt zu werden hoffte. Am 7. Dezember 1913 kehrte sie auf der Flucht vor der Hitze und den Seuchen Indiens in die winzige Hauptstadt von Sikkim zurück, wo Prinz Sidkeong ihr einen überwältigenden Empfang bot. Mehrere Kilometer vor der Stadt säumten von ihren Lehrern angeführte Schulkinder die Straße. Der Schuldirektor reichte ihr zum Empfang den traditionellen weißen Schal als ein Zeichen der Ehrerbietung. Danach begrüßte sie eine Abordnung von Lamas, der eine Versammlung der Adligen und Grundbesitzer folgte, die sie mit Schals überhäuften. Und schließlich erschien Sidkeong selbst, der dann zusammen mit Alexandra inmitten der gewaltigen Prozession in Gangtok Einzug hielt – als wären sie das königliche Paar. Wenn es ein Traum war, dann war es ein süßer Traum!

Allerdings war Alexandra, die, um jeden Klatsch zu vermeiden, wieder in der britischen Residenz wohnte, bald desillusioniert. Hier auf einem Hügel, von dem aus man sowohl die Stadt als auch einen niedrigeren Hügel mit dem Königspalast und Sidkeongs Villa auf dem Palastgelände überblickte, mußte sie ständig englischen Tee trinken und sich zum Dinner festlich kleiden. Die Europäer waren freundlich, insbesondere an Weihnachten, als sie nach einem üppigen Mahl ein Amateurkonzert gaben. Die Abenteurerin hatte das Gefühl, ein alter Kauz inmitten einer Schar freudiger Kinder zu sein.

Anderenorts nahmen Ereignisse von größter Wichtigkeit ihren Lauf, und Alexandra kann sich nicht anders als ausgeschlossen vorgekommen sein. Sie wartete ungeduldig auf das Ende der ins Stocken geratenen trilateralen Gespräche in Simla. Der Historiker C. J. Christie schreibt dazu: »Im Verlaufe der Jahre 1912 und 1913 übten die Briten einen starken

Druck auf die chinesische Republik aus, den Status von Tibet neu zu definieren und zu einer neuen Übereinkunft zu gelangen, die Chinas Oberhoheit festschrieb, gleichzeitig aber Tibets Autonomie garantierte.« China war schließlich zu Verhandlungen bereit, so daß die Konferenz 1913 zustande kam. Die britische Delegation wurde zwar von Sir Henry McMahon geleitet, aber Charles Bell, der auf sehr gutem Fuße mit den Tibetern stand, traf die kritischen Entscheidungen. Sidkeong wurde eiligst nach Simla bestellt – zu keinem anderen Zweck, als für ein Foto in steifem Frack und Zylinderhut zu posieren. Alexandra mißfiel, daß ihr Freund nach der Pfeife des englischen Gesandten tanzte.

Sie hatte gehofft, Bhutan besuchen zu können – was sehr selten gestattet wurde –, weil Bell versprochen hatte, sich bei dessen Maharadscha für sie zu verwenden. Nun aber konnte letzterer vorgeben, daß er mit den Vertragsverhandlungen beschäftigt sei. Es ist aber ohnehin unwahrscheinlich, daß Bell in seiner Sorge um Indiens Nordostgrenze einer Europäerin erlaubt haben würde, nach Bhutan zu reisen. Zum Ausgleich begann Alexandra, Tibetisch zu studieren, was ihr wesentlich leichter fiel als das Sanskrit. Sie erwartete nicht, die Sprache jemals flüssig zu beherrschen, sondern wollte nur lesen lernen und hoffte, ein wenig im Land reisen zu können, wenn man ihr das erlaubte. Als sie wieder einmal tibetische Musik hörte, versetzten sie die tiefen, schwermütigen Klänge in eine angenehme Trauer, als stammten sie von den Wesen, die im Bardo (Fegefeuer) umherwanderten und klagten. Das Konzert fand an einem Platz für Leichenverbrennungen statt, was die Wirkung nur noch unterstrich.

Zu Neujahr 1914 schenkten die sikkimesischen Mönche Alexandra die Robe einer Lamina, wie sie sie nannten. Das Gewand war ordnungsgemäß geweiht worden. Wichtiger aber war, daß es sie mit der langen Tradition derer identifizierte, die studiert hatten, Manuskripte kopierten, Pilgerfahrten unternahmen, sich für ihren Glauben verausgabten und selbst für ihn zu sterben bereit waren.

Die dunkelrote Filzrobe hatte einen blauen Seidenkragen wie ein Kimono und ein gelb gesäumtes Taillenband. Hohe tibetische Stiefel aus Leder und Filz mit glückverheißenden Mustern gehörten ebenfalls zu der Ausstattung sowie eine Mütze aus goldfarbener, chinesischer Seide. Die Mönche hatten der Ausländerin damit nicht nur eine seltene Ehre erwiesen, sondern ihr auch ein warmes Gewand verschafft, das sie auf den Höhen des Himalajas wärmen sollte.

Jetzt, da sie genug Zeit hatte, begann Alexandra sich um ihre Gesundheit zu sorgen. Wenn sie sich nicht bewegen konnte, verfiel sie in Depressionen, wurde müde und klagte, daß sie sich alt fühle. Klugerweise unternahm sie sozusagen als Gegenmittel eine Rundreise durch die Klöster, wo sie den jungen Mönchen die buddhistischen Sutras (Lehrgespräche) auslegte. Am Kloster Rumtek stellte sie ein neues Zelt auf, das alle in Erstaunen versetzte. Es war selbst im Winter bewohnbar. Sie versicherte Philippe, daß sie es ihm in einem Jahr nach Hause schicken wolle, damit sie dort zusammen Forschungsreisende spielen könnten. Aber sie ignorierte seine Aufforderung, ihm endgültig mitzuteilen, welche Kosten noch bis zu ihrer Rückkehr anfallen würden. Sie erkannte zwar seine Opfer an, machte sich im Augenblick aber größere Sorgen um die dämonischen Kräfte, die insgeheim am Werk waren, um sie nicht nach Tibet zu lassen. Vielleicht spürte sie den Einfluß von Charles Bell.

Bei ihren Wanderungen über die Berghöhen genoß Alexandra die frische Luft. Der ehemaligen Feinschmeckerin machte es nichts aus, daß sie nun mit einfachen Speisen und einmal sogar mit Nesseln und Farnkräutern vorliebnehmen mußte. Von den zarten Erbsen und dem Spargel aus den Gärten rund um Paris würde sie natürlich weiterhin träumen. Eine andere Erinnerung aus ihrer Jugend wurde wieder frisch: Sie war in der Lage gewesen, stundenlang durch die Alpen zu laufen, ohne je zu ermüden. Daß ihr das mit fünfundvierzig Jahren immer noch möglich sein würde, hätte sie nicht für möglich gehalten.

Eines Abends nach einem langen Marsch, als sich die Dunkelheit zu senken drohte, bevor sie eine noch weit entfernte Ortschaft erreichte, hatte sie ganz plötzlich das Gefühl, mit völlig sicherem Schritt zu gehen, einen Körper zu haben, der leicht war wie eine Feder, und immer weitergehen zu können. Die Tibeter kannten dieses Gefühl, das Wanderer manchmal befällt, und hatten daraus eine esoterische Kunst namens Lung-gom gemacht. Alexandra hatte bereits davon gehört, wollte aber gern noch mehr darüber lernen. Die fortgeschrittene Tageszeit und ihre Müdigkeit,die ihren Blick auf das weit entfernte Ziel richten ließ, hatten genau die Bedingungen geschaffen, die notwendig waren, um zu einem Trancegeher zu werden. Die Nacht kam, hinderte Alexandra aber nicht, ihr Ziel zu erreichen.

Gerne hätte sie gelernt, die neue Technik, die häufig als »Fliegen«
mißverstanden wurde, völlig zu beherrschen, aber das mußte warten. Ihre
Unternehmungen zu dieser Zeit – über die sie alle Aufzeichnungen ver-
nichtet zu haben scheint – waren ihren Biographen bisher stets ein Rätsel.
Ungeduldig geworden versuchte Alexandra zum erstenmal, die britische
und einheimische Bürokratie zu umgehen. In den Geheimakten des India
Office fanden wir ein Kommuniqué vom 22. Januar 1914 aus Assam von
B. J. Gould, einem Zivilbeamten:

> Eine französische Dame namens David-Néel, die außerdem Buddhi-
> stin ist und ein tiefes Interesse an der buddhistischen Philosophie
> hegt ... wies mir einen Brief des Vizekönigs vor, worin dieser andeu-
> tete, daß der König an ihrer geplanten Reise interessiert sei, und [sie]
> legte ein Empfehlungsschreiben von Mr. Bell für den Maharadscha
> von Bhutan vor ... Madame Néel schlug vor, auf eigene Faust in das
> Chumbi-Tal und nach Bhutan zu reisen.

Demnach unterstützten die höchsten britischen Beamten Alexandras Forschungen auch weiterhin – allerdings unter der Voraussetzung, daß dadurch die Interessen der einheimischen Herrscher nicht verletzt und ver-
tragliche Übereinkünfte nicht berührt würden. Sie spielten aber auch
Katz und Maus mit ihr. Der gleiche Beamte fährt fort:

> Privat hat mich der Maharadscha wissen lassen, daß er Komplikatio-
> nen befürchtet, wenn eine Dame ohne europäische Begleitung durch
> Bhutan wandere, vor allem, wenn sie den Wunsch äußere, Klöster zu
> besuchen. Er müsse auch daran denken, daß es schwierig würde, die
> Missionare weiter zurückzuhalten, wenn er einer Dame aufgrund ihres
> Interesses am Buddhismus den Zugang nach Bhutan gewähre ... Was
> das Chumbi-Tal anbelangt, so steht es wohl außer Frage, ihr dort
> Zutritt zu verschaffen.

An der Grenze zu Bhutan abgewiesen, verlagerte Alexandra ihre Aufmerksamkeit auf das südliche Tibet. In Indien hatte sie verlangt, daß der
französische Botschafter die indische Regierung drängen möge, ihr ein
Besuch in Tibet zu gestatten, um dessen Religion und Philosophie in

Shigatse zu studieren. Das erwies sich als Fehler. Am 2. Februar 1914 antwortete ein namentlich nicht genannter britischer Beamter auf diese Anfrage:

> Es gab Gründe zu vermuten, daß ihre [Alexandras] Ziele nicht ganz so unschuldig waren, wie sie sie darstellte ... Was Tibet anbetrifft, sind wir verpflichtet, keine Privatreisenden ins Land zu lassen, ohne zuvor die russische Regierung zu konsultieren. Es scheint keinen Grund zu geben, warum wir einer französischen Reisenden den Zutritt gewähren sollten, den wir unseren eigenen Beamten verwehren.

Tatsächlich wurde selbst Charles Bell jahrelang nicht gestattet, die wiederholten Einladungen des Dalai Lamas nach Lhasa anzunehmen, so daß er darüber im Jahr 1918 sogar mit seinem Rückzug aus dem aktiven Dienst drohte.

Alexandra plante bereits um. Nach ihrem enttäuschenden Mißerfolg versuchte sie ihr Ziel auf anderem Wege zu erreichen. Sie wußte, wie man politischen Einfluß ausübt, selbst wenn der Schuß manchmal nach hinten losging. Bei ihrem Versuch, nach Bhutan zu gelangen, zeigte sie ihr Empfehlungsschreiben einem untergeordneten Funktionär in Assam, während die allgemeine Aufmerksamkeit auf das weit entfernte indische Simla gerichtet war. Obwohl dieser Versuch fehlschlug, war das Manöver klug. Aber als sie sich definitiv von Tibet ausgeschlossen fand, ließ Alexandra alle Freundlichkeit fahren und ging nun ohne Rücksicht auf Verluste vor. Ihr waren die möglichen Konsequenzen bewußt, sie handelte nicht aus irgendeiner schwammigen Vorstellung vom Schicksal heraus, und durfte über die Reaktion der Briten eigentlich nicht überrascht sein.

Inzwischen hatte der Tod des alten Maharadschas am 10. Februar Alexandra veranlaßt, schnellstens zurück nach Gangtok zu eilen. Trotz seines schmerzhaften Endes hatte der Maharadscha bis zum Schluß versucht, seinen jüngeren Sohn als Thronerben einzusetzen. Alexandra befürwortete vehement Sidkeongs Thronerbe. Die Trauerzeremonien beeindruckten sie: Prozessionen, im Freien vollzogene Riten, Lamas, die ihre klagenden Lieder in den Tempeln erklingen ließen ... Vom frühen Morgen bis in den späten Abend hinein wurden die langen Hörner geblasen, grollten Kupfertrommeln, welche ihr besondere Schauer über den

Rücken jagten. Es war eine *Opera Grande*, in der die ehemalige Sängerin gerne auch eine Rolle übernahm: Sie predigte vor einem großen, wie gebannt lauschenden Publikum von Mönchen.

Alexandra war glücklich, wieder mit ihrem Prinzen vereint zu sein, der jetzt die Staatsgewänder des Maharadschas von Sikkim anlegte. Sie war eine der ersten, die ihn auf die Gefahren an seinem intriganten kleinen Hof aufmerksam machten. Eines Nachmittags, als das Paar sich wie gewöhnlich zur Teezeremonie traf, drängte Alexandra Sidkeong zu unbedingter Vorsicht. Dies entsprach einer recht neuen Erkenntnis, denn bis dahin hatte sie den Prinzen stets ermutigt, sich den Briten und der Clique ultrakonservativer Lamas zu widersetzen.

In einer Ecke des Raumes stand drohend eine lebensgroße Statue. Da es sich bei allen Klöstern in Sikkim um nicht reformierte Rotmützen handelte, wurde Padmasambhava überall als Schutzheiliger verehrt. Obwohl der magische Tantrismus, sein eigentliches Markenzeichen, die Fähigkeiten der meisten Mönche überstieg, wurde diese Richtung sehr bewundert. Inzwischen hatte sich der neue Herrscher entschlossen, zu einem Tsong Khapa des sikkimesischen Buddhismus zu werden (Reformer und Gründer der Gelbmützen im fünfzehnten Jahrhundert). Sidkeong wollte die Trunksucht, die Zauberei und die Ausbeutung der Pächter abschaffen.

Um klarzumachen, was sie meinte, deutete Alexandra auf die Statue und spottete, daß der lokale Klerus seit Jahrhunderten einen bösen Geist anbete. Ihr Gefährte setzte zu einer Antwort an, aber es war die Statue, auf deren schroffen Zügen sich das flackernde Licht der Altarlampe spiegelte, die die Beleidigung persönlich nahm. Eine geisterhafte Stimme schien alles zu durchschneiden und warnte die beiden, daß er der Herr dieses Landes sei, mächtiger als jeder menschliche Herrscher.

Alexandra versuchte sich einzureden, daß es nur ein Hirngespinst war und sie sich die Zurechtweisung durch den vor langer Zeit verstorbenen Padmasambhava nur eingebildet habe. Aber warum erbleichte der Maharadscha und begann, sich lebhaft zu verteidigen? Er bestand darauf, daß er Erfolg haben würde. Hatte es eine an ihn gerichtete Botschaft gegeben, oder konnte er Alexandras Gedanken lesen? Der Zwischenfall kann auch metaphorisch angesehen werden, denn religiöse Statuen enthielten gewöhnlich geheime Texte, die ihnen besondere Kräfte verliehen. Die

Statue Padmasambhavas sollte angeblich an vielen Stellen versteckt sehr mächtige Sprüche enthalten. Kein Zweifel, daß der alte Magier immer noch zu den Tibetern spricht.

Der junge Maharadscha, der die Warnung in den Wind schlug, schwor, die Klöster von den Mißständen zu befreien und wo notwendig die Rute zu benutzen. Alkohol und Tabak mußten aus den Tempeln verschwinden, die Mönche sollten regelmäßig beten, ihren Aberglauben aufgeben und wahre Buddhisten werden. Aber zunächst einmal hatte Sidkeong ein dringenderes Problem. Nach der Trauerperiode sollte er Ma Lat heiraten, die burmesische Prinzessin, die er kaum kannte. Charles Bell zählte darauf. Die Prinzessin galt als hitzköpfig und modern, was ihren Geschmack und ihre Kleidung anbelangte. Sie spielte sogar Piano! Der Maharadscha hatte aber bereits eine sikkimesische Geliebte, eine einfache Frau, die ihm einen Sohn geboren hatte. Er wandte sich um Rat an Alexandra. Sie bestand darauf, daß er seine Pflicht tue und die Burmesin heiratete. Wenn das frisch vermählte Paar erst einmal Kinder habe, würde wohl alles gut werden zwischen ihnen, zumal Sidkeong im Herzen so jung geblieben sei.

Angesichts Alexandras unnachgiebiger Weigerung, Kinder zu bekommen, scheint ihr Rat bestenfalls zweischneidig. Ihre zarten Gefühle dem Maharadscha gegenüber konnten sich wohl eher mit einer Pflichtheirat als mit einer anderweitigen Liebesverbindung abfinden. Es war kein Zufall, daß sie sich wünschte, irgendwann einmal zusammen mit Sidkeong Burma und Siam besuchen zu können. Sie ging so weit, eine Korrespondenz mit der burmesischen Prinzessin zu beginnen, um sie zur Hochzeit zu ermutigen. Die imperiale Politik war für sie ein Spiel, das sie genoß.

Der Maharadscha aber war über sein Heiratsdilemma derart bekümmert, daß er auf einem Ausflug, den er zusammen mit Alexandra unternahm, einen hohen Lama um Rat fragte. Der Guru des Lamas war ein Seher gewesen, und auch der Lama selbst war in der Lage, die Zukunft vorherzusagen. Ohne zu wissen, um welche Frage es eigentlich ging, verfiel der Seher unter schmerzhaften Zuckungen in eine Trance. Dann öffnete er die Augen und schien ein völlig anderer Mann geworden zu sein. In einer merkwürdig gedämpften Stimme prophezeite er, daß Sidkeong sich über diese Angelegenheit keine Sorgen zu machen brauche.

Dann taumelte das Medium davon und hinterließ den königlichen Herrscher in einem Zustand großer Verwirrung.

Alexandras Schwierigkeiten mit ihrem eigenen Gatten spitzten sich zu. Philippe drohte, sich anderweitig nach einer zärtlichen, leidenschaftlichen Partnerin umzusehen. Er beklagte sich bitter, daß er allein in einem großen Haus leben müsse, und drohte ihr, sie werde nicht länger in sein Leben passen, wenn sie nicht unverzüglich heimkäme. Alexandra war daran gelegen, Philippe auf Distanz zu halten, ihn aber nichtsdestoweniger zu halten. Er war ihr Kontakt nach Europa und Amerika, auch zu den Verlagen dort; aber er war auch ein emotionaler Anker. Und er schickte das Geld. Wie wäre die Französin an den Höfen und diplomatischen Vertretungen in Asien empfangen worden, wenn sie ein von Armut geplagter Yogi gewesen wäre? Also versicherte die nomadisierende Ehefrau ihrem Gatten, daß sie ihn mehr liebe denn je.

Es ist bemerkenswert, wie diese Frau eine Lebensbeziehung durch den unzuverlässigen Postdienst jener Tage aufrechterhielt, und zwar über beinahe anderthalb Jahrzehnte, in denen sie an den unmöglichsten Orten umherwanderte. Manchmal machte sie »Mouchy« bescheidene Komplimente, schrieb ihm, wie sehr sie seine Briefe genoß. Bei anderen Gelegenheiten, wenn Philippe allzusehr über sein Los geklagt hatte, verabreichte sie ihm eine reinigende Dosis buddhistischer Philosophie. Alexandra scheute auch nicht vor emotioneller Erpressung zurück. Im Mai 1914 verkaufte Philippe das Haus in Tunis und zog zum Hauptquartier der Eisenbahn nach Bône in Algerien. Seine Loslösung von ihr brachte Alexandra in Wut. Wie konnte er es wagen, einen solchen Schritt zu unternehmen, ohne sie in die Entscheidung einzubeziehen? Nun war Philippe der Launenhafte. Sie erinnerte ihn an frühere Erniedrigungen, daran, wie er ihre Armut und ihre Zukunftslosigkeit ausgenutzt habe.

Alexandra wußte, wie sie Philippes Panzer durchdringen und sein verwundbares Gewissen erreichen konnte. Dann stimmte sie die Ballade vom ältlichen Wüstling an, der ein zartes junges Ding verführte. Insgeheim konnte sie einem tantrischen Sexritus selbstbewußt zusehen, aber die nach außen hin zur Schau getragene Moral der Französin war strikt viktorianisch. Als sie Philippe nicht länger vertrösten konnte, drohte Alexandra schließlich, zur Einsiedlerin zu werden. Sie würde irgendwo in einer Höhle leben und er vollends die Verbindung zu ihr verlieren.

Während des frühen Herbstes lernte Alexandra die vier Nonnen von Chorten Nyima kennen, einer echten Einsiedelei, die mitten in einer wilden Landschaft auf der tibetischen Seite der Grenze zu Sikkim lebten. Sie streifte mit ihren Dienern im Gebirge umher, und die Temperatur war unter den Gefrierpunkt gefallen. An einer Grippe erkrankt und mit einer Ohrentzündung fühlte sie sich von der plötzlichen Eingebung bestimmt, in das Land des Geheimnisses vorzudringen. Als sie die imaginäre Grenze erst einmal überschritten hatte, traf sie dort auf frostiges, aber trockenes Wetter mit strahlendem Sonnenschein.

Das kleine Kloster lag hoch zwischen Adlernestern und Himmel in einer Luft so klar, daß die Felsen dort glitzerten wie Halbedelsteine. Durch die Erosion ausgehöhlte Kliffs, mit pastellfarbenen Steinen übersät, verliehen dem Ganzen etwas Friedfertiges, das Alexandras angespannte Nerven beruhigte. Rund um das Gompa herum verströmte eine mitleidlose, unübersichtliche Szenerie eine Gelassenheit, die sich jedem Ausdruck entzog. Chorten Nyima bedeutet »Sonnenschrein«, und einer alten Legende zufolge war ein Chorten (ein Grabdenkmal), das kostbare Reliquien enthielt, auf den Sonnenstrahlen von Indien hierher versetzt worden. Im Boden sollten geheime Schriften Padmasambhavas verborgen liegen. Dem Volksglauben nach wurde das Gebiet von einhundertacht – der magischen Zahl Tibets – Quellen bewässert. Während davon nur einige wenige dem gemeinen Blick sichtbar sind, sehen die, die reinen Herzens sind, tatsächlich ein reichbewässertes Gebiet.

Das ehemals berühmte, aber lange Jahre vernachlässigte Gompa war zu einem bröckeligen Haufen zerfallen, der von einer Handvoll Nonnen bewohnt wurde. Alexandra beeindruckte der stille Mut dieser Frauen, deren alltägliches Leben voller Gefahren war. Das halbe Jahr über eingeschneit, waren die Nonnen oft dem Verhungern nahe oder liefen Gefahr, Opfer wilder Tiere zu werden. Was die Nonnen mehr ängstigte, waren die bösen Geister, die hier merkwürdige Formen annahmen und denen sie widerstehen mußten. Am dämonischsten war eine bestimmte Pflanze, die am Ende von schwindelerregenden Felsüberhängen wuchs, um ihre Opfer in den Abgrund zu locken.

Alexandra entdeckte den starken und bestimmten Charakter dieser tibetischen Frauen. Sie schreckten nicht davor zurück, allein zu leben oder zu reisen, auch nicht, wenn es durch wildes, von Räubern bedrohtes

Gebiet ging. Sie trotzten gern einem feindlichen Klima und Gelände, um Pilgerreisen zu unternehmen und ihre Religion zu praktizieren. In seinem Buch *Ich komme aus Tibet* sprach Chögyam Trungpa Rinpoche, der Gründer zahlreicher westlicher Meditationszentren, den furchtlosen Nonnen seine Hochachtung und seinen Dank dafür aus, daß sie ihm auf seiner Flucht ins Exil Unterschlupf gewährt hatten. Die allbekannte Unabhängigkeit der tibetischen Frauen war Alexandra auf ihrer eigenen Pilgerfahrt nach Lhasa eine große Hilfe.

Die Nonnen von Chorten Nyima erwiesen sich trotz ihrer schmutzigen Gesichter und zerrissenen Kleider als ebenso großzügig wie mutig. Sie baten Alexandra, mit ihnen zu teilen, was sie besaßen, einschließlich ihrer rohen Behausung. Nachdem sie die verfallenen Bauten besichtigt hatte, entschied sie sich dafür, ihr eigenes Zelt vor den Toren des Klosters aufzuschlagen, im Angesicht der schneebedeckten unberührten Gipfel, die im azurblauen Himmel glänzten. Sobald die strahlende Sonne hinter den Bergen versank und die Dunkelheit der Nacht sich herabsenkte, gefror alles. Die Wärme ihrer Lamarobe und der dazugehörigen Stiefel hielt die Ausländerin am Leben. Sie wagte es nicht, die verschiedenen Schichten ihrer Kleidung abzulegen, damit sich ihre ausgetrockneten Füße nicht in Eisklumpen verwandelten. Das schonungslose Wetter bestätigte ein altes tibetisches Sprichwort: »Die Kälte dieses Landes wird den Tee, den man ausschenkt, gefrieren lassen.«

Trotz Wollhandschuhen ließ der Wind die Haut ihrer Finger aufspringen, und trotz ständigem Einfetten bildeten sich Blasen in ihrem Gesicht. Aber dessenungeachtet meditierte sie in der kalten Luft, in der ihr Atem sofort zu einem Wölkchen von Eiskristallen erstarrte, und das Eremitendasein erschien ihr als natürlicher Weg zur Selbstverwirklichung. Verursachte die Einsamkeit Visionen, fragte sie sich, oder ließ sie einen nur entdecken, daß man vorher blind gewesen war?

Alexandra wußte, daß sie keine Heilige war, aber im Frühjahr 1914 – während in Europa die Großmächte sich tief in feindliche Schachzüge und Gegenzüge verstrickten – hoffte sie, weniger schwachköpfig zu sein als die politischen Führer des Westens. Sie versicherte Philippe, daß sie nicht etwa einer Laune folge, sondern einem alten, ausgetretenen Pfad, der sich vor ihr öffnete. Tatsächlich saß sie nach ihrer Rückkehr den ganzen Sommer über im Gästehaus des Palastes in Gangtok fest und wartete darauf, daß Philippe ihr weitere Mittel zur Verfügung stellte. Philippe hatte angedeutet, daß er eine Geliebte gefunden habe, und dann monatelang nichts mehr von sich hören lassen.

Alexandras Langeweile fand ein Ende, als der junge Maharadscha mit Neuigkeiten aus Simla heimkehrte: Die Briten, Chinesen und Tibeter hatten eine Übereinkunft geschlossen, die den Tibetern Autonomie garantierte. Während Bell darauf hoffte, daß sie sich so faktisch zu einem britischen Satelliten entwickelten, hatte man die Chinesen mit der Teilung Tibets in ein Inneres (die an China grenzenden Provinzen Kham und Amdo) und Äußeres (die zentralen und westlichen Landesteile) Tibet geködert und ihnen eine vage Oberhoheit über das Ganze zuerkannt. »Autonomie« für Tibet und »Oberhoheit« Chinas ist auch die Lösungsformel, die gegenwärtig von Seiner Heiligkeit, dem Dalai Lama, befürwortet wird, und demnach die offizielle Position der tibetischen Exilregierung.

Allerdings hatte es die britische Diplomatie bei den sechsmonatigen Gesprächen von Simla nicht vermocht, irgend jemanden außer Charles Bell und Sir Henry McMahon wirklich zu befriedigen. Die Tibeter hatten ihren Anspruch auf eine weite Strecke gebirgigen Stammesterritoriums zwischen Bhutan und Assam aufgegeben, damit McMahon seine berühmte Linie zwischen China und Indien über den Kamm des Himalajas ziehen konnte. Das machte Tibet noch abhängiger von britischer Militärberatung und Anerkennung. Schlimmer war aber, daß Peking fast unverzüglich Wort und Unterschrift seiner Delegierten und damit das ganze Übereinkommen verleugnete. Chinesische Truppen zogen ins östliche Tibet ein. Der folgende chinesisch-tibetische Grenzkonflikt entwickelte sich in kleinem Maßstab parallel zu den gewalttätigen Auseinandersetzungen im Weltkrieg. Alexandra hörte davon in einem Brief Philippes vom August, und sie erwiderte neugierig, daß der Krieg mit Deutschland ja wohl unabwendbar und, da Frankreich über verläßliche Verbündete verfüge, eine gute Sache sei. In einer Demonstration von »Realpolitik«, auf die der »eiserne Bismarck« neidisch gewesen wäre, versicherte Alexandra, daß Rußland zwar leiden, aber eine ganze Weile durchhalten würde, daß die Briten ihrer Flotte und ihrer Kolonien wegen von unschätzbarem Wert seien und Deutschland ausgehungert werden würde. Daß sie sich als so kriegerisch und in diesem Falle hellsichtig erwies, ist weniger überraschend, wenn wir bedenken, daß ihre politische Ziehmutter die Pariser Kommune von 1871 war. Die französische Linke hatte schon lange zumindest gegen die Preußen Krieg führen wollen.

Während der nächsten Monate wanderte Alexandra in Begleitung eines orientalistischen Kollegen, des schottischen Pali-Spezialisten McKechnie, mit einem Gefolge von Dienern durchs Gebirge. Sie wurde von Unruhe getrieben, und sobald sie wieder dorthin zurückkehrte, wo regelmäßiger Postverkehr bestand, versuchte sie, Neues vom Krieg in Europa in Erfahrung zu bringen. Als Philippe ihr vorwarf, sie werde es eines Tages bereuen, während dieser tragischen Stunden so fern der Heimat zu sein, antwortete sie ihm, daß sie sofort zurückkehren und sich freiwillig melden würde, wenn sie ein Mann wäre. Aber als Krankenschwester Dienst zu tun – die Rolle, die sie als Frau erwartete – erachtete sie als zu unbedeutend.

Der Krieg erschien Alexandra angemessen. Sie verstand nichts von mit Maschinengewehren, Panzern, Flugzeugen und Giftgas ausgefochtenen Schlachten und war überzeugt, daß ein Sieg leicht zu erringen sein würde. Das Ungeheuer des preußischen Militarismus mußte für alle Zeiten zerschlagen werden, damit die Welt in Frieden leben konnte. Alexandra würde die Lektionen des Krieges noch auf schmerzhafte Weise lernen müssen, aber nicht, bevor sie selbst in begrenztem Ausmaß zu einer findigen Befehlshaberin über ihre Männer geworden war.

Zunächst einmal brachte sie die gemeinsame Sache ihrem lieben »Mouchy« im Geiste wieder näher; sie sehnte sich danach, ihn zu umarmen und zu küssen. Da aber eine Seereise jetzt zu gefährlich war, wurden alle Pläne für eine Rückkehr auf unbestimmte Zeit verschoben. Philippe sandte Geldmittel, und wenn diese auch zeitweilig aufgehalten wurden, kamen ihr andere zu Hilfe; unter anderem der Maharadscha von Nepal, der sehr von ihr beeindruckt war. Es war nicht etwa seine friedliche Veranlagung und noch weniger ein weichlicher Mystizismus, die diesen Krieger zum Buddhismus hinzogen. Aber er bewunderte die Yogis, die mit ihren kühnen Gedanken allein in Höhlen lebten. Sie selbst verglich diese extremen Individuen mit Freidenkern wie Reclus oder Stirner, die sie selbst persönlich oder durch ihre Schriften gekannt hatte. Allerdings gingen die Yogis wesentlich weiter als jeder Europäer, da sie im Besitz der geheimen Lehren, der tantrischen Überlieferung, waren. Dieses

Tor zu den Mysterien war ihr verschlossen geblieben. Aber jetzt, so schrieb sie Philippe, sei sie von einem anerkannten Gomchen (großen Einsiedler) als Schülerin akzeptiert worden, und sicher, schnelle Fortschritte machen zu können. Aber vorher stand ihr noch ein furchtbarer Schlag bevor.

Am 14. Dezember erreichte Alexandra in Lachen, einem winzigen Kloster in den Bergen direkt vor den hohen tibetischen Pässen, die Nachricht, daß nach einer kurzen, unerklärlichen Krankheit der Maharadscha von Sikkim im Alter von siebenunddreißig Jahren verstorben war. Man hatte sechs Tage gebraucht, um sie zu benachrichtigen. Zuerst war sie nur schockiert über diesen frühen Tod. Dann mußte sie an ihren letzten gemeinsamen Ausflug denken; Sidkeong war ihr in seinem alpinen Dreß so schnell vorausgestiegen, daß sie dachte, sein Herz und seine Lunge müßten aus Stahl sein. Auf dem Gipfel hatten sie die Stille genossen und meditiert. Dann hatte er sie verlassen müssen, um sich den Angelegenheiten des Hofes zu widmen, während sie tiefer ins Gebirge vordrang, dem Land des Schnees entgegen.

Sidkeong, ein wahrer Berggeist, war von einem Felsblock zum anderen gesprungen, hatte mit seinem Schweizer Hut gewunken und Alexandra zugerufen, bald zurückzukehren. Nun würde sie ihn nie wiedersehen. Sie war so bewegt, daß sie selbst Philippe gegenüber zugab, Sidkeong geliebt zu haben, einen Waisen, dessen Stiefmutter seine ärgste Feindin gewesen war. Sie hatte mit ihm die gleichen Anschauungen geteilt, die gleiche Verwundbarkeit, die Philippe, der Mann der Tat, kaum würde verstehen können. Bei Gelegenheit würde die Frau ihre Verzweiflung darüber andeuten, daß sie das Wesen nicht finden konnte, das alle Qualen ertragenswert gemacht hätte. Ihr unstillbarer Kummer angesichts des Todes des Maharadschas legt den Schluß nahe, daß dieser asiatische Monarch diese Rolle gespielt hatte, bevor er ihr mit kalter Endgültigkeit entrissen wurde.

Allerdings war Sidkeong ein Tulku, ein »Geistkörper«, der dem tibetischen Glauben gemäß nur sterben sollte, wenn er es selbst wünschte, vielleicht um zu glücklicheren Zeiten wiedergeboren zu werden. Und so redeten die Lamas von mystischen Gründen für das Hinscheiden ihres Herrschers. Als Charles Bell einen Informanten zum Sprechen brachte, erfuhr er folgendes:

Ku-sho sagt, er habe gehört, daß die Krankheit des Maharadschas Sidkeong Tulku, die zu seinem Tode führte, ihre Ursache in seiner mangelnden Verehrung der Cho-kyong [dämonische Verteidiger des Glaubens] seiner Ahnen habe, und darin, daß er begonnen habe, ihnen Kerzen zu opfern anstelle von Butterlampen. Auch habe er vorgeschlagen, eine burmesische Prinzessin zu heiraten, was die Cho-kyong erboste, da die Prinzessin von fremdem Volk sei und den Cho-kyong nicht Folge leisten würde. Schließlich vernachlässigte der verstorbene Maharadscha während seiner Krankheit die übliche Verehrung seiner Ahnengottheiten. Aber den Grund seines Todes weiß Ku-sho nicht.

Wenn Bell mehr erfuhr als das, dann vertraute er es nicht einmal seinen privaten Aufzeichnungen an.

Sidkeong hatte seine Reformen mit untunlicher Hast durchgeführt und sich damit nicht nur dämonische, sondern auch Feinde aus Fleisch und Blut geschaffen. Er hatte sowohl Europäer als auch gelehrte Mönche der Südlichen Schule in sein Land eingeladen. Er stellte sie als Lehrer seiner eigenen Lamas ein und forderte sie auf, in den Klöstern zu predigen. Alexandra gab zu, daß die Praxis regelmäßiger Predigten vor den versammelten Mönchen auf sie zurückging. 1937, als ein deutscher Buddhist, der als Lama Govinda bekannt wurde, Sikkim besuchte, berichtete er, daß die Lamas dort Sidkeongs Einführung »ausländischen Gedankengutes« immer noch bedauerten.

Der indische Historiker George Kotturan schreibt, Sidkeong habe »seine Ablehnung der feudalaristokratischen Privilegien und der religiösen Hierarchie im Staate geltend gemacht ... Als er sich eine Krankheit zuzog, so wird vermutet, verschworen sich [die konservativen Kräfte] mit einem britischen Arzt, der ihn behandelte und seinen Tod herbeiführte.« Lal Basnet weiß hinzuzufügen: »Sidkeong Tulku hatte sich durch seinen Reformeifer das Mißfallen nicht nur der feudalen Landherren, sondern auch ... Charles Bells zugezogen. Sein Tod war eine ebenso große Erleichterung für den Zivilbeamten wie für die Kadis und die Mönche.«

Bell räumt ein, daß Sidkeong »in vieler Hinsicht britischen Methoden außerordentlich kritisch gegenüberstand«, aber er besteht darauf, daß der Maharadscha insgesamt davon angetan gewesen sei, daß die britische Verwaltung Indiens auch die Öffnung Sikkims für die Außenwelt zur Folge gehabt habe. Obwohl Bell wahrscheinlich nichts mit Sidkeongs Tod zu tun hatte, erwies sich dessen Nachfolger doch auf jeden Fall als nachgiebiger, und Mord als politisches Mittel war und bleibt in Südasien gängig. Ein halbes Jahrhundert später heiratete eine Amerikanerin, Hope Cooke, den Kronprinzn von Sikkim, einen Neffen Sidkeongs. Sein Vater, ein gewissensgeplagter alter Mann, den der herrische Geist seiner Mutter verfolgte, war der jüngere Sohn, um dessen Inthronisierung Königin Drolma gekämpft hatte. Er starb bald, und die Amerikanerin wurde zur Königin Hopela. Als die inzwischen schwangere Amerikanerin den eher düsteren Königspalast durchstreifte – den gleichen, den auch Alexandra kannte –, gelangte sie schließlich in einen ungenutzten Raum mit einem prachtvollen Ausblick auf die Berge:

Es ist das Zimmer, höre ich, in dem der Onkel und die frühere Inkarnation meines Gatten, Sidkeong, von einem bengalischen Arzt umgebracht wurde – entweder durch grobe Fahrlässigkeit oder absichtlich –, weil sich Sidkeong als zu kluges und starkes Hindernis der britischen Vorherrschaft in Sikkim erwiesen hatte. Obwohl die Details von Sidkeongs Tod gräßlich sind ... scheint dieser Raum nichts davon zu atmen. Frei von Geistern, mit Sonne gefüllt, obwohl über das Fenster eine mit Sperlingsnestern besetzte Traufe hinausragt ... Dieses Zimmer möchte ich für mein Baby haben.

Es sollte eine Zeit kommen, da mußte Königin Hopela aus Gangtok fliehen, um die Ermordung – mit Gift – ihres eigenen Sohnes, des Kronprinzen, zu verhindern.

Überall im Himalaja wächst eine düstere Blume, der blaue Eisenhut. In früheren Zeiten wurden Pfeilspitzen in eine aus dieser Pflanze destillierte Essenz getaucht. Ein bloßer Kratzer dieser Pfeilspitzen genügte, um ein Leben auszulöschen. Die Kenntnisse zur Herstellung dieses Giftes sind durchaus nicht verlorengegangen, und die Königin Drolma, eine Praktikantin geheimer Künste, war ihrer wahrscheinlich kundig. In unserer Version der Ereignisse rief sie einen Arzt, nachdem sie ihrem Stiefsohn eine Dosis dieses Giftes verabreicht hatte, damit dieser ihm in seiner letzten Qual beistehen möge. Da er keine spezifische Krankheit diagnostizieren konnte, flößte der Arzt dem Maharadscha Branntwein ein und packte ihn unter dicke Decken. Er stellte als Todesursache Herzversagen fest.

Welche Wirkung Sidkeongs Untergang auch auf den Fortgang der britischen Kolonialgeschichte hatte, Alexandras Träume jedenfalls zerschmetterte sein Tod zu einem Nichts. Den ganzen Winter 1914 über, den sie in ihrem Zelt in einem entlegenen Kloster verlebte, verspürte sie einen tiefen Schmerz über diesen Verlust. Klugerweise weigerte sie sich, an den langen und komplizierten Bestattungsriten für den Maharadscha teilzunehmen, die in dessen Verbrennung ihren Höhepunkt fanden. Sie wohnte in der Nähe der Verbrennung der Leiche einer Pächtersfrau bei. Voller Trauer dachte sie daran, daß erst vor kurzem Sidkeong von gemeinsamen Reisen gesprochen und ihr gesagt hatte, er wolle sie seinem Freund, dem König von Siam, vorstellen. Es wurde so kalt, daß Alexandra ihre Füße an dem knisternden Scheiterhaufen wärmen mußte. Plötzlich konnte sie nicht mehr anders, als sich Sidkeongs Körper in Flammen vorzustellen, sein dunkles Haar als Fackel, seine feste kleine Hand brutzelnd, die plötzliche Explosion des Hirns im Schädel. In Sikkim glaubt man, daß sich der Geist eines Menschen, der eines gewaltsamen Todes gestorben ist, noch einige Zeit auf Erden aufhält und jenen erscheint, die ihm lieb waren.

Die Vergänglichkeit der Freundschaft und der Liebe wurde für Alexandra zu einer schmerzhaften Erfahrung. Wie sinnlos, sich an Menschen zu klammern, die doch eines Tages zu Staub verfallen würden. Das Leben auf Erden war das Reich Shivas, des Zerstörers. Alexandra hatte trotz all ihrer buddhistischen Gelehrsamkeit nicht ausreichend an sich selbst gearbeitet und war immer noch auf der Suche. Sie mußte nun den Schritt vom Vergänglichen zum Unvergänglichen tun und ihren Geist einem Adler gleich über felsige Höhen erheben.

■ ▓ ▪

ZWEITES BUCH

DIE PILGERIN

Im fernen Asien
Auf glatten Tempeldächern
Auf den Goldterrassen
Des heiligen Lhasa
Scheint hell die Sonne.
(Matthew Arnold)

11

Die Höhle im Himmel

1914: das Jahr, in dem die Welt in Stücke brach und Alexandra David-Néel das meditative Leben einer Eremitin aufnahm. Der Tod des jungen Maharadschas von Sikkim hatte ihrer Vorstellung, von einem fernöstlichen Hof zum nächsten zu wandern, ein Ende gemacht. Wegen des Weltkrieges konnte sie nicht nach Frankreich zurückkehren; statt dessen ging sie im Herzen der Berge eine intime Beziehung zu einem anderen Mann ein. Er war ihr Meister, sie seine Schülerin. Alexandra hatte häufig die verschlossene Natur des tibetischen Buddhismus beklagt. Dessen Kunst und Symbole, ganz zu schweigen von der Vielzahl der Lamas, enthüllten ihre Geheimnisse einem Außenseiter nicht leicht. So grenzte es für sie an ein Wunder, als ein großer Eremit und angeblicher Zauberer, sie als Schülerin akzeptierte.

Alexandra begegnete dem Gomchen von Lachen – dem Abt des dortigen Klosters – zum ersten Mal im Jahr 1912 in Gangtok. Er war aus seiner Gebirgsklause widerstrebend dorthin abgestiegen, um am Hofe eine Zeremonie zu leiten. Als Prinz Sidkeong die Französin vorstellte, konnte er nicht ahnen, daß sie zur Schülerin dieses verehrten Mystikers werden sollte. Oder vielleicht doch? Jedenfalls war dies sein Vermächtnis an seine geschätzte Freundin. Sie fand den damals etwa fünfzigjährigen Lama betörend häßlich. Für seine Rolle in dem tantrischen Ritual trug er eine fünfeckige Krone, eine Rosenkranzkette aus hundertacht Schädelstückchen, eine Schürze aus geschnitzten menschlichen Knochen und einen Phurba (einen magischen Dolch, der in Ritualen für die Bezwingung von Dämonen benutzt wird). Das Haar des Gomchens war zu einem langen, dicken Zopf geflochten, der bis zu seinen Fersen herunterreichte, und an seinen Ohren baumelten mit Türkis besetzte, goldene Ohrringe. Auch Alexandra hatte noch niemals solche Augen gesehen – wie glühende Kohlen. Kein Wunder, daß das einfache Volk glaubte, er könne durch die Luft fliegen und Menschen aus der Ferne töten, weil er über Dämonen herrschte.

Lord Ronaldshay, der Gouverneur von Bengalen, schrieb, Gomchen sei einer der Lamas, die »die tiefste und weitestreichende Ehrfurcht wecken konnten«. Im Gespräch mit ihm spürte Ronaldshay, daß »er das Stadium eines Arhats erreicht hatte und daher jenseits von Gut und Böse stand«. Marco Pallis, Bergsteiger und »Suchender«, der von Alexandra David-Néel beeinflußt worden war, widmete sein hervorragendes *Peaks and Lamas* (Gipfel und Lamas) »dem großen Denker, dem Abt von Lachen«. Der ehrfürchtige Pallis beschrieb den Gomchen etwa zwanzig Jahre nach dessen Bekanntschaft mit Alexandra:

Sein Gesicht war breit mit blitzenden, humorvollen Augen, sein Haar lang und dünn; er trug ein Paar langer, goldener Ohrringe … Das Ganze hätte durchaus komisch wirken können, wäre da nicht jene Aura der Macht gewesen, die er zu verströmen schien und die einem sofort das Gefühl vermittelte, es nicht mit einem gewöhnlichen Sterblichen zu tun zu haben. Tatsächlich habe ich trotz der Groteskheit seiner Züge nie ein beeindruckenderes Gesicht gesehen.

Während der nächsten zwei Jahre nahm Alexandra gelegentlich an Gesprächen mit dem Gomchen in seinen Räumen im Kloster teil. Diese Ansammlung einiger weniger bescheidener Gebäude, das Heim einer Handvoll von Mönchen, lag an einem Berghang mit Blick auf das kleine Himalajadorf Lachen, das in einer Höhe von zweitausendvierhundert Metern liegt und damals von stämmigen, abergläubischen Gebirglern bewohnt wurde. Lachen bedeutet: »Der große Paß«. Die Hauptbeschäftigung in diesem Gebiet im Nordosten Sikkims bestand – abgesehen vom ausschließlich zum Eigenbedarf bestimmten Ackerbau – in der Aufzucht von Yaks. Sie wurden benutzt, um Waren über die benachbarten hohen Pässe nach Tibet zu bringen. Die gutmütigen, trittsicheren, zottigen, hornbewehrten Tiere versorgten die Einheimischen überdies mit Fleisch, aus ihrem Dung gewonnenem Brennstoff und Haar, aus dem die Leute dort ihre Zelte woben. Daneben gab die Yak-Kuh (das Dri) Milch für die vielbenutzte Butter.

Die ersten Gespräche mit dem Lama waren schwierig. Alexandra, eine Anfängerin in Sachen Tibet, brauchte die Hilfe Reverend Owens aus einer nahe gelegenen Mission als Dolmetscher. Der Pfarrer tat sein Bestes, aber wenn er steif in einem Lehnsessel zwischen den beiden Buddhisten saß, die auf einem Teppich die Lotus-Position eingenommen hatten, fühlte er sich doch fehl am Platze. Der Gomchen war nach höchst alltäglicher Manier gekleidet. Er trug einen weißen Rock, der ihm bis auf die Füße reichte, eine granatfarbene Weste, und durch die weiten Armlöcher ragten die üppig fallenden Ärmel eines gelben Hemdes. Diese langen Ärmel, die in den alten Fotografien beinahe bis auf den Boden herabhingen, waren ein Zeichen der Mandarinklasse und deuteten darauf hin, daß ihr Träger genug Diener hatte, um nicht die eigenen Hände benutzen zu müssen.

Fragen und Antworten flogen zwischen dem Meister und seiner potentiellen Schülerin hin und her. Die beiden sprachen über die Geschichte und die Lehren des Buddhismus; sie diskutierten über alle möglichen Themen, angefangen von abstrusen Punkten bis hin zu der Notwendigkeit des Rituals. Owen versuchte, mit ihnen Schritt zu halten, aber seine Übersetzungen wurden immer oberflächlicher. Die Buddhisten nahmen dies zum Zeichen, sich in tiefe Meditation zu versetzen und ihren Dialog auf anderem Weg fortzuführen. Der Pfarrer, der es nicht wagte, einfach wegzugehen, befürchtete, zu spät zu seinem Bibelunterricht in der Mission zu kommen.

Trotz der Sprachbarriere fanden Alexandra und der Gomchen augenblicklich Gefallen aneinander. Alexandra spürte, daß sie es mit einem klar denkenden Skeptiker zu tun hatte, der durch alle Äußerlichkeiten der Religion bis zu deren innerem Kern vorgedrungen war. Aber selbst sie staunte über seine Antwort auf ihre Frage nach der Wirksamkeit eines Gebetsrades, das in einem separaten Tempel in der Nähe untergebracht war; es handelte sich um das größte Rad in Sikkim, das angeblich pro Umdrehung anderthalb Milliarden Gebete gen Himmel sandte. »Diese müßigen Drehungen des Rads, die Huldigung vor Abbildern auf einem Altar, ja sogar die wunderschönen Mandalas – das alles bedeutet gar nichts. Der einzige Nutzen dieser Dinge besteht darin, die Aufmerksamkeit durchschnittlicher Menschen zu erringen und zu fesseln, Menschen, die nicht begreifen können, daß das Nirwana in ihrer Reichweite liegt. Sie haben das bereits erkannt.«

Alexandra war sich sicher, daß sie noch viel zu lernen hatte und der Gomchen ihr Führer sein konnte. Daher beschloß sie, im frühen Herbst des Jahres 1914, inspiriert von den Nonnen von Chorten Nyima, die schwindelnden Höhen zu dem Versteck des Eremiten zu erklimmen. Es lag in der Höhle des Klaren Lichtes in De-chen, auf dreitausendsechshundert Meter Höhe.

Alexandra ritt aus Lachen heraus durch eine an die Alpen erinnernde Landschaft, in der Flechten von trübem Grün »an den Fichten hingen und wie zerrupfte Wollknäuel im Wind flatterten«. Ungeachtet des kühlen Nebels verweilte sie in dem obersten Dak-Bungalow in der winzigen Ortschaft Thangu, noch einen Halbtagesmarsch von der Einsiedelei in De-chen entfernt. Sie hatte jedoch kein Pferd, das sie höher hinauf hätte tragen können. Der für das Haus zuständige Sikkimese bot ihr in seiner Angst, sein europäischer Gast könne zu Fuß gehen, sein eigenes Pferd an, ein kleines, zahmes Tier mit rötlichem Fell. Alexandra saß auf, aber das Pferd warf sie hoch in die Luft. Sie landete im Gras und verlor kurz das Bewußtsein; als sie wieder erwachte, schmerzten ihr die Glieder, aber sie war nicht ernsthaft verletzt.

Der Verwalter des Bungalows war entsetzt und versicherte ihr, daß er dem Pony schon Manieren beibringen werde. Aber sobald der Mann dessen Zügel ergriff, schleuderte ihn das schmächtige Tier mit einem Tritt gegen einen Felsen, wo er mit dem Kopf aufschlug. Als man ihn davontrug, redete er immer wieder noch von seinem zahmen Pony. Die Einheimischen schrieben diese Episode der Macht des Gomchen zu, der, wie sie behaupteten, eine psychische Barriere errichtet hatte, um sein Versteck zu schützen. Alexandras Diener machten finstere Mienen und warnten sie davor, weiterzugehen. Aphur Yongden, ein fünfzehnjähriger Junge, der kurze Zeit zuvor in ihren Dienst getreten war, setzte sich weinend in eine Ecke. Von ihrem Krankenbett aus verspottete Alexandra das Gerede ihrer Dienstboten über böse Dämonen, und als der Lama ihr zwei Tage später eine Stute schickte, ritt sie den steilen, kahlen Pfad hinauf, bis sie die flatternden Gebetsfahnen einer Einsiedelei entdeckte.

Der Gomchen kam ihr entgegen, um sie zu begrüßen, und sie teilten sich eine Kanne gebutterten Tees in einer Höhle, die mit grobem Mauerwerk ausgekleidet war, in dem statt Fenster dunkle Löcher klafften. Nach dem Tee zog der Gomchen sich in seine eigene, etwa anderthalb Kilometer weiter talaufwärts gelegene Höhle zurück. Es wurde dunkel, noch bevor Alexandra sich an ihre neue Umgebung gewöhnen konnte. Ihre Diener breiteten auf dem kahlen Felsboden Decken aus und verschwanden. In der mondlosen Nacht spähte sie hinaus und sah eine eisige Masse von Bergen, die über dem düsteren Tal aufragte. Das Tosen eines fernen Wasserfalls war das einzige Geräusch, das die sonst stille Nacht durchdrang. Aus Angst, in die Kluft unterhalb der Höhle zu stürzen, stahl Alexandra sich wieder hinein.

Als sie sich niederlegte, erlosch die Kerosinlampe. Sie hatte keine Streichhölzer und wagte sich aus Angst, sich die Knochen zu brechen, keinen Zoll zu bewegen. Ein kalter Wind wehte, und nur ein einziger Stern war durch das Fenster zu sehen. Sie dachte, dies müsse wohl ihr Glücksstern sein, denn sie war noch nie zuvor so glücklich gewesen. Endlich war sie den Fesseln des Luxus und des Besitzes entronnen, den Dingen, die anderen Menschen so verführerisch erschienen. Das Leben einer Eremitin war genau das richtige für sie!

Am nächsten Tag mühte Alexandra sich zur Höhle des Gomchen hinauf. 1895 hatte der Lama sich ohne großes Zeremoniell in dieser Zelle niedergelassen. Fünf Jahre lang sah er keinen Menschen und ernährte sich von Essensresten, die Hirten an seiner Tür zurückließen. Wenn diese abergläubischen Leute ihn um einen Segen baten oder wahrscheinlicher noch um einen Fluch, den sie auf das Haupt eines Feindes laden wollten, ignorierte der Eremit sie schlechterdings. Sein Verhalten imponierte den Mönchen des nahen Lachen so sehr, daß sie sich seiner Autorität unterstellten, und sie trugen unverzüglich zur Verbesserung seiner Kost wie auch seiner Umgebung bei. Als Alexandra dort oben eintraf, lebte der Meister in relativer Behaglichkeit.

Die Höhle des Gomchen war größer und besser möbliert als die weiter unten gelegene. Eine Holztreppe führte zum Eingang, der hinter einem Vorhang verborgen lag; man kam als erstes in die Küche und trat dann durch eine natürliche Öffnung in eine kleine Grotte ein, die als Wohnzimmer diente. Hier bildeten Holztruhen eine Art Sofa, auf dem Boden lagen große Kissen, und auf Böcke gestellte, bunt bemalte Holzbretter dienten als niedrige Tische. Dahinter im Raum befanden sich die gewohnten Altargaben: Kupferschalen mit Wasser und Korn sowie Butterlampen. Religiöse Schriftrollen bedeckten die Wände, und unter einer von ihnen stand ein unauffälliges Schränkchen, das angeblich die Dämonen beherbergte, welche der mächtige Lama beherrschte. Das

163

Heim des Lamas in dieser einmaligen Lage war wirklich eine Höhle im Himmel.

Die Bedingungen, unter denen der Lama Alexandra als Schülerin aufnehmen wollte, wurden festgelegt, und sie versprach dem Guru auf unbegrenzte Zeit Gehorsam. Sie durfte keine Reisen ohne seine Erlaubnis unternehmen, eine Einschränkung, die ihren Gatten wahrscheinlich neidisch gemacht hätte. Im Gegenzug dafür gab der Klausner seine Lieblingsidee auf, nämlich einen traditionell drei Jahre und drei Monate währenden vollkommenen Rückzug von aller menschlicher Gesellschaft. Statt dessen sollte Alexandra ihn Englisch lehren, während er ihre Tibetischkenntnisse verbesserte. Falls sie sich als würdig erwies, wollte der Gomchen ihr die geheimen mündlichen Lehren des tantrischen Buddhismus offenbaren, die im Westen kaum jemand kannte.

Nachdem sie bei der unteren Höhle ihr Zelt aufgeschlagen hatte, zog Alexandra dort ein, erfüllt vom Geist des Abenteuers. Yongden und die anderen Diener wurden einige Meter entfernt in einer Hütte untergebracht. Die Französin hatte durchaus nicht die Absicht, die niederen Arbeiten selbst zu übernehmen, die für ein Überleben in der Wildnis vonnöten waren, und Yongden, der gerade erst die Schule verlassen hatte, war auch keine große Hilfe. Alexandra stellte fest, daß sich das Leben nunmehr auf die wichtigen Dinge reduzierte, was ihr angenehm war. Der Gomchen behandelte sie wie eine jüngere Schwester. Er versorgte sie mit Yakbutter, Milch und Früchten aus seinen eigenen, begrenzten Vorräten. Unglücklicherweise sah er sich auch als Koch und lud seine Schülerin zum Abendessen ein. Seine Hammelfleischsuppe war widerlich, und nachdem Alexandra sie sich mit einem Lächeln einverleibt hatte, mußte sie eilig ins Freie stürzen und sie wieder von sich geben. Sie war die ganze Nacht über krank.

Mitte November wurde ihre Idylle zerstört. Der Gomchen, der in seinem Kloster erwartet wurde, wagte es nicht, die Fremdländerin allein an einem Ort zurückzulassen, wo sie den schweren Schneefällen eines Winters im Himalaja ausgesetzt sein würde. Die Einsiedelei war, wenn erst Schneeverwehungen den Weg unpassierbar machten, vier ganze Monate lang nicht zu erreichen. Also begleitete Alexandra ihren Lehrer zurück nach Lachen und stellte dort ihr Zelt auf. Sie prahlte damit, daß sie mit einem Kerosinheizgerät die Temperatur bei sieben Grad Celsius halten könne. Ihr Lamagewand half ihr, sich warmzuhalten, bis das Zelt eines Nachts Anfang Januar unter den Schneemassen zusammenstürzte. Es war wie ein Alptraum, der noch dadurch verschlimmert wurde, daß sie nun in eine Zelle des Klosters ziehen mußte.

Die Leute von Lachen und ihre primitiven Vorstellungen von Gemeinschaft erwiesen sich als entsetzlich. In der Nachbarschaft des Klosters lebten etwa achtzig Familien, die Gerste und Kartoffeln anpflanzten, im Sommer Yaks weideten und das ganze Jahr über eine karikaturhafte sozialistische Regierungsform praktizierten. Strenge Vorschriften hinderten die einzelnen Familien daran, sich auch nur den leisesten Vorteil über die anderen zu verschaffen. Nach Marco Pallis' Berichten war Alexandra »beinahe gezwungen, ein ganzes Rudel von Hunden zu akzeptieren, weil eine Familie, die ihr einen Hund verkauft hatte, durch dieses Tun angeblich versucht hatte, ihre Nachbarn zu übertrumpfen«. Alle Geldstrafen gingen in einen gemeinschaftlichen Fonds, aus dem einmal im Jahr ein Festmahl bestritten werden konnte. Die Älteren und die Mönche bekamen die guten Dinge zu essen, die Armen bekamen die Reste und die Frauen gar nichts. Als Reaktion darauf gab Alexandra ein Festmahl für die Frauen und wurde bei den selbstherrlichen Ältesten zur Persona non grata.

Andere Zerstreuungen in Lachen gab es nur bei der nahe gelegenen protestantischen Mission, und das war ebenfalls nicht nach Alexandras Geschmack. Die britischen Damen hatten einige Tibeter bekehrt, indem sie ihnen Kleider und Geschenke gaben – und Bibelunterricht erteilten. Diese barmherzigen Taten verwirrten sie, da sie, so arm sie auch sein mochten, die Gewohnheit hatten, ihren heiligen Männern Opfer darzubringen. Für die britische Buddhistin roch das Ganze nach Bestechung, obwohl sie äußerlich nach wie vor mit den Missionaren auf gutem Fuße stand. Die Frauen, die zu Tee und – von Alexandra selbst gebackenen – Plätzchen kamen, konnten sich kaum bezähmen, den Gomchen anzustarren. In ihren Augen war er wahrscheinlich »ein schmutziger alter Mann«, denn der Lama war ziemlich robust, und seine Manieren waren derb. Für Alexandra war es eine Frage der Diplomatie, sich das Wohlwollen der Damen nicht zu verscherzen.

Sie versuchte, Sidkeongs Tod hinter sich zu lassen, aber der unterdrückte Kummer machte sie reizbar. Als sowohl im Dorf wie auch im

Kloster das tibetische Neujahr gefeiert wurde, konnte sie ihren Abscheu kaum verbergen. Es war ein Gelage, das sich als eines Brueghel-Gemäldes würdig erwiesen hätte. Verdrossen sah sie zu, wie die normalerweise hart arbeitenden Bauern und die genügsamen Mönche sich gehen ließen. Fleischkeulen brutzelten, und in den Kochtöpfen blubberte es. Im Tal wimmelte es von Gestalten, die in Wettläufen und Ringkämpfen miteinander wetteiferten, und etwas abseits tanzte eine Handvoll Mönche eine Art unbeholfenes Ballett. Alle tranken *chang*, das heimische Gerstenbier, bis sie betrunken waren.

Alexandra suchte den Gomchen auf, um sich darüber zu beklagen, daß diese ausschweifenden Geistlichen ihrem verstorbenen Herrscher nicht die geziemende Achtung entgegenbrächten und daß sie außerdem Buddhas Gebote überträten. Sie verlangte, daß er dem wüsten Treiben innerhalb des Klostergeländes ein Ende bereitete. Der Lama, der sie als »Mem Sahib« verspottete, schlug ihr vor, sich mit ihren Prüderien bei den Missionaren zu beschweren, die ebenfalls ihre Vorstellungen von Gut und Böse anderen aufdrängen wollten. Pallis rühmte die »mit einem Schuß Satire angehauchte Weltgewandtheit« des Gomchens, die ihn befähigte, Sidkeongs Tod in die richtige Perspektive zu rücken. Denn auch er hatte darauf gezählt, daß der verstorbene Maharadscha das feudale Sikkim auch posthum reformieren würde.

Jetzt, da die Festlichkeiten immer zügelloser wurden und Männer und Frauen einander näherten, kam Alexandra sich lächerlich vor. *Sie* war die Außenseiterin hier. Also machte sie sich auf den Weg in die Berge, wo die Wintersonne leuchtend auf die verschneiten Gipfel schien. Ein kürzlicher Schneefall hatte den silbrigen Teppich auf dem Boden noch dichter werden lassen. Ganz allein setzte Alexandra sich auf einen Felsen und sicherte sich nach tibetischer Manier in aufrechter Position mit Riemen. Jetzt, da sie die Herrin über viele Meilen Landes unter sich war, ließ sie alle Vorsicht fahren und versank in eine tiefe Meditation jenseits von Freud und Leid.

Während des Winters machte Alexandra erstaunliche Fortschritte, was die tibetische Sprache betraf. Sie unterhielt sich fließend mit dem Gomchen, der den Dialekt von Lhasa sprach, und sie glaubte langsam wirklich, daß er ein echter Zauberer war. Ihre Gefühle für ihn pendelten zwischen Abscheu angesichts seiner bäuerlichen Manieren und Ehrfurcht vor der Klarheit seines Denkens. Wenn er mit vor Leidenschaft glühenden Augen über buddhistische Metaphysik sprach, wurde das Band zwischen *chela* (Schüler) und Guru geschmiedet; tatsächlich wurde sie ein Glied in der Kette vieler Meister, die ihm vorangegangen waren.

Im Tibetischen Buddhismus betrachtet man die telepathische Methode als sowohl den geschriebenen wie auch den mündlichen Lehren überlegen. Es gibt jedoch nur noch wenige Meister, die in der Lage sind, sich der Telepathie zu bedienen, und noch weniger Schüler, die die psychische Voraussetzung mitbringen, um auf diesem Wege zu lernen. Der Gomchen und Alexandra saßen oft schweigend in einem dunklen Raum und konzentrierten sich auf dieselben Gedanken und Ideen, wie zum Beispiel die Aspekte einer bestimmten Gottheit. Nach einer Weile fragte der Gomchen dann, was sie gesehen habe und ob es mit seiner Projektion übereinstimme. Das Ziel dieser Übung war ein absolut einheitlicher Geisteszustand. Wenn Alexandra später in der Wildnis zeltete, bediente sie sich der Telepathie und sprach davon, Botschaften empfangen zu haben, von denen die Tibeter sagten, sie seien »auf dem Wind geschrieben«.

Im Sommer 1915 kehrte der Gomchen in seine Einsiedelei in den Bergen zurück und begann die Vorbereitungen für den nächsten langen Winter. Und diesmal wollte Alexandra mit ihm aushalten. Vor ihren Augen lagen die fünf Gipfel des Kanchenjunga, der das Lagerhaus der Schatzkammer der Götter genannt wird, weil der Schnee dort der erste ist, der das Gold der Morgendämmerung widerspiegelt, und der letzte, der den schwarzen Schleier der Nacht überstreift. Hier also bereitete sich Alexandra auf ihre persönliche Erkundung der Mysterien des Seins vor. Aber sie konnte sich dieser Suche erst widmen, wenn sie die profaneren Arbeiten erledigt hatte, die ihr Überleben sicherstellen würden.

Ihre weiter unten gelegene Höhle wurde durch den Anbau eines zweistöckigen Holzgebäudes beträchtlich verbessert. Im Erdgeschoß wurde der äußere Raum durch einen Vorhang in zwei Teile geteilt: Die eine Hälfte diente als Küche und Arbeitszimmer zugleich – es war der Ort, der sich am besten warmhalten ließ –, die andere Hälfte diente als Schlafzimmer und war mit der Höhle verbunden. Oben befand sich ein Gästezimmer, und der Platz, der nicht gebraucht wurde, diente als Lagerraum. Alexandra verfügte über die Annehmlichkeit einer Innentoilette (wenn auch ohne Kanalisation) und eines winzigen Balkons. Allerdings wurde der ganze Bau von heimischen Bauern errichtet, die als Zimmerleute herzlich wenig taugten.

Philippe schickte ihr von der anderen Seite der Welt praktische Ratschläge für die Erbauung dessen, was er als »Huronenhütte« seiner Frau bezeichnete. Er verglich Alexandra nämlich mit einer Heldin in einem Roman von James Fenimore Cooper. Nach monatelangen »Bauarbeiten« war das Wohngebäude endlich fertiggestellt – Teppiche lagen auf dem Boden, und die Wände waren gestrichen. Alexandra jubilierte und sang ein Loblied auf »Mouchy«, der ihr geholfen hatte, ihre wildeste Kindheitsphantasie Wahrheit werden zu lassen. Auch von Sikkims neuem Maharadscha kam Hilfe: Tashi Namgyal, Sidkeongs jüngerer Halbbruder, schickte ihr teuren Ziegeltee. Dieser Tee, Yak-Butter (Gomchen hatte zwölf Kilo davon beigesteuert) sowie ein wenig Salz waren die Zutaten zu dem Getränk, das die Tibeter ständig tranken. Alexandra liebte dieses reichhaltige Gebräu, was sie in dem Gedanken bestärkte, daß sie in einem früheren Leben einer der Mongolen Dschingis Khans gewesen sein mußte.

Der September brachte einen kleinen Vorboten des Winters mit sich, und obwohl der Schnee mannshoch lag, nahm Alexandra weiterhin täglich ein Bad in ihrer Zinkwanne. Ansonsten war sie in ihre Tibetstudien vertieft. Der Gomchen sprach offen über die innere Bedeutung der buddhistischen Lehre, und er geriet ins Schwärmen, wenn es um das Leben berühmter Mystiker ging. Er verfiel jedoch in Schweigen, sobald sie die Rede auf geheime tantrische Riten brachte. Zweifellos spürte er die gewaltige Skepsis der Französin und wußte, daß ein Mensch von solch starkem Willen seine eigenen Erfahrungen machen mußte. Unerwartet schlug ihre alte Feindin, die Neurasthenie, wieder zu. Die Depressionen verschärften sich, bis Alexandra es kaum mehr ertragen konnte, allein zu sein. In der Nacht hatte sie Herzschmerzen und furchtbare Träume vom Krieg. In ihrem verzweifelten Wunsch nach Informationen schickte ihren Boy Yongden fort, um die neuesten Nachrichten über die Schlachten in weiter Ferne in Erfahrung zu bringen. Sie ahnte nicht, daß sie in ihren Übungen kurz vor dem Durchbruch stand.

Um seine Schülerin abzulenken, nahm der Gomchen sie zu einer Bergtour mit. In seinem Denken wild und wagemutig, erwies er sich bei der Bergsteigerei als ausdauernd und schweigsam. Alexandra, die durch die spärliche Kost stark abgenommen hatte, war wieder bestens gelaunt. Sie verdrängte frühere Bergtouren mit dem attraktiven Maharadscha aus ihren Gedanken. Das Benehmen des bäuerlichen Philosophen verwirrte sie, da er im einen Augenblick freundlich, im nächsten sarkastisch war. Er konnte weinen oder lachen und beides mit der Unbefangenheit eines Kindes. Nur die bedingungslose Liebe zu seiner Hauskatze machte ihn verletzlich.

Das verhätschelte Kätzchen lebte in der Höhle des Eremiten und war daran gewöhnt, dem Gomchen aus der Hand zu fressen. Eines Tages lief das Tier – verärgert über das Hin und Her der Träger – einfach fort. In derselben Nacht brach der Lama, ohne irgend jemandem Bescheid zu geben, auf, um die Katze zu suchen. Ohne warme Kleidung oder Vorräte ging er in die Nacht hinaus, wobei er seinen Weg mit einem Stock ertastete. Der Pfad führte über gefährliche Wasserfälle, um steile Klippen herum und über herabgestürzte Felsbrocken. Endlich erreichte der Gomchen eine Stelle, an der er das wanderlustige Kätzchen anzutreffen erwartete, aber das Tier war in Wirklichkeit im Kreis gelaufen und inzwischen wieder daheim. Der weise Mann verbrachte vier Nächte in einer feuchten Höhle, und als besorgte Dorfbewohner ihn dort aufspürten, bekamen sie für ihre Mühe nur Tadel zu hören. Der erschöpfte Lama trottete niesend und hustend nach Hause, wo die Katzendame sich an ihrem gewohnten Platz vor dem Feuer räkelte.

Zu Beginn des Herbstes hatte sich der Gomchen in seine Höhle zurückgezogen und war in eine Trance verfallen. Das konnte Tage oder Wochen dauern, und niemand durfte ihn während dieser Zeit ansprechen. Marco Pallis beobachtete den Gomchen einmal kurz vor dem Übergang in einen solchen Zustand – »er schwebte am Rande des Abgrunds, im Begriff, zu unerträumten Reichen zu fliegen«. Es war dies ein Zustand, dessen zeitlicher Verlauf nicht unbedingt unter seiner Kontrolle stand. Als Pallis ihm erklärte, daß er Berggipfel erklimme, um vollkommene Abgeschiedenheit zu finden, höhnte der Gomchen: »Die Abgeschiedenheit, die es zu erstreben gilt, ist die Konzentration des eigenen Herzens; wenn Sie die gefunden haben, spielt es keine Rolle mehr, wo Sie sich befinden.«

Alexandra konnte sich eine derart philosophische Einstellung nicht leisten. Überall um sie herum herrschte Konfusion. In Tibet dauerte der

Krieg gegen die chinesischen Invasoren an, und in Sikkim widersetzten sich die Bauern der Einberufung für den Weltkrieg in Übersee. Nichtsdestoweniger meldeten sich Tausende von Gurkhas und anderen Himalajabewohnern freiwillig für den Einsatz in Europa oder im Nahen Osten, weil der Sold sie lockte. Der Preis für Nahrungsmittel schoß in die Höhe, und Alexandra wartete voller Nervosität auf die letzte Karawane des Jahres, bevor der Schnee die Pässe unbegehbar machte. Als die Karawane endlich ankam, brachte sie Unmengen Butterreis, Gerstenmehl, Kartoffeln, Rüben, Linsen und Bohnen mit: damit sollte die ehemalige Feinschmeckerin in den nächsten Monaten ihren Speiseplan bestreiten.

Am Weihnachtsabend 1915 war Alexandra wieder vollkommen verzweifelt. Sie vermißte Philippe und wollte nach Hause. Ihr Rheuma, das sie die ganze Zeit über belastet hatte, führte zu Fieber, Übelkeit und so starken Schmerzen, daß sie nicht mehr aufstehen konnte. Als sie sich schließlich in den hinteren Teil der Höhle zurückzog, wo es wärmer war, wurde sie bald schon wieder von einem Diener geweckt. Das Dach der oberen Etage hatte Feuer gefangen. In ihrem Nachthemd lief sie in den Schnee hinaus und sah zitternd zu, wie die Boys die Flammen löschten. Um fünf Uhr morgens ragten die Berge wie gewaltige Schatten über ihr auf, und eine merkwürdige Ruhe breitete sich in ihrer Seele aus.

Als die schweren Schneefälle einsetzten und sie in der winterlichen Falle einschlossen, begann Alexandra große Fortschritte zu machen. Den ganzen Winter lang erlaubte der Gomchen seiner Schülerin, in seine Abgeschiedenheit einzubrechen. Jeden zweiten Tag machte sie sich, bekleidet mit einem schweren Reiseumhang und hohen Filzstiefeln, über einen rutschigen Pfad auf den Weg zu der Hütte des Lamas. Dort nahm seine Ehefrau – er gehörte zu den Rotmützen, denen die Ehe erlaubt war – Alexandras nasse Kleider entgegen und hängte sie zum Trocknen vors Feuer. Sie bediente den Lehrer und seine Schülerin mit heißem, gebuttertem Tee, woraufhin diese ihre Arbeit an den Feinheiten der tibetischen Grammatik, Geschichte und Philosophie aufnahmen. Nach Beendigung der Lektion zog Alexandra ihren Umhang und ihre Stiefel wieder an und begab sich im gleißenden Licht des späten Nachmittags wieder nach Hause. Auf dem Weg nach unten sang sie vielleicht ein altes Lied vor sich hin:

Allein auf dem Berg
ohne irdische Habe
nur einer Höhle Felsen als Bett
fühlt man sich frei
bar allen Glaubens
größer als jeder Radscha
größer als Gott.

Tagein, tagaus erstreckte sich unter der Herrschaft der majestätischen, schneebedeckten Gipfel eine außerordentliche Stille über das Land. Alle Bäche und Flüsse waren zugefroren. Alexandra blieb nichts als ihre Lektüre und ihre Übungen. Ihre einzige Ablenkung war ein Bär, der in der Hoffnung auf Futter draußen rodete. Sie hatte keine Angst vor sogenannten wilden Tieren und ging so nahe an den Bären heran, wie dieser es gestattete. Und in dieser Zeit ohne Ablenkungen und mögliche Ausweichmanöver söhnte Alexandra sich mit ihren eigenen Phantomen aus. Wünsche, Hoffnungen und Ängste lösten sich im scharfen Licht der Selbsterkenntnis auf. In der Meditation spulte sich ihr Leben noch einmal von Anfang an ab: die Kindheit in Paris, die Jugend in Brüssel. Als verfolge sie einen Film, sah sie ihre Eltern streiten, sah sich selbst als Opernsängerin auf der Bühne, sah Szenen der Niederlage und der Demütigung vor sich. Die Langeweile und Anspannung ihrer Ehejahre und die wenigen Triumphe in ihrer Laufbahn als Schriftstellerin wurden wieder lebendig.

Mit sich allein weinte, lachte und stöhnte sie, aber sie blieb sitzen, bis das, was andere für ihr Ich hielten – das Bild, das sie noch immer von ihr hatten –, tot war. Es gab keine als solche deutlich erkennbaren Stadien, die Alexandras Weg zur Erleuchtung markierten, und kein Strom der Freude (Samadhi) belebte sie. Alexandra wurde lediglich von einem stetig wachsenden, stillen Mut erfüllt. Sie fragte sich, ob das vielleicht schon das Wesen der Erleuchtung war.

Alexandras Zustand verbesserte sich genügend, um ein Experiment mit Tumo-Atmung zu versuchen, einer der tibetischen Übungen, die so wunderbar zu sein scheinen. Sie war bereits unbeabsichtigt – ähnlich wie beim Lung-gom-Gehen – auf die positive Wirkung dieser Übung gestoßen. Eines Abends, als sie am Feuer kauerte, begann sie rhythmisch ein- und auszuatmen und spürte, wie ihre Füße wärmer wurden. Aber sie wurde bald müde. Aufgrund dessen, was sie gelesen hatte, wußte sie, was geschah. Tumo war die kraftvollste Übung der Klausner, die sie in die Lage setzte, bei grausamsten Wetterverhältnissen zu überleben, ohne Brennstoff, von dem es in den Bergen so wenig gibt, nackt oder nur mit einem leichten Hemd bekleidet. Der hervorragende Yogi Milarepa, sein extremster Praktiker, rühmte das Tumo als die beste Kleidung. Über Milarepas Schüler schrieb der Oxforder Gelehrte Evans-Wentz: »Sie waren gewappnet gegen extreme Kälte … und brauchten daher selbst im arktischen Winter der höchsten himalayaischen Gebiete Tibets kein anderes Gewand [als Baumwolle].«

Alexandra, die zwar ausreichend Kleidung besaß, fand die schwereren Stücke doch recht beschwerlich. Wenn sie an die warmen Winde aus der tunesischen Wüste dachte, konnte sie nur seufzen. Als das Wetter im März wieder milder wurde, zog sie in ihr Zelt aus Yak-Haar, warf die sperrigen Kleidungsstücke ab und holte sich prompt eine Erkältung. Der Gomchen war so besorgt, daß er seine übereifrige Schülerin in Tumo unterwies. Die wesentlichen Methoden sind Autosuggestion und eine Zurückhaltung des Atems: Tumo ist eine Meditation über das innere Feuer.

Wie alle tibetischen Übungen ist Tumo spiritueller Natur. Der Aspirant muß die Erlaubnis seines Gurus haben und erwiesenermaßen über die Fähigkeit zur Konzentration verfügen. Er muß isoliert und vor übelriechender Luft und Lärm geschützt sein. Vor Sonnenaufgang sitzt er dann spärlich bekleidet in der Lotusposition und unterzieht sich verschiedenen Übungen zur Reinigung der Nasenlöcher. Mit dem Ausatmen stößt er dann Stolz, Wut, Begehrlichkeit und Faulheit aus, während er mit dem Einatmen den Geist Buddhas in sich hineinzieht. Langsame, tiefe Atemzüge wirken wie ein Blasebalg, der ein schwelendes Feuer in der Magengrube anfacht. Wenn der Kandidat erfolgreich ist, wird Wärme erzeugt, die sein ganzes Wesen umfaßt.

Traditionellerweise fand nach der Ausbildung in einer frostigen Nacht, in der ein scharfer Wind wehte, eine Prüfung statt. Die Lehrlinge saßen mit verkreuzten Beinen am Ufer eines eisbedeckten Flusses oder Sees, während jemand Laken ins Wasser tauchte und diese um ihre Leiber wickelte; mit Hilfe von Tumo sollten sie dann trocknen. Dann wurden die Laken abermals durchnäßt, und die Übung begann von neuem. Bis Tagesanbruch konnte der erfolgreiche Praktikant bis zu vierzig Laken getrocknet haben.

Alexandras letztes Examen war weniger kräftezehrend. In einer mondhellen Nacht im Frühling brach sie zu einem einsamen Bergfluß auf und badete. Danach saß sie nackt da und meditierte bis zum Morgengrauen. Obwohl sie zuerst keinerlei unangenehme Nachwirkungen zu verzeichnen hatte, mußte sie sich doch bald mit einer Grippe ins Bett legen. Trotzdem hatte sie ihre lebenslängliche Abneigung gegen rauhes Wetter bezwungen und konnte jetzt vor Sonnenaufgang auf ihren Balkon hinaustreten, nur mit einem dünnen Musselingewand bekleidet, um einen ersten Blick auf die goldüberhauchten fünf Gipfel des Kanchenjunga zu werfen.

Im Sommer 1916 näherte sich Alexandra David-Néels Isolation ihrem Ende. Sie konnte sich an der Rolle der Schülerin nicht länger erfreuen, und trotz ihrer Drohungen Philippe gegenüber hatte sie nicht die Absicht, zur Eremitin zu werden. Der Gomchen ahnte dies und pflegte seiner Schülerin von seinen Tibet-Reisen in jüngeren Jahren zu erzählen. Beiläufig machte er sie mit der Geographie, den Bewohnern und den Sitten des Landes vertraut. Der Gomchen deutete auch an, daß sie ihre Ausbildung als Pilgerin auf der Straße fortsetzen müsse, um das Gelernte an die Welt weiterzugeben.

Fest steht, daß Alexandra mitunter voller Traurigkeit, ja beinahe Entsetzen, auf den Weg hinabblickte, der sich den Berg hinunter bis ins Tal von Lachen wand, jenen Weg, der sie eines Tages in die profane Welt zurückführen würde. Dies war der Weg nach Frankreich, nach Nordafrika, nach Hause und zu ihrem Ehemann. Aber es gab noch eine andere Richtung, und mit dem Einsetzen des wärmeren Wetters richtete die Reisende ihre Aufmerksamkeit auf die verbotenen Pässe im Norden. In ihren Niederschriften wies sie empört darauf hin, daß man das Land der Religion vor dem britisch-tibetischen Bündnis bei weitem leichter hatte betreten können. Jetzt waren etwa fünfzig Kilometer von der tibetischen Grenze entfernt Straßenblockaden auf den Wegen und Pfaden des Himalajas errichtet worden. Alexandras Höhle lag zwar ein gutes Stück jenseits dieser Grenzposten, war aber dennoch nur einen Halbtagesmarsch von dieser verbotenen Welt des Wissens entfernt.

Die zwei schwierigen Winter, die Alexandra in der Zelle und in der Höhle zubrachte, sollten viele Jahre später in einem schmalen, irreführend titulierten Bändchen Früchte tragen: *Die geheimen Lehren des Tibetischen Buddhismus.* Das Buch, das Alexandra mit achtzig Jahren schrieb und das erstmals 1951 veröffentlicht wurde, ist keineswegs von geheimnisvollem Charakter, sondern eine Reflexion über die langen, rationalen Gespräche, die sie mit dem Gomchen führte, während der Buttertee köchelte und draußen der Wind heulte. Alan Watts nennt es in seinem Vorwort zur englischen Übersetzung »die direkteste, sachlichste und nüchternste Erklärung des Mahayana-Buddhismus, die bisher zu Papier gebracht worden ist«.

Alexandras Denken ist so kühl und klar wie ein tibetischer See. Es ist durchdrungen vom Geiste Gautama Buddhas, dem dringenden Bedürfnis, den Schmerz der Isolation zu transzendieren und den Frieden zu erringen, den das Wissen mit sich bringt, daß alles nichtig ist. Die Buddhisten meinen damit die Leere, aus der alle Dinge entspringen und in die wir – unsere vielen vergänglichen Egos – beständig eingehen. Alexandra versuchte Philippe zu erklären, daß sie ihn verlassen mußte; er konnte sie ebensowenig halten, wie er es vermocht hätte, den feinen Wüstensand in seiner Faust einzusperren.

Kurz vor ihrer Trennung von dem Lehrer, dem sie so viel verdankte, skizzierte Alexandra in groben Umrissen ein Buch über das Wissen, das er ihr vermittelt hatte. Der Meister höhnte, daß dies Unternehmen Zeitverschwendung sei: »Die große Mehrheit von Lesern und Zuhörern bleibt sich überall auf der Welt gleich ... wenn Sie mit ihnen über profunde Wahrheiten sprechen, gähnen sie und wenden Ihnen, sofern sie es wagen, den Rücken zu, aber wenn Sie ihnen absurde Fabeln auftischen, sind sie ganz Ohr.« Er spielte den Advocatus Diaboli, da auch er im Herzen ein Reformer war. Zu guter Letzt segnete er Alexandras Vorhaben folgendermaßen: »Versuchen Sie es!«

Etwa zwanzig Jahre später, in den dreißiger Jahren, erschien ein anderer Suchender aus dem Westen beim Gomchen in De-chen: ein junger Deutscher, der später als Lama Govinda bekannt werden sollte. Sein Heimatland war dem Wahnsinn anheimgefallen, und die Welt trieb einer zweiten großen Katastrophe entgegen. Inspiriert von dem Beispiel Alexandra David-Néels wandte sich der bekümmerte Deutsche auf der Suche nach Erleuchtung gen Osten. Tashi Namgyal, der Maharadscha von Sikkim, mittlerweile ein Mann in mittleren Jahren, zeigte sich auch diesmal hilfsbereit, indem er eine kleine Karawane zusammenstellen ließ, die Govinda zu dem hochgeehrten Eremiten bringen sollte. Der eifrige Pilger mußte in dem Bungalow in Thangu übernachten, nicht weit entfernt von der Einsiedelei.

Seltsamerweise hatte der junge Mann vor dem Einschlafen das Gefühl, als habe ein anderer seinen Geist und seine Willenskraft übernommen, als verliere er seine Identität. Sofort wurde ihm klar, »daß es sich um niemand anderen als den Eremiten handeln konnte, der … in meinen Körper eingedrungen war und von ihm Besitz ergriffen hatte, wahrscheinlich vollkommen unabsichtlich aufgrund seiner Konzentrationsfähigkeit«. Govinda kämpfte dagegen an. Voller Anspannung zeichnete er ein Selbstporträt, um zu beweisen, daß er immer noch existierte. Dann erst konnte er schlafen. Am Morgen stieg er zur Höhle des Klaren Lichtes hinauf. Der Eremit begrüßte ihn mit einem Lächeln und trug Tee auf. Sie sprachen von Alexandra und sahen sich Zeitungsausschnitte an, die von ihr handelten und die selbst den Gomchen in seiner Klause erreicht hatten. Govinda erzählte ihm, »wie tief ihn die Arbeiten seiner Chela beeindruckt hätten«. Der alte Lama seinerseits pries ihre »Ausdauer und Charakterstärke«. Wußte er, was in der Nacht zuvor vorgefallen war?

Der Gomchen warnte vor dem, was er als die Krankheit bezeichnete, mit der die Welt geschlagen war – Moral ohne Weisheit –, und er bot dem Suchenden folgenden Meditationsgegenstand: die Achtzehn Arten der Leere. Bevor er aufbrach, war der zukünftige Lama Govinda davon überzeugt, daß der so unschuldig wirkende Yogi die Kraft, die in sein inneres Ich eingedrungen war, mit Absicht geschickt hatte. Auch war er sicher, daß der Gomchen Alexandra als die ideale Person erwählt hatte, die das alte, geheime Wissen, das die Menschheit so verzweifelt benötigte, verbreiten konnte. Ihre in die wichtigsten Sprachen übersetzten Werke wurden von Millionen gelesen. Wenn sie nicht vermochten, den dramatischen Lauf der Geschichte zu beeinflussen, so lag dies jenseits der Macht irgendeines Weisen oder eines Schriftstellers.

12

Asien – wunderbar und vielgestaltig

Charles Bell hatte in der Diplomatie des frühen zwanzigsten Jahrhunderts eine einzigartige Stellung inne. Er war mit der Verteidigung eines Reichs betraut, das zumindest für die Völker, die ihm untertan waren, unerschütterlich schien, obwohl es in sich den Samen der Zersetzung trug. Der mächtige Lord Curzon oder der tollkühne Lawrence von Arabien machten Schlagzeilen aber in Hinsicht auf Verständnis und Vertrauen erreichte Bell mehr als sie. Obwohl er nie mit seiner engen Beziehung zu Tibet kokettierte, trat er aufrichtig für die Interessen dieses Landes ein und initiierte eine Politik, die Tibet bis in die fünfziger Jahre hinein seine Unabhängigkeit bewahrte. 1919 trat er wohl als britischer Resident in Sikkim zurück, kam aber schon im nächsten Jahr als Sonderbotschafter nach Tibet. London hatte beschlossen, ihm einen Aufenthalt in Lhasa zu gewähren.

Vor dem Ersten Weltkrieg hatte Großbritannien Vereinbarungen sowohl mit Rußland als auch mit China getroffen, die eine Art Politik der geschlossenen Tür für das Heilige Reich zum Inhalt hatten. 1920 waren die beiden großen Mächte international nicht mehr handlungsfähig, und das britische Außenministerium fühlte sich berechtigt, seine eigene Politik zu verfolgen, zu der auch die Stärkung der tibetischen Armee gehörte. Man schickte Bell nach Lhasa, wo er fast ein Jahr lang blieb und viel interessantes Material zusammentrug. 1921 schied er abermals aus dem Dienst und zog sich auf einen Landsitz in Berkshire zurück. Umgeben von einer wunderschönen Sammlung orientalischer Kunstwerke, schrieb er Bücher über das Volk und die Religion Tibets sowie sein *Portrait of the Dalai Lama. The Life and Times of the Great Thirteenth.*

Bell war vorsichtig, scharfsinnig und gleichzeitig voller Verständnis für den Buddhismus und dessen Anhänger; seine erste Priorität galt jedoch eindeutig den Interessen Großbritanniens. Er scheint gegen die Versuchung angekämpft zu haben, die Dinge »gleichzeitig durch die Schleier zweier Traditionen, zweier Ausbildungen, zweier Lebenswelten« zu sehen, wie Lawrence es beschrieb. Ein solcher Mann, so beteuerte der Autor von *Seven Pillars of Wisdom (Die sieben Säulen der Weisheit)*, mußte einfach dem Wahnsinn anheimfallen. Dafür war Bell zwar zu sehr Diplomat, aber konnte er gelegentlich durchaus mit dem Zorn und der Geschwindigkeit eines Dämons handeln.

Als Alexandra im Juli 1916 nach Shigatse im Süden von Zentraltibet aufbrach, überquerte sie eine für das bloße Auge unsichtbare Grenze, die auf der Landkarte als Linie über ein Gebirgsmassiv gezeichnet war. Alexandra reiste auf ausdrückliche Einladung des Pantschen Lamas, aber sie wußte, daß sie möglicherweise dennoch den Zorn des Residenten in Sikkim auf sich zog. Ihr war auch klar, daß die Briten die Grenze überwachten und nur ihre eigenen Repräsentanten und einige wenige Händler passieren ließen. Mit Bedacht mied sie das Chumbi-Tal, in dem man sie wahrscheinlich entdeckt hätte. Alexandra wußte aus Gesprächen mit Bell selbst, daß »Tibet hocherfreut wäre, unter britisches Protektorat gestellt zu werden«, und daß britische Soldaten, Telegraphisten und Handelsagenten in Südtibet die Vorhut eines solchen Arrangements waren.

Damals begriff sie jedoch noch nicht, daß die Abschließung des Landes gegen Fremde außerdem eine tibetische Politik war, auf der die Äbte der mächtigen Klöster um Lhasa herum bestanden. Letztere hatten Angst davor, daß ausländischer Einfluß ihren eigenen Zugriff auf das Land schwächen würde, und sie widersetzten sich energisch jedweden modernen Ideen und fremden Besuchern. Hugh Richardson, ein Nachfolger Bells und Gründer der Tibetologie, schrieb uns dazu: »Die Tibeter waren, was ihre eigenen Belange betraf, alles andere als simpel und naiv. Sie benutzten die Briten als Werkzeug, um alles Fremde draußen zu halten.« Eine Autorität von offener Geisteshaltung war der Pantschen Lama, der Abt des Klosters Tashilhunpo, der trotz seines hohen spirituellen Rangs nur über zeitlich wie räumlich begrenzte Macht verfügte.

Alexandra überquerte in Begleitung Yongdens die Grenze – zu Pferd, mit einem Packesel im Schlepptau, der zwei kleine Zelte sowie Vorräte trug. Plötzlich und wie von Zauberhand waren die wütenden Wolkenmassen aufgelöst, der Himmel nahm einen tiefen Blauton an, und das Licht der untergehenden Sonne entzündete auf den fernen schneebedeckten Gipfeln ein wahres Feuerwerk. Die Häuser in der Gegend waren aus Stein gebaut, und die Menschen hatten einen mongolischen Gesichtsschnitt. In Tranglung suchte Alexandra einen Zauberer auf, der angeblich Ritualkuchen *(torma)* durch die Luft fliegen lassen konnte, um seine Feinde zu strafen. Es stellte sich heraus, daß er ein sanfter und höflicher Mensch war, der keiner Fliege etwas zuleide tun mochte. Alexandra und Yongden setzten ihren Weg fort und schliefen, wenn es sich einrichten ließ, in den Hütten von Bauern. Die Europäerin versuchte nicht, sich zu verkleiden, da die Menschen freundlich waren und Polizisten ebenso selten wie Verbrechen.

Die Schneeschmelze erschwerte die Überquerung der Flüsse. Während die Reisenden hofften, Kuma zu erreichen, ein Dorf, in dem es Thermalquellen gab, wurden sie durch einen ungewöhnlichen Sturm kurz vor ihrem Zielort aufgehalten. Erst hagelte es, dann begann es so heftig zu schneien, daß der Schnee ihnen schon bald bis zu den Knien reichte. Ein Bach in der Nähe trat über die Ufer und überflutete ihr Lager, so daß sie die Nacht unter einem einzigen durchweichten Zelt verbringen mußten. Alexandra spürte, daß diese Prüfungen selbst für die Amazone, zu der sie sich entwickelt hatte, zu kräftezehrend waren. Trotz dieser Widrigkeiten versuchte sie die undefinierbare Atmosphäre Tibets tief in sich aufzunehmen, zumal sie fürchtete, vielleicht nie wieder eine so günstige Gelegenheit zu bekommen.

Als Alexandra nach Tashilhunpo kam, jenseits der geschäftigen Marktstadt Shigatse gelegen, faßte sie neuen Mut. Die große Klosterstadt voller roter und weißer Häuser schien noch prächtiger zu sein, als sie es sich vorgestellt hatte. Obwohl sie wußte, daß noch niemals eine Ausländerin unter den zölibatären Gelbmützen gelebt hatte, schickte Alexandra Yongden aus, damit er um ein Quartier innerhalb des Klostergeländes bitte. Sie war begeistert, als man ihr eine behagliche Wohnung zur Verfügung stellte. Neugierige Funktionäre fragten die Besucherin schon bald nach ihrer Herkunft und ihrem Anliegen. Zuerst verwechselten sie Paris mit Phari – das genauso ausgesprochen wird –, ein Dorf im Süden. Dann entbrannte eine Debatte über die Frage, ob die Französin eine Ausländerin sei oder nicht. Sie beharrte darauf, daß Philing (Fremder) wörtlich einen Menschen aus Übersee bezeichne, man ihr Land aber zu Fuß erreichen könne (im achtzehnten Jahrhundert hatte ein Ungar namens Alexander Csoma aus Körös, genannt Körösi Csoma, das tatsächlich getan).

Sie sei also keine Ausländerin. Inmitten des Durcheinanders erschien ein unauffälliger Herr in einer schlichten Kutte.

Der Bildung des Pantschen Lamas verdankte Alexandra ihren Sieg. Er wußte, wo Paris lag, und konnte den Namen korrekt aussprechen. Seine Konversation war die eines kultivierten Mannes und eines aufrichtigen Buddhisten. Alexandra hatte vermutet, daß das Land jenseits des Himalajas wilder werden würde, aber sie stellte fest, daß sie es hier im Gegenteil mit einem alten, wahrlich zivilisierten Volk zu tun hatte. 1906 hatte der unerschrockene, um nicht zu sagen tollkühne schwedische Entdecker Sven Hedin den Tashi Lama besucht, wie diese Inkarnation auch genannt wurde. Ihn hatte der ungekünstelte Charme des Abts beeindruckt, sein herzliches Lächeln und seine freundliche Art. Selbst Charles Bell, der den Pantschen Lama als potentiellen Rivalen des Dalai Lamas betrachtete, stellte fest: »Aufgrund seiner großen Freundlichkeit ist sein Einfluß bedeutend.« Bell spürte sehr wohl, daß der zurückhaltende junge Mann durchaus auch weltlichen Ehrgeiz mitbrachte.

Bell wußte, daß der Pantschen Lama als Inkarnation Amithaba Buddhas gilt, des Buddhas des Grenzenlosen Lichts. Der wiederum wird als spiritueller Führer Avalokitesvaras betrachtet, des Herrn der Barmherzigkeit, dessen Emanation der Dalai Lama ist. Daher »sind viele Tibeter der Meinung, daß der Pantschen Lama spirituell höher stehe als der Dalai Lama«. Diese metaphysische Betrachtung spielte für Alexandra keine Rolle, aber sie war begeistert, daß der Pantschen Lama den tibetischen Namen, den der Gomchen ihr verliehen hatte, durchaus ernst nahm: Lampe der Weisheit. Der Abt und seine Mutter führten ihren Gast durch die Tempel, Hallen und Paläste der großen Klosteranlage. Alexandra war überwältigt von der Pracht, die sie dort zu sehen bekam: Gold, Silber und Türkise schmückten Türen, Altäre und Gräber. Haushaltsgegenstände, die von den wichtigsten Lamas benutzt wurden, blitzten von Juwelen. Alles war in der Tat prächtig, aber warum diese Zurschaustellung? Alexandra konnte nicht umhin, sich nach der Einsamkeit zu sehnen, in der Bären und Leoparden umherstrichen, auch fehlte ihr der Gomchen, dessen Lebensart ihr plötzlich sehr kultiviert erschien.

Die Orientalistin profitierte indes sehr von Gesprächen mit den Mönchen, insgesamt etwa dreitausendachthundert an der Zahl, von denen die Hälfte Gelehrte waren. Sie wurde mit einer unglaublichen Masse überlieferten Wissens konfrontiert, und ihr wurde bewußt, wie wenig Fortschritte sie bisher auf dem Weg zu ihrer Selbstfindung gemacht hatte. Beeindruckt von der Aufrichtigkeit und der Schriftenkenntnis der Europäerin, lud der Pantschen Lama seine Besucherin ein, unter seinem Schutz in Tibet zu bleiben. Das Angebot war eine Versuchung für sie, aber ihr scharfer Sinn für politische Winde sagte ihr, daß es dem Lama Nummer zwei an der Autorität fehlen würde, seinem Wort Geltung zu verschaffen. Ein Streit zwischen den Höfen von Shigatse und Lhasa braute sich zusammen, wobei es prinzipiell um die Frage ging, ob der Pantschen Lama zum Aufbau einer neuen Modellarmee beitragen würde, wie sie die Briten vor Augen hatten. 1923 beschloß der Pantschen Lama, nach Peking zu fliehen, wo er in den Brennpunkt der chinesischen Bemühungen geriet, den Einfluß Chinas auf Tibet neu zu bekräftigen.

Alexandras Fürsprecher sollte 1933 in Peking sterben. Sein Nachfolger, der X. Pantschen Lama, wurde während des größten Teils seines Lebens in China mehr oder weniger gefangengehalten. 1989 starb er eines plötzlichen Todes, nachdem er die Grausamkeit der militärischen Herrschaft in Tibet angeprangert hatte. Sein Nachfolger, ein Junge namens Gedhun Choekyi Nyima, auf traditionelle Weise unter der Aufsicht des Dalai Lamas (von Indien aus) erwählt, wurde aus Tibet entführt und steht seitdem irgendwo im ländlichen China unter Hausarrest. Die chinesischen Behörden haben nach ihren Kriterien einen eigenen Kandidaten erwählt, der eine wichtige Rolle bei der Auswahl des nächsten Dalai Lamas spielen wird. Aber noch bevor es soweit ist, könnte den wahren Pantschen Lama durchaus dasselbe jähe Schicksal ereilen wie seine Vorgänger. Das alte Machtspiel zwischen Politik und Religion, das sich heutzutage fortsetzt, gab schon Alexandra zu denken und bereitete ihr einigen Kummer.

Außerdem war sie nicht bereit, den Rest ihrer Tage als Yogi zu verbringen. Ihr Gepäck, Bücher, Notizen und Fotonegative, lagerte in Kalkutta. Aus Paris und London kamen Anfragen, ob sie nicht Tagungen zu den Themen Hinduismus und Buddhismus veranstalten wolle; ja sogar die Amerikaner waren interessiert! Zuerst wollte sie jedoch nach Nordasien, bereit auch dem Meer zu trotzen, um eine Vielzahl unübersetzter Texte an sich zu bringen. Sobald der Krieg zu Ende war, wollte sie dann nach Hause zu ihrem »Mouchy« segeln.

Sie verließ Shigatse Anfang August mit vermehrter Habe. Der Pantschen Lama schenkte ihr die Robe eines graduierten Lamas und verlieh ihr die Ehrendoktorwürde der Universität von Tashilhunpo. Außerdem reiste sie mit den warmen Empfehlungen sowohl des inkarnierten Buddhas als auch seiner Mutter, mit der sie den brieflichen Kontakt fortsetzte. Als Gegenleistung belagerte sie Philippe mit regelmäßigen Bitten der alten Dame, Postkarten mit Ansichten der Wüste sowie getrocknete Feigen und Datteln zu schicken.

Alexandra und Yongden traten den Rückweg nach Sikkim an und machten dabei in Narthang halt, Tibets größter Druckerei. Sie bewunderte die Drucker, die mit primitiven Holzblöcken penible, aber wunderschöne Arbeiten lieferten. Sie plauderten und tranken Tee, als lägen ihre nächsten Fertigstellungstermine in einem anderen Leben. Wie sehr sich die Atmosphäre dort von der fiebrigen Erregung bei einer westlichen Zeitung unterschied! Vollkommen erschöpft kamen die beiden dann endlich daheim in De-chen an. Die Einsiedelei war während ihrer Abwesenheit geplündert worden; irgend jemand hatte das Unterste zuoberst gekehrt, und der Gomchen war in seiner Höhle in Klausur gegangen und wollte niemanden sehen.

Das Rätsel war schon bald gelöst, als Alexandra mitgeteilt wurde, daß sie zwei Wochen Zeit habe, das Land zu verlassen. Ihre Reise über die verbotene Grenze war Charles Bell zu Gehör gekommen, der daraufhin persönlich nach Lachen gekommen war und dessen Einwohner mit einer schweren kollektiven Geldstrafe belegt hatte. Zornig rief er ihnen ins Gedächtnis, daß es ihre Aufgabe sei, Ausländer an der Überquerung der Grenze zu hindern. Im Gegenzug hatten die Bauern Alexandras Heim geplündert, weil sie hofften, dort irgend etwas von Wert zu finden. Bell belegte auch sie mit einer Geldbuße. Sie behauptete, daß er sie glühend um ihre Reise nach Tibet beneide, sie aber, weil sie Französin war, nicht bestrafen konnte. Er ließ statt dessen dem Gomchen, der es sich nicht leisten konnte, die herrschende Macht gegen sich aufzubringen, eine Rüge erteilen und ihn mit einer Geldbuße belegen. Alexandra spürte, daß hinter alledem die Eifersucht der Missionare steckte.

Diese guten Seelen ärgerten sich furchtbar darüber, daß ihnen das Missionsfeld Tibet, in dem es eine solch reiche Ernte Ungläubiger gab, verwehrt blieb. Sie beneideten Alexandra um ihre Reise dorthin und grollten ihr wegen ihres Eintretens für die Religion der Einheimischen. Durch ihre Konvertiten hatten sie von Alexandras Reise erfahren und waren sogleich zum Residenten gelaufen. Bell hatte staatliche Interessen zu vertreten; die Briten begegneten jedem nicht autorisierten Reisenden in Zentralasien mit Mißtrauen. Ihre Sorge war, daß Alexandra nach dem Beispiel des Mongolen Dorjieff, der sich als frommer Buddhist ausgegeben hatte, aber in Wirklichkeit ein russischer Spion gewesen war, vielleicht im Dienst irgendeiner europäischen Macht stehen könnte. Bells Vergeltungsmaßnahmen waren hart, und es ist möglich, daß er sich persönlich betrogen fühlte. Er war über die Französin verärgert, die die Gelegenheit gehabt hatte, Material für Bücher zusammenzutragen, während es ihm selbst nicht gestattet war, weiter als bis nach Gyantse zu reisen. Daß sie zu jenen Leuten gehörte, die den Regeln trotzten und sich mit Magiern zusammentaten, machte die Sache für sie nicht besser.

Der Verdacht der Briten war nicht gänzlich unbegründet. In den geheimen Akten fanden wir folgende Meldung von der Handelsniederlassung in Gyantse (1917):

> Madame David-Néel, die Belgierin *[sic]*, die … wegen eines unautorisierten Besuchs in Shigatse Sikkims verwiesen wurde, unterhält weiterhin eine Korrespondenz mit der Mutter des Tashi Lamas und *ebenso mit dem Lama Chensal Kushab, dem Vertrauten und Ratgeber des Tashi Lamas.*

Bell beschrieb den Pantschen Lama einmal als »Englands ältesten Freund in Tibet«. Er hatte nicht die Absicht, Alexandras Einmischung in tibetische Angelegenheiten zu dulden, und da die besagte Korrespondenz zerstört worden oder verlorengegangen ist, können wir nur raten, ob sie tatsächlich, wie sie es in Sikkim getan hatte, ihre Nase in fremde Angelegenheiten gesteckt hatte oder nicht. Ob mit Absicht oder nicht, »die Belgierin« hatte jedenfalls einen gewissen Einfluß auf die Politik Zentralasiens.

Alexandra begriff sofort, was es hieß, das Wohlwollen der britischen Kolonialbeamten verloren zu haben. Im gesamten Einflußgebiet der indischen Regierung wurde sie Persona non grata. Das löste eine große Niedergeschlagenheit aus. Nichts gefiel ihr mehr und in ihren Briefen an Philippe schimpfte sie über die eiskalten Nächte im Himalaja, die Versuche, mit Yakdung Feuer zu machen, und die stets gleichbleibende Kost aus Linsen. Außerdem versicherte sie ihm, daß sie, sobald er ihr das Geld geschickt habe, unverzüglich nach Frankreich zurückkehren werde, und zwar über Japan, das sie als modern, intelligent und friedlich rühmte.

In Lachen verpackte derweil Aphur Yongden die Habe seiner Arbeitgeberin in achtundzwanzig Koffer. Plötzlich tritt er in Alexandras Leben in den Vordergrund und wird ihr in vieler Hinsicht unentbehrlich. Der junge Bursche aus bescheidensten Verhältnissen – sein Vater war ein kleiner Beamter –, hatte bereits bei einem sikkimesischen Adligen gedient und als Gegenleistung ein wenig Bildung erhalten. Obwohl er ein Mönchsnovize war, hatte der junge Bursche den Ehrgeiz, ein Mann von Welt zu werden. Er war davon überzeugt, daß ihm dies auf den Philippinen, von denen er gehört hatte, möglich sein würde. Alexandra, die ihm Reisen, Abenteuer und sechs Rupien pro Monat versprach, nahm ihn in ihren Dienst. Der Junge bekam sehr vieles von dem, was man ihm versprochen hatte, bis auf die Bezahlung. Yongden, der ziemlich klein und mit seiner randlosen Brille auf schlichte Weise attraktiv war, lernte fleißig. Später sollte er selbst Lama werden und Alexandra bei der Niederschrift ihrer Bücher beträchtlich helfen. Yongden besaß einen unbezahlbar wertvollen britischen Paß.

Aus Angst vor dem Zorn des Residenten machten Alexandras andere Boys sich aus dem Staub, während Yongden bei ihr blieb. Er weigerte sich, den Drohungen seiner Familie nachzugeben, und selbst als sie ihm eine Ehefrau und ein Haus anboten, falls er nur die ausländische Dämonin verlassen wolle, stellte er sich taub. Mehr als ein bloßer Abenteurer, entwickelte er eine tiefe Verehrung für Alexandra. Während er zunächst alle möglichen geringen Arbeiten für sie erledigte, lernte sie ihn sehr bald zu schätzen. Schließlich nahm sie ihn in einer rechtsgültigen Adoption als Sohn an.

Nun jedoch mußten die beiden hinabsteigen in die lärmende Welt, der die Buddhistin entsagt und von der der siebzehnjährige Junge keine Ahnung hatte. Der schnurdünne Pfad schlängelte sich tiefer und tiefer und Alexandra warf einen letzten Blick zurück auf ihre Hütte. Dort umzingelten die Dorfbewohner bereits das hölzerne Gebäude, um es in Brand zu setzen. Ihr Leben in den nebeltrüben blauen Höhen war nur noch ein Traum. Die Macht des Britischen Empires hatte triumphiert, aber die einsame Frau schwor schweigend Rache – eine geistreiche Rache, wie sie ihrem Glauben, ihren Anschauungen und dem Geist ihrer Geburtsstadt Paris geziemte.

Ein kleines Wunder geschah! Trotz des sich verschlechternden Postverkehrs machte eine Bankanweisung von Philippe ihren Weg aus dem kriegszerrissenen Europa und traf im August 1917 bei Alexandra ein. Nachdem sie und Yongden Japan verlassen hatten, lebten sie in einem Kloster auf dem Diamantberg in Korea, umgeben von begrünten Gipfeln und inmitten kristallklarer Luft. Alexandra schlief in einer kahlen Zelle, stand um drei Uhr morgens zum Meditieren auf und verbrachte den Rest des Tages auf den Bergpfaden, um heilige Schreine aufzusuchen. Unglücklicherweise regnete es drei Wochen lang pausenlos, was ihr Rheuma wieder aufleben ließ. Ansonsten fühlte sie sich mit neunundvierzig jünger und kräftiger denn je.

Die ganze Zeit über hatte die Entdeckerin kartographische Unterlagen von Zentralasien studiert und in den winzigen, kaum lesbaren Schriftzeichen nach einem Namen gesucht, der auf Berge schließen ließ. Dies war Kum Bum, der sagenumwobene Geburtsort des Tsong Khapa, das dem wahren Leben entnommene Vorbild für James Hiltons Shangri-La. Die Klosterstadt lag in der osttibetischen Provinz Amdo – nicht in Frankreich oder Nordafrika. Anfang Oktober des gleichen Jahres hatte Alexandra Peking erreicht, Chinas ehemalige Kaiserstadt. Es erschien ihr groß, flach und ziemlich gepflegt. Wie gewöhnlich nahm Alexandra auf dem Gelände eines Klosters Quartier. Angeblich – die Post wurde zensiert – hatte sie die Absicht, in die Mongolei weiterzureisen, um ihre Studien an einem Ort fortzusetzen, an dem Lamas Tibetisch sprachen und lasen.

Alexandra hatte großen Respekt für die chinesische Kultur, und Peking gefiel ihr gut. Weil sie der Sprache nicht mächtig war, warf man sie in einen Topf mit den beim Volk verhaßten ausländischen Diplomaten, Soldaten und Missionaren. Alexandra leugnete jede Verbindung zu diesen Klassen, und besonders verabscheute sie die obligatorischen Teegesellschaften, die von wohlmeinenden Missionarsgattinnen gegeben wurden. Ihr Plan, in die Mongolei zu reisen, sollte sich, falls es einen solchen Plan überhaupt gegeben hatte, nicht realisieren lassen. Es gab zwar ein

Automobil, das vom Bahnhof aus Fahrten übernahm, aber niemand hatte es sich jemals leisten können.

Alexandra machte Philippe Komplimente – er gewinne mit dem Alter wie ein guter Wein – und skizzierte ihm ganz nebenbei ihre tatsächliche Route. Sie beabsichtigte, Westchina zu durchqueren, nach Tibet zu wandern und dann über die gewaltige Hochsteppe zur Nordseite des Himalajas zu reisen. Anschließend wollte sie dann über die Hochpässe nach Indien. Das sollte ihre allerletzte Reise vor ihrer Rückkehr nach Hause werden, und ihr Vorhaben mußte ein Geheimnis bleiben. Natürlich würde sie auch mehr Geld benötigen.

Alexandra versicherte Philippe, daß sie nicht den Verstand verloren habe und diesmal wirklich zurückkehren würde. Es ging einfach darum, die Rückkehr Schritt für Schritt zu gestalten. Er dürfe in ihrer Korrespondenz jedoch niemals Tibet erwähnen oder in zwanglosen Gesprächen die Rede auf Algerien bringen. Beides konnte große Gefahr für sie bedeuten. Alexandra unternahm die Reise gegen den Willen des Dalai Lamas in Lhasa und des britischen Residenten in Gangtok, Charles Bells. Sie wußte auch von der geschärften Aufmerksamkeit des britischen Geheimdienstes.

Durch den französischen Botschafter in Peking lernte Alexandra einen reichen tibetischen Lama aus dem unter chinesischer Verwaltung stehenden Distrikt Koko Nor in Nordosttibet kennen. Er fungierte als chinesischer Beamter und war in der Hauptstadt, um eine große Summe Geldes zu holen, die seiner Schatzkammer zustand. Der Lama, ein großer, kräftiger und imposanter Mann, der aber gleichwohl freundlich wirkte, war sehr belesen und Verfasser einer Grammatik. Bekleidet mit einer luxuriösen Robe aus gelber Seide über purpurnem Samt und umsorgt von Dienstboten, erinnerte er die Französin an einen römischen Kardinal. Wenn er Tamburin spielte und eine süße tibetische Melodie dazu sang, geriet Alexandra in Verzauberung.

Der Lama lud sie sehr bald ein, mit seiner Karawane nach Kum Bum ins Zentrum der Region Koko Nor zu reisen. Er erbot sich sogar, sie mit Holz und Wasser – beides galt als heilig – zu versorgen, solange sie im Kloster studierte. Als Gegenleistung erwartete er von Alexandra, ihm bei seinem ehrgeizigsten Plan behilflich zu sein: dem Verfassen eines Buchs über Astronomie. Obwohl sie nur wenig über Planeten und Sterne wußte, ergriff sie die Gelegenheit beim Schopf. Diese Reise deckte den ersten Teil ihrer persönlichen Route ab, und angesichts der teilweise bürgerkriegsartigen Kämpfe und einer Pestepidemie in Westchina erschien ihr der Schutz einer bewaffneten Karawane unabdingbar.

China befand sich nach dem Zusammenbruch der Mandschu-Dynastie inmitten einer chaotischen Umbruchphase, die bis zum endgültigen Sieg der Maoisten 1949 andauerte. Bis zu seinem Tod im Jahre 1925 herrschte der Anführer der Republikaner, Sun Yat-sen über Kanton und einen großen Teil des Südens, während einheimische Generäle über verschiedene Provinzen regierten. Diese War Lords druckten wertloses Geld, preßten den Menschen Vorräte und Arbeit ab und verkauften Konzessionen an alle interessierten Ausländer. Diese Kriegsherren, die ihren Reichtum an der Zahl ihrer Soldaten maßen, waren ständig gefährdet. Wenn sie nicht gerade miteinander kämpften, planten sie einen gemeinsamen Marsch auf Peking, um dort die phantomartige Zentralregierung zu stürzen. Alexandra war bestürzt über Chinas Unglück, aber sie zögerte nicht, sich mitten hinein zu stürzen.

Der Lama bekam das ihm zustehende Geld nicht. Ende Januar 1915 beschloß er, so oder so abzureisen. Ein Bankwechsel von Philippe kam gerade noch rechtzeitig zusammen mit der Nachricht, daß Alexandras längst senile und gelähmte Mutter ein ganzes Jahr zuvor gestorben war. Ihre Tochter behauptete, tief gerührt von Erinnerungen zu sein. Da sie jetzt über einigen Wohlstand verfügte, der jedoch bis zum Kriegsende nicht verfügbar war, schickte sie eilig ein Testament an Philippe. Sie hinterließ ihm darin den Großteil ihres bescheidenen Einkommens nach Abzug der zu zahlenden Schulden, während sie ihre Bibliothek der Buddhistischen Gesellschaft von London vermachte. Alexandra gab ihrem Mann Anweisung, für Yongden zu sorgen, der ihr gegen den Willen seiner Familie soviel Loyalität bewiesen hatte.

Dann ging es zum Bahnhof, und es hieß, Peking Lebewohl zu sagen. Weil auf dem Land noch immer die Pest wütete, wurde dem Zug ein mit Medikamenten vollgestopfter Hospitalwagen angehängt. Alexandra hatte nur Geringschätzung für jene Leute, die aus Furcht vor der Epidemie Gesichtsmasken trugen, und sie freute sich, als der Hospitalwagen versehentlich abgehängt wurde. Am Ende der Bahnstrecke stieg die Reisetruppe auf Maultiere und Karren um. Alexandra stellte fest, daß die Bewaffneten, die oben auf dem Gepäck des Lamas saßen, würdige Abkömm-linge der Goldenen Horde des Dschingis Khan waren. Für sich selbst und Yongden fertigte sie aus drei entsprechend gefärbten Stoffstreifen eine große französische Fahne an. Diese wollte sie im Falle eines Gefech-tes hissen – ein Talisman der Neutralität. Aber zunächst einmal wurde die Karawane tagelang in einem schmutzigen Dorf an der Grenze zwischen den Provinzen Honan und Shensi aufgehalten.

Dort wurde Alexandra von einer rätselhaften Krankheit befallen. Philippe hatte sie gebeten, sich nicht zu gefährden, und ihr geschrieben, wie viel sie ihm bedeute. Bei der kursierenden Seuche handelte es sich um eine Spielart der tödlichen Lungenpest, die im Mittelalter Europa ver-wüstet hatte. Die ersten Symptome unterschieden sich nicht von denen einer Grippe – Fieber und Schwindel –, aber wenn das Opfer am vierten Tag Blut hustete, war es zu einem qualvollen Tod verurteilt. In den letz-ten furchtbaren Stunden würde ihm wahrscheinlich niemand mehr beiste-hen. Yongden hielt sich zwar in ihrer Nähe, aber Alexandra war fest ent-schlossen, weder ihn noch andere anzustecken. Sie hatte die Absicht, sich, sobald sie Blut in ihrem Speichel entdeckte, mit dem Revolver, den sie ständig bei sich trug, zu erschießen. Am vierten Tag stellte sich glück-licherweise Besserung ein.

Trotz der archaischen Höflichkeit, mit der die bewaffneten Männer die ausländische Frau als »Hochwürden« ansprachen, lag eine Spannung in der Luft, die wie ein dräuendes Gewitter über ihnen hing. Als Alex-andra eines Morgens erwachte, fand sie vor ihrer Tür einige abgeschla-gene Köpfe auf eine Mauer gespießt. Banditen, erklärte man ihr, aber die verzerrten Gesichter sahen nicht verbrecherischer aus als die der Regie-rungssoldaten. Sie mußte sich anhören, daß bei den Schlachten zwischen Tibetern und Chinesen, die sporadisch entlang der Grenze ausbrachen, die Sieger aus den Herzen der Verlierer einen Eintopf zu kochen pfleg-ten, der mit Reis gegessen wurde.

Alexandra schwang sich nicht zur Richterin auf. Statt dessen tat sie ihr Bestes, Gewalt abzuwehren. Das langsame Fortkommen durch schmut-zige Dörfer machte den Lama reizbar und ließ seine Schattenseite zutage treten. Eines Abends sah Alexandra in einer Gaststube zu ihrer Über-raschung junge, mit grünen Hosen und rosafarbenen Jacken gekleidete Frauen in sein Zimmer treten. Nach lautstarkem Feilschen kamen die

Prostituierten wieder zurück und ließen nur die jüngste unter sich für die Nacht zurück. Auch das konnte den Lama nicht beruhigen, und er brach einen Streit mit einem chinesischen Beamten vom Zaun. Schon bald kamen schwerbewaffnete Soldaten in das Gasthaus gestürzt. Der Lama rief seinen Männern zu, daß sie ihre Waffen ergreifen und herbeieilen sollten. Es sah aus, als würde in Kürze ein Miniaturkrieg ausbrechen.

Alexandra konnte das in letzter Minute verhindern. Sie überzeugte den chinesischen Hauptmann davon, daß es unter seiner Würde sei, sich um die Tollheit eines Barbaren aus der Wildnis des Koko Nor zu kümmern. Dann ließ sie eine tibetische Strafpredigt an die Adresse des Lamas folgen. Wie konnte er sich nur dazu herablassen, sich mit schweinischen Soldaten zu raufen? Der Streit löste sich in Luft auf, und die Karawane nahm ihren Weg in die tibetische Provinz Amdo wieder auf.

Die Gesellschaft, in die Alexandra hineingeraten war, entpuppte sich als recht zweischneidig. Sie und Yongden machten einen Umweg über Tungchow, wo eine kleine Kolonie schwedischer Missionare ihnen Unterkunft gewährte. Plötzlich wurde die mit Mauern umringte Stadt angegriffen. Kugeln schwirrten durch die Luft, und der Pastor und seine Familie zogen sich zu einem inbrünstigen Gebet in die kleine Kirche zurück. Alexandra sprang in eine heiße Badewanne. Sie vermutete, daß die Rebellen die Stadt stürmen und sie selbst gefangennehmen würden, und sie wollte zuerst noch baden. Glücklicherweise wurde der Angriff kurzfristig zurückgeschlagen. Die Schweden sprachen in der Überzeugung, daß Gott sie erhört haben müsse, ein Dankgebet für ihre Rettung. Alexandra murmelte, daß Gott den Angriff besser von Anfang an verhindert hätte.

Die Kämpfe nahmen einen neuen Anlauf, wobei die Eindringlinge mit Hilfe von Leitern die hohen Mauern erklommen, während die Verteidiger, denen die Munition knapp wurde, Steine auf sie hinunterregnen ließen. Alexandra konnte nicht umhin, sich von diesem klassischen Bild erregt zu fühlen; es war, als sei ein Gemälde von Delacroix zum Leben erwacht. Säbel wurden gezogen, und Blut floß in die Gräben. Im Vergleich zu dem mechanisierten Kriegsgeschehen und den Giftgasangriffen in Europa wirkte das Ganze allerdings eher bizarr. Die Verteidigung der Stadt hielt dem Angriff stand, und im April blühte in den Gärten der Flieder.

Bei den Missionaren las Alexandra Berichte früherer westlicher Forschungsreisender, und diese Schriften berauschten sie. Die Eindringlinge, die weder Tibetisch noch Chinesisch sprachen, hatten sich mit Dutzenden von Kamelen, Pferden und Dienern auf den Weg gemacht, die allesamt einer besonderen Ausrüstung bedurften. Natürlich ging alles mögliche schief, und von diesen Mißgeschicken erzählten die Pfuscher in ihren Büchern. Schlimmer noch, sie hatten die Einheimischen gegen alle Ausländer aufgebracht, indem sie zum Beispiel die Haustiere von Klöstern schlachteten, den Nomaden Pferde stahlen und ihre Initialen in heilige Bäume ritzten. Alexandra reiste als Pilger, nicht als Eroberer. Sobald der Bürgerkrieg sich beruhigt hatte, nahm sie ihre Reise wieder auf.

Sian, die Hauptstadt von Shensi, war als Treffpunkt mit dem Lamabeamten vereinbart worden. Es war unabdingbar, daß Alexandra Tibet als Mitglied seiner Karawane betrat. Ungeachtet der Ratschläge des Militärgouverneurs von Tungchow, der sie wegen der Banditen vor einer Weiterreise warnte, stahl sie sich in einem Konvoi von drei knarrenden, jeweils von zwei Maultieren gezogenen Wagen durch die Tore aus der Stadt hinaus. Die vollkommen verängstigten Kutscher peitschten ihre Tiere durch verbranntes Land, auf dem ihnen weder Bauern noch andere Reisende begegneten.

Heftige Regengüsse setzten ein, und in der Dunkelheit näherte sich die Reisegruppe einem Fluß, hinter dem sie sich in Sicherheit wähnte. Als der Fährmann herbeigerufen wurde, war die Antwort eine Gewehrsalve. Irgendwie überquerte die Gruppe den Fluß dann doch auf einem Floß, und nach einer Nacht in einer verflohten Herberge wurde die Reise am nächsten Tag fortgesetzt. Als Alexandra einmal aufblickte, sah sie plötzlich einen beladenen Wagen, auf dem ein Trupp Mongolen hockte. Sian, der Lama, sie waren also durchgekommen!

Als sie sich Koko Nor näherten, setzte die ungeduldige Pilgerin ihren Weg zu Fuß fort. Sie hatte eine harte Zeit hinter sich – hatte auf dem Boden geschlafen, kaum genießbare Speisen zu sich genommen und war von der Sonne verbrannt worden –, alles Dinge, die sie in ihrer Jugend nicht hätte ertragen können. Was für ein Unsinn waren doch all die Geschichten über zerbrechliche Frauen oder kränkliche ältere Menschen! Zäh und gesund, wie sie war, erklomm sie eines Tages den Gipfel eines Hügels, um auf das gewaltige Kloster von Kum Bum hinabzublicken. In dem von Bergen gesäumten Tal glitzerten die goldenen Dächer der Tempel neben den flachen, weiß getünchten Häusern dieses Shangri-La.

Im Juli 1918 ließen Alexandra und Yongden sich zweitausendfünfhundert Kilometer von Peking und noch viel weiter von Europa entfernt in einem behaglichen Haus nieder. Sie wollten sich einer Übersetzung buddhistischer Manuskripte widmen. Wie wunderbar und vielfältig Asien doch war, dachte die Gelehrte. Dennoch blieb sein Denken dem westlichen Geist versperrt wie hinter einer verschlossenen Tür. Sie mußte das Ihre dazutun, diese Tür zu öffnen.

13

Ein Paradies

Bevor in Zentralasien der Morgen dämmert, lassen die Muschelhörner ihren schauerlichen Ruf erklingen. Unter einer gewaltigen Himmelskuppel, in der die Sterne, die bald wie heruntergebrannte Kerzen verlöschen werden, nur um so heller strahlen, sammeln sich auf dem flachen Dach der Versammlungshalle dunkle Schatten. Novizen, die sich in der bitteren Kälte in ihre Umhänge einhüllen, haben die Aufgabe, die schlummernden Mönche von Kum Bum zu wecken. Ein jeder von ihnen bläst nun in seine Muschelschale, und während die einen pausieren, um Atem zu holen, fahren andere fort, schwellende und wieder absinkende Wellen dieses Rufes zu produzieren, die gegen die fernsten Winkel der aus Hunderten von Unterkünften bestehenden Klosterstadt branden. Dieser uralte Ruf weckt jeden Menschen auch aus dem tiefsten Schlaf.

In den Fenstern der fürstlichen Wohnhäuser hochrangiger Lamas flackern nun Lichter auf, und vertraute Alltagsgeräusche deuten auf erste Betriebsamkeit in den bescheideneren Quartieren hin. Langsam verebben die Muschelhornrufe. Der Himmel hellt sich zu einem lichten Grau auf, und ein rosa überhauchter Tag bricht an. Türen werden aufgerissen, und aus allen Richtungen strömen die etwa dreitausendachthundert Trapas (Mönche eines geringeren Grades) der imposanten Gebetshalle zu. Mit glattrasierten Köpfen und in einförmigen Roben erinnern sie an Schausteller, die zu ihren gewohnten Plätzen eilen. Binnen weniger Augenblicke füllen die Morgengebete den gesamten Raum. Die Religion – die kumulative Kraft des Lichtes – wird einmal mehr die Dämonen prähistorischer Dunkelheit in ihren Bann schlagen. Während das Heulen der Muschelhörner, wenn auch immer schwächer und schwächer, gen Himmel verweht, wird die buddhistische Lehre ins Universum getragen.

Dies war die unwandelbare alltägliche Routine des Klosterlebens, wie Alexandra sie beobachtet und erlebt hat. In den zahllosen Klöstern, die überall im Gebiet des Lamaismus verteilt liegen – Tibet ist nur ein Teil dieses Territoriums –, wurde die gewöhnlich kalte Morgendämmerung seit Jahrhunderten in der beschriebenen Weise begrüßt. Heute ist das nicht mehr der Fall. Obwohl die Muschelhörner immer noch sporadisch über die zentralasiatischen Steppen klingen, singen sie heute einen Klageruf. Es gibt noch einige Dutzend größere Gompas, die im Herzland liegen und jedes für sich eine Stadt bildet, aber sie sind geplündert und zerstört; ihre Mönche – Zehntausende – sind verjagt, ermordet oder sonstwie zum Schweigen gebracht worden. Der XIV. Dalai Lama, der Verteidiger des Glaubens, lebt in Indien im Exil und spricht offen davon, daß er vielleicht der letzte seiner Linie ist. Alexandra spürte schon zu ihrer Zeit, daß sie eine ebenso altehrwürdige wie unverfälschte Welt gefunden hatte, zu kostbar, um im Zeitalter von Panzern, Flugzeugen und Artillerie – oder gar Autobahnen – von Dauer zu sein. Sie hat Shangri-La noch erlebt, bevor es zugrunde ging.

Auf der im zweiten Stock ihres Hauses im Palast des Pegyai Lamas gelegenen Terrasse saß die tapfere Frau während der frostigen Morgenstunden des Herbstes 1918. Alexandra, die das strenge Tumo vernachlässigte, trug ein behaglich warmes Gewand und hohe Stiefel aus Yakfell, um zuzusehen, wie sich vor ihren Augen das tägliche Bild des Lebens entfaltete. Auf einer Höhe von fast dreitausend Metern atmete sie eine Luft ein, die nach verschneiten Gipfeln schmeckte. Von den sonnenbeschienenen Tempeldächern schweifte ihr Blick zu einer Gruppe von Yaks hinüber, die auf einer Weide standen, und von dort weiter zu einer Kamelkarawane von Mongolen, die nach Lhasa aufbrach. Vielleicht zog sie sich aber auch zufrieden in das Innere des Gebäudes zurück, um das Gefühl auszukosten, daß sie hier – an einem Platz, den die Tibeter »den zweiten Geburtsort Buddhas« nennen – vor dem Getöse der sogenannten Zivilisation sicher war.

Alexandra war es nicht gestattet, an den üblichen Morgengottesdiensten teilzunehmen, eine der wenigen Gelegenheiten, bei denen die gesamte Bruderschaft eines Klosters zusammenkam, und sie durfte auch nicht bei den gemeinschaftlichen Mahlzeiten erscheinen. Nur an wichtigen Feiertagen durfte sich der weibliche Lama zu den Trapas gesellen, deren schäbige Roben einen deutlichen Gegensatz zu den Goldbrokatwesten der Würdenträger und dem juwelenbesetzten Umhang des zehnjährigen Tulku darstellten, des Abtes des Gompas. Abermals bemerkte Alexandra das Nebeneinander von Pompösem und Erhabenem. Schriftrollen mit Gemälden der Buddhas und Gottheiten hingen von der hohen Decke herab, während eine Schar verblaßter Götter und Dämonen sie von den Wänden der düsteren Halle anblickten. Butterlampen beleuchteten die großen Reliquienschreine aus Gold und Silber, die die Asche früherer hochgeschätzter Lamas beherbergten. Über allem lag ein Hauch Mystik.

Die Mönche sangen mit tiefen Stimmen, unterbrochen von Glocken, Trommeln und plärrenden Trompeten. Die kleinen Novizen auf den Bänken in den hinteren Reihen wagten kaum zu atmen aus Angst vor dem »hundertäugigen *chostimpa*« – dem offiziellen Zuchtmeister – und der Peitsche, die demonstrativ von seinem erhöhten Sitzplatz herunterbaumelte. Dieser Bursche war stets ein dunkler, stämmiger Khampa (ein Abkömmling der Südprovinz Kham), der die Versammlung mit majestätischer Geringschätzung überblickte. Einmal sah Alexandra, wie drei Männer im hinteren Teil des Raumes, wo sie sich vor seinen Blicken wohl verborgen wähnten, einander kaum merklich Zeichen machten. Schon erhob sich der Chostimpa und marschierte, seine Peitsche in der Hand, wie ein Racheengel durch die Halle.

Er stolzierte an der Ausländerin vorbei, zog sich seine Toga über die Ellbogen hoch und schwang die Peitsche in seiner großen, schwieligen Faust. Die Missetäter erzitterten, harrten jedoch wie die Schafe ihrer Strafe. Mit der Großspurigkeit eines Henkers packte der Chostimpa einen jeden der Männer im Genick und warf ihn in den Gang, wo der arme Kerl sich mit dem Gesicht nach unten der Länge nach auf den Boden warf. Die Peitsche sauste allen Ungehorsamen über den Rücken, dann kehrte die furchterregende Persönlichkeit würdevoll zu ihrem hohen Platz zurück und hielt Ausschau nach weiteren Übeltätern. Manchmal war es doch bequem, eine Frau zu sein und sich nicht den Regeln unterwerfen zu müssen.

Meistens hielt Alexandra sich von der alltäglichen Routine in Kum Bum fern, auch wenn ihr nichts vom mönchischen Tagesablauf entging. Sie pflegte bei Sonnenaufgang aufzustehen, und nach einer labenden Stunde auf der Terrasse, während deren sie oftmals meditierte, kam ein Boy, um den Herd zu entzünden und Wasser für Tee zu kochen, den sie nach tibetischer Art mit Salz und viel Butter trank. Sie verrichtete ihre Toilette und las, bis sie um neun Uhr ein englisches Frühstück zu sich nahm. Alexandra schätzte sich glücklich, von einem moslemischen Bäcker in einem nahegelegenen Dorf mit gutem Brot versorgt zu werden. Bis zum Mittag übersetzte sie dann kostbare Manuskripte, die die Lamas ihr aus der umfassenden Bibliothek des Klosters geliehen hatten, ins Französische oder ins Englische. Bei dem alten literarischen Tibetisch brauchte sie Hilfe, aber da diese Texte Nagarjunas (eines frühen buddhistischen Philosophen, des Vaters des Mahayana) in der in Sanskrit verfaßten Originalschrift verlorengegangen waren, versetzte ihr Fund die Gelehrte in Hochstimmung.

Mittags gönnte Alexandra sich eine Pause und ein heißes Bad, anschließend arbeitete sie wieder. Um vier nahm sie ihr Abendessen zu sich – eine dicke Suppe aus dem am Ort wachsenden Gemüse. Zum Nachtisch gab es gelegentlich ein Kompott aus gedämpften Früchten. Wieder beugte Alexandra sich über ihre Arbeit, bis sie um neun Uhr zu Bett ging. Sie hatte das größere, im unteren Stockwerk gelegene Zimmer Yongden gegeben, weil die leuchtend bunten Fresken an den Wänden ihre Ruhe störten. Sie schlief hervorragend und ohne Unterbrechung, und es schien nur ein Augenblick, bis die Muschelhörner wieder einen neuen Tag ankündigten und sie weckten.

Alexandra hatte das Gefühl, daß sie noch tausend Jahre so weiterleben könne. Natürlich gab es gelegentlich auch Ablenkungen. Der Lamaismus ist eine Form des Buddhismus, die aktiv nur von Mönchen praktiziert werden kann. Die Laienschaft unterstützt die Religion durch Geschenke. In Kum Bum, das als Geburtsort des Tsong Khapa, des Begründers der Gelbmützenreform, große Ehrerbietung genießt, machten wohlhabende Pilger häufig eine Spende, indem sie ein besonderes Festmahl für die Bruderschaft gaben. Es war eine willkommene Abwechslung von dem tagtäglichen Einerlei aus Tsampa und Tee, und obwohl Alexandra an dem Bankett selbst nicht teilnehmen konnte, brachte man ihr immer von den guten Speisen nach Hause. Besonders liebte sie »ein bestimmtes mongolisches Gericht aus Hammelfleisch, Reis, chinesischen Datteln, Butter, Käse, Kürbis, Zuckerwerk und verschiedenen anderen Zutaten und Gewürzen, die alle zusammen gekocht werden«. Die wohlschmeckenden *momos* – in gebackener Pastete gedämpftes Fleisch – zählten ebenfalls zu ihren Lieblingsspeisen. Diese Fleischbällchen straften ein altes tibetisches Sprichwort Lügen, das da lautete: »Wer die Speise eines Lamas ißt, braucht Kiefer aus Eisen.«

Ende November 1918 schrieb Alexandra mit Tränen in den Augen an Philippe. Ihr Gefühlszustand hatte nichts damit zu tun, daß sein Brief sie vier Monate, nachdem er aufgegeben worden war, endlich erreicht hatte; auch nicht mit ihrer Sorge um Yongden, der an einer gefährlichen Grippe erkrankt war. Sie pflegte ihn liebevoll, obwohl sie selbst hohes Fieber hatte. Nein, ihre Gefühle hatten sie überwältigt, nachdem sie von besser informierten englischen Missionaren von dem Waffenstillstand erfahren hatte.

Nachdem Alexandra und Yongden ihre Gruppe überwunden hatten, nähten sie eine gewaltige französische Trikolore und brachten sie auf den Gipfel eines nahen Berges. Das Tal unter ihnen war in Grüntönen gemustert, und auf den Hängen zeigten sich hie und da goldene Pappeln. Die Sonne leuchtete an einem klaren blauen Himmel. Feierlich entrollten sie das Banner, das sie mit einem verbreiteten tibetanischen Dankgebet bestickt hatten: *»Lha gyalo! De tamche pam!* Sieg den Göttern, die Dämonen sind geschlagen!« Voller Zufriedenheit beobachtete das Paar, wie die Flagge in der Brise flatterte.

Kum Bum war umgeben von vielen geringeren klösterlichen Niederlassungen, die in den Bergen verstreut lagen. Die Mönche, Nonnen und Eremiten wußten um die Wirksamkeit ihrer ins Universum entsandten Botschaft. Aber Alexandra verfolgte das praktischere Ziel, andere darüber zu informieren, daß die mächtigen Alliierten die schrecklichen Hunnen besiegt hatten.

Wenn der große Kampf in Europa zu Ende war, so wurde der kleine Krieg um die tibetische Unabhängigkeit um so grimmiger fortgesetzt. Die Mönche, die nicht vor gewaltsamen Kämpfen zurückschreckten, wurden mit Waffen ausgestattet, um Kum Bum und seine Schätze zu verteidigen. Kurz zuvor war ein nahe gelegenes Gompa von irregulären chinesischen Truppen geplündert und niedergebrannt worden. Die Bruderschaft war geflohen und hatte sich mit der Ermordung eines chinesischen Dolmetschers gerächt, dessen Körper in Stücke geschnitten und das Herz als besondere »Leckerei« auf den Tisch gebracht wurde. Kein Wunder, daß Alexandra mit einer geladenen Pistole unterm Kissen schlief und ständig zwei schnelle Pferde gesattelt im Stall stehen hatte.

Weder Furcht noch Versuchungen wie die Jagden, die einige hartgesottene Männer in die Hügel und darüber hinaus führten, konnten

Alexandra aus ihrer Zelle locken, bevor sie ihre Arbeit erledigt hatte. Sie lebte weitgehend von Tee und einem fremdartigen Gemüse, das eigentlich für die Ernährung von Tigern bestimmt war, und zog sich für die nächsten Wochen vollkommen zurück, um sich noch tiefer in ihre Studien zu versenken. Mitte Februar, als ein Anflug von Frühling in der Luft lag und das Neujahrsfest gefeiert wurde, ging sie wieder nach draußen. Kum Bum, das nördlich der Dörfer und Weiden Khams lag, war auch für die dichter bevölkerten tibetischsprachigen Gebiete von Kansu und Szechuan (China) im Osten erreichbar, und die mongolischen Pferdezüchter im Norden wie im Westen dieses Gebietes konnten ebenfalls dorthin gelangen. Zu diesem Festtag strömten Pilger und Nomaden auf das Klostergelände, um seinen wundersamen Baum zu betrachten und sich zu amüsieren.

Der Legende gemäß war nach Tsong Khapas von vielen Omen begleiteter Geburt seine Nabelschnur begraben worden; anschließend sei daraus ein Baum entsprossen, der zu einem Gegenstand der Huldigung wurde. Fromme Besucher kamen, um Zierstücke und Juwelen darzubringen, ein Mönch baute eine Hütte, und so nahm das berühmte Gompa seinen Anfang. In den vierziger Jahren des neunzehnten Jahrhunderts weilte der kluge und gelehrte französische Priester Evarist Huc in Kum Bum und schrieb über den mittlerweile zu würdiger Größe herangewachsenen Baum: »Wir sind von erschüttertem Staunen darüber erfüllt, daß … auf jedem einzelnen der Blätter wohlgeformte tibetische Schriftzeichen stehen, allesamt von einer grünen Färbung, einige dunkler, andere heller als das Blatt selbst.«

Der Priester und sein Gefährte brannten darauf, die Einheimischen zu ihrem Glauben zu bekehren, und so nahmen sie die Blätter genauestens in Augenschein, um nach Anzeichen eines Betrugs Ausschau zu halten. Aber als sie etwas von der jungen Borke abrissen, zeigte selbst diese die »Umrisse von Schriftzeichen, die sich noch in einem Entwicklungsstadium befanden, und seltsamerweise unterscheiden sich die nachwachsenden Schriftzeichen nicht selten von jenen, die sie ersetzten«. Tatsächlich bedeutet Kum Bum »zehntausend Bilder«.

Wie gewöhnlich scherte Alexandra sich nicht um angebliche Wunder, und sie erwähnt diesen Baum fast überhaupt nicht. Aber sie interessierte sich für die Pilger, die in der Hoffnung, ein Wunder zu erleben, Kum Bum aufsuchten. Vor allem in der Nacht hatte der Ort etwas Magisches.

Auf den Bergen und in der Klosterstadt lag Schnee, und im Schein un-
zähliger Kerzen ragten vielgeschossige Tempel und bescheidene Häuser
gleichermaßen gen Himmel. Rot gekleidete Trapas trugen Harzfackeln,
die in der frostigen Luft weithin sichtbar leuchteten. Das einfache Volk
zog durch die Straßen, und alle, Arme wie Reiche, trugen ihren besten
Staat. Die Frauen stellten voller Stolz einen Kopfschmuck von hundertacht geflochtenen Zöpfen zur Schau, welche von Butter glänzten und mit
roten und grünen Schleifen dekoriert waren. Die Golog-Frauen – Nomaden aus den Bergen – fügten ihrer Ausstattung eine Art Umhang hinzu,
der mit Silber, Türkis und Korallen besetzt war, sowie eine Art Melone
ähnlich der der bolivianischen Indianer. Wenn sie gingen, ließen sie ihre
Schätze klimpern. Das Erstaunlichste waren jedoch die vielen aus Butter
geformten Statuen, die das Volk anstarrte und mit endlosen Bemerkungen quittierte.

Diese Reliefs in Holzrahmen, die mit Mehl bestrichen und dann mit
verschiedenfarbiger, schnell fest werdender Butter getränkt werden, so
daß sie schließlich glasig schimmern, konnten berühmte Könige oder
Weise darstellen, phantastische Drachen oder andere mystische Tiere; ja
es gab sogar ein maßstabsgetreues Modell Lhasas einschließlich eines
winzigen Dalai Lamas, der gerade seinen Palast betrat. Diese Figuren, von
den Tempelkünstlern mit größter Sorgfalt hergestellt, sollten nur in der
einen Nacht vom 15. des ersten Monats bewundert werden, der Nacht
der Neujahrsfeier. Bei Tageslicht sollten sie zerstört und die Butter als
Heilsalbe verkauft werden.

Welche Macht auch von ihnen ausging, sie ließen sich nicht mit einem
Segen der inkarnierten Dakini (Muttergottheit) vergleichen, die mit
großem Pomp zwischen den Ausstellungsgegenständen herumgeführt
wurde. Prächtig ausstaffiert mit der geblümten Robe, die der Pantschen
Lama ihr geschenkt hatte, drehte Alexandra ihre Runden, wobei die
Menge in rasendem Eifer versuchte, sich vor ihr niederzuwerfen oder den
Saum ihrer Robe zu küssen. Sie konnte ihren Huldigern nur grüßend
zunicken, da eine Leibgarde diese beständig zurückdrängte. Das Volk
schien die Schläge protestlos hinzunehmen. Die skeptische Französin verglich sich innerlich mit Madame Dubarry, der Lieblingsmätresse
Ludwigs XV., bei deren erstmaliger Vorstellung in Versailles. Als sie in
ihren wunderschönen Kleidern aus der Kutsche stieg, so bemerkte sie

später, »hätte ich gern an einem Fenster gestanden, um mich selbst vorübergehen zu sehen«.

Was Alexandra beeindruckte und aus sich herausgehen ließ, war nicht Bewunderung, die sie als Beweis für das Streben des einfachen Volkes nach höheren Dingen betrachtete, sondern die Wirkung einer mongolischen Flöte, die von dem unregelmäßigen Klimpern der Kupferzimbeln begleitet wurde. Ihre Klänge bewegten die ehemalige Diva zutiefst. Es war der Ruf der Ferne, die Erregung über ihre Lust am Umherschweifen, der sie früher oder später wieder erliegen sollte. Allein in der Wildnis zu sein, ohne einen anderen Menschen weit und breit, in einem Zelt … das war es, was sie antrieb.

Im Frühling 1919 hatte der Bürgerkrieg einen Höhepunkt erreicht. Die Zentralregierung in Peking, die noch über Amdo und Kham geherrscht hatte (auf älteren Landkarten als Inneres Tibet bezeichnet), verlor nun endgültig die Kontrolle über das Land. Die tibetischen Stammesleute, allesamt gute Krieger, befanden sich in einer ständigen Revolte. Splittertruppen der Armeen bekämpften einander, und das Banditentum breitete sich aus, vor allem unter den wilden Gologs in den Bergen, die ihre Freude daran hatten, den chinesischen Generälen Maultiere zu stehlen. Der Dalai Lama ergriff diese Gelegenheit, um die totale Unabhängigkeit ganz Tibets zu fordern. Aber in Wirklichkeit verfügte er nur über wenige Soldaten, die er an die Grenze schicken konnte. Und außerdem war es ein langer, harter Marsch von Lhasa aus über die schlimmsten Straßen der Welt bis in die betroffenen Gebiete. Daher herrschte in den chinesisch-tibetischen Grenzmarken Anarchie, und das Leben dort war hart, riskant und manchmal sehr kurz.

Alexandra bekam Lust auf höchst angenehme Spritztouren in der Gegend. Nur einen Tagesmarsch von Kum Bum entfernt lebten vierzig Nonnen in ihrer »Himmelsfestung«, einem armseligen Gompa oben auf einem Berg, der von anderen, nadelähnlichen und in düsteren Rottönen leuchtenden Gipfeln umringt war. Alexandra und die fröhlichen Nonnen kamen gut miteinander aus. Diese Frauen fanden nichts dabei, für eine Pilgerreise das ganze Land zu durchwandern. Ihr absoluter Glaube und ihr stiller Mut bestärkten sie immer wieder in ihrer Entschlossenheit. Obwohl Alexandra nicht bei ihnen Quartier nahm, unternahmen sie gemeinsam Spaziergänge und kletterten über so steile Hänge, daß die reife Abenteurerin oftmals Hilfe brauchte. Sie fand es herrlich, die Ruinen von Tempeln und Schreine aufzusuchen, wo bereits vor Jahrhunderten Eremiten meditiert hatten. Auf dem Weg nach unten unterhielt Yongden, der stolz wie ein Widder seiner Herde voranging, die ganze Gruppe mit Liedern. Mit den hübscheren Nonnen flirtete er sogar.

Im Sommer befand sich Alexandra an der Spitze einer kleinen Expedition – einschließlich Yongdens und einiger bewaffneter Diener – auf dem Weg in die kahle, aber wunderschöne Region um den See Koko Nor nordwestlich Kum Bums. Es war ein Jahr der Pilgerfahrten – wie jedes zwölfte Jahr –, und es konnten selbst aus den fernsten Winkeln der Mongolei Karawanen am See eintreffen, die ihn in seiner ganzen beträchtlichen Größe umwandern wollten. Diese Sitte, heilige Berge oder Seen zu umrunden, ist von großer Bedeutung für das, was der französische Gelehrte R.A. Stein als »die namenlose Religion« Tibets bezeichnete, womit er uralte, volkstümliche, magische Anschauungen und Praktiken meint, über die sich im Laufe der Zeiten eine buddhistische Patina gebreitet hat. Die klaren, hoch gelegenen Seen wurden insbesondere für die Divination, den Blick in die Zukunft, gebraucht, denn in ihren Tiefen verbargen sie eine Vielzahl von Geistwesen, so daß die Tibeter Angst hatten, einen von ihnen in der Maske eines Fisches zu verspeisen. Die Reise zum besagten See dauerte zehn Tage, und trotz einiger Verirrungen führte Alexandra ihre kleine Gesellschaft mit Hilfe einer rudimentären Landkarte und eines Taschenkompasses zum Koko Nor.

Der See lag auf einer zerklüfteten Ebene, wo kein einziges Dorf existierte. Es war ein großer Salzsee, der zusammen mit den umliegenden Gebirgszügen die Monotonie der Steppe durchbrach. Es war eine Gegend, die nicht einmal als Weidegrund besonders tauglich war. Alexandra liebte die Einsamkeit hier und die hoch aufragenden, schneebedeckten Gipfel, die sich in dem gekräuselten blauen Wasser widerspiegelten. Die Landschaft war ihr bis in die Tiefen ihrer Seele vertraut. Natürlich hatte es auch seine Nachteile, an den Ufern dieses unwirtlichen Sees zu lagern. Es war unmöglich, hier irgendwelche Speisen zu kaufen oder zu erbetteln, und obwohl man des Nachts vor Kälte zitterte, waren die Moskitos von gierigem Hunger erfüllt. Außerdem lebte man stets in der Furcht vor Banditen.

1864 war der Entdecker Dutreuil de Rhins in eben dieser Gegend ermordet worden. Einige Jahre nach Alexandras Besuch verschwanden zwei Franzosen, Louis Marteau und Louis Dupont, dort spurlos. Die kleine Gruppe hielt jedenfalls auf ihrem Weg stets sorgfältig nach Gefahren Ausschau. Der amerikanische Missionar Robert Ekvall, der in den dreißiger Jahren in Amdo lebte, schrieb in *Tibetan Sky Lines:* »Ein haarfeiner Spalt in dem Blau kann eine Lanze bedeuten, Feinde und einen Überfall. Die kühne Silhouette einer fernen, berittenen Gestalt bedeutet mit Gewißheit ein Gefühl der Unsicherheit, ja sogar der Drohung.«

Nach Alexandras Berichten folgte man, wenn eine Reisegruppe einer anderen begegnete, einer immer gleichbleibenden Etikette. Einmal näherte sich eine Gruppe von bewaffneten Männern. Hastig griff Alexandra nach einem Revolver in ihrer Satteltasche, während Yongden mit einem der Gefolgsleute vorausritt, um die Wehrfähigkeit der Gruppe zu demonstrieren. Alexandras Pferd preschte plötzlich los, und beim Versuch abzusteigen, blieb sie im Sattel hängen. Glücklicherweise glaubte sich die andere Gruppe unterlegen und trat hastig den Rückzug an. Die Stärke einer Reisegruppe wurde an der Anzahl ihrer Waffen und deren Qualität gemessen – bei vielen Waffen handelte es sich um alte Donnerbüchsen – sowie an ihrer Kampfentschlossenheit. Ein durchaus üblicher Gruß in dieser Region lautete: »Keinen Schritt näher, Freund, oder ich schieße!« Die schwächere Partei mußte langsam vorrücken und ihr Anliegen offenbaren, denn Flucht bedeutete einen Kugelhagel in den Rücken.

An dem heiligen See an der Grenze zwischen Tibet, der Mongolei und China begegnete Alexandra jedoch mehr Pilgern als Banditen. Das Wasser, das mit dem Verblassen der Sonne seine Farbe von Azurblau über Türkis bis Lapislazuli vertiefte, zog sie so in seinen Bann, daß ihre Blicke oft stundenlang darin versanken. Eines Abends stellten drei merkwürdig aussehende Gestalten ihr Zelt neben dem der Reisenden auf. Die Männer, die schäbige rote und orangefarbene Gewänder unter verblichenen Schaffellen trugen, waren Bon-Priester, Nekromanten dieses alten Glaubens, die Zaubersprüche kannten, um einen Fötus im Mutterleib zu töten oder umgekehrt bereits vertrocknete Knochen wieder zu beleben. Das Leben im Freien und die Ausübung ihrer okkulten Riten hatten den Männern die wissenden, runzligen Gesichter von Weisen beschert.

Alexandra war zutiefst an dieser Sekte interessiert, und viele ihrer besten Schriften sollten sich die zweifelhaften Geschichten über ihre Anhänger zunutze machen. Bei einer anderen Gelegenheit, in Kansu am Rand eines Urwalds, gesellte sich ein Bon-Schüler ihrer Reisegruppe zu, um Schutz vor Räubern zu finden. Alexandra bot ihm Schutz und Nahrung und erfuhr, daß er auf dem Weg zu seinem Meister war, der gerade auf einem Hügel in einiger Entfernung eine Zeremonie abhielt. Mit dem Ritus sollte ein Dämon bezwungen werden, den einer der einheimischen Clans erzürnt hatte.

Alexandra brannte darauf, den Ngagspa (Zauberer) bei seinen Ritualen zu beobachten, aber sein Schüler versicherte ihr, daß dies unmöglich sei. Der Bon-Priester durfte während des Mondkreislaufes, in dem der Ritus stattfinden sollte, nicht gestört werden. Die stets neugierige Orientalistin ließ sich aber nicht so leicht abweisen, denn über die Gebräuche dieser alten und gefürchteten Religion war wenig bekannt. Sie machte den *bonpo* zu einer Art Gefangenen und ließ ihn von ihren Dienern bewachen. Er fuhr fort, sich an ihrem Essen gütlich zu tun, grinste und zeigte keinerlei Neigung wegzulaufen. Alexandra begriff sehr bald, daß der Schüler telepathische Fähigkeiten besaß und in der Lage war, seinem Meister »eine Botschaft auf dem Wind« zuzusenden.

Und tatsächlich kam, sobald ihre Reisetruppe den Kunka-Paß überquerte und auf die tibetische Ebene hinauszog, eine kleine Armee mit voller Geschwindigkeit herangeritten. Die Männer saßen ab und boten Alexandra Zeremonialschals und Butter zum Geschenk. Der Ngagspa hatte seine Gesandten ausgeschickt, um den fremden Lama zu bitten, ihn nicht zu besuchen. Nur seine initiierten Schüler durften sich der Stelle nähern, an der er einen geheimen Schrein erbaut hatte. Alexandra beharrte nicht länger auf ihrem Anliegen, erst recht nicht, nachdem der Ngagspa seine telepathischen Kräfte so lebhaft demonstriert hatte.

Magische Erscheinungen waren in Tibet häufig. Alexandra verzeichnete sie, so wie sie sich ereigneten, und steuerte häufig eine rationale Erklärung für das Phänomen bei. Sie mutmaßte, daß es bestimmte Gründe dafür gäbe, warum das Land für solcherlei psychische Phänomene anfällig war – zum einen mochte seine durchgängige Höhenlage dafür verantwortlich sein sowie die alles beherrschende Stille, die es einem gestattete, die Gedanken des anderen zu hören. Vor allem aber schrieb sie die sonderhaften Phänomene dem Fehlen von Städten, Menschenmengen und elektrischen Geräten zu. All diese Dinge verursachten Strudel ablenkender Energien. Die Tibeter waren friedlich und offen; ihnen erschien die Welt der Geister genauso alltäglich wie ihre Berge, Steppen und Seen. Die mystische Ausbildung galt an erster Stelle der Beseitigung von mentalen Ablenkungen.

Die Reise zum Koko Nor war ein guter Ausdauertest gewesen, eine Vorbereitung für die letzte Reise, die Alexandra für sich in Betracht zog. Im September 1919 war sie froh, wieder in ihr behagliches Haus im Kloster zurückgekehrt zu sein. Für sie war Kum Bum ein wahres Paradies mit seinen nach chinesischer Tradition errichteten Gebäuden, auf denen leuchtend bunte Banner flatterten und in denen Hunderte von Mönchen sangen oder schweigend meditierten. Und dann gab es hier natürlich auch all diese kostbaren Manuskripte.

Es ist eine Ironie, daß Kum Bum James Hilton in *Lost Horizon* als Vorbild für Shangri-La diente. Er legte sein verborgenes Lama-Kloster weit in den Westen in das Kunlungebirge. Der dem neunzehnten Jahrhundert entstammende Abbé Evarist Huc, auf dessen Schriften Hilton zugegebenermaßen fußte, ähnelte dem fiktionalen Pater Perrault, dem alten Abt Shangri-Las. Huc disputierte mit den Lamas und bekehrte sie, aber er erlag dem Reiz des Studiums. Im Gegensatz zu Perrault verlor er niemals seine christliche Überzeugung, und statt selbst das Gewand eines Buddhisten überzustreifen, verließ er den Ort. Von allen frühen missionarischen Reisenden in Tibet war Huc der neugierigste, und er berichtete mit kühler Sachlichkeit von merkwürdigen Vorgängen.

Abbé Huc deutete mit keinem Wort irgendein Unsterblichkeitselixier oder einen Jungbrunnen im Zusammenhang mit Shangri-La an. Es ist enttäuschend, daß Hilton, der so wenig über Tibet wußte, Perraults über mehrere Jahrhunderte ausgedehnte Existenz auf »Drogenkonsum und Atemübungen« zurückführte. Kum Bum besaß eine bemerkenswerte Schule der Medizin, die sich auf die Sammlung und Zubereitung von Heilkräutern spezialisiert hatte. Huc hielt fest, daß »die Pilger, die Kum Bum besuchen, diese Heilmittel zu astronomischen Preisen erwerben«. Er beschrieb korrekt die Methode der Urinanalyse, deren sich tibetische Ärzte befleißigten. »Sie untersuchen (den Urin des Patienten) mit allergrößter Aufmerksamkeit und achten penibel auf alle Veränderungen, die dessen Farbe aufweist; von Zeit zu Zeit quirlen sie die Flüssigkeit mit einem Holzspachtel durch und halten sie sich ans Ohr, um festzustellen, welche Geräusche diese Prozedur hervorruft.«

Alexandra bewahrte über sämtliche Aspekte der tibetischen Medizin überraschenderweise Schweigen. Sie litt an Rheuma und Ischias, aber ihr Heilmittel bestand darin, den Schmerz zu ignorieren. Wenn er unerträglich wurde, verordnete sie sich ein Medikament, das ein Betäubungsmittel enthielt. Was sie hingegen fesselte, waren die Dispute der Lamanovizen, bevor sie ihren nächsthöheren Grad erlangten. Vor den Augen der ganzen Fakultät befragte ein Meister seinen Schüler zu den Feinheiten der buddhistischen Lehre, wobei er über dem sitzenden, nervösen jungen Mann stand und ihn foppte, indem er ihm die Zeremonienmütze eines Graduierten abwechselnd hinhielt und wieder entzog. Oder aber zwei Kandidaten diskutierten untereinander lebhaft über Philosophie. Alle Fragen und Antworten bestanden aus Teilen der Schrift, die die Betreffenden auswendig gelernt hatten. Die Aufregung der Teilnehmer war durchaus gerechtfertigt, denn der Verlierer mußte den Sieger in Schande auf den Schultern aus dem Gebäude und über das Gelände tragen.

Ganz gleich, wie gelehrt sie sein mochte, durfte Alexandra sich als Frau nicht mit den männlichen Lamas auf eine Diskussion einlassen. Da der Winter nicht die richtige Jahreszeit zum Vagabundieren war, widmete sie sich verstärkt ihrer Lektüre. Sie informierte Philippe, daß sie noch ein weiteres Jahr im Kloster benötige, um ihre Übersetzungen zu vollenden, und fragte an, ob er ihr wohl freundlicherweise mehr Geld schicken könne. Ansonsten würde sie womöglich wie ein Nomade oder ein Bettler umherziehen müssen.

Als das Übersetzen der Manuskripte seinen Reiz verloren hatte, wandte sie sich einer tiefen Form der Meditation zu, bei der man sich in *tsams* versenkte. Dieser Ausdruck bezieht sich insbesondere auf gewisse kleine, schachtelähnliche Gebäude, die üblicherweise in den Außenbezirken eines jeden Klosters unterhalten wurden. Dort schlossen sich bereits für die Isolation ausgebildete Mönche für mehrere Monate oder Jahre ein – oder gar für immer. David Macdonald beschrieb diese Zellen als winzig, schmutzig und ohne jegliche Beleuchtung. Sobald ein Trapa lebenslängliche Zurückgezogenheit geschworen hatte, war dieser Schwur unaufhebbar. Die Tür, durch die er seine Zelle betreten hatte, wurde zugemauert, und man reichte ihm einmal am Tag durch eine Klappe ein wenig Essen. Wenn dieses Essen mehrere Tage lang unberührt blieb, wurde die Zelle aufgebrochen, und man entdeckte eine verwesende Leiche. Macdonald zufolge »wurden viele Eremiten wahnsinnig, während andere sich zu Fanatikern entwickelten«. Die Eremiten dagegen glaubten, daß das buchstäbliche Leugnen des Lebens ihnen den Eintritt in das Nirwana, die ewige Wonne, garantierte.

Die französische Orientalistin verfolgte natürlich keine derartigen Absichten. Die Tsams, die sie im Winter 1919/1920 aufnahm, war nicht so streng wie gewöhnlich und fand in ihrem eigenen Quartier statt. Alexandra David-Néels Vorhaben war experimenteller Natur: Sie wollte ein *tulpa* schaffen, ein Phantom, das willentlich und durch große Gedankenkonzentration sowie die Wiederholung bestimmter Riten produziert wurde. In *Mystiques et magiciens du Tibet* beschreibt Alexandra ihren zweifelhaften Erfolg dabei, sie erklärt aber nicht, wie es dazu gekommen ist.

Ein Tulpa ist ein temporäres, absichtlich geschaffenes Phänomen im Gegensatz zu einem Tulku, der die sukzessive Inkarnation einer bestimmten Person darstellt (wie des Dalai Lamas). Der Tulpa kann jede Form annehmen, erscheint aber meistens in menschlicher Gestalt. Tulpas koexistieren mit ihrem Schöpfer und können gleichzeitig mit ihm gesehen werden. Im Gegensatz dazu kann der Tulku nicht mit seinem Vorfahren koexistieren. Für gewöhnlich wird der Tulpa ausgesandt, eine bestimmte Mission zu erfüllen. Sobald die Gedankenform jedoch ausreichend Leben innehat, um als reales Wesen zu gelten, ist es möglich, daß sie sich der Kontrolle ihres Schöpfers entzieht. Die Folklore Tibets und anderer Länder erzählt von derartigen Geschöpfen, die sich gegen ihren Magiervater wandten und ihn töteten. Man kann nicht umhin, an Doktor Frankenstein und sein Monster zu denken.

In seinem Kommentar zum *Tibetischen Totenbuch* schreibt Evans-Wentz, daß »abendländische Medien in Trance automatisch und unbewußt Materialisationen schaffen können, die weit weniger körperlich sind als die bewußt hervorgerufenen Tulpas, indem sie 'Ektoplasma' vom eigenen Körper ausströmen. Ähnlich sind Gespenstererscheinungen lebender Menschen Gedankenformen, die vom menschlichen Geist ausgeströmt und von anderen halluzinatorisch wahrgenommen werden, obwohl sie nur geringe oder gar keine körperliche Substanz besitzen.«

Im traditionellen östlichen Denken gibt es keine harte Trennlinie zwischen Realität und Fiktion. Ein Traum oder eine Vision ist genauso wirklich oder eingebildet wie ein Berg, dessen Wahrnehmung vom Betrachter abhängt. »Insoweit der Geist die ganze Welt der Erscheinungen hervorbringt, kann er jedes besondere, gewünschte Objekt schaffen«, fährt Evans-Wentz fort. »Der Vorgang besteht darin, einer Vorstellung körperliches Sein zu verleihen, auf ganz ähnliche Weise wie ein Architekt seinen abstrakten Vorstellungen konkreten dreidimensionalen Ausdruck verleiht, nachdem er sie zunächst in einen Plan auf zweidimensionaler Weise zum Ausdruck gebracht hat.« Alexandra hatte die Absicht gehabt, eine Wesenheit zu produzieren, die es zuvor nicht als Exemplar, sondern nur als Typ gab – einen dicken, harmlosen und fröhlichen Mönch.

Durch eine konzentrierte Meditation, die mehrere Monate dauerte – so etwas wie ein Gebet, das die Intervention des *yidam* eines Menschen, seiner Schutzgottheit also, erbittet –, wurde der Phantommönch gebildet. Seine Erscheinung wurde festgelegt und lebensähnlich. Mittlerweile war das Wetter milder geworden und die Zeit für Alexandra gekommen, mit einem kleinen, entsprechend ausgerüsteten Gefolge durch die Region Koko Nor zu streifen. Der Mönch zottelte hinterher, ging an ihrer Seite, wenn sie ritt, und harrte mit ihnen aus, wenn sie ihr Lager aufschlugen. Manchmal berührte die Illusion sie und war körperlich greifbar. Schlimmer noch, der nette Kerl wurde mager und bösartig. Er verhieß nichts Gutes, denn der Tulpa hatte sich der Beherrschung durch seine Herrin entzogen.

Was Alexandra zuvor mit höhnischen Bemerkungen bedacht hatte, wurde Wirklichkeit. Um die Dinge noch komplizierter zu machen, begannen auch andere, den Burschen zu sehen und mit ihm zu sprechen. Obwohl er nicht antwortete, mußte seine Anwesenheit erklärt werden. Jahre später konnte Alexandra gelassen über diese Erfahrung schreiben und behauptete, sie habe das Ganze amüsant gefunden. Tatsächlich war sie in dieser Zeit außer sich. Sie spürte, daß der Zwischenfall ihre Motivation zum Studium des tantrischen Buddhismus in Frage stellte. Sie fragte sich, ob sie dazu bestimmt sei, den finsteren Weg des Zauberers zu gehen. Charakteristischerweise hielt Alexandra die Sache vor Philippe geheim, so wie sie ihm stets alles zu verschweigen pflegte, was ihr von echter Bedeutung war.

Mit ihrer gewohnten Entschlossenheit entschied Alexandra, daß das Phantom vor ihrem Aufbruch nach Lhasa aufzulösen sei. Der Tulpa klammerte sich verbissen an das Leben und verschwand erst nach sechs Monaten harten Kampfes, nachdem Alexandra abermals um das Eingreifen ihrer Schutzgottheit gebeten und hartnäckig die entsprechenden Riten vollzogen hatte. Wie ließ sich diese Angelegenheit erklären? Die Orientalistin gestand, daß sie selbst es nicht mit Sicherheit wisse und nicht bereit sei, länger darüber nachzudenken.

1920 gab es eine Mißernte in Westchina, und im Herbst des gleichen Jahres brachen an verschiedenen Orten Hungersnöte und Pestepidemien aus. In Chengtu im nahe gelegenen Szechuan starben täglich hundert Menschen an der Cholera. Die Bauern litten Not, und selbst ehrliche Leute wurden zu Mördern und Räubern. Die Gespräche zwischen China und Tibet waren fehlgeschlagen, die lokalen Gouverneure verwandelten sich in Kriegsherren und kämpften und beraubten einander. Alexandra, die fast ohne einen Penny dastand und immer hagerer wurde, harrte in Kum Bum aus und wartete auf Geld. Philippes Forderungen gegenüber, sie möge nach Algerien zurückkehren, stellte sie sich taub.

Alexandra hatte sich geschworen, dorthin zu gehen, wo noch nie zuvor eine weiße Frau gewesen war. Sie wollte in das Herz Tibets vordringen, nach Lhasa in die Hauptstadt des buddhistischen Zentralasiens. Sie wollte ihren Weg wenn nötig zu Fuß gehen und für ihren Unterhalt betteln. Wie die einfachen Hirten aus den hohen Grassteppen, die Bauern auf ihren kleinen Parzellen in Kham oder die wilden Golog in ihren Bergfestungen hatte sie eine prächtige Vision der heiligen Stadt vor Augen: Shangri-La. Es war der Traum, den sie als Kind gehegt hatte, das Erbe ihres früheren Lebens als Nomadenfrau oder als Banditenkönigin.

◼ 14 ◼

Die französische Nonne

Zu Beginn des Winters 1921 widmeten Alexandra und Yongden sich
ihren Studien. Der dreiundzwanzigjährige junge Mann, der mit vierzehn
zum Novizen geworden war, wollte ein *gelong* werden, ein richtiger
Mönch. Weil er nicht die gewohnte Ausbildung durchlaufen hatte, mußte
er eine spezielle Prüfung bestehen. Während er sich darauf vorbereitete,
arbeitete sich Alexandra mit Hilfe einer Vergrößerungsbrille nächtelang
durch Texte von Nagarjuna, die sie übersetzte. Die tibetischen Vorlagen,
aus denen sie abschrieb, waren zwar gedruckt, aber Loseblattsammlungen.
Nagarjunas berühmtestes Werk, sein Kommentar zum *Diamantsutra* in
fünfundzwanzigtausend Strophen, ist in einhundert solcher jeweils tausend Blatt starken Sammlungen enthalten.

Wenn die Aufgabe einschüchternd erschien, so war Alexandra doch
froh, praktisch als einziges weibliches Wesen zu dem Kreis zu gehören,
den Evans-Wentz die »vornehme Gesellschaft von Übersetzern und Ver-
mittlern, die in unserer Zeit dem Licht aus Osten frischen Glanz verleihen«, nannte. Nagarjuna, dessen Wirken in das zweite Jahrhundert
nach Christus fällt, war der erste Lehrer, der öffentlich den erhabenen
Grundsatz der Leere unterrichtete. Dieser Grundsatz ist zwar auf Gautama zurückzuführen, war bis dahin aber nur weit fortgeschrittenen
Schülern des Buddhismus gelehrt worden. Nagarjuna bildete die Brücke
zwischen dem Sanskrit und den nördlichen Sprachen, zwischen den
wenigen Auserwählten und den vielen Suchenden.

Marpa, der Guru von Milarepa, dem weisen Dichter, fungierte auch
in einem buchstäblicheren Sinne als menschliche Brücke, indem er bei
jedem Wetter über die Pässe des Himalajas marschierte, beladen mit
heiligen Büchern, deren Weisheit er von Indien nach Tibet trug. Auch
Alexandra überbrückte nicht nur große Entfernungen auf der Landkarte
Asiens, sondern, wichtiger noch, die Kluft zwischen den Kulturen des
Ostens und des Westens. Auch erschien ihr der Abgrund zwischen
Meditation und Aktion durchaus überwindbar. Die Bauern und Noma-

den aus Amdo konnten die Forschungen des fremdländischen Lamas nicht bis in ihre Tiefen hinein ergründen, aber wenn Alexandra aus ihrer Zelle trat, huldigen sie ihrer Person.

Diese Menschen wurden von den kultivierteren Bewohnern Lhasas als »Volk der Extreme« bezeichnet. Für Alexandra sahen sie, aus der Ferne betrachtet, sehr romantisch aus mit ihrer wie Bronze leuchtenden Haut. Die Männer hüllten sich in weite Umhänge, die über die Erde strichen; die Frauen waren in leuchtend bunte Baumwollstoffe in Rot, Blau und Grün gekleidet, deren breite Gürtel (Schals) über ihre Hüften baumelten. Beide trugen runde oder spitz zulaufende und mit Fuchs- oder Lammfellen geschmückte Kappen. Aus der Nähe waren sie schmutzig und ungewaschen, aber Alexandra fand, daß sie einen angenehmen Geruch verströmten.

Es war durchaus üblich, daß die Menschen sich der Länge nach zu Boden warfen, wenn Alexandra vorbei kam. Sie waren davon überzeugt, die fremde Frau habe die Mysterien ergründet und könne in einer Wasserschale die Zukunft vorhersagen. Vor allem wenn sie ihr gelbes, mit goldenen und silbernen Blumen besticktes Gewand, ein Geschenk des Pantschen Lamas, überstreifte, war die Wirkung elektrisierend. Wahre Menschenmassen suchten ihre heilende Berührung, und die einheimischen Moslems kamen in Scharen herbei, da sie sie für eine Prophetin hielten. Thubten Norbu, Bruder des Dalai Lamas und ehemaliger Abt von Kum Bum, schreibt davon, daß er sich in einer ähnlich peinlichen Position befunden habe:

Weil ich als die Reinkarnation eines [hochgeschätzten] Rinpoche erkannt wurde, kommen die Leute manchmal zu mir und bitten mich um meinen Segen. Früher sagte ich ihnen, daß ich nicht die Macht hätte, sie zu segnen … und daß ich vielleicht dringender eines Segens bedürfe als sie selbst … Aber sie pflegten mir darauf zu antworten, daß es unwichtig sei, was ich von mir selbst halte, daß sie glaubten, ich müsse eine große Persönlichkeit sein, wenn ich solch eine hohe Wiedergeburt verdiene. Dann sprach ich gewöhnlich ein Gebet mit ihnen …

So kam es, daß Alexandra im Denken des einfachen Volks in die Abstammungslinie wohltätiger Inkarnationen erhoben wurde. Deutlich bereitwilliger trat sie freilich in die Reihen eines fragwürdigeren, aber bunteren Vereins ein – der Schar der Erforscher Tibets. Weil diese im allgemeinen gegen den Wunsch der tibetischen Herrscher das Heilige Reich betraten, hat Peter Hopkirk sie passenderweise als »Unbefugte« und »Eindringlinge« bezeichnet. Und immer versuchten sie, die beinahe legendäre Hauptstadt des Dalai Lamas zu erreichen.

Laut Hopkirk war der erste Europäer, der Lhasa betrat, ein gewisser Bruder Odoric im Jahre 1324. Er machte sich von der Franziskanermission, die an den Hof des Großen Khans in Khanbalik entsandt worden war, durch nicht kartographiertes Gebiet in Zentralasien auf den Heimweg nach Italien, und ein Teil seines Weges führte ihn über eine Route, die sich nicht so sehr von derjenigen Alexandras unterschied. Nur hatte Odoric im 14. Jahrhundert gehofft, das verlorene christliche Reich des Priesterkönigs Johannes zu finden. Dort sollten unter den Mongolen Nestorianer leben. Die Anhänger dieser aus dem fünften Jahrhundert stammenden syrischen Ketzerbewegung hatten allerdings verabscheuungswürdige, in Europa unerhörte Praktiken angenommen und »wuschen sich zum Beispiel ihre unteren Körperteile wie Sarazenen«. Sie haben wahrscheinlich auch den Ritus des Tibetischen Buddhismus beeinflußt, von dem Abbé Huc erklärte, er sei dem der Katholiken ähnlich.

Odoric schrieb einen Bericht über seine Reise, in dem er festhielt:

> Ich kam in ein gewisses großes Königreich namens Tibet, das zu Indien gehört und dem Großen Khan untertan ist ... Die wichtigste und kaiserliche Stadt Lhasa ist mit schwarzen und weißen Mauern erbaut, und all ihre Straßen sind gut gepflastert. In dieser Stadt soll niemand es wagen, das Blut eines anderen zu vergießen, sei es Mensch oder Tier; der Grund dafür ist die Ehrerbietung, die alle einem gewissen Idol entgegenbringen, dem man dort huldigt. In dieser Stadt lebte auch der Papst [Dalai Lama], der das Oberhaupt aller Götzenanbeter ist.

Der Franziskanermönch erreichte seine Heimat im Jahre 1330, und seine Berichte aus Tibet wurden in ausgeschmückter Form von dem Plagiator Sir John Mandeville neu erzählt. Ganz Europa staunte über den Bericht dieses Betrügers, über *seine* Reise in das sagenumwobene Cathay. Dies ist ein Beweis für die immer wieder auflebende Faszination für Tibet, wie sie westliche Missionare, Träumer und Gelehrte schon immer an den Tag legen. Es ist überdies ein schönes Beispiel für einen Lehnstuhlautor, der sich die Reiseberichte eines anderen zunutze gemacht hat.

Das Interesse an Tibet legte sich langsam, bis im siebzehnten Jahrhundert ein Portugiese eine Kolonie im indischen Goa gründete. Jesuitenpriester kämpften sich über die Pässe des Himalajas – immer noch auf der Suche nach verschollenen Christen. Die Tibeter hießen sie willkommen, und in Shigatse wurde eine Mission errichtet. Im achtzehnten Jahrhundert gründeten dann die Kapuziner eine Mission in der buddhistischen Hauptstadt. Der junge italienische Priester Ippolito Desideri, ein Jesuit, lebte und studierte in einem Kloster in Sera, wo er sich mit dem Buddhismus beschäftigte, dessen Irrigkeit er zu beweisen hoffte. Die Lamas betrachteten den Einfluß der Jesuiten- und Kapuzinermönche am Hof des Dalai Lamas mit wachsendem Groll, und gegen Mitte des Jahrhunderts waren ihre Missionen verschwunden, beinahe ohne eine Spur zu hinterlassen.

Die Briten sandten, nachdem sie ihre Herrschaft über den indischen Subkontinent gesichert hatten, eine andere Art Botschafter nach Norden über die Berge. Warren Hastings von der *East India Company* betraute einen jungen Schotten namens George Bogle mit der Aufgabe, den Transhimalayahandel zu erschließen und Informationen über den russischen und chinesischen Einfluß in Tibet zu beschaffen. Der Pantschen Lama versuchte Bogle abzuweisen und behauptete, Untertan des chinesischen Kaisers zu sein, »dessen Wille es war, daß kein Mogule, Hindustani, Patane oder Fringy Einlaß in dieses Reich finden möge«. *Fringy* war eine Verfälschung des Ausdrucks Philing, Fremder. Bogle gewann dann zwar doch die Freundschaft des Pantschen Lamas für Großbritannien, aber sowohl er als auch der Lama starben kurz danach an Pocken.

Der exzentrische englische Gelehrte Thomas Manning, ein Freund von Charles Lamb, begleitete 1811 einen chinesischen General nach Lhasa und führte ein Gespräch mit dem Dalai Lama. Obwohl Manning wie ein Orientale gekleidet war, begegnete er buddhistischen Sitten mit Verachtung, erzürnte die Lamas und mußte aus Tibet fliehen. Im Gegensatz dazu gelang es Abbé Huc 1846, der erste Missionar seit mehr als einem

Jahrhundert in Lhasa zu werden. Er lebte dort recht ungestört, bis ihn der chinesische Amban, der ihm seinen Einfluß auf den Regenten neidete, des Landes verwies. Als Huc in einem lebhaften, freien Stil seine Erfahrungen niederschrieb und in zwei Bänden veröffentlichte, wurde er von seinen Zeitgenossen als leichtgläubiger Narr belächelt.

Gegen Ende des Jahrhunderts taten sich die geschwächten Mandschu-Kaiser, die sich sowohl von den Russen als auch von Britisch-Indien bedroht fühlten, mit den verängstigten Lamas und den habgierigen Adligen zusammen. Ihr gemeinsames Ziel war es, das tibetische Volk und seinen Dalai Lama in absoluter Unwissenheit über die Ereignisse in der Außenwelt zu halten. Das Land der Religion wurde gegen störende fremdländische Einflüsse abgeriegelt. Diese Politik forderte förmlich zu ihrer Umgehung heraus, und die Briten schickten von nun an immer wieder indische Geheimagenten über die Grenze. Diese als Händler verkleideten Experten trugen versteckte Kompasse und Chronometer bei sich und konnten, indem sie ihre Schritte zählten, einen großen Teil des Grenzlandes vermessen.

Alexandra mangelte es bei ihrer Reise nach Lhasa an wissenschaftlicher Ausrüstung für eine Kartographierung; außerdem war sie auch nicht so methodisch wie der berühmteste dieser Experten, Sarat Chandra Das, ein Bengale, der seinen Weg in Kiplings *Kim* fand. Der hohe tibetische Beamte, der ihm unwissentlich half, in die Hauptstadt zu gelangen, wurde ausgepeitscht und anschließend im Fluß ertränkt. Der Besitz seiner Familie wurde konfisziert, seine Seele zur Hölle verdammt, und selbst seine Reinkarnation wurde verfolgt. Unaufmerksame Grenzbeamten wurden streng bestraft. Deswegen waren ihre Kameraden verzweifelt darauf bedacht, jeden Philing zu fangen, der tollkühn genug war, das Dach der Welt zu erklimmen.

Das Einreiseverbot ließ Tibet für Außenseiter um so mysteriöser und verlockender erscheinen. Die gewaltigen Naturbarrieren, die das Land umgeben, sind nicht unüberwindlich. Der russische Oberst Nikolai Prejevalsky unternahm zwei Versuche, die Hauptstadt von Sibirien aus zu erreichen. Bei seinem ersten Versuch verlor er in der winterlichen Kälte fünfundfünfzig Kamele, bevor er wieder umkehrte. Beim zweiten Versuch, 1879, hatte er die Unterstützung des Zaren. »Und er brauchte sich auch nichts mehr von irgendwelchen Banditen gefallen zu lassen«, schreibt

Peter Hopkirk, »denn ihn begleitete eine Eskorte von sieben sorgfältig ausgewählten Kosaken, allesamt Meisterschützen, die geschworen hatten, mit ihm durch 'Feuer und Wasser' zu gehen«. Als Geheimwaffe für die Bestechung von Beamten nahm er Bilder von russischen Schauspielerinnen mit.

Eine Woche bevor sie die Heilige Stadt hätten erreichen sollen, wurde Prejevalskys Expedition von zwei Beamten aufgehalten, die Hunderte von Kriegermönchen hinter sich hatten, welche wiederum bereit waren, für die Niederschlagung der russischen Invasion zu sterben. Als der Oberst zu wissen begehrte, warum er nicht weiterziehen dürfe, antwortete ein Beamter: »Sämtliche Laien und Mönche Tibets haben immer wieder traurige Erfahrungen gemacht, sobald wir unsere Freundlichkeit auf Ausländer ausdehnten. Daher haben wir alle den feierlichen Schwur getan, keine Fremden mehr nach Tibet hineinzulassen.«

Aber wenn männliche Drohgebärden scheiterten, was vermochte da weibliche Entschlossenheit in Kombination mit evangelischem Eifer auszurichten? Die Missionarin Annie Taylor, die Alexandra in puncto Temperament und Zierlichkeit ähnelte, kam sehr gut mit den fröhlichen tibetischen Reisenden aus, die sie zu bekehren hoffte. Sie hatte sich zum Ziel gesetzt, dem Dalai Lama persönlich das christliche Evangelium zu bringen. Sie ertrug eine viermonatige Reise von Westchina über gewundene Wege auf Schnee und Eis; sie überquerte die hohen, zugefrorenen Pässe, verhungerte beinahe und wurde dann wenige Tage vor ihrem Bestimmungsort aufgehalten, nachdem ein ehemaliger Diener sie verraten hatte. Annie Taylor verlangte von einem Militäroberst frische Vorräte und trat dann über denselben Weg den Rücktritt an. Als sie im April 1893 in Tachienlu in Szechuan ankam, hatte sie in sieben Monaten über zweitausend Kilometer zurückgelegt und die Entbehrungen eines tibetischen Winters überlebt. Obwohl die schneidige Missionarin anschließend viele Jahre in Sikkim verbrachte, wo sie Gott diente und auf eine neue Gelegenheit wartete, sollte sie niemals bis Lhasa gelangen.

Die sicherste Möglichkeit, nach Lhasa zu kommen, war, sich seinen Weg dorthin freizuschießen. Das hatte die britische Expedition unter Colonel Francis Younghusband getan. Er führte nicht selbst das Kommando über seine gut ausgestattete Armee, und der Anblick des Gemetzels unter den Mönchen, die sich vor die Maschinengewehre warfen, veranlaßte den jungen Offizier, sich von der Diplomatie ab- und dem Mystischen zuzuwenden. Korrespondenten, die den Armeetrupp begleiteten, waren zutiefst entsetzt, und ihre Berichte an ihre Zeitungen ließen das Parlament gegen die britisch-tibetische Konvention stimmen. Aber Younghusband war in den Augen der Öffentlichkeit nach wie vor ein Held, denn für das einfache Volk hatte das Empire den Himalaja bezwungen und den Zugang nach Südtibet erkämpft, während er für andere fest verschlossen blieb.

Younghusband hatte Lhasa durch Täuschung erobern wollen: Die indischen Experten hatten eine Verkleidung angelegt, genauso wie es der japanische Buddhist Ekai Kawaguchi getan hatte, der 1901 in einem tibetischen Kloster gelebt hatte. Für den Schweden Sven Hedin war es eine weit schwierigere Aufgabe gewesen, einen mongolischen Buriaten darzustellen. Im selben Jahr verließ er Chinesisch-Turkistan (Sinkiang) und kam bis auf einen Fünf-Tages-Marsch an Lhasa heran, bevor man ihn entdeckte. 1906 erreichte er Indien mit der Absicht, von dort aus nach Tibet weiterzuwandern. Lord Curzon unterstützte die bereits berühmt gewordene Expedition des Forschungsreisenden von Lhasa aus mit privaten Mitteln. Aber eine neue Regierung in White Hall lehnte das ganze Unterfangen ab und befahl die Verhaftung des Schweden. Das Haus Rothschild hatte die Regierung wissen lassen, Hedin sei ein zaristischer Agent auf der Suche nach Goldminen.

Dennoch erreichte der Schwede von Ladakh aus das Verbotene Land. Er verbrachte zwei Jahre in Südtibet, wo er Karten von Flüssen und Bergen anfertigte, die Quelle des Indus entdeckte und schließlich zwölf Bände weltlicher Prosa und exquisiter Landkarten veröffentlichte. Die Briten schlugen ihn zum Ritter, später unterstützte er in den beiden Weltkriegen Deutschland. Traditionellerweise waren Entdecker Männer, dominant und weder von Phantasie noch von Freundlichkeit geplagt. In dieses Bild paßt auch Heinrich Harrer, der Verfasser von *Sieben Jahre in Tibet.*

Der erfolgreichste unerkannt Reisende vor Alexandra war Dr. William Montgomery McGovern gewesen, ein britischer Professor der Orientalistik, der sich als einheimischer Karawanenträger ausgab. Beim Aufstieg von Indien aus schlief er in Kuhställen, lebte von Dörrfleisch und kämpfte sich durch schwere Schneestürme, bis er ein ganzes Jahr vor

Alexandra – und wie sie zur Zeit des chinesischen Neujahrsfestes – Lhasa erreichte. Dort geriet er vor dem feindseligen Volk in Panik und gab sich zu erkennen. Dank der probritischen Einstellung des Chefministers des Dalai Lamas wurde er einen Monat lang in Schutzhaft genommen, bis er sich erholt hatte. Dann schickte man ihn mit einer Eskorte nach Indien zurück. Er hatte genug gesehen, um ein Buch zu schreiben – über seine Mißgeschicke, wie Alexandra ironisch vermerkte.

Alexandra hatte von den meisten ihrer Vorgänger in diesem Täuschungsspiel gehört oder gelesen. Aus deren Fehlschlägen hatte sie gelernt, was sie vermeiden mußte. Obwohl sie »den schwedischen Hadin« um seine moderne Ausrüstung beneidete, vor allem um einen Herd, wollte sie sich auf keinen Fall zu stark von Trägern abhängig machen, und sie vermied es auch, irgendwelche wertvolleren Dinge offen zu zeigen. Als sie Philippe in Algerien darum bat, ein Feldbett zu konstruieren, verlangte sie, daß das Bett von absoluter Schlichtheit sein müsse. Sie war daran gewöhnt, über unbekannte Pfade zu reisen und Bauern aus dem Weg zu gehen, von denen einige zu Banditen geworden waren. Sie war flexibel genug, um ihre Reiseroute unverzüglich zu ändern, wenn es galt, den britischen Geheimdienst zu überlisten, der sie zu beobachten versuchte. Dasselbe galt für die tibetischen Beamten, die sie ebenfalls im Auge behalten wollten. Obwohl es Alexandra peinlich war, wenn andere sie in zerlumpten Gewändern sahen, stellten solche Lumpen doch letztlich ihren besten Schutz dar. Allmählich vollzog die Französin die geistigen Schritte, die notwendig waren, um ihr altes Ich hinter sich zu lassen und die Identität anzunehmen, die ihr den Sieg bescheren sollte.

Im Februar 1921, im dünnen Licht der tibetischen Morgendämmerung, zog eine kleine Karawane aus den Toren eines ehrwürdigen Klosters in der Provinz Amdo. Einige Maultiere trugen etwas Gepäck, aber die vier einheimischen »boys« gingen zu Fuß. Eingehüllt in grobe Schafsfelle, mit Pelzhüten auf dem Kopf und Yakfellstiefeln an den Füßen, dampfte ihr Atem in der quälend trockenen Winterluft. Über der Brust hatten sie Patronengurte hängen, und sie trugen voller Stolz einschüssige Gewehre bei sich, wenn ihnen auch die militärische Haltung fehlte. An der Spitze der Gruppe schritt ein kleiner, stämmiger Lama in einem roten, pelzgefütterten Umhang, dessen Gesicht beinahe unter einer riesigen Fellkappe verschwand. Die Temperatur war auf unter minus fünfzehn Grad Celsius gesunken. Nachdem die Gruppe eine Weile durch das hügelige Gelände marschiert war, drehte der Lama sich um, um einen Blick auf die weißen Gebäude und roten Paläste von Kum Bum zu werfen, wo die Dächer mit dem Feuer des Sonnenaufgangs verschmolzen. Sie wußte, daß sie dieses Bild vielleicht nie wiedersehen würde. Ja, *sie* …, denn die unförmige Gestalt an der Spitze des Zuges war Alexandra, die zu ihrem größten Abenteuer aufgebrochen war.

Kaum hatte ihre Reisegruppe den dürftigen Weg beschritten, der zwischen steilen, irdenen Mauern verlief, trafen sie auf eine große Kamelkarawane, die aus der anderen Richtung kam. Die Straße war so schmal, daß entweder Alexandras Zug oder die Karawane mindestens anderthalb Kilometer weit zurückweichen mußten. Die mongolischen Treiber fanden – und Alexandra gab ihnen recht –, daß dieses Unterfangen für den fremden Lama einfacher sei. Aber Alexandras Boys betrachteten dies als ehrwidrig und weigerten sich. Alexandra mußte ihnen also den Rücken stärken, wenn sie nicht ihr Vertrauen verlieren wollte.

Während Alexandra noch zögerte, verschlimmerte die Situation sich sehr schnell, da die Kamele begonnen hatten, einander zu beißen. Ein Mongole hob sein Gewehr, und jetzt hätte ein Rückzug bedeutet, daß sie niedergeschossen wurden. Alexandra mühte sich auf einen Erdwall, um von dort aus einen Überblick zu gewinnen, und gab ihren Boys dann das Zeichen, ihre Gewehre zur Hand zu nehmen. Beeindruckt vom Rang ihrer Gegner und deren modernen Waffen, traten die Mongolen den Rückzug an. Sie hatten ihre liebe Not, die Kamele zu wenden, da diese, immer zehn hintereinander, Schwanz an Nase festgebunden waren. Sobald das beschwerliche Manöver beendet und der Durchgang frei war, stieg Alexandra auf einen kleinen Karren und fuhr mit aufgesetzter Würde an den Mongolen vorbei. Sie hatte die Loyalität ihrer Männer errungen. Insgeheim steckte sie den Kameltreibern zwei chinesische Dollars für ihre Mühe zu.

Bis Mittag war die Temperatur auf zehn bis fünfzehn Grad Celsius gestiegen, und die Sonne leuchtete strahlend von einem durchscheinend blauen Himmel, der sich über gelbe Tonerde wölbte. Die Reisenden verringerten ihr Tempo, um einige Kleider abzulegen, aber da sie entschlossen waren, eine Strecke von vierzig Kilometern bei Tageslicht zurückzulegen, wollten sie vor Einbruch der Dunkelheit nicht Rast machen. Ihre Anführerin gab das Tempo vor, und als sie an eine trügerische Furt kamen, die über einen Strom führte, zögerte Alexandra nicht, sich als erste hineinzuwagen. Während die kaum sichtbaren Berge im Westen langsam einen düsteren Grauton annahmen und die Sonne hinter ihren Gipfeln verschwand, suchten die Wanderer nach einem sicheren Lagerplatz. Vielleicht würden sie im Windschatten eines Hügels Schutz vor den bitterkalten Nachtbrisen finden, wo dreiste Banditen sie nicht so leicht überraschen konnten.

An diesem Abend hatten sie das Glück, zu einem freundlichen Clan nomadisierender Schafhirten zu stoßen, mit dem sie lagern konnten. Alexandra suchte die Ebene nach Yak-Dung ab – einem vorzüglichen Brennstoff –, während die Boys ein wenig Holz sammelten, ein Feuer entzündeten und die Zelte aufstellten. Yongden kümmerte sich um die Tiere, die bewacht werden mußten. Ihre Eßschale fest in der Hand, machte Alexandra die Runde durchs Lager und bettelte schamlos um Milch – sie sei eine vegetarisch lebende Nonne, behauptete sie – und segnete die Schafe und Yaks der Nomaden. In der Nacht erfreute sie sich eines friedlichen Schlafs, köstlichen Milchquark im Magen, den Kopf auf zusammengefalteten Kleidern gebettet, unter denen ihr Revolver lag.

So verstrich ein typischer Reisetag auf dem langen Weg nach Lhasa, der mit Umwegen, aber ohne weite Kursabweichungen drei volle Jahre in Anspruch nehmen und mit einem spektakulären Erfolg enden sollte. Im Februar 1921 machte Alexandra ihr zunehmendes Alter zu schaffen; sie hatte immer größere Schwierigkeiten mit ihrer Arthritis. Obwohl sie Philippe versicherte, daß sie sich nach einer Heimkehr sehnte, wollte sie zuerst das erreichen, was für sie zu einer Obsession geworden war. Sie hatte zahlreiche Gründe für ihre Reise nach Lhasa: Ansehen, Ruhm und die Wonnen ihrer Rache an jenen, die ihr dieses Abenteuer verbieten wollten. Und was für eine Geschichte würde sich daraus machen lassen!

Sie hatte aber auch noch ein tiefer liegendes Motiv. Lhasa zog sie auf dieselbe unvernünftige Weise in seinen Bann, wie es immer noch Pilger aus der fernen Mongolei anzieht: In schmuddeligen Lumpen legen sie den ganzen Weg zurück, wobei sie sich bei jedem dritten Schritt der Länge nach zu Boden werfen. Ihre Stirn wird zu einer einzigen großen Schwellung, während aus ihren Augen ein inneres Licht leuchtet. Ungeachtet der Gefahr, der Unannehmlichkeiten und der Demütigungen hatte Alexandra beschlossen, die Reise zu unternehmen.

Warum brauchte sie dann so lange, um ihr Ziel zu erreichen? Die Reisende bewegte sich von Kum Bum aus in konzentrischen Kreisen über das sogenannte Innere Tibet, durch Westchina und die Mongolei bis hinunter in den Südwesten Chinas, bevor sie einen letzten Vorstoß durch das trügerische Land Po zur tibetischen Hauptstadt unternahm. Sie hatte es nicht so geplant, sondern reagierte damit auf gewisse Ereignisse und Rückschläge bei dem Versuch, Lhasa zu erreichen. Ihr geistiges Gyroskop blieb auf Kurs, und die lange umständliche Reise sollte schon für sich genommen lohnend und am Ende auch noch von Erfolg gekrönt sein.

Zu Beginn allerdings sah es schlecht aus. In Sining, der ersten nennenswerten Stadt auf ihrem Weg, erfuhr Alexandra von dem Vorsteher der christlichen Mission, Reverend Ripley, daß eine Geldanweisung von Philippe verlorengegangen war. Sie vermutete, daß die chinesischen Postbehörden die Summe in ihre eigene Tasche gesteckt hatten: zehntausend Francs, mehr als genug, um sie ein Jahr lang über Wasser zu halten. Selbst wenn Philippe bereit war, ihr dieselbe Summe noch einmal zukommen zu lassen, würde sie sie nicht mehr rechtzeitig erhalten.

Alexandra stützte sich auf die Gastfreundschaft anderer, wo immer ihr diese geboten wurde, selbst wenn es sich um Räuber handelte. Die Reisende war sich nicht zu schade, ein Lagerfeuer und eine Schale heißen Buttertees mit diesen Herren zu teilen, die man indes von gewöhnlichen Dieben unterscheiden muß. Sie folgten einem ganz eigenen Moralkodex. Räuber, die etwas auf sich hielten, kündigten ihren Angriff im vorhinein an, um den Opfern die Möglichkeit zu geben, sich zu verteidigen. Obwohl sie sich bemühten, niemanden zu töten, wußten sie doch einen beherzten Kampf zu schätzen, wonach sie den Unterlegenen einen Maulesel zurückließen und genug zu essen, um sich in Sicherheit zu bringen. In einigen Teilen von Amdo und Kham waren die Zeiten so hart, daß alle männlichen Dorfbewohner auf Raubzug ausgingen, während die Frauen ihre Häuser verteidigten. Plünderungen wurden als »Handel treiben« beschrieben oder als »Wurzeln sammeln«. So mochte ein Gentleman-Räuber, bevor er ein Pferd stahl, etwa folgende Worte sprechen: »Mein Pferd ist müde. Hättest du etwas dagegen, mir deins zu leihen?«

»Es ist nur natürlich, daß es in Tibet Räuber gibt«, schrieb Charles Bell. Er führte die Wildheit des Landes mit seinen gewaltigen leeren Flächen an und den Umstand, daß »die Menschen aufgrund von Tradition und Instinkt Nomaden sind ... Sie sind zäh, leben das einfache Leben in klarer, kalter Luft, sie sind mutig, beweglich und lieben das Abenteuer.« Aber ihre Möglichkeiten, sich ihren Lebensunterhalt zu verschaffen, waren unsicher, und die Männer mußten bisweilen Handelskarawanen ausrauben, um ihre Familien ernähren zu können. Zu anderen Zeiten kamen dieselben Räuber, sogar die wilden Gologs, als friedliche Händler nach Lhasa. Man würde sie dort weder verhaften noch würden sie irgend jemandem ein Haar krümmen.

Im Schatten des Amne Machin in Osttibet wohnte Alexandra einmal einem Fest einer Räuberschar an deren Gipfelschrein bei; offiziell war dieser Schrein buddhistisch und enthielt Opfergaben wie Speere, zerstörte Waffen und flatternde Gebetsfahnen. Ein jeder der Straßenräuber legte ein buntes Banner hinzu, das dem Tag seiner Geburt Glück verhieß. Die ganze Gruppe, zu der sicher auch einige Mörder gehörten, zeigte keinerlei Anzeichen eines schlechten Gewissens. Die Männer amüsierten sich und sagen Lieder, in denen die Taten mythischer Ritter gerühmt wurden, die durch Urwälder streiften, Dämonen töteten und Jungfrauen retteten. Die Zeit wurde mit einem Eisenstock gemessen, mit dem jemand gegen einen großen Kessel vor sich hin köchelnder Suppe schlug. Ein Foto, daß Alexandra bei dieser Gelegenheit machte, zeigt einen stämmigen Khampa, der es auf ihr Messer abgesehen hatte.

Da nicht alle Räuber zum beschriebenen »Gentleman-Typus« gehörten und die Überlebensbedingungen sich immer weiter verschlechterten, stellten direkte Hinterhalte eine echte Gefahr dar. 1922 wurde Dr. Albert Shelton vom amerikanischen Missionshospital in Batang auf der Straße niedergeschossen, obwohl er zusammen mit dem Prinzen jener Region und einer bewaffneten Eskorte unterwegs war.

In ungewissem Gelände hielt Alexandra sich stets ein gutes Stück vor ihrer Reisegruppe, wie eine chinesische Bauersfrau mit einer schmutzigen alten Robe bekleidet. Ein humpelndes armes, altes Weib war kein attraktives Opfer für Räuber, und Alexandra konnte so ungestört die Gegend auskundschaften. Ihre Gefolgsleute waren ausgerüstet wie Soldaten und stellten ihre Waffen demonstrativ zur Schau. Obwohl das Warnsignal ein frommer Singsang war, wußte Alexandra, daß sie sich auf einen Partisanenkrieg eingelassen hatte.

Ihr Hang zur Maskierung – vor allem als harmloses altes Weib –, verbunden mit einer gelegentlichen wohlberechneten Machtdemonstration, erinnert uns an die Taktik, die Lawrence von Arabien bei seinen Feldzügen anwandte. Abgesehen von dem gewaltigen Unterschied, was die Größe der von ihnen angeführten Truppen betraf, zogen beide stets die List dem Einsatz von Waffen vor, und beide waren sie bereit, ihr eigenes Leben aufs Spiel zu setzen, um nicht ihre Männer zu gefährden. Sie erschienen an Orten, wo man sie am wenigsten erwartete, waren ihren Feinden immer ein gutes Stück voraus und verloren ihre fernen, aber realisierbaren Ziele niemals aus den Augen. Dies sind Taktiken, die ein Gefühl für das Land und seine einheimische Bevölkerung voraussetzen, wie es Lawrence in den Wüsten Arabiens und Alexandra in der Steppe Zentralasiens unter Beweis stellten.

Man darf den Vergleich natürlich nicht zu weit treiben. Alexandra wußte als Buddhistin und Frau die Konsequenzen von Gewalt besser einzuschätzen. Sie behauptete, sie habe auf ihren Reisen nur deshalb Waffen bei sich getragen, um dem Wunsch ihrer Boys, die gern Soldat spielten, zu entsprechen. Sie selbst konnte sich angeblich nicht vorstellen, einen Feind anders als durch List zu überwältigen. Aber das ist etwas aufgesetzt. In Wirklichkeit kannte Alexandra durchaus den Kitzel, der sich einstellte, wenn man mit gezückten Waffen in einen dichten Wald eindrang und auf jedes Rascheln zwischen den Bäumen lauschte, das auf einen Hinterhalt von Räubern hindeuten mochte. Sie hatte ihre erregte Freude daran – genauso wie Lawrence, als er aufbrach, um einen türkischen Eisenbahnzug in die Luft zu sprengen.

Während Alexandras Reisegruppe längs der Grenze von Amdo und Kansu nach Süden zog, herrschten dort Hungersnot und Cholera; Tiger und Leoparden kamen aus den Wäldern, um Leichen zu fressen. Yongden spielte auf einer Blechflöte Melodien, um die Tiere fernzuhalten, und verbreitete, zweckmäßiger noch, in den Dörfern das Gerücht, seine Herrin sei eine uralte Zauberin. Wenn sie dann ihre aus einhundertundacht Stücken menschlicher Schädelknochen bestehende Kette anlegte, nahm sie das Gehabe einer Dakini an. Die Bauern kamen mit ihren gehorteten, kargen Vorräten herbei; sie wollten endlich die Seuchen loswerden, von denen sie heimgesucht wurden. Alexandra mußte sich das Abendessen für sich selbst und die Boys erarbeiten, indem sie die neue Gerstenernte, die Schafe, Ziegen und Schweine segnete, die Ställe durch Beschwörungen von bösen Geistern befreite und prophezeite, an welchem Ort ein jüngst verstorbener Verwandter wiedergeboren würde. Es wäre unmöglich gewesen, diese Handlungen als Unsinn abzutun. Die Einheimischen hätten sie womöglich für eine christliche Missionarin gehalten.

In überwiegend chinesisch besiedelten Gegenden ließ Alexandra ihre tibetische Maske fallen, um wieder Europäerin zu sein. Amüsanterweise hatte sie sich derart an das Leben in der Steppe gewöhnt, daß sie mittlerweile aussah wie eine tibetische Nonne hohen Ranges. Und sie dachte auch wie eine Buddhistin. Einmal versuchte ein chinesischer Kuli, der mit einigen anderen für sie gearbeitet hatte, Yongden den Beutel mit Kupfermünzen zu entreißen, dem er den Lohn für die Männer entnahm. Die anderen wollten ihn verprügeln, aber als sie nicht hinsahen, warf Alexandra dem Dieb einen Silberdollar zu. Er fing ihn auf und rannte davon. Alexandra wußte, daß sie ungerecht gewesen war, aber sie hatte die Verzweiflung des armen Burschen gespürt. Mitleid war wichtiger als Gerechtigkeit.

Alexandra konnte sich allerdings durchaus an jenen rächen, die sie persönlich kränkten. Für gewöhnlich brachte man ihr all die Gastfreundschaft entgegen, die ein fremder Würdenträger erwarten durfte. Äbte von buddhistischen und Bon-Klöstern hießen sie willkommen, während die Bauern sie mit frischen Eiern oder Gerstenmehl versorgten. Bei einer Gelegenheit, als ihre Reisegruppe nach einem ganzen Tagesmarsch durch strömenden Regen vollkommen durchnäßt in einem Dorf ankam, waren die Leute höchst unfreundlich und wiesen ihr nur widerwillig einen Lagerplatz zu. Dieser war, wie sich herausstellte, die Gemeinschaftstoilette. Die wütende Alexandra spie dreimal aus und belegte die Dorfbewohner feierlich mit einem Fluch, der nicht nur in diesem Leben, sondern auch im nächsten Geltung haben sollte. Sie marschierte davon und erklärte, daß sie auf einem Feld schlafen wolle und, um dies einigermaßen behaglich tun zu können, dem Regen Einhalt gebieten würde. Binnen einer Stunde war der Himmel tatsächlich sternenklar.

Am nächsten Morgen kam der Dorfvorsteher, um sich zu entschuldigen, aber der häufig auf Schelmereien bedachte Yongden griff nach einer

Taschenlampe. Er ließ das Licht aufblitzen und erschreckte die einfachen Bauern zu Tode. Dann beschwor er die Flamme in der Lampe, den Befehlen der wütenden Dakini zu gehorchen. Das Dorf war verflucht, und nicht einmal die Gebete ihres Lamas konnten die Leute retten. Die Reisegruppe brach auf und ließ die Dorfbewohner in ihrer Bestürzung zurück. Alexandra hatte das Gefühl, daß sie zu weit gegangen seien, aber Yongden hatte sich wie ein echter Sohn für die Beleidigung rächen wollen. Ihre Diener waren traurig, da sie fest daran glaubten, daß der Fluch ihrer Herrin Wirklichkeit würde.

Im Sommer 1921 marschierten die Wanderer durch die Wälder in West-Szechuan, trotzten Regengüssen und Erdrutschen – Alexandra pries ihre mit Gummisohlen versehenen amerikanischen Stiefel – und überquerten auf wackeligen Brücken aus geflochtenem Bambusseil reißende Flüsse. Eine dieser Brücken sah so unsicher aus, daß sie Bretter darüber ausbreiteten. Dann schoben sie sich stückweise hinüber. Yongden rief ihnen zu, sich zu beeilen, und kaum hatten die Boys und die Maultiere das andere Ufer erreicht, stürzte die gesamte Brücke in die Stromschnellen tief unter ihnen. Die Reisegruppe kletterte sodann in die ewig weißen Berge hinauf, über steile, schmale Pfade, die von Schneewällen gesäumt waren.

In ihren Veröffentlichungen (zum Beispiel: *Au pays des brigands gentilshommes: Grand Tibet*) stellte Alexandra sich gern als muntere und gesunde Person dar. Sie erscheint stets gut gelaunt und jederzeit zu einem Abenteuer bereit. Aber in den Briefen an ihren Mann war sie freimütiger und gab zu, daß sie schwer unter ihrer Arthritis und sogar unter Depressionen zu leiden hatte. Sie bezweifelte, ob es ihr jemals gelingen würde, Lhasa zu erreichen. Anders als sie es bisweilen dargestellt hat, war sie keine Amazone, sondern eine relativ normale, wenn auch außerordentlich hartnäckige Frau. Willenskraft und die Macht einer bestimmten Idee trieben sie vorwärts.

Beamte bereiteten ihr mehr Probleme als Räuber und verkörperten oft beide Professionen zugleich. Die Chinesen versuchten, die Reisenden zu schröpfen, aber die Französin konnte mit dem Zorn ihres Konsulats in Chengtu drohen oder Yongdens britischen Paß ins Spiel bringen. Als ein kleiner chinesischer Bürokrat sich weigerte, sie ohne offiziellen Stempel, womit ein Bestechungsgeld gemeint war, ziehen zu lassen, parierte Alexandra, indem sie drohte, ihn in Peking als Lamaschänder anzuschwärzen. Der Chinese gab nach. Die Tibeter konnten da durchaus heikler sein.

Anfang September wurde die Reisegesellschaft von dem reichen Abt des Klosters Dzogchen in Kham in der Nähe des Yangtse aufs beste bewirtet. Alexandra, der zuvor nichts anderes übriggeblieben war, als einen getrockneten Schafskopf zu verzehren, schwelgte in einem Festmahl chinesischen Stils in Gesellschaft des kultivierten Abtes. Als erstes kam das Dessert, gefolgt von Klößen, Eintopfgerichten, Fisch, Fleisch und zu guter Letzt der Suppe. Vielleicht war die Mahlzeit zu reichhaltig, denn kurz nach ihrem Aufbruch aus dem Kloster bekam Alexandra Verdauungsschwierigkeiten.

Sie beschloß, nach Bhatang weiter südlich am Yangtse weiterzureisen, wo sie sich in dem Missionskrankenhaus behandeln lassen wollte, das unter der Leitung des hochgeschätzten Dr. Shelton stand. Auf einer grasbewachsenen Ebene entdeckte Alexandra jedoch zwei Berittene, die ein Trompetensignal bliesen und eine Flagge mit dem Abbild eines heraldischen Löwen trugen. Hinter ihnen ritt ein dicker, großtuerischer Beamter (*gyapon*). Er roch förmlich nach Schwierigkeiten.

Lhasa hatte gerade erst seine Ansprüche auf dieses Gebiet geltend gemacht, und der Gyapon war aus der Hauptstadt entsandt worden, um Diebereien auf den Grund zu gehen. Urplötzlich erschien seine von einem Sergeanten angeführte Streitmacht von fünfundzwanzig Soldaten auf der Bildfläche. Der Beamte informierte Alexandra, daß Ausländer ohne einen speziellen Paß nicht weiter nach Tibet eindringen dürften. Sie müsse ins Kloster zurückkehren, um dort auf einen solchen Paß zu warten. Höchstwahrscheinlich vermutete er, daß die Philing auf dem Weg nach Lhasa war und daß er es teuer bezahlen würde, wenn er sie passieren ließ. Alexandra verlangte, daß der Soldatentrupp sie weiterreisen ließ. Dann beschrieb sie mit bildlichen Einzelheiten ihre Verdauungsstörungen. Der Gyapon bekundete durchaus Mitleid. Alexandra mußte feststellen, daß er einen mächtigen Beamten in Tachienlu – den britischen Konsul in Szechuan – fürchtete, dessen Befehl er unterstand.

Obwohl in dieser Region Anarchie herrschte, hatten die Briten nach wie vor großen Einfluß. Wenn Alexandra gewußt hätte, mit welchem Interesse die Regierung von Indien nach wie vor ihre Wege in Asien verfolgte, wäre sie noch wütender und besorgter gewesen. Das Ausländerbüro des Vizekönigs erließ am 21. Oktober 1921 folgendes Kommuniqué: »Vielleicht könnte der Botschafter in Peking mit Hilfe der chinesischen Regierung oder seines französischen Kollegen in der Lage sein, die Rückkehr der französischen Nonne sicherzustellen, die Berichten zufolge versucht, in Osttibet einzudringen.«

Alexandras Verkleidung als Dakini mochte zwar die Einheimischen beeindrucken, schien aber weder die tibetischen noch die britischen Beamten in die Irre geführt zu haben. Aber erst am 6. Dezember erfuhr man im Büro des Vizekönigs, daß es sich um eben dieselbe Frau handelte, über die sie ein Dossier angelegt hatten: »Uns war nicht klar, daß die französische Nonne als Madame Néel bekannt war, eine Frau, die vor einigen Jahren und entgegen anderslautenden Befehlen die indische Grenze überquert hatte. Wir hoffen, daß man sie immer noch zurückholen kann.«

In Kham kam es zu einer Pattsituation. Alexandra war entschlossen weiterzureisen, und der Beamte und seine Soldaten waren gleichermaßen entschlossen, sie aufzuhalten. Die Angst, engültig des Landes verwiesen zu werden, zwang sie zur Einsicht. Sie fand sich bereit, den Distrikt zu verlassen, wollte aber ihre Route selbst bestimmen. Nun hatte sie die Absicht, nach Jyekundo im Nordwesten zu gehen. Dies erschreckte den Gyapon, weil die Stadt nicht nur an der direkten Karawanenroute nach Lhasa lag, sondern auch das Hauptquartier eines gefährlichen Feindes war, eines chinesischen Moslemgenerals, der gegen die Eingeborenenstämme einen unerbittlichen Krieg führte. Der Beamte, der dem Sergeanten Order gab, seine Männer zusammenzuziehen, bestand darauf, daß Alexandra in das Kloster zurückkehrte.

Aber im Schutz der Nacht kehrte sie den Soldaten den Rücken. Die Tibeter schreckten vor dem Gedanken, eine Europäerin zu töten, zurück. Sie schrien ihr den traditionellen Segensspruch nach – »langes Leben!« –, während der Gyapon in Tränen ausbrach. Trotzdem war sie immer noch umzingelt; die mittlerweile untersetzte Französin griff also nach ihrem stabilen Gehstock und machte sich damit den Weg frei. Sie rief Yongden zu, ihren Revolver zu bringen und drohte anschließend, sich damit zu erschießen. Die Männer fürchteten sich sowohl vor den praktischen wie auch vor den karmischen Konsequenzen einer solchen Tat.

Als Alexandra mit langen Schritten auf das Zelt zuging, fiel der arme

Yongden gleichfalls auf ihre Schau herein. Er versteckte schnell die Waffe, und das Drama verlor ein wenig von seiner Spannung. Trotzdem war der Gyapon ausreichend eingeschüchtert, um ihr freie Weiterreise zu gestatten. Dankbar ging er auf ihre Forderungen ein: Yaks, Vorräte, eine Eskorte. Alexandra war zufrieden mit ihrem Sieg, auch wenn er vielleicht nur vorübergehend war. Sie hatte nun begriffen, daß die Briten sie weiterhin im Auge behalten würden.

Eines Tages blickten die Abenteurer von der Höhe eines schneebedeckten Lagerplatzes in ein Tal hinunter, in dem über zweitausend in Gruppen eingeteilte Yaks den schrillen Rufen ihrer Treiber Folge leisteten. Große wilde Hunde, die die Yaks umkreisten, verliehen den Befehlen ihrer Herren Nachdruck. Es war eine Karawane, die Tee nach Lhasa brachte. Als sie durchgezogen war, stiegen Alexandra und ihre Boys in das Tal hinab. Yongden machte drei tiefe Verbeugungen.

15

Ein Offizier und Gentleman

Jyekundo, das unter der Herrschaft eines moslemischen chinesischen Kriegsherrn stand, war Militärgarnison und Stadt zugleich. Die nichtssagenden Häuser aus getrocknetem Lehm zogen sich einen kahlen Hügel hinauf bis zu einem Gompa, das ebenfalls nichts Besonderes war. Im ganzen Ort gab es nicht eine einzige Innentoilette. In einer Höhe von dreitausendsechshundert Metern inmitten eiskalter Berge am Rand der Chang Tang, der »Graswüste«, gelegen, herrschte in Jyekundo ein Klima gemäßigter Sommer. Aber der Winter versprach bitterkalt zu werden, und Alexandra, die kaum noch über finanzielle Mittel verfügte, lebte in einem lecken Schuppen. Sie kämpfte gegen die Versuchung, doch noch die letzte Strecke nach Lhasa in Angriff zu nehmen, die in nur sechs Wochen bewältigt sein konnte. Sie wollte einen weiteren Zusammenstoß mit tibetischen Beamten vermeiden, die – von der indischen Regierung verständigt – immer mehr auf der Hut waren. Sie und Yongden vegetierten dahin, während das Wasser durch das Dach auf ihre Bücher tropfte und der Wind durch die Ritzen pfiff.

Ende Oktober schrieb Alexandra an Philippe, daß sie es trotz ihrer Herzprobleme vorziehen würde, weiter zu wandern und nach einem anderen Quartier für den Winter zu suchen. Die anspruchsvolle Reisende fühlte sich von dem Schmutz und den mangelhaften sanitären Anlagen der Stadt abgestoßen. Sie brach nach Nordwesten auf, zu den Mongolenlagern in Sinkiang, wo sie hoffte, eine warme, mit Fellen abgedichtete Jurte von den Schafhirten mieten zu können, um dort die kalten Monate zu verbringen. Die Gipfel, die sie von ihrem Dach aus sehen konnte, waren bereits weiß, aber vielleicht würde der Schnee erst in einem Monat die Pässe blockieren.

Der Versuch dauerte zehn unglaubliche Tage und schlug schließlich fehl. Alexandra und Yongden konnten sich nicht durch die Schneewehen hindurchkämpfen, die ihnen bis zur Hüfte reichten, und die Hufe ihrer Pferde gefroren. Große graue Wölfe verfolgten die kleine Reisetruppe, und ein besonders mageres Tier kam ihnen sehr nahe. Yongden wollte den Wolf erschießen und sein Fell als Teppich für ihr Zelt benutzen, aber Alexandra wollte lieber den Versuch unternehmen, das Tier zu zähmen. Er war der Rudelführer, der aggressivste und hungrigste der Wölfe. Sie nahm einen Brocken Fleisch und bewegte sich vorsichtig auf den Wolf zu, bevor sie ihm den Happen hinwarf. Er packte das Fleisch und sprang davon. Er kam zwar wieder, aber das Spiel konnte nicht weitergehen, weil Alexandra nicht einmal den kleinsten Bissen Essen erübrigen konnte. Letztlich ging das Paar auf demselben Weg zurück, auf dem es gekommen war.

Yongden fand drei Räume in einem besseren Haus, aber etwa zur Mittwinterzeit wurde Alexandra vom »Hüttenfieber« befallen. Mit Hilfe eines kleinen Ofens konnte sie die Temperaturen tagsüber bei erträglichen fünf Grad Celsius halten, aber in der Nacht wurde es sehr viel kälter. Draußen war es trocken, und die Sonne schien von einem azurblauen Himmel herab. Alexandra, die ihrer schmerzenden Gelenke müde war, beschloß, daß sie sich zu den warmen Tälern im Süden durchkämpfen würden, wo das ganze Jahr lang die Orchideen blühten.

Erneut brachen sie auf. Sie marschierten wochenlang, überquerten Bergpässe, auf denen der Schnee ihnen bis zu den Knien reichte, schliefen in Höhlen und wären beinahe erfroren. Schließlich gingen ihnen auch die Nahrungsmittel aus. Glücklicherweise wurden sie von tibetischen Beamten aufgehalten, die, als sie bei Yongden eine Kamera entdeckten, unverzüglich die Rückkehr des Paares verlangten. Diesmal forderte Alexandra für ihren Rückzug Pferde, Brennstoff und Geld. In Jyekundo wollte sie unverzüglich in Richtung Wüste Gobi aufbrechen, aber der Kommandant der moslemischen Armee – von einem britischen General als »ein scharfsinniger, energiegeladener, ehrlicher, guter Mann« beschrieben – bat sie inständig, auf wärmeres Wetter zu warten.

Dieser General, Sir George Pereira, traf am 23. Juni 1922 aus Peking in Jyekundo ein. Er war ein gut erzogener Gentleman, ganz nach Alexandras Herzen. Die Mittfünfzigerin hatte Rheuma, und er, der auf die Sechzig zuging, mußte wegen eines in der Kindheit erlittenen Reitunfalls humpeln. Seine Akte aus dem Weltkrieg sprach von Heldentaten, und trotz seines Alters liebte er es, die wilden entlegenen Winkel des Orients zu durchstreifen. Er war ein charmanter, bescheidener, unter Kardinal

Newman ausgebildeter Gelehrter und hatte eine harte Reise hinter sich gebracht. Er war von Hunger und Durst geschwächt, seine Packtiere waren umgekommen, und er hatte nur dank der Großzügigkeit einer vorbeiziehenden Karawane überlebt. Nichtsdestoweniger brannte Sir George genauso auf weitere Abenteuer wie Alexandra.

Die beiden kamen täglich zum Tee zusammen, und die Französin, die ihr bestes Gewand trug, zeigte dem Engländer das Wenige, was es an interessanten Sehenswürdigkeiten zu besichtigen gab. Die beiden leidenschaftlichen Entdecker erzählten einander von ihren jüngsten Erlebnissen. Sir George war in den Bergen Szechuans auf Jagd gegangen in der Hoffnung, einen Riesenpanda zu erlegen, schon damals ein seltenes Tier, das noch kein Europäer geschossen hatte. Er verfehlte jedoch die Beute und handelte sich statt dessen Frostbeulen an den Zehen ein. Wie auch immer die Buddhistin Alexandra zu solch sinnlosem Morden gestanden haben mag, sie wußte, daß sie Sir Georges Hilfe brauchte. Mattgesetzt von niederen Bürokraten, kam sie ihrem Ziel einfach nicht näher.

Sir George war auf direktem Weg nach Lhasa, auf einer Geheimmission für das britische Außenministerium, und er hielt über Sikkim den Kontakt zur indischen Regierung. Er brach am Ende des Monats auf, wartete bis Anfang September in Chamdo auf die Erlaubnis zur Fortsetzung seiner Reise – die ihm aufgrund von Charles Bells Einfluß in Lhasa gewährt wurde – und wanderte dann sechs Wochen lang über eine schwierige Bergroute Richtung Hauptstadt. Sir George wurde dort gut aufgenommen, und man gewährte ihm ein Gespräch mit dem Dalai Lama. Trotz seines sich verschlechternden Gesundheitszustands reiste der General während des nächsten Jahres an der wilden Grenze zwischen Tibet und Szechuan entlang, wo er in Kanze an einem blutigen Magengeschwür starb. Er war ein sorgfältiger Landvermesser gewesen, und wäre er nicht frühzeitig gestorben, hätte er gewiß die Goldmedaille der *Royal Geographical Society* erhalten.

Sir George war ein durch und durch tapferer Mann, und obwohl man ihn vor Räuberbanden warnte, weigerte er sich, mit einer bewaffneten Karawane zu reisen. Vielleicht war das der Grund, warum Tibet ihn in seinen Bann schlug. In einem Bericht an das Außenministerium schrieb er von »... dem scheinbaren Glück der Dorfbewohner. Ich habe die Kinder umherlaufen und Spiele spielen sehen, und ich habe das Lachen der Älteren gehört. Man gewinnt den Eindruck, daß unter den tibetischen Bauern eine gewisse Sorglosigkeit herrscht, ein Zustand, der sich sehr von dem dörflichen Leben in China unterscheidet.« Dieser Ausländer konnte wahrheitsgemäß festhalten: »Wo auch immer ich in Tibet gewesen bin, habe ich nichts anderes als Freundlichkeit und Gastlichkeit erfahren.«

Sir George spürte gewiß, daß sein Ende nahe war, denn er tat etwas, das ganz untypisch für einen Entdecker war: Er teilte seine Landkarten mit einer vollkommen fremden Frau. Alexandra, die sich häufig rein instinktiv orientierte, konnte sich danach klarere Vorstellungen über die geographischen Verhältnisse bilden. Als Gegenleistung versorgte sie den General mit Informationen über das Gebiet, in dem er dann erkranken und sterben sollte. Beide Reisende waren von dem kaum bekannten Gebiet im Südosten Tibets fasziniert, das zwischen Yünnan, China und Lhasa liegt.

Eines Nachmittags wurde nach dem Tee eine Landkarte auf dem Tisch ausgebreitet, und Sir George zeichnete mit der Fingerspitze den vermuteten Lauf des Flusses Po nach. »Meinen Informationen nach gibt es mehrere zugängliche Pässe oberhalb der Quellen dieses Flusses«, sagte er. »Wenn Sie diesen Weg nach Lhasa nähmen, wären sie die erste.«

Alexandra war vollkommen verblüfft. Sie hatte nicht direkt gesagt, daß sie nach Lhasa wollte, aber Sir George hatte ihr den Weg gezeigt. Ihm war klar, daß es eine gefahrvolle Reise sein würde. Die Bewohner des Landes Po galten als Wilde, vielleicht sogar Kannibalen, und jeder, der törichterweise in ihr Gebiet eindrang, mußte damit rechnen, es nicht mehr zu verlassen.

Nachdem er Alexandra seinen linkshändigen Segen und eine grob skizzierte Karte gegeben hatte, brach Sir George auf. Major F. M. Bailey, der 1913 einen Teil der Po-Region erkundet und zum Nachfolger von Charles Bell in Gangtok gemacht wurde, schrieb Sir George am 28. Juli: »Ich habe in Jyekundo Madame Néel, die französische Buddhistin, kennengelernt; sie war von Kansu über Kantze nach Jyekundo gegangen und [sie] brach am Tag nach ihrer Rückkehr nach Sinning und Lanchow auf.« Die letztgenannten Zielorte lagen im Nordosten jenseits von Kum Bum und dem See Koko Nor, in *entgegengesetzter* Richtung von Lhasa. Nun gut, Alexandra reiste tatsächlich zuerst in diese Richtung. Aber der ritterliche Sir George, der wußte, daß die indische Regierung sie von der tibetischen

Hauptstadt fernhalten wollte, gab ihr Deckung. Er täuschte seine eigene Regierung, indem er eine Halbwahrheit verbreitete.

Seine Gründe werden in seinem vertraulichen Bericht an die Ausländerabteilung der indischen Regierung offenbar:

> In Jyekundo lernte ich Madame Néel kennen, die französische Buddhistin, die etwa fünfzig Sommer zählt und die einzige Europäerin ist, der ich zwischen Tangar und Gyantse begegnet bin. Sie hatte einige Jahre in China und ein Jahr im Kloster Kum Bum zugebracht, wo sie Tibetisch lernte und die tibetischen Bücher studierte. Danach nahm sie einen häßlichen tibetischen Lama an Sohnes Statt an, einen jungen Mann, den ich zuerst fälschlich für ein Hindu-Dienstmädchen hielt und der fließend Englisch spricht ... Nachdem sie noch den Buddhismus in der Mongolei studiert hat, wird sie zu ihrem Mann nach Tunis zurückkehren. Obwohl man mir erzählte, daß sie sehr antibritisch eingestellt sei, fiel mir auf, daß sie im Gegenteil unserem Land durchaus wohlwollend gegenübersteht, da sie von all der Freundlichkeit sprach, die ihr in Indien zuteil geworden sei. Ferner sagte sie, die britische Herrschaft über das Land sei das einzig Richtige für Indien. Das einzige, was mir auffiel, war die Tatsache, daß ihr ein britischer Einfluß auf Tibet nicht zu gefallen schien ...

Trotz Pereiras ein wenig irriger Darstellung des zeitlichen Rahmens von Alexandras Reise bestätigt sein Bericht Alexandras eigene Worte über ihre Studien und ihre Reisen und informiert uns ferner darüber, daß sie bereits beschlossen hatte, Yongden zu adoptieren. Dieser hatte in Wirklichkeit übrigens ein recht ansprechendes Äußeres. Und Alexandra hatte Sir George die Wahrheit gesagt, was ihr Alter betraf!

Alexandra saß in dem verhaßten Jyekundo fest, bis Geld von Philippe eintraf. Sie und Yongden mochten zwar in Lumpen durch die Straßen wandern, aber sie erwarb auch jetzt noch tibetische Bücher, die sie nach Peking weiterschickte. Mittlerweile war Yongden Anfang Zwanzig. Zierlich und kaum größer als Alexandra, war er ein vielseitig begabter Mann. Er fungierte nicht nur als ihr Sekretär und half ihr bei den Übersetzungen, sondern konnte auch Brot backen, kochen, Wäsche waschen, Holz sammeln, die Überreste ihrer Kleidung zusammenflicken und alle möglichen anderen gerade anfallenden Arbeiten übernehmen. Als Gegenleistung bekam er nicht eine einzige Rupie Lohn, ein Umstand, der ihn von der Klasse des Dieners in die eines Gentlemans erhob.

Yongden lebte wie seine Mentorin zölibatär, und er beschloß, sein Leben der Aufgabe zu widmen, Alexandra bei ihrem Vorhaben zu unterstützen – das jedenfalls schrieb sie Philippe. Ihr Mann mußte ihn offiziell adoptieren und für ihn sorgen, denn nach französischem Recht konnte sie das nicht selbst tun. Wenn Philippe Albert erst einmal kennengelernt hätte, würde er ihn nur allzu glücklich an Sohnes Statt annehmen. Wer war »Albert«? – Yongden mit einem anglisierten Namen, der seinem Sonderstatus, nicht aber seiner Aufmachung entsprach. Dennoch blieb Philippes Zustimmung nur Wunschdenken von ihrer Seite.

Alexandra verbrachte fast ein Jahr in Jyekundo und schmiedete Pläne für ihre Abreise. Sie und Yongden konnten die Yak-Karawanen sehen, die auf der Route von Tachienlu durch die Graswüste nach Lhasa zogen. Als die frustrierten Abenteurer eines Tages durch die schlammigen Straßen wanderten, stürmte ein riesiger Khampa mit einem antiken Schwert in der Hand aus einem Haus und wurde von einem Dutzend Männer verfolgt, die ihn einzufangen versuchten.

Alexandra erkundigte sich bei einigen Frauen und erfuhr, daß der Krieger sich für eine Inkarnation des Dickchen Shenpa halte, des Ministers des Königs Gesar von Ling, des Helden des tibetischen Nationalepos, das seinen Namen trägt. Weil König Gesars Feind, der König von Hor, in der Gestalt eines Jungen in der Stadt wiedergeboren worden war, verkündete Dickchen, wann immer er zuviel Chang getrunken hatte, er wolle sich nunmehr auf die Suche nach dem Missetäter machen. Die anderen Männer hinderten ihn jedesmal daran, dem armen Jungen etwas anzutun.

Alexandra war hocherfreut, zu erfahren, daß Dickchen ein Wandersänger war, der Passagen aus dem langen, wahrscheinlich mehr als tausend Jahre alten Epos sang. Am nächsten Tag mischte sie sich unter die Frauen, die sich um ihn scharten, um ihn singen zu hören. Die Männer saßen auf der anderen Seite, ein jeder auf einem Stückchen Teppich auf dem Lehmfußboden. Der Wahnsinnige war jetzt wieder gefaßter, sang und gestikulierte und starrte dabei die ganze Zeit über einen Bogen leeren Papiers an. Alexandra bewunderte seine Statur, seine gutgeschnittenen Gesichtszüge und die strahlenden Augen, die bisweilen eine innere Welt voller Visionen zu reflektieren schienen.

Der Barde, der im Dialekt von Kham sang, spielte die verschiedenen Rollen des bunten Epos und lieferte sogar seine eigene Begleitung, indem er Trompeten und andere Instrumente imitierte. Das Publikum, das die Geschichte schon viele Male gehört hatte, unterbrach ihn gelegentlich mit lauten Rufen: »*Om mani padme hum!*« (Heil dem Juwel im Lotus!) Das leere Papier wurde deshalb vor den Vortragenden gehalten, damit er sich darauf den Text dessen vorstellen konnte, was er als nächstes singen würde. Die Sänger solcher Epen haben die Texte in ihrem Gedächtnis eingegraben und sind in der Lage, sich auf Wunsch an bestimmte Passagen zu erinnern. Während einige Gelehrte behaupten, König Gesar sei eine mythische Persönlichkeit, schrieb Tulku Thondup Rinpoche (1996) in einer Einführung zu einer neuen Übersetzung: »Gesar war eine reale Person, und seine Siege entsprechen wahren Ereignissen … Gesars Einfluß auf das spirituelle und gesellschaftliche Leben seines Volkes ist in vielen Teilen Tibets, der Mongolei, Burjätiens, Kalmückiens und Tuvas [Rußlands] immer noch spürbar.«

Alexandra lud den Sänger zu einer privaten Darbietung des Epos ein, und er erklärte sich einverstanden, nachdem sie ihm versichert hatte, daß König Gesar auf keinen Fall verunglimpft werde. Während der Mann sang, machten sie und Yongden sich Notizen, und binnen sechs Wochen hatten sie die vollständigste vorhandene Niederschrift dieses Textes angefertigt. Alexandra wurde klar, daß der Sänger mehr in der ruhmreichen Vergangenheit Gesars lebte als in der Gegenwart. Häufig verschwand er, um durch das Grasland zu streifen, und von seinem alten Leben als Gefährte des großen Dieners der Gerechtigkeit zu träumen. Er behauptete allen Ernstes, tatsächlich Dickchen zu sein und zwischen Vergangenheit und Gegenwart hin- und herpendeln zu können.

Einmal mitten im Winter, als die Temperaturen bei etwa minus zwanzig Grad Celsius lagen, brachte der Khampa dem fremden Lama eine frische blaue Blume – ein Geschenk an sie, das von Gesar persönlich stamme. Die Erde war festgefroren, der nahe gelegene Yangtse dick mit Eis bedeckt, und diese Blume blühte normalerweise im Juli. Wo um alles in der Welt hatte er sie herbekommen? Gleichermaßen verwirrend war die auf dem Epos basierende Prophezeiung Dickchens, daß der Pantschen

Lama in genau zwei Jahren nach China fliehen werde. Alexandra lachte nur, aber als sie 1924 auf dem Weg nach Lhasa war, erfuhr sie zu ihrem Erschrecken, daß ihr Freund aus Angst um sein Leben tatsächlich auf chinesischem Territorium Zuflucht gesucht hatte. Und der Junge, der angeblich der böse König von Hor und damals ein zehnjähriger Mönchsnovize gewesen war, schien ein bösartiges Wesen zu haben: Es machte ihm Spaß, mit Steinen Vögel zu töten und die anderen Novizen zu verprügeln.

Es gab zu viele lokale Versionen des Epos, als daß Alexandra einen definitiven Text hätte erstellen können. Aber da der historische König Gesar ein Khampa gewesen war, war diese Fassung die reichhaltigste. Die Geschichte von Heldentaten und ritterlichen Unternehmungen ist nominell buddhistischer Natur, jedoch durchdrungen von einem früheren Geist der Magie und der Wunder. Gesar, ein wiedergeborener Gott, reitet in der Schlacht gegen die Dämonen der vier Himmelsrichtungen einen goldenen, geflügelten Hengst. Er ist der große Held, der Tigergott des verzehrenden Feuers, manchmal ausstaffiert mit einer goldenen Rüstung und bei anderen Gelegenheiten ganz in Türkis gekleidet, wobei auch sein Helm, sein Schild, sein Bogen und seine Pfeile aus Türkis sind. Er liebt schnelle Veränderungen und erscheint sowohl als bescheidener Schmiedelehrling wie auch als der Gott Namthig Karpo ganz in Weiß gekleidet und auf einer Ziege reitend. Ebenso trifft man ihn auch in der Verkleidung des attraktiven, unwiderstehlichen Königs, der seine seelenvollen schwarzen Augen und sein bezauberndes Lächeln benutzt, um die Gattin seines schlimmsten Feindes zu verführen.

Diese weitschweifige Geschichte, die nicht in klassischem Tibetisch gesungen wird, sondern im jeweiligen Dialekt der Region, in der der Barde sich gerade befindet, erinnert ein wenig an Rabelais. Gesar kommt wie Buddha, um gegen die Unwissenheit zu kämpfen, aber er hat keine Skrupel, auch Gewalt anzuwenden. Nachdem er mit der Königin geschlafen und sie mit Leckerbissen gefüttert hat, verbirgt diese ihn hastig, als ihr Gemahl, der König von Hor, nach Hause kommt – nicht unter dem Bett, sondern unter dem Küchenfußboden –, und Gesar spaltet den Kopf des kannibalischen Dämonenkönigs in zwei Hälften. Dann gibt er dem Dorfgeist, der im Bardo (Fegefeuer) umherzieht, genaue Anweisungen, wie er der Hölle entkommen und das Westliche Paradies erreichen kann. Die Sünder sollen erlöst werden.

Das in seinen Ausmaßen homerische Epos wirkt auf mehreren Ebenen. Die einfachen Leute hören es sich immer wieder mit Leidenschaft an, denn es spiegelt einerseits ihre Sorgen wider und transportiert sie andererseits in magische Reiche. Aber wie Chögyam Trungpa Rinpoche klargemacht hat, ist es gleichzeitig auch eine wissenschaftliche Abhandlung zum Thema Mut: »Gesar repräsentiert den idealen Krieger, das Prinzip des allzeit siegreichen Selbstbewußtseins. Als zentrale Kraft des gesunden Verstands bezwingt er all seine Feinde ... die den Geist der Menschen von den wahren Lehren des Buddhismus ablenken ... das heißt, es ist möglich, zu ultimativer Selbsterkenntnis zu gelangen.« Sakyon Mipham Rinpoche, Trungpas Sohn, fügt in einem Vorwort zu einer neuen Übersetzung, The Warrior Song of King Gesar, hinzu: »Er repräsentiert unsere Träume; unsere Hoffnungen, unüberwindliche Hindernisse zu bezwingen; gleichzeitig siegreich und barmherzig zu sein; gleichzeitig gewaltig zu sein und doch die kleinen Kieselsteine am Straßenrand nicht zu übersehen.«

Das klingt wie eine Beschreibung von Alexandras winterlicher Reise nach Lhasa. Der Feind, der im eigenen Geist zu finden ist, heißt Feigheit. Alexandras Hinwendung zum Buddhismus, einem angeblich passiven Glauben, kann, wenn man sie in diesem Lichte sieht, besser verstanden werden. Als sie ihre inneren Zweifel und Ängste überwunden hatte, kam sie in den Besitz ihres Geburtsrechts, ihres eigentlichen Ichs. Dann konnte kein Beamter, keine Armee, kein Empire sie mehr davon abhalten, hinzugehen, wohin es ihr gefiel.

Anfang August 1922 verkaufte Alexandra zwei Maultiere, um ihre Kavallerie auf fünf Tiere zu reduzieren, und führte dann eine kleine Truppe nach Nordwesten Richtung Gobi-Wüste in der chinesischen Provinz Sinkiang. Der Moslemgeneral überließ ihr zwei seiner Soldaten als Eskorte sowie einen zweirädrigen Karren für Gepäck. Philippe gegenüber ließ sie durchblicken, daß sie einer alten Karawanenstraße folge, die reich an buddhistischer Überlieferung sei und nach Samarkand in Rußland führe, von wo aus eine Eisenbahnlinie nach Paris ging! Es ist unwahrscheinlich, daß sie es ernst meinte. Das ehemals zaristische Reich hatte die Welt in Schrecken versetzt, als es zur Sowjetunion geworden war, und seine östlichen Provinzen waren der Schauplatz von Bürgerkrieg und Epidemien.

Alexandra gab zu, daß sie einem Zickzackkurs folgte, der die Entfernung zu ihrem Ziel vervielfachte. Ihre Briefe konnten jederzeit abgefangen und gelesen werden. Früher hatte sie Philippe bereits gewarnt, daß er vielleicht einmal längere Zeit nichts von ihr hören würde, weil sie an einen Ort ging, an dem es keine Post gab. Er dürfe aber dennoch keinen Suchtrupp nach ihr ausschicken, weil er damit ihr Leben in noch größere Gefahr bringen würde.

Alexandra setzte unterdessen ihren Weg in gemächlichem Tempo fort. Sie verbrachte die Monate November und Dezember in Kanchow am Rand der Kleinen Gobi, direkt unterhalb der Großen Mauer. In einem zugigen Haus, in dem sie und Yongden ohne Feuerstelle schlafen mußten, während die Temperatur unter minus zwanzig Grad Celsius absank, feilten sie an ihrer Version des Gesar-Epos und konsultierten dazu mehrere Texte. Merkwürdigerweise klagte Alexandra darüber, daß viele Passagen des Epos zu gewagt seien, und die Ausgabe, die sie schließlich 1931 auf Französisch und 1933 auf Englisch publizierte, ist (leider!) von viktorianischer Moral durchwirkt (*La vie surhumaine de Guésar de Ling, le héros tibétain: Racontée par les bardes de son pays*). Die Gelehrte setzte große Hoffnungen in diese Frucht ihrer Arbeit und ging irrtümlich davon aus, daß das Buch zu einem Bestseller werden würde. Statt dessen gehört das Epos nach wie vor zu den am wenigsten bekannten großen Mythen der Welt.

Im Januar 1923, als nur mehr eine dünne Schneedecke den Boden bedeckte und die Temperatur im grellen Schein der Mittagssonne bis auf minus sieben Grad Celsius stieg, sattelte die Reisegruppe ihre Maultiere und durchquerte die Wüste. Den vereinzelten, niedrigen Dünen folgten Flächen spindeldürren Grases. Sie begegneten kaum Menschen, aber irgendwo in dieser Region bot sich Alexandra die Gelegenheit, einen Lung-gom-Läufer zu beobachten. Als sie eines Tages durch ihren Feldstecher blickte, erspähte sie in der Ferne einen sich bewegenden, schwarzen Punkt. Es war ein sich mit unglaublicher Geschwindigkeit nähernder Mann. Die Orientalistin war hocherregt, als ihr klar wurde, daß sie der erste Mensch aus dem Westen sein würde, der die bemerkenswerten Leistungen dieser Adepten beobachten konnte, denen bisweilen sogar Flugfähigkeit zugeschrieben wurde: Sie griff nach ihrer Kamera.

Ein Diener, der ihr volles Vertrauen hatte, warnte sie, auf Distanz zu bleiben; sie durfte den Lama weder aufhalten noch mit ihm sprechen, weil sie ihn damit töten würde. Die Skeptikerin in Alexandra bezweifelte dies, aber sie mußte selbst den absurdesten Aberglauben respektieren, wenn die Menschen daran glaubten. Widerstrebend beobachtete sie den Läufer, machte aber keine Fotos.

Sie sah, daß das Gesicht des Mannes absolut ruhig und sein Blick auf einen weit, weit entfernten, imaginären Gegenstand geheftet war. Statt zu laufen, hob der Lung-gom-pa sich vom Boden ab und bewegte sich mittels kleiner Sprünge vorwärts. Er sah aus wie ein Gummiball, der, wann immer er den Boden berührte, von dort wieder abprallte. Er trug ein zerlumptes Klostergewand. In der rechten Hand hielt er einen Phurba (einen magischen Dolch) hoch über dem Boden und schien ihn dennoch wie einen Gehstab zu benutzen.

Lung-gom-pas setzten ihren gleichmäßigen, raumgreifenden Lauf angeblich mehrere Tage hintereinander fort, ohne haltzumachen, um Nahrung oder Wasser zu sich zu nehmen. In dem gewaltigen, beinahe menschenleeren Gebiet Nordtibets könnte man eine solche Leistung als überaus praktisch bezeichnen. Nur ganz besondere Lamas hatten Zugang zu dieser Art des Reisens, und ihre Ausbildung war ebenso merkwürdig wie das, was sie anschließend damit anfingen. Sie waren keine echten Athleten, sondern Mystiker, die jahrelang in einem dunklen Loch meditiert hatten. Atemübungen, Gesänge und Visualisierungen wurden wiederholt, bis die Adepten in der Lage waren, aus einer sitzenden Position direkt aus dem Loch herauszuspringen. Ein anderer Teil der Ausbildung sah vor, daß sie über lange Phasen hinweg mit schweren Eisen belastet einhergingen, so daß sie sich – von den Eisen befreit – schließlich leicht wie Federn fühlten. Wie beim Tumo-Atmen erlangte man die Fähigkeit zum Lung-gom dadurch, daß man den Geist von Ablenkungen reinigte und sich anschließend ganz und gar auf eine bestimmte Gottheit konzentrierte. In der tibetischen Wildnis war dies eine mystische Praxis, aber auch eine Notwendigkeit. Es sollte nicht lange dauern, bis auch Alexandra sich auf diese Überlebenskunst besinnen würde.

Nachdem sie ein karges Gebiet durchquert hatte, das sie an die Sahara erinnerte, und schließlich in Anhsi in Sinkiang angekommen war, schlug Alexandra plötzlich eine andere Richtung ein. Die Kälte konnte sie nicht abschrecken, denn obwohl die vereinzelten Gasthäuser erbärmlich waren, ließ sich doch auf ihren mongolischen *kangs* recht behaglich nächtigen.

Dabei handelte es sich um eine Zementplattform, auf die man das Bettzeug legte und unter der Pferdedung verbrannt wurde. Es roch unangenehm, aber es hielt den Schlafenden warm. Ein Marsch durch die Mongolei kam aufgrund des Krieges zwischen pro- und antibolschewistischen Gruppen nicht in Frage. Anfang April gelangte die Expedition wieder nach Lanchow, wo Alexandra weitere Reisevorbereitungen traf. Sie schickte ihre Bücher, gewisse Wertgegenstände und ihre bessere Kleidung an die französische Bank von Indochina in Schanghai. Sie entließ ihre loyalen tibetischen Diener und verzichtete sowohl auf das Feldbett, das Philippe ihr geschickt hatte, als auch auf ihre behaglichen Zelte; nicht einmal ihre geliebte Badewanne wurde verschont. Von hier an würde die einst wählerische Pariserin mit leichtestem Gepäck reisen und sich ganz darauf verlassen, daß ihr Adoptivsohn die Arbeiten erledigen würde, zu denen sie nicht imstande war.

Im Mai durchquerte Alexandra unter einer sengenden Sonne, die die Temperaturen bis auf über dreißig Grad Celsius hinauftrieb, das trockene, staubige Land von Kansu. Wenn es Nacht wurde, fielen die Temperaturen auf fünf bis zehn Grad Celsius ab, und sie und Yongden lagen zitternd in ihren Schafsfellen. Da sie Chinin einnahm, hatte sie wahrscheinlich einen Malariaanfall, aber das heftige Fieber ihres Sohnes machte ihr erst einmal größere Sorgen. Als sie ihre Reise fortsetzten, wurde Alexandra von zwei Trägern in einer Sänfte getragen, während Yongden die Nachhut bildete. Obwohl es um seine Gesundheit immer noch schlecht bestellt war, führte er zwei mit Gepäck beladene Maulesel.

Alexandra wurde in ihrer schwankenden schwarzen Kiste durch die schmalen Schluchten Shensis getragen. In den Gasthäusern wimmelte es von Ungeziefer, und häufig zog sie es vor, die Nächte dösend auf einem Stuhl im Freien zu verbringen. Sie informierte Philippe, daß sie ihm zwei Artikel für den *Mercure de France* schicke: einen über »Sozialismus unter primitiven Volksstämmen« und einen humorvollen über das Thema, wie man in China billig reisen könne.

Gegen Ende Juni kam Alexandra, nachdem sie von scheinbar willkürlichen Kämpfen aufgehalten worden war, in Chengtu in Szechuan an. Wieder einmal nahm sie Quartier bei den Missionaren, in diesem Fall den französischen katholischen Nonnen, die ein Hospital betrieben. Sie erkrankte an Ruhr und suchte im Institut Pasteur einen Arzt auf. Der wollte sie dort behalten, um ihre Behandlung aufnehmen zu können. Die müde Reisende akzeptierte, zog ein und schwelgte in gutem Essen und einem üppigen Garten. Aber sie lehnte eine Reihe von Injektionen eines angeblich unfehlbaren Heilmittels ab, weil sie Angst vor den Spritzen hatte. In dieser gepflegten Umgebung genas sie, wobei die recht große französische Gemeinschaft, die sie mit Anerkennung überhäufte, gewiß auch eine Rolle spielte. Der Konsul gab ihr zu Ehren einen Empfang, an dem sie mit leichtem Fieber teilnahm, und er verlangte, daß sie ein Gelddarlehen akzeptierte.

Alexandra speiste auch mit dem katholischen Bischof in dessen Palast, wo man ihr und Yongden solch ungewohnten Luxus wie Wein und Zigaretten, Kaffee und Kuchen anbot. Die anwesenden Geistlichen sprachen nie von Belangen der Religion, ermutigten aber nichtsdestoweniger ihre Landsmännin, sich mit der Kirche zusammenzutun. Der Bischof betrachtete sie als Abtrünnige, aber doch als durchaus beeindruckende Persönlichkeit.

Aus Angst davor, daß man ihr einen Strich durch die Rechnung machen könnte, hielt Alexandra ihr Ziel vor allen verborgen. Eine stets schwankende Anzahl chinesischer Provinzen hielt der angeblich republikanischen Regierung in Peking die Treue – die immer noch als »kaiserlicher Haushalt« bezeichnet wurde. Von Kanton aus hatte Sun Yat-sen einen großen Teil des Südens unter seinen Einfluß gebracht, während die bedeutenderen Küstenstädte unter der Herrschaft der europäischen Mächte standen. Japan verfügte im Norden über große Macht, und die Situation im Westen war von Anarchie und Gewalt gekennzeichnet. Der Gouverneur von Kansu führte Krieg gegen den Rebellengouverneur von Szechuan, der seinerseits Hilfstruppen aus Yünnan angefordert hatte. Alexandra, die auf ihrem Weg nach Süden diese Provinzen durchqueren mußte, machte sich innerlich bereits auf Hungersnöte, Räuberbanden, korrupte Beamte und Unmengen Abenteuer gefaßt.

Mitte Juli stieg Alexandra in ihre Sänfte und reiste über schlammige Straßen, reißende Flüsse und durch ein Kriegsgebiet in Südszechuan. Sie begegnete der nördlichen Armee, die den Rückzug angetreten hatte. Die Soldaten versuchten, sie aufzuhalten, aber sie plauderte mit dem General und bekam einen Passierschein. Als nächstes traf sie auf die Nachhut, die sich gerade verschanzte, um das weitere Vordringen der Feinde zu verhindern. Die Männer, im Grunde noch Jungen, taten ihr leid. Einige von ihnen hielten Schirmchen oder Fächer in der Hand, und das Ganze erinnerte sie an eine Szene aus *Madame Butterfly.* In einem verlassenen Dorf rebellierten ihre Kulis und legten die Sänfte nieder. Madame sprang heraus und drohte mit Schlägen und Schlimmerem, bis sie sie weitertrugen. Sie wollte haltmachen, um eine Schlacht zu verfolgen, aber kreischend überredeten die Kulis sie, das Kampfgetümmel zu umgehen und statt dessen durch ein Reisfeld zu ziehen. Dort waren nur die Moskitos lästig.

Eine ernstere Bedrohung stellten die einheimischen Räuber dar, die sich zu Truppen von beachtlicher Größe zusammengefunden hatten, um die regulären Truppen zu besiegen. Das Volk der Lolo hatte die unangenehme Angewohnheit, Ausländer zu entführen und Lösegeld zu verlangen. Nach vielen Umwegen, Ausweichmanövern und einem Marsch durch die Reisfelder, deren Schlamm ihnen bis zu den Knien reichte, kamen Alexandra und Yongden Ende September nach Likiang. Diese letzte chinesische Stadt im Nordwesten Yunnans wurde von einem anderen Volk beherrscht, den Mossos. Burma lag im Süden, Tibet im Norden. Alexandra wohnte in einer Pfingstlermission, wo man sie höflich aufnahm, auch wenn man sie nur mit einfachen Speisen versorgen konnte. Alexandra schrieb ihrem Mann, daß sie bereit sei, den harten Teil ihres Abenteuers in Angriff zu nehmen.

Sie überquerte den Mekong mit Hilfe eines ungeheuerlichen Seilzugs, einer Vorrichtung zur Fußüberquerung, die ihr schon bald absolut modern erscheinen sollte. Nach einem Besuch bei einem einsam lebenden französischen Priester schrieb sie ihrem »Lieben Mouchy« dann, daß er im Frühjahr wieder von ihr hören werde. Sie wolle etwas versuchen, das ihre akademischen Kollegen, denen ein großer Ruf vorauseilte, nicht wagen würden.

Der arme Philippe hatte in Algerien einen Traum, in dem er seine vagabundierende Ehefrau zitternd im Schatten eines Berges sitzen sah, vor einem erloschenen Feuer, während der Schnee sich langsam über ihrem Zelt auftürmte … Nur die eisigen Sterne kannten ihren Aufenthaltsort. Er wachte erschrocken auf und war sich plötzlich sicher, daß einer von ihnen verrückt sein müßte, entweder er oder sie. Etwas mußte geschehen.

Philip handelte auf seine eigene Art und Weise und griff in den Lauf der Dinge ein. Er nahm Kontakt zum französischen Außenministerium auf, das seinen Botschafter in London verständigte. Le Comte de Saint-Aulaire erklärte in einem von Politesse nur so triefenden Schreiben an den britischen Außenminister den Zweck von Alexandras Reise. Nur er konnte ihr aus solcher Entfernung Schutz bieten: Lord Curzon war von Alexandras Tollkühnheit durchaus beeindruckt, obwohl auch er sie für verrückt gehalten haben mag. Er bat darum, daß der Viscount Peel, seinerzeit Vizekönig, den entsprechenden indischen Beamten Weisung geben möge, Alexandras Sicherheit zu gewährleisten. Entsprechende Instruktionen gingen über das India Office an die indische Regierung, wo sie an die zuständigen Abteilungen weitergereicht und von einer ganzen Reihe von Beamten meist unleserlich oder nur mit Initialen kommentiert beziehungsweise quittiert wurden. Der erste von ihnen klagte am 22. August 1922:

Madame Néel ist eine Dame von einigermaßen zweifelhaftem Vorleben, von der man das letzte Mal im Herbst 1921 aus dem chinesisch-tibetischen Grenzgebiet gehört hat. Damals erwog sie angeblich eine Reise nach Lhasa.
Die französische Regierung erklärt nun, daß sie in Kürze auf ihrer Rückreise nach einer Erkundungsreise in den Pamir Indien durchqueren werde, und man bittet darum, sie »freundlich aufzunehmen« …
Der Ausdruck »Pamir« wird von der französischen Regierung wahrscheinlich nicht im engen Sinne, sondern … im weiteren Sinne von »Zentralasien« verwendet, und Madame Néel mag wohl von Tibet aus durch Gangtok oder Leh, vielleicht sogar direkt von Lhasa aus via Gyantse kommen. So oder so erhebt sich die merkwürdige Frage, wie die französische Regierung von ihrem Verbleib wissen konnte …

Der zweite Beamte merkte an, daß das Außenministerium in London »rein gar nichts über Madame Néel wisse«. Ein dritter hatte nichts zu sagen, und ein vierter bemerkte: »Es ist schwierig, sich eine Meinung über die Aktivitäten dieser Dame zu bilden … So, wie ich es verstehe, ist sie eine französische Agentin von einiger Bedeutung.« Und schließlich verwandelte das *Political Committee* am 28. August aus Lord Curzons Großzügigkeit in einen Freischein für die indische Regierung, »alle Maßnahmen zu ergreifen, die wünschenswert erscheinen«. Das bedeutete im Klartext, daß »Madame Néels Bewegungen diskret verfolgt« werden sollten. Die französische Nonne, eine Agentin, mußte im Gegenzug ausspioniert werden – vorausgesetzt, man konnte sie finden. Alexandra hatte sich unterdessen zusammen mit Yongden bereits ins Unbekannte gestürzt.

16

Ein weiter Weg

Von Anhsi aus, dem äußersten Punkt, den Alexandra David-Néel im März 1923 in der Wüste Gobi erreichte, bis zum Nordwestzipfel der Provinz Yünnan, von wo aus sie sich nach Tibet hineinstehlen wollte, sind es über anderthalbtausend Kilometer in nordsüdlicher Richtung durch Westchina. Alexandra und Yongden bewegten sich mehr wie Schildkröten und feilten unterwegs noch an ihren Plänen. Als die beiden Ende Oktober die Gemeinde von Abbé Ouvrard am rechten Ufer des Mekong erreichten, hatten sie wahrscheinlich bereits die doppelte Entfernung zurückgelegt. Sie waren unterwegs, seit sie im August des vergangenen Jahres Jyekundo verlassen hatten. Sie hatten Wüste, Dschungel und Reisfelder durchquert und waren sengender Hitze und eisiger Kälte ausgeliefert gewesen – und das häufig binnen eines einzigen Tages. Die Reisenden waren erschöpft und unterernährt, ihre Gesundheit angeschlagen, und der freundliche Abbé machte ein sorgenvolles Gesicht, als sie kurzfristig seine Mission verließen. Die Gerüchte waren Alexandras schlimmster Feind. Wenn tibetische Beamte von ihrem Vorhaben Wind bekamen, würden sie die wenigen Straßen nach Lhasa noch sorgfältiger bewachen lassen. Obwohl der Abbé den Fremden mit warmer Höflichkeit begegnet war, hatte Alexandra ihn mit der Behauptung getäuscht, sie wolle nach seltenen Pflanzen suchen. Diese Idee verdankte sie einer zufälligen Begegnung mit dem amerikanischen Botaniker Dr. Josef Rock, der ihr das Angebot machte, mit ihm auf Pflanzenjagd zu gehen. Obwohl Alexandra die Einladung ausschlug, stellte die große Expedition mit all ihrem Kommen und Gehen eine gute Deckung für die beiden Fremdländer dar. In ihrem Schutz konnten sie unbemerkt über die Grenze gelangen. Rock war verantwortlich für die Verbreitung der irrigen Vorstellung, der in der Region Koko Nor gelegene Amne Machin sei ein höherer Gipfel als der Everest. Sein 1930 erschienener Artikel in *National Geographic* trug zu dem mysteriösen, an Shangri-La gemahnenden Image Tibets bei, einem Land, in dem sogar der angeblich höchste Berg auf Erden jahrhundertelang unentdeckt bleiben konnte.

An einem strahlenden Herbstmorgen sagten die Reisenden dem offenherzigen Pater Ouvrard Adieu und brachen in Richtung des Gebirgszugs Kha Karpo auf. Der Schneeberg, der sich glitzernd gen Himmel erhob, bewachte die Schwelle zu dem mysteriösen Land. Die Forschungsreisenden waren nach typisch chinesischer Manier gekleidet, und zwei Kulis trugen Vorräte für eine Woche sowie ein von Yongden angefertigtes leichtes Zelt. Es wäre undenkbar für eine Europäerin gewesen, ihr eigenes Bündel zu tragen. Alexandra, die sich erfolgreich der Neugier eines Botanikers und eines Priesters entzogen hatte, mußte sich nun geschickt ihrer Diener entledigen.

Die Gruppe verbrachte ihre erste Nacht auf einem Geierfriedhof, wo die Einheimischen bei Gelegenheit einen alten Maulesel schlachteten, um Dutzende dieser geflügelten Räuber anzulocken, die sie sodann ihrer Federn wegen erschlugen. Der Friedhof war übersät mit ausgebleichten Knochen, aber Alexandra hatte nur Augen für den höchsten der Berge, der von einem Vollmond am sternenlosen Himmel beleuchtet wurde. Es war die Jahreszeit für Pilger, die aus allen vier Himmelsrichtungen herbeikamen, um den heiligen Kha Karpo zu umwandern. Mit diesen frommen Leuten, die eine Vielzahl von Dialekten sprachen, sollten sie und Yongden – eine tibetische Mutter und ihr Lamasohn – verschmelzen.

Alexandra beklagte sich, daß ihre Füße geschwollen seien und Rast bräuchten, was der Wahrheit entsprach. Dann entließ sie nacheinander die beiden Kulis. Nachdem man sie bezahlt und ihnen zu essen gegeben hatte, gingen sie in verschiedene Richtungen davon, um sich schließlich wiederzutreffen und ihre Verwirrung miteinander zu teilen. Einer der Boys war mit einem Kleiderpaket für die Armen zu einer Mission geschickt worden. Alexandra hatte darin den größten Teil ihrer und Yongdens Garderobe weggegeben. Sie behielt keine einzige Decke übrig. Aber die Last war immer noch zu schwer, um von ihr getragen zu werden, und sie mußten auch noch eine wasserfeste Bodenplane opfern.

Ihre Küchenausrüstung bestand aus einem Allzweckaluminiumtopf, einer hölzernen Lamaschale für Yongden, einer Aluminiumschale für Alexandra, einer Schachtel mit einem Messer und Eßstäbchen sowie zwei billigen ausländischen Löffeln, derentwegen sie um ein Haar mit ihrer neuen Automatikpistole einen Mann getötet hätte. Alexandra trennte sich nur widerstrebend von ihrer Thermoskanne. Sie nahm deshalb so wenig mit, weil sie die Absicht hatten, als *arjopas* aufzutreten, Wanderpilger, die in großer Zahl von einem heiligen Ort zum anderen zogen. Viele dieser Leute, die sich einige wenige Münzen für Lhasa aufsparten, bettelten um ihr Abendessen. Es galt als verdienstreiche Tat, ihnen zu helfen.

Das Paar brach nun zum Dokarpaß auf, der Pforte zum eigentlichen Tibet. Zuerst wanderten sie nur nachts durch den dicht bewaldeten Distrikt. Der Weg selbst war schon rauh genug, aber in der Dunkelheit stießen sie sich an Bäumen oder stürzten in Dornbüsche. Obwohl der Durst sie quälte, dämpfte die Macht des Willens ihren Schmerz und trieb sie weiter – unterstützt von kleinen Dosen Strychnin. In homöopathischen Mengen eingenommen, ist dieses tödliche Gift ein Energiespender und ein Stimulans für das zentrale Nervensystem. Die kleinste Überdosis kann jedoch zu einem Zustand führen, in dem die Sinne überscharf werden und man Dinge hört und sieht, die gar nicht reell sind. Das erklärt zumindest teilweise, warum Alexandra den Wald mit Spionen bevölkert sah und sich wie ein gejagtes Tier vorkam. Auch ereigneten sich seltsame Zwischenfälle.

Wie vom Fieber hervorgerufene Trugbilder erhoben sich vor den Augen der Pilger. Als die beiden einige Krähen auf einem Ast erspähten, umkreisten die schwarzen Vögel sie und stießen dabei schrille Rufe aus, die wie ein Lachen klangen. Yongden erklärte, es handele sich bei den Tieren in Wirklichkeit um gefiederte Dämonen, die mit Feuer und Musik Reisende nachts vom richtigen Weg abzubringen versuchten. Der orthodoxe junge Lama gab zu, daß sein Urgroßvater ein berühmter Magier gewesen war. Um die mysteriösen Vögel zu zerstreuen, rezitierte Yongden Gebetsformeln, die er mit den entsprechenden Ritualgesten begleitete.

Alexandras Unbehagen vertiefte sich nicht zuletzt durch den Umstand, daß sie in der Dunkelheit unterwegs waren und aus dem Unterholz das Brüllen von Panthern zu hören war. Ihre Knochen schmerzten, weil sie tagsüber unter einem Haufen modriger Blätter versteckt auf dem Boden geschlafen hatte. Selbst an einem angenehmen Morgen, als die Eindringlinge sich durch ein wunderschönes, von Frost weiß überhauchtes Tal dem Dokarpaß näherten, wurde es ungemütlich, weil bitterkalt, als sie den Aufstieg begannen. Gegen Abend erreichten sie den Paß, die

Schwelle zu der unbewachten Region. Die Tibeter hatten hier die gewohnten, mit Gebeten beschriebenen Flaggen aufgestellt. Aber selbst diese wirkten auf die müden, von Drogen benebelten Wanderer, martialisch und bedrohlich.

Ein jäher Hagelsturm hieß die beiden im Land des Schnees willkommen. Sie verfehlten den Weg nach unten, begannen auszurutschen und mußten kräftige Stäbe in den Boden rammen, um sich daran festzuklammern. Bis zwei Uhr morgens hockten sie auf den Fersen, während es immer weiter schneite, aber als ein schwacher Mond am Himmel aufging, konnten sie endlich den Abstieg in Angriff nehmen. Ihre Wanderstäbe waren mit scharfen Eisenspitzen versehen und unverzichtbar für einen Marsch durch die tibetische Wildnis. Mittlerweile hatten die Reisenden schwerere und den Wetterverhältnissen besser angepaßte Kleidung angelegt. Yongden trug das Gewand eines Lamas, während Alexandra Wildledersstiefel aus Kham anzog, ein rauhes, schweres, in mehreren Lagen übereinander getragenes Kleid mit langen Ärmeln sowie eine alte rote Schärpe, die sie sich um den Kopf schlang. Aber kein einziges dieser Kleidungsstücke ließ sich mit den flauschigen Schafsfellen vergleichen, wie sie die Einheimischen trugen, um sich gegen die eisigen Winde zu schützen.

Auf der anderen Seite des Dokar setzten sich die bizarren Vorkommnisse fort. Auf einer Lichtung in der Nähe eines Flusses kam ein Leopard vorbei, um sie zu beschnuppern. Yongden schlief. Alexandra, die an ihren bengalischen Tiger dachte, scheuchte die Katze mit einer herablassenden Geste weg. Am selben Tag entdeckten die Reisenden ein Dorf, das auf keiner Landkarte verzeichnet war. Sie sahen eine orientalische Phantasiestadt vor sich mit Miniaturpalästen und Villen, inmitten eines Wildparks gelegen. Da sie sie für echt hielten, zogen sie sich bis zum Abend in ein Versteck zurück und schliefen ein. Als sie erwachten, war die merkwürdige Stadt verschwunden. Yongden beharrte darauf, daß sie unmöglich ein Produkt ihrer beider Phantasie gewesen sein könne, eine Vision ja, aber auf ihre eigene Art und Weise doch real. Und er hatte die Vision mit magischen Worten und Zeichen zerstreut. Vielleicht war sie das Werk einer Person gewesen, die sie aufhalten wollte.

Alexandra hatte ihre Zweifel. Als Yongden sie warnte, daß sie schon bald auf handfeste Dorfbewohner, Soldaten und Beamte stoßen würden, die Fremden gewiß mit Argwohn begegneten, versicherte sie ihm, daß sie

sie mit einem Zauber belegen werde. Alexandra, die nun wieder selbstsicherer war, genoß die ungezügelte Freiheit eines Pilgers, der seine gesamte Habe auf dem Rücken trägt und keine weltlichen Sorgen kennt. An diesem Abend vollzog sie den *chöd*-Ritus, einen mystischen Tanz, bei dem gewisse Gebetsformeln sowie die Ermahnung an die Götter und Dämonen formuliert werden, dem Ausführenden des Rituals dabei zu helfen, seinen Geist von allen Bindungen zu befreien. Binnen weniger Jahre war Alexandra eine *naljorma* geworden, eine echte Mystikerin.

Auf der Weiterreise perfektionierte Alexandra ihre äußere Verkleidung. Sie flocht Zöpfe aus pechschwarzem Yakhaar und rieb sich mit einem nassen chinesischen Tuschstein über ihr eigenes braunes Haar. Sie trug riesige Ohrringe nach Art der Einheimischen und puderte sich das Gesicht mit Kakao und gemahlener Kohle, um es dunkler erscheinen zu lassen; ihre Hände schwärzte sie mit Ruß. Aus ihrer Zeit als Opernsängerin kannte sie den Umgang mit Schminke und das kam ihr nun sehr zustatten. Ebenso wichtig war die Rolle, die sie würde spielen müssen, und der mit einer raschen Auffassungsgabe gesegnete Yongden ersann diese Rolle. Als eine Gruppe von Pilgern die schweigende alte Frau sah – die wie gebannt war von den blendend weißen Gipfeln vor einem kobaltblauen Himmel –, fragten die Leute sich, ob sie ein *pamo* (ein Medium) sei. Yongden nickte zustimmend und schmückte die Geschichte folgendermaßen aus: Sein Vater sei ein Ngagspa (Zauberer) gewesen, weshalb seine alte Mutter eine *sang yum* (wörtlich »geheime Mutter«) sei, also die Gemahlin eines tantrischen Lamas. Diese Behauptung ließ die einfachen Leute, denen die beiden begegneten, vorsichtig werden. Die Pilger hatten größte Angst, die Gefährtin eines Zauberers zu beleidigen, sei dieser nun tot oder lebendig. Nachdem sie Mutter und Sohn Tsampa und getrocknetes Fleisch angeboten hatten, gingen sie hastig wieder ihrer Wege. Das Essen war sehr willkommen, da die Reisenden nur geringe Vorräte bei sich trugen.

Yongdens großspuriges Auftreten als Lama, der in den okkulten Künsten bewandert war, mußte natürlich für Komplikationen sorgen. Anfangs mieden die beiden noch alle Dörfer, stahlen sich vor Sonnenaufgang daran vorbei und versteckten sich bei Tagesanbruch, um zuzusehen, wie der Strom der Pilger an ihnen vorbeifloß. Yongden versuchte, bei diesen Wanderern aus Ost- und Nordtibet Essen und Tee zu schnorren sowie

Informationen zu erhalten. Als Gegenleistung mußte er *mo* für sie praktizieren. Diese Wahrsagerei, bei der man Perlen abzählen oder in eine
Schale mit Wasser blicken mußte, konnte allen möglichen Zielen dienen,
angefangen von der Vorhersage der Zukunft bis hin zu Auskünften, wohin sich ein bestimmtes Haustier verirrt hatte etc. Es wäre für einen Rot-
mützenlama undenkbar gewesen, eine ehrliche Bitte auszuschlagen, und
außerdem konnte er mit einer sicheren Belohnung rechnen. Die Position
von Mutter und Sohn hatte sich nunmehr umgekehrt: Er wurde wegen
seines Wissens hofiert, während sie stumm ihren Topf schrubbte oder
irgendeine andere Arbeit verrichtete.

Nach zehn Tagen erreichten sie den majestätischen Fluß Salween, wo
sie für eine Nacht die Gastfreundschaft eines entgegenkommenden Lamas
akzeptierten. Die herbstliche Landschaft war von einer ewig frühlingshaf-
ten Frische. Die beiden wanderten, von einer warmen Sonne beschienen,
am Flußufer entlang, und die Kiesel unter ihren Füßen schienen lebendig
zu sein. Mutter und Sohn waren von einem seltsamen Glücksgefühl erfüllt. Sie kamen nun in eine mystische Region, die die Tibeter Pemako
nannten. Es war eine Art Gelobtes Land, Gegenstand einer alten Prophezeiung, die vorhersagte, daß der Buddhismus in Tibet eines Tages verfolgt
würde, daß sie aber »hier ein Land finden würden, in dem es sich gut
leben ließ, und daß ihre Religion eine neue Blüte erfahren und sich
schließlich über die ganze Welt ausbreiten würde«.

Angesichts der heutigen Ereignisse beeindruckt diese Prophezeiung.
Die Tibeter, die im neunzehnten Jahrhundert dorthin umsiedelten, fan-
den das untere Tsangpo-Tal an der indischen Grenze, wo Assam und
Burma zusammentreffen, nicht besonders freundlich. Es kam zu häufigen
Kämpfen mit den einheimischen Stämmen, und 1910 fanden sich die
Tibeter einer marodierenden chinesischen Invasionsarmee gegenüber.
Colonel Eric Bailey, der 1913 in dieses Gebiet kam, um für die indische
Regierung Land zu vermessen und Karten anzufertigen, klagte über Blut-
egel in den Wäldern sowie »jede Art von Fliegen und allem anderen, was
sticht«, in den Häusern. Alexandra und Yongden hingegen verlebten
einige sehr angenehme Tage, während sie durch das wunderschöne
Flußtal schlenderten.

Die Reisenden hatten die Pilgerroute, die um Kha Karpo herum-
führte, hinter sich gelassen und mußten nun einen neuen Grund für ihre

Wanderungen ersinnen. Der Verlust eines kleinen Gegenstandes erschütterte vorübergehend ihre Zuversicht. Alexandra trug einen kleinen Kompaß bei sich, den zu verbergen sie sich alle Mühe gab. Nach einer in einer Höhle verbrachten Nacht zog sie am Morgen wieder ihr Übergewand an, das auch als Decke diente, und stellte bei dieser Gelegenheit fest, daß das Instrument fehlte. Wenn ein solch fremdländischer Gegenstand gefunden wurde, würde man ihn gewiß den Beamten aushändigen, die sie daraufhin möglicherweise aufspüren konnten. Verzweifelt gingen die beiden den Weg, über den sie gekommen waren, noch einmal zurück und fanden den Kompaß glücklicherweise wieder.

Selbst ihr kleines Zelt konnte sie verraten. Nachdem sie den dreitausendvierhundert Meter hohen Tondo-la (*la* bedeutet Paß) erreicht hatten und sich nun wieder auf dem Abstieg befanden, stellten die müden Wanderer ihr Zelt in der Nähe eines Flusses auf. Sie wagten es nur im Schutz der Dunkelheit zu benutzen. Am Morgen überholte sie eine große Gruppe von Pilgern, die Yongden baten, ihnen ihr Schicksal vorauszusagen. Ein Bauer wollte wissen, wie es seinem Vieh während seiner Abwesenheit erging. Die Not eines jungen Mädchens mit wunden Füßen war dagegen deutlich ernsterer Natur: Sie fürchtete, daß man sie unterwegs aussetzen würde. Das war das Schicksal derer, die bei dem harten Fußmarsch nicht mithalten konnten; sie fielen dann Wölfen zum Opfer oder verhungerten.

Der Lama Yongden war klug aber auch mit der Gabe des Mitleids gesegnet. Er zählte langsam die Perlen seines Rosenkranzes, warf Kieselsteine in die Luft und befragte das Orakel. Er kam zu dem Schluß, daß ein böser Dämon die Beine des Mädchens hatte anschwellen lassen und daß man ihn austreiben mußte, indem das Opfer drei Tage an einem *chorten* (einem Begräbnisdenkmal, in dem Reliquien aufbewahrt wurden) halt machte. Diesen Ort würden sie in Kürze erreichen. Hier sollten die Pilger eine Zeremonie abhalten, die der Lama ihnen bis in alle Einzelheiten erklärte: Diese einfachen Leute mußten einen Zauber rezitieren, der mit einem Blöken endete: »Bhaaah!« Yongden ließ sie diesen Laut viele Male üben, bis sie ihn richtig hinbekamen.

Auf diese Weise würde dem Mädchen wenigstens die dringend benötigte Ruhepause gewährt werden. Die schlichten Landbewohner waren voller Ehrfurcht für den Lama; sie ließen ihn nur widerstrebend weiterziehen und begannen, Geschichten über seine magischen Kräfte zu verbreiten. In einem nahen Dorf versetzte Yongden die Bevölkerung sowie die Mönche aus dem dazugehörigen Gompa mit Erzählungen von fernen Orten und seinen Mo-Prophezeiungen in Erstaunen. Die Bauern brachten ihm Geschenke, die er huldvoll annahm, während Alexandra, die im Staub hockte, langsam unwohl wurde. Sie äußerte einen frommen Spruch, dessen verschlüsselte Bedeutung die folgende war: »Verschwinden wir von hier!« Yongden mußte seine neugewonnene Berühmtheit und ein behagliches Quartier aufgeben, um mit seiner Mutter weiterzutrotten. Die Schelte, mit der sie ihn überhäufte, ließ ihn tagelang schmollen. Die Situation sollte sich jedoch bald in fataler Weise umkehren.

Die beiden hatten am Vormittag haltgemacht, um neben einem primitiven Aquädukt Tee zu kochen. Ein Dutzend Dorfbewohner kam zusammen, um sie zu beobachten und darüber zu spekulieren, wer sie sein mochten. Der Tsampa kauende Yongden weigerte sich, auch nur ein einziges Wort zu sprechen. Alexandra wurde nervös und wusch eilig den Teetopf aus. Sie vergaß, daß das Wasser den Einheimischen ihre weiße Haut offenbaren würde. Zweifellos hatten diese Leute noch nie eine leibhaftige Europäerin gesehen, aber sie waren davon überzeugt, daß es hochgewachsene Dämonen mit weißen Augen und grauem Haar sein müßten. Die Tibeter waren von Natur aus freundlich und hilfsbereit gegenüber Fremden, vor allem Pilgern, aber man hatte sie glauben gemacht, daß alle Philings ihre Religion zerstören wollten. Die Situation am Fluß wurde prekär, als sich drei Soldaten der Menge beigesellten. Sie verlangten zu wissen, wohin die Reisenden gehen wollten.

Yongden ergriff mit ruhiger Stimme das Wort und erklärte, daß er und seine Mutter eine Pilgerreise nach Kha Karpo gemacht hätten und nun auf dem Rückweg in ihre Heimat, Amdo, seien. Sie luden ihre Habe auf und schlugen den Weg nach Lhasa ein, während die Dorfbewohner hinter ihnen darüber stritten, ob sie nun Mongolen seien oder nicht – halbwilde Barbaren vielleicht, aber wenigstens keine Philings. Alexandra stieß einen Seufzer der Erleichterung aus.

Mutter und Sohn zogen weiter durch eine Hügellandschaft mit bestellten Feldern, die, obwohl der Winter bereits nahte, immer noch grün waren. Die Täler im südlichen Tibet liegen klimatisch so günstig, daß dort eine Winterernte möglich ist. In den Klöstern, die häufig von Bauern bearbeitetes Land besaßen, standen Nahrungsmittel zum Verkauf. Aber ironischerweise waren die Mönche weltgewandter als das einfache Volk, und sie würden Alexandra vielleicht als Philing erkennen. Also eilten die Reisenden in den frühen, noch dunklen Morgenstunden an den Mauern eines Gompas vorbei und schlugen im Wald ihr Lager auf. Bei Sonnenaufgang kehrte Yongden dann zum Kloster zurück, um Vorräte und Informationen zu besorgen. Einmal, als sie sich in einer pechschwarzen Nacht hoffnungslos verirrt hatten, beschlossen sie, sich an Ort und Stelle niederzulegen, ohne Zelt oder Feuer. Sie verbrachten eine sehr unbequeme Nacht.

Die ersten Sonnenstrahlen offenbarten ihnen, daß sie direkt unterhalb der Mauern eines Klosters lagerten, in dem ein wichtiger Beamter weilte. Während Alexandra sich in Richtung des nächsten Feldes davonmachte, ging Yongden hinein um zu feilschen. Er kehrte beladen wie ein Maultier zurück, und sie gönnten sich ein gehaltvolles Frühstück, bevor sie zu einem Pilgerlager weiterwanderten. Gutmütige Leute kamen herbei, um sich segnen zu lassen, und Alexandra plauderte mit den Frauen über ihr Yakhaarzelt in der Region Koko Nor, ihre Schafherde und ihre Lieblingsfesttage. Sie war keine Philing mehr, sondern eine Nomadenfrau der Steppe und ebenso frei.

Schon bald danach fand Alexandra unterwegs eine alte, pelzgefütterte Kappe. Es war die Art Kopfbedeckung, wie sie die Frauen der Kham trugen, und sie würde nicht nur ihre Maskerade perfektionieren, sondern ihr auch in den kalten Höhenlagen auf dem Weg nach Lhasa den Kopf wärmen. Aber Yongden warnte sie davor, die Kappe an sich zu nehmen. Die Tibeter glauben, daß es einem Pech bringt, wenn man einen Hut aufliest, auch wenn er einem vom eigenen Kopf gefallen ist. Die Französin lachte nur und schob den fettigen Pelz in ihr Bündel.

Dabei wandelten sich die Dinge eher zum Besseren. Eine gefährliche Begegnung mit einem *pombo*, einem Wachposten, in der Nähe von Lhasa, der die Straße im Auge behalten und verdächtige Gestalten befragen sollte, nahm einen guten Ausgang. Beamte, Soldaten und Mönche waren allesamt auf der Hut vor Fremden. Dieser Pombo unterzog Yongden einer genauen Musterung, ignorierte aber dessen Mutter, die im Staub hockte. Schließlich gab er den Pilgern eine Rupie als Almosen. Alexandra war so nervös, daß sie das Gefühl hatte, jemand hätte ihr Nadeln ins Gehirn gestoßen. Sie hätte sich gar keine Sorgen zu machen brauchen, denn Yongden hatte die Geschichte schon zweimal mit Bravour erzählt.

Das Paar gratulierte sich zu seinem Erfolg und eilte dem nächsten Paß entgegen, dem To-la. Auf dem windgepeitschten Gipfel, auf dem ebenfalls Gebetsfahnen flatterten, riefen sie dem eisblauen Himmel den traditionellen Gruß zu: »*Lha gyalo! De tamche pam!* Sieg den Göttern! Die Dämonen sind geschlagen!«

Alexandra, die fortan als Bettlerin auftrat, erfreute sich schon bald der Gastfreundschaft gewöhnlicher Tibeter. Sie hatte mittlerweile gewisse Gewohnheiten des Landes angenommen, so putzte sie sich zum Beispiel die Nase mit den Fingern, setzte sich voller Gelassenheit auf einen mit Fett und Speichel überzogenen Lehmboden oder wischte sich die schmutzigen Hände an ihrem Kleid ab. Ihr tiefverwurzelter Sauberkeitssinn wurde einigermaßen erschüttert. Sie sollte leben wie das einfache Volk und einen Umgang mit den tibetischen Frauen pflegen, wie es eine Europäerin noch nie getan hatte. Im Haus eines wohlhabenden Dorfbewohners mußte sie essen, was ihr vorgesetzt wurde. Es war noch nie geschehen, daß ein Bettler das Essen, das man ihm in die Schale gab, abgelehnt hätte. Hier war der Haushaltsvorstand Gott sei dank zu sparsam, um den tibetischen Luxus anzubieten, vor dem ihr am meisten graute: von Maden durchsetztes Fleisch.

An diesem Ort erlangten die Reisenden wertvolle Informationen. Als Alexandra später ihre eigene Legende schuf, behauptete sie, die Politik zu verachten und sorgsam jede Verstrickung in solche Angelegenheiten zu vermeiden. Tatsächlich war sie, was sie sein mußte, nämlich eine scharfsinnige, politische Beobachterin. Ihre Sympathien galten dem Pantschen Lama, der sie freundlich behandelt hatte und der ihr philosophischer und geistig offener erschienen war als der XIII. Dalai Lama. Daher war sie bereit, von der Regierung in Lhasa das Schlimmste zu denken.

Alexandra hörte aufmerksam zu, als die Bauern über arrogante Beamte klagten, die aus der Hauptstadt entsandt wurden, und über Steuern, die man ihnen für eine neue, modernisierte Armee abpreßte. Sie würde ihre Leser bald darüber informieren, daß man den Männern aus den Grenzgebieten nur alte, aus der Mode gekommene Gewehre anvertraute. Einige von ihnen zogen insgeheim die Herrschaft des erloschenen Mandschureiches vor, das nur aus der Ferne regiert hatte. Vor allem die Khampas waren unabhängig bis an die Grenzen der Anarchie, und das war ein guter Grund für Alexandra, sich für einen solchen auszugeben.

Nachdem sie genauestens darüber unterrichtet waren, an welchen Stellen mit den Pombos zu rechnen war, zogen die Pilger weiter. Mit neuer Zuversicht suchten sie Orte auf, an denen der Lama Prophezeiungen machen oder die Mutter bettelnd von Tür zu Tür ziehen konnte. Eine Hausfrau rief sie zum Essen herein und goß ihnen Quark und Tsampa in ihre Schalen. Alexandra begann beides mit den Fingern zu vermischen und vergaß dabei, daß sie noch schwarz waren von der feuchten Tinte, die sie sich vor kurzem ins Haar gerieben hatte: Dunkle Streifen zogen sich durch den milchigen Tsampa … Als die gute Frau näher kam, schluckte Alexandra hastig den abscheulich schmeckenden Inhalt ihrer Schale herunter.

Noch weniger appetitlich war eine Mahlzeit, die ein armes Ehepaar ihnen servierte. Diese Leute, die selbst nicht besser dran waren als Bettler, boten ihnen in einer bitterkalten Nacht die Gastfreundschaft ihrer Hütte an, woraufhin Yongden den beiden die Rupie schenkte, die ihnen der großzügige Pompo gegeben hatte. Sie sollten sich etwas Anständiges zu essen davon kaufen. Der Mann kehrte bald aufgeregt und triumphierend mit einem Päckchen zurück. Im Schein der Kohlen auf dem winzigen Feuer erkannte Alexandra die Umrisse eines Magens. Sie wußte, daß in diesem Magen Nieren, Herz, Leber und Eingeweide des Tieres eingenäht waren. Diese Organe waren wochenlang in ihrem Behältnis vor sich hin gefault – eine tibetische Delikatesse. Die Hausfrau kochte aus diesem gelatinösen Batzen einen Eintopf, die Kinder fielen über die Reste her, die sie roh verzehrten, und dann wurden den Gästen Schüsseln mit der ekelerregenden Suppe vorgesetzt. Alexandra war stöhnend in eine Ecke gekrochen.

Yongden erklärte, seine Mutter sei krank geworden, aber für die anderen unhörbar murmelte er, daß sie sich den schlimmsten Dingen stets zu entziehen wußte. Er selbst schluckte tapfer eine ganze Portion der Flüssigkeit hinunter. Merkwürdigerweise wurde er daraufhin ebenfalls krank. Die Familie tat sich indes voller Freude an den Resten gütlich und leckte sich schmatzend die Lippen.

Alexandra und Yongden waren inzwischen zu echten tibetischen Wan-

251

dersleuten geworden. Wenn der Pfad bergan führte und wieder einmal tausend Meter aufstieg, erkletterten sie ihn mit Freuden. Aus Lhasa entsandte Beamte, die sich allesamt verpflichtet fühlten, ihre Wichtigkeit zu demonstrieren, durchkämmten die Dörfer, um den Bewohnern Steuern aufzuerlegen. Die beiden Bettler wichen ihnen aus oder bettelten sie mit einem schiefen Grinsen um Almosen an. Im Nu-Tal verweilten sie für einige Zeit, plauderten mit den Bauern dort und wandten sich dann einem kaum erkundeten Gebiet zu. Die Herbstblätter, die sich gold und purpurn gefärbt hatten, hoben sich gegen immergrüne Tannen ab. Manchmal tüpfelte ein feiner Schnee das Gras, auf dem er sich wie ein Zauberteppich ausbreitete. Aber diese Märchenlandatmosphäre konnte jederzeit von dem argwöhnischen Blick eines neugierigen Lamas gestört werden oder von den Gerüchten, daß wieder Philings in der Nähe gesehen worden waren. Alexandra und Yongden verlegten sich wieder auf nächtliche Wanderungen, weil sie befürchteten, entdeckt zu werden.

Der Mangel an Privatsphäre unter den einfachen Tibetern bereitete der zurückhaltenden Französin ebenfalls Probleme. Ihr, die einst so anspruchsvoll gewesen war, erschien nun ein heißes Bad wie eine Erinnerung aus einem früheren Leben. Vor anderen zur Toilette gehen zu müssen, kostete sie nach wie vor viel Überwindung. Abgesehen von der Peinlichkeit konnte sie es sich nicht leisten, die Dinge zu offenbaren, die sie unter ihrem voluminösen Kleid verborgen hielt. Sie mußte daher ihre Toilette in der frühmorgendlichen Dunkelheit verrichten, bevor ihre Gastgeber aufstanden. Sie verdunkelte ihr Gesicht mit Ruß vom Boden des Kochtopfs, dann rüttelte sie Yongden wach. Anschließend brachten sie ihre schweren Geldgürtel in Position. Diese Gürtel enthielten Silbermünzen – eine landläufige Währung – und in Alexandras Fall den Goldschmuck, den ihr der verstorbene Maharadscha von Sikkim geschenkt hatte. Dieser Schatz genügte, um viele Male dafür ermordet zu werden. Sie versteckten Kompässe, Uhren und Landkarten und sicherten schließlich ihre Pistolen, die sie stets geladen hielten.

Alexandras ursprüngliche Absicht war es gewesen, einen Fotoapparat in ihrem Bündel mitzunehmen, aber der hätte zusätzliches Gewicht bedeutet und sie in große Gefahr gebracht, wenn man ihn bei ihr entdeckte. Man hatte sie aus diesem Grund schon früher zur Umkehr gezwungen, und daher traf sie nun sorgfältigste Vorkehrungen. Sie hat alles aufgeschrieben, was sie mitnahm, und dabei nie eine Kamera erwähnt. Bezeichnender noch ist die Tatsache, daß keine Fotos von ihrer viermonatigen Reise existieren, und die Reisende hätte sich eine solche Gelegenheit zur Dokumentation ihrer Abenteuer gewiß nicht entgehen lassen. Was ist dann mit den verschiedenen Fotos, die man in Lhasa irrigerweise Alexandra zuschrieb? Mehr dazu später.

Im Haus eines wohlhabenden Bauern am Ufer des Salween wurden die gewohnten Schwierigkeiten noch durch den unglaublichen Geiz ihres Gastgebers verschärft. Der Mann, der gerade eine Kuh verloren hatte, verlangte von Yongden, ihm zu prophezeien, wo er das Tier finden könne. Nach großem Hokuspokus und zu Yongdens eigener Überraschung tauchte die Kuh wie aufs Stichwort hin auf. Der Bauer war so beeindruckt, daß er darauf bestand, daß der Lama seinen Haushalt und jedes einzelne seiner Rinder und Schweine segnete. Yongden mußte aus den heiligen Schriften lesen und heiliges Wasser über die weitläufigen Ställe sprengen. Zur Belohnung wurde eine dünne Suppe aus getrockneten Nesseln aufgetragen. Danach führte man sie zu ihrem Schlafplatz auf dem Lehmfußboden weit entfernt vom Feuer. Aus Respekt vor dem Lama gab man ihm ein Stück zerlumpten Teppichs, auf dem er sich zusammenrollen konnte.

Die Tibeter schliefen, bis auf die Mitglieder der höchsten Klasse, traditionellerweise nackt und zusammengerollt wie Katzen. Die Bauern krochen oft in dieselben ungezieferverseuchten Schaffelle, die sie tagsüber trugen. Alexandra sah zu, wie die Töchter des Haushalts sich bis auf die Hüften auszogen und ihren schmutzverkrusteten Oberkörper sehen ließen. Die müden Pilger schliefen mit dem Gedanken an ein warmes Frühstück ein. Es war Sitte, einen Lama, der eine erfolgreiche Prophezeiung gemacht hatte, üppig zu entlohnen.

Bei Tagesanbruch hatten die Hochstapler kaum ihre Ausrüstung sicher versteckt, als die Hausherrin erschien. Sie entzündete das Feuer und schüttete in ihre ungewaschenen Schalen die Überreste der fettigen Suppe vom Vorabend. Um dem Ganzen die Krone aufzusetzen, verlangte der alte Geizkragen von Yongden noch einen zusätzlichen Segen, den dieser natürlich gewähren mußte. Sobald sie jedoch unterwegs waren, schleuderte der betrogene Lama einen traditionellen Fluch in Richtung des Bauernhauses: »Möge auf dem Rücken deiner Schafe niemals mehr die Wolle wachsen, möge dein Vieh sich als unfruchtbar erweisen und deine Obstbäume von Plagen heimgesucht werden!«

Mutter und Sohn brachen in Gelächter aus, und das Rauschen des Salween schien ihnen zuzuraunen: »Fremde, ihr habt noch viel zu lernen über das Land des Schnees.«

17

Ein weiter Weg, Fortsetzung

»Wenn man die Landkarte des Gebiets nördlich von Burma betrachtet«, schrieb der britische Beamte Eric Bailey in seinem *No Passport to Tibet*, »wird man eine merkwürdige geographische Formation sehen. Drei gewaltige Ströme fließen in unmittelbarer Nähe von Norden nach Süden: der Yangtse, der Mekong und der alween ... Werfen Sie nun einen Blick auf Tibet (das heißt auf den Westen), dann werden Sie einen großen Fluß dort finden, den Tsangpo, der in östlicher Richtung durch die südlichen und bevölkerungsreichsten Teile des Landes fließt.« Dieses Land war für die Geographen so sehr eine Terra incognita, daß sie sich fragten, wohin der Tsangpo schließlich floß, obwohl sie wußten, daß er im fernen westlichen Tibet in der Nähe des Mount Kailas entsprang. Dieses und andere geographische Rätsel wurden schließlich von unerschrockenen Entdeckern wie Bailey gelöst, Männern, die beinahe allesamt unbefugt in das dortige Gebiet eindrangen.

Der Tsangpo wird in dem gewaltigen Gebirgsknoten im Osten des Himalajas, im Grenzgebiet von Tibet, Szechuan, Yünnan und Burma, zum Brahmaputra, der Ader des heutigen Bangladesch, die sich schließlich mit dem Ganges vereint und in den Golf von Bengalen ergießt. Auf ähnliche Weise bildet der Yangtse die Hauptschlagader Chinas, während der Salween durch Yünnan und Burma seinen Weg hinab zum Meer nimmt. Der Mekong windet sich durch Hinterindien, um sich in Vietnam zu einem sumpfigen Delta aufzufächern. Im Land des Schnees sind diese Ströme schneller und nicht so breit wie in ihrem Mittel- und Unterlauf. Da sie älter sind als der Himalaja selbst und im tibetischen Landesinneren entspringen, müssen sie sich ihren Weg zum Meer buchstäblich durch die hohen Gebirge schneiden, teils über große Gefällestufen, teils durch eindrucksvolle Schluchten. Die Tibeter haben eine Reihe haarsträubender Verfahren ersonnen, um diese Ströme zu überqueren.

Bailey berichtete, daß er 1913 einen Fluß auf eine Art Sattel gebunden

255

überquert habe, der über zwei Seile aus gedrehtem Bambus glitt. Bailey hat diese Erfahrung nie wiederholen wollen. Zur Überwindung des Mekong mußte sich Captain Kingdon Ward mit einer Prozedur anfreunden, wie sie ähnlich auch von Alexandra beschrieben wurde: Man stößt sich an einem Bambusseil vom höher gelegenen Ufer ab und schwingt sich zum tiefer liegenden Ufer auf der Gegenseite hinab. Dabei gelangte man relativ schnell über den reißenden Strom. Zur Überquerung ruhigerer Flüsse wurden Flöße oder Fähren aus Yakhäuten benutzt, in denen bis zu sechs Passagiere übergesetzt werden konnten. Da sie nicht steuerbar waren, konnten diese Wasserfahrzeuge von der Strömung mitgerissen und abgetrieben werden. Mitte der dreißiger Jahre war es noch eine Sensation, als der amerikanische Missionar Robert Ekvall einen hohen Lama in seinem aufblasbaren Schlauchboot aus Gummi über den aufgewühlten Gelben Fluß ruderte. Der Rest der staunenden Pilgerschar, die nach Lhasa unterwegs war, wurde truppweise von einem an Seilen angebundenen und von Pferden gezogenen Boot übergesetzt. Dieses kastenartige Gefährt wäre in der lebhaften Strömung beinahe gekentert. Die Pilger konnten natürlich nicht schwimmen und suchten ihr Heil statt dessen im Gebet.

Alexandra berichtete von einer besonders beängstigenden Flußüberquerung. Auf dem Weg in die Stadt Zogong wurden sie und Yongden von zwei Lamas überholt, die als Kuriere für den Gouverneur des Bezirks Mekong arbeiteten. Die Lamas schöpften Verdacht, so daß die Pilger ihre Route änderten, um das nur spärlich bevölkerte Umland des Flusses Giamo Nu zu durchqueren, des Oberlaufs des Salween. Sie erreichten den Fluß an einem herrlichen Tag, und weil ein Lama mit seinen Gefolgsleuten ebenfalls auf die andere Seite wollte, fanden sie an dieser entlegenen Stelle sogar einen Fährmann. Alexandra ließ sich von dem Anblick des schmalen Wasserlaufs am Grund der Schlucht nicht einschüchtern, aber das Vehikel zur Überquerung des Flusses sah doch besorgniserregend aus: ein einziges, durchhängendes Seil, das an beiden Ufern auf gleicher Höhe an Pfosten gebunden war.

Alexandra, die immer noch als altes Weib verkleidet war, sowie ein junges tibetisches Mädchen wurden recht unsanft zusammen an einem hölzernen Haken festgebunden, der über das lederne Seil gleiten sollte. Ein Stoß ließ sie über den Abgrund schwingen, wo sie wie Marionetten an einem Faden tanzten. In rasender Fahrt ging es hinab bis zur Mitte des Tragseils; von da ab zog der Fährmann vom anderen Ufer an einem Zugseil, um sie zu sich herüberzuholen. Dieses riß, und das ungleiche Paar glitt wieder zurück zur tiefsten Stelle des Tragseils. Ihr Leben war nicht in Gefahr – wenn nicht eine von ihnen schwindlig wurde, den Halteriemen, der an dem Haken befestigt war, fahren ließ und hintenüber fiel. In diesem Falle würden sie beide in die Schlucht stürzen.

Alexandra, die sich stählerner Nerven rühmte, blieb unerschütterlich, aber ihre junge Seilgefährtin, die leichenblaß geworden war, blickte bereits nach oben. Sie war sich sicher, daß sich der Halteriemen löste. Alexandra konnte an den Verknotungen oben nichts Auffälliges entdecken, aber die Panik des Mädchens war ansteckend. Es wußte wahrscheinlich mehr über diese Vorrichtungen als eine Philing. Konnten die Männer das Zugseil instand setzen, bevor sich die Knoten an dem Haken ganz gelöst hatten? Ein wahrhaftig würdiger Gegenstand für eine Wette!

Alexandra wollte nicht zu ihrem eigenen Untergang beitragen. Sie beruhigte das Mädchen und erklärte ihm, sie habe geheime Mächte zu ihrem Schutz herbeigerufen. Ein Arbeiter schwang sich auf das Tragseil, und daran hängend kroch er wie eine Fliege unter der Decke über den Abgrund auf sie zu. Nachdem das Zugseil wieder eingehängt war, wurde das Paar ans Ufer gezogen – bei jedem Zug am Seil von neuem in Angst, die Riemen könnten sich doch noch lösen. Am Ufer mußte das hysterische Mädchen dann noch eine Standpauke des Fährmanns über sich ergehen lassen. Yongden verlangte – kaltblütig wie immer – Almosen für seine alte Mutter, die zu Tode erschreckt worden sei. Es sollten noch ganz andere Gefahren auf sie warten.

Um das Land Po zu erreichen, mußte Alexandra zwischen zwei Straßen wählen. Sie hatte eine Karte von der ersten Straße skizziert, die Täler durchquerte und an Dörfern und Klöstern vorbeiführte. Es machte den beiden Reisenden nichts mehr aus, durch bewohntes Gebiet zu ziehen, da sie sich angewöhnt hatten, sofort um Almosen zu betteln, sobald sie sich einer Siedlung näherten. Das half, die gewaltigen, wilden Wachhunde fernzuhalten, und wurde oft mit einem bescheidenen Essen bei einfachen Leuten und einer Lagerstatt in irgendeiner Ecke belohnt. In den Klöstern erwarben die Bettler manchmal solch extravagante Leckereien wie Sirup-

257

kuchen, getrocknete Aprikosen, Tee und Butter. Ein weißer Fleck auf der Landkarte des südlichen Tibet hatte General Pereira in Jyekundo in große Aufregung versetzt. Seine Bemerkung, daß niemand je dort gewesen sei, bezog sich natürlich nur auf die Weißen. Nun würde Alexandra dort entlang kommen.

Dieser Weg durch unkartographierte Wildnis brachte Probleme mit sich. Man mußte in dieser Gegend mit Räubern rechnen, die das Ziel verfolgten, ihr Unwesen in dichter besiedelten Gebieten zu treiben. Es war durchaus denkbar, daß sie Zeugen ihres Treibens ermordeten. Schlimmer noch, ein hoher Paß führte in das langgestreckte Tal hinein und ein anderer wieder hinaus. Wenn es zu schweren Schneefällen kam, nachdem sie den Weg ins Tal hinein bewältigt hatten, und der zweite Paß blockiert war, würden die Reisenden in der Falle sitzen und entweder erfrieren oder verhungern.

Alexandra verspürte den Drang, dem Reiz des Unbekannten zu folgen. Außerdem bot sich ihr hier die Gelegenheit, sich als Entdeckerin einen Namen zu machen. Also zog sie bei eisiger Kälte los. Im letzten Dorf hatte man ihnen dringend nahegelegt, reichlich Vorräte mitzunehmen, aber wegen der überzogenen Forderungen des einheimischen Pompos in seiner Festung besaßen die Leute nichts mehr, was sie hätten erübrigen können. Um sich warmzuhalten, kochten Alexandra und Yongden eine Suppe aus einem Stück getrockneten, schmutzigen Schinken, einer Prise Salz und Tsampa. Nicht einmal die Hunde ihres Vaters hätten ein solches Gericht gefressen, dachte Alexandra, während sie sich ihre Schale zum zweiten Mal füllte.

Anschließend stiegen sie bei scharfem Wind ins Gebirge hinauf, bis die Sonne unterging. In einem leerstehenden Hirtenlager fanden sie Unterschlupf für die Nacht. Das Lager hatte ein Dach, eine Feuerstelle, und es gab jede Menge Dung, den sie verbrennen konnten. Für die müden Wanderer war es das Paradies. Am nächsten Tag stand ihnen eine weitere Kletterpartie bevor. Auf der Suche nach einem *latsa* – einer der zahlreichen Gebetsfahnen, die eine Paßhöhe markieren – wankten sie über einen hohen Gebirgskamm, ohne jedoch fündig zu werden. Statt dessen enthüllte sich ihnen eine weite, bis dahin vor ihren Blicken verborgene Landschaft. Es war eine gewaltige Schneefläche, die in der Ferne von einer Mauer leuchtender, schneebedeckter Gipfel begrenzt wurde. Das Tal vor ihnen stieg sachte wieder an, bis es die Gipfel am Horizont erreichte. Ausnahmsweise einmal war Alexandra sprachlos vor diesem überwältigenden Anblick. Hinter diesem prachtvollen Schleier könnte sich nur das Höchste verbergen.

Der Schnee machte den Weg unkenntlich, und die beiden wußten nicht, in welche Richtung sie sich wenden sollten. Es war drei Uhr nachmittags, und wenn sie sich an dieser Stelle verirrten, bedeutete das, daß sie die Nacht auf dem Gipfel zubringen mußten. Alexandra beschloß, ihrem Charakter gemäß, geradeaus weiterzugehen. Glücklicherweise war ihr Bündel leicht, aber Yongden wurde von der Last der Zelte und Haken niedergedrückt. Angetrieben von Sorge pflügte sie sich eilig durch knietiefen Schnee und fragte sich schließlich, ob der Junge ihr auch hatte folgen können. Sie warf einen Blick zurück.

Yongden erschien weit unter ihr inmitten der weißen Fläche als ein kleiner schwarzer Punkt, einem winzigen Insekt gleich, das den Hang hinaufzukriechen schien. Alexandra wurde das Mißverhältnis zwischen dem gewaltigen Gletscher und den beiden schwächlichen Reisenden bewußt, die ihm den Kampf angesagt hatten. Da begriff sie die Bedeutung des Wortes »Mitleid«. Dieses Gefühl, das nun in ihrem Herzen aufstieg, galt ihrem Gefährten, mit dem sie so viele Abenteuer durchgestanden hatte. Sie mußte es bis nach Lhasa schaffen – allein schon um den Jungen zu retten, dessen Loyalität ihr gegenüber nie ins Wanken geraten war.

Alexandra kämpfte sich weiter, und wo der Schnee zu tief schien, um hindurchzugehen, benutzte sie ihren langen Stab als Sprungstock. In dem schwächer werdenden Licht entdeckte sie schließlich einen weißen Hügel, aus dem einige Zweige herausragten. An diesen Zweigen baumelten eisbedeckte Stoffetzen – die Latsa auf der Paßhöhe. Sie winkte Yongden zu, der langsam zu ihr aufschloß. Als sie sich müde und benommen umsah, ging der Mond auf. Sein silbriges Licht fiel auf die Gletscher, die hohen Gipfel und die unbekannten Täler, die sie noch durchwandern mußten. Die Pilger segneten dieses Land der eisigen Riesen. Dann stiegen sie, auf der Suche nach Schutz vor dem Wetter und auf Brennmaterial, von dem fünftausendachthundert Meter hohen Deo-la hinab. Im Mondlicht trotteten sie durch ein unwirklich schönes Tal, das von einem Fluß geteilt wurde. Der Wind umtoste sie, und ein Verweilen hätte den sicheren Tod bedeutet.

Die beiden waren neunzehn Stunden lang ohne jede Nahrungsaufnahme ununterbrochen marschiert, als sie endlich um zwei Uhr morgens haltmachten. Das Lung-gom (Gehen in Trance) hatte automatisch eingesetzt, als auch größte Entschlossenheit nicht mehr weiterhalf. Aber an dieser Stelle fanden sie nun an einem Lagerplatz in der Nähe des Flusses Kuhdung. Wenn sie erst Rast machten, war es lebenswichtig, sofort ein Feuer in Gang zu bringen. Brennmaterial allein genügte nicht; und der Feuerstein und der Stahl waren naß.

Yongden schlug vor, daß seine Mutter Tumo – die Praxis des inneren Feuers – machen solle, während er herumlief, um sich warm zu halten. Alexandra spürte, daß sie in dieser okkulten Kunst aus der Übung gekommen war. Trotzdem mußte sie sich nun auf die Lehren des Gomchen von Lachen besinnen. Sie schickte Yongden los, Kuhfladen einzusammeln, und setzte sich hin, nachdem sie Feuerstein und Stahl mit einem Stückchen Moos unter ihr Kleid geschoben hatte. Sie kam in eine Trance, bei der ihr Geist die ganze Zeit über konzentriert blieb. Eingebildete Flammen stiegen um sie herum auf, wurden prasselnd immer höher, bis sie sie verschlangen und schließlich über ihrem Kopf tanzten.

Der laute Knall brechenden Eises auf dem Fluß erschreckte Alexandra derart, daß sie sofort erwachte. Die Vision der Flammen erstarb, und sie spürte wieder den kalten Wind auf ihrem erhitzten Körper. Ihre Finger waren wie lebendige Kohlen. Voller Zutrauen schlug sie abermals Stahl auf Stein. Funken sprangen in das trockene Gras und breiteten sich zu einer kräftigen Flamme aus. Als Yongden zurückkehrte, staunte er nur, nicht zuletzt über das glühende Gesicht und die leuchtenden Augen seiner Mutter. Obwohl sie ihr Feuer genossen, fürchtete Alexandra doch, daß ihre Gesundheit Schaden gelitten haben könnte. Aber die ersten Strahlen der Morgensonne, die über das kleine Zelt strichen, weckten die beiden aus einem erfrischenden Schlaf. Alexandra hatte sich nie besser gefühlt.

Bisweilen begegneten die Einheimischen den Reisenden mit Argwohn, aber für gewöhnlich half man ihnen. Die Tibeter versuchten ihr Karma zu verbessern, indem sie Pilgern auf dem Weg zu heiligen Stätten ihre Unterstützung schenkten. Die wenigen, von Armut niedergedrückten Hirten, die in dem Tal zwischen den beiden hohen Pässen überwinterten, waren hingegen grob. Die Pilger erfuhren, daß der Aigni-la, der ins Land

Po führte, *vielleicht* noch frei sei, wenn sie sich beeilten. Yongden, der so zungenfertig war wie Odysseus, führte ein religiöses Gespräch mit einem der *dokpas* und überredete ihn nicht nur, sie bis zur Paßhöhe zu führen, sondern auch ein Pferd für seine alte Mutter mitzunehmen. Sie begleiteten den Rinderhirten in sein Lager, wo sie im Quartier des Anführers untergebracht wurden: Es war dunkel, verräuchert und der Lehmfußboden wie so oft mit Speichel bedeckt.

Als Yongden hinausging, um Almosen zu erbetteln, versuchten ihre Wirte, seine arme Mutter auszurauben. Diese Provinzler hielten Diebstahl für einen guten, sauberen Spaß. Die Schande fiel auf das Opfer, das seinen Besitz nicht verteidigt hatte. Alexandra lag zusammengerollt vor der Feuerstelle und tat so, als schliefe sie, hielt dabei aber ständig ihre Bündel im Auge. Der Anführer, dessen Neugier sie erregt hatte, war drauf und dran, sich über Alexandras Bündel herzumachen. Da rollte sie sich auf die Seite und rief in ihrem vorgetäuschten Schlaf nach ihrem Sohn. Dann setzte sie sich auf und behauptete, der Lama habe sie von ferne gewarnt, daß sie erwachen solle. Yongden kehrte zurück und fiel unverzüglich in das Spiel ein. Die abergläubischen Dokpas bekamen es mit der Angst zu tun und benahmen sich fortan korrekter.

Sie alle aßen aus Yak-Innereien gekochte Suppe, und Alexandra verschlang drei Schalen davon. Die Gerüchte über Philings in Kha Karpo machten ihr Sorgen. Hatten diese Bauern kürzlich von ihnen gehört, oder war die Geschichte schon jahrealt? In Tibet konnte man das nie wissen. Manchmal verbreiteten sich Neuigkeiten über den »Yak-Telegraphen« mit überraschender Geschwindigkeit von Dorf zu Dorf, genausogut jedoch war es möglich, daß eine Nachricht in einem entlegenen Lager hängenblieb. Am nächsten Morgen waren die Reisenden froh, aufbrechen zu können, und der Führer stand zu seinem Wort. Bei dem Latsa, der den Aigni-la markierte, bot Yongden dem Dokpa einige Münzen an, aber dieser wollte nur einen Segen. Geld würde er ausgeben, aber Verdienste konnte er sich für sein nächstes Leben aufsparen.

Die Pilger standen auf dem Gipfel des ersten und einzigen Passes, den sie ohne die gewohnte, harte Kletterpartie erreicht hatten. Aber unter einem tief hängenden Himmel waren sie plötzlich beide voller böser Ahnungen. Die Hirten machten sich über die Weidegründe Gedanken. Der Boden war nicht feucht genug, um im nächsten Frühling gesundes

Gras sprießen zu lassen. Um sich ihr Wohlwollen zu verdienen, versprach Yongden ihnen Schnee. Sie sollten nur einen simplen Ritus vollziehen, den sie jedoch erst dann in Angriff nehmen durften, wenn er und seine Mutter den Aigni-la hinter sich gebracht hatten. Jetzt fragten die beiden sich, ob die Dokpas vielleicht zu früh zu beten begonnen hatten.

Die Luft war schwer von Feuchtigkeit, während die Reisenden über unfruchtbare Weiden einem sumpfigen Fluß entgegenzogen. Alexandra erkannte, daß sie eine der Quellen des Po Tsangpo entdeckt hatte, eines Nebenflusses jenes Stroms, der so friedlich durch den Süden Lhasas floß. Trotz ihres Mißtrauens Landkarten gegenüber schlüpfte sie unvermittelt in die Rolle der Entdeckerin und sah sich schon die Fachleute mit ihrem Wissen übertrumpfen. Obwohl sie nur geringe Nahrungsvorräte bei sich hatten, beschloß Alexandra, auf der Suche nach weiteren Zuflüssen ein größeres Gebiet zu durchstreifen. Also führte sie Yongden in die oberen Täler.

Am Abend setzte ein leichter Schneefall ein. Dann schneite es heftiger, und der Schnee machte die Gipfel und Täler unsichtbar. Die Entdecker, Neulinge in dieser Gegend, stellten ihr Zelt auf, kochten Tee und gingen schlafen. Alexandra wurde von einem schrecklichen Druckgefühl geweckt. Augenblicklich begriff sie, daß sie gerade bei lebendigem Leibe unter einer Schneewehe begraben wurden. Die beiden bewahrten Ruhe, drehten sich auf den Bauch und konnten sich befreien, indem sie sich in die Höhe stemmten. Sie mußten den Rest der Nacht weitermarschieren, da ein neues Quartier auf dieselbe Weise zuschneien würde.

Am Mittag des folgenden Tages stießen sie auf eine Erdhöhle, in der sie sich verkrochen und bis zum nächsten Sonnenaufgang schliefen. Noch immer fielen dicke, feuchte Flocken vom Himmel. Unerschrocken machten sich die Abenteurer auf den Weg durch das jetzt weiße Gelände. Yongden, der ein wenig zurückgefallen war, stürzte in eine Schlucht, als er eine Schneedecke irrtümlich für festen Boden hielt. Die erschrockene Gefährtin fand ihn auf blutbeflecktem Schnee liegen. Das Blut stammte nur von kleineren Verletzungen, aber der junge Mann hatte sich böse den Knöchel verstaucht. Alexandra, die die Sache mehr aufregte als ihren Sohn, bestand darauf, ihn zu tragen. Aber sie hatte nicht die Kraft, um ihn durch den tiefen, teilweise trügerischen Schnee zu schleppen, unter dem sie nun ständig verborgene Abgründe befürchten mußten. Also stützte Yongden sich lediglich auf ihren Arm, und so humpelten die beiden in einem stundenlangen Marsch zu der Erdhöhle zurück.

Als Alexandra am Morgen erwachte, sah sie, wie Yongden seinen Stab als Krücke benutzte und zu gehen versuchte. Sein Fuß war unförmig angeschwollen und konnte kein Gewicht tragen. Was sollten sie tun? Eine Umkehr war unmöglich, und so wollte Alesandra in das nächste Dorf eilen, um Hilfe zu holen. Das hieße, sich in das Land Po zu begeben, und die Einwohner von Popa waren als Banditen und Kannibalen berühmt. Yongden allein in der Höhle zurückzulassen, war gefährlich. In der Nacht konnten Wölfe, Bären oder gar ein Leopard ihn angreifen. Zusammen dort zu verharren bedeutete den Hungertod.

Alexandra beschloß zu handeln und stürzte sich auf der Suche nach einem Dokpas-Lager in den Schnee hinaus. Sie wanderte den ganzen Tag lang durch Schneegestöber, traf aber keine Menschenseele. Schließlich drehte sie um und kehrte mit einigen Brocken getrockneten Kuhdungs zurück. Sie hatte sie in einer verlassenen Hütte gefunden und in ihr Obergewand gewickelt. Ihr chinesisches Unterkleid war durchnäßt, und der bitterkalte Wind hatte es zu Eis erstarren lassen. Die Nacht brach herein, und Alexandra konnte die Höhle nicht finden. Sie hätte am liebsten in die Dunkelheit hineingeschrien, unterdrückte diesen Drang jedoch, weil sie fürchtete, den Verstand zu verlieren, wenn sie keine Antwort bekäme. Endlich zeigte ihr ein Lichtschimmer weiter oben den Weg, und sie war wieder mit Yongden vereint, der inzwischen halbtot vor Angst war.

Eine Schale voll heißen Wassers mit Teestaub munterte die beiden auf, und der Lama hoffte, daß er am nächsten Tag wieder gehen konnte. Wenn nicht, mußte Alexandra ihn zurücklassen und sich selbst retten. Was ihm zugestoßen war, sei kein Unfall gewesen, sondern die Konsequenz seiner früheren Taten. In Gedanken mit dem Thema Karma beschäftigt, schliefen sie beide tief und fest ein, während es immer weiter schneite. Seit fünfundsechzig Stunden schneite es ohne Pause.

Am nächsten Tag kämpften sie sich durch knietiefe Schneeverwehungen. Alexandra hatte ihrem Sohn aus einem kräftigen Ast eine primitive Schiene angefertigt und eine leere Vorratstasche als Polster darumgewickelt. Als das Wetter sich besserte und Yongden neben ihr einherhumpelte, war sie sogar in der Lage, die schöne, alpine Landschaft und die ungeheuerliche Stille des fremden, weißen Landes zu genießen. Aber ihre rechte, große Zehe lugte aus ihrem Stiefel hervor, und als der Riß größer wurde, zeigten sich Erfrierungserscheinungen an ihrem Fuß. Keine Spur von Menschen oder Vieh oder schützenden Unterkünften.

Die Dunkelheit nahte und mit ihr neuer Schnee. Sie konnten nicht noch eine Nacht im Freien verbringen. Aber das Glück – oder Karma – der Pilger wendete sich. Plötzlich lief Alexandra gegen einen Zaun. Sie umfaßte ihn mit festem Griff, aus Angst, es könne eine Illusion sein. Aber sie war über das Sommerlager eines Hirten gestolpert, zu dem neben einer behaglichen Hütte Feuerholz und getrockneter Dung gehörten, die unter dem Schuppen lagen. Als Yongden das Lager erreichte, hatte Alexandra bereits ein loderndes Feuer entzündet und bereitete das Essen zu: gekochtes Wasser mit einigen Spritzern Tsampa. Die bloße Wärme schenkte ihr größere Wonne als ein Dinner im schicksten Restaurant in alten Pariser Zeiten.

Die Reisenden verbrachten einen müßigen, hungrigen Tag in der Hütte. Yongden flickte die Stiefel seiner Mutter, und sie nahmen eine Mahlzeit aus Teestaub zu sich. Am nächsten Tag brachen sie vor Morgengrauen auf und wanderten unter einem schneeverheißenden Himmel durch einen Wald aus Eichen und Stechpalmen – die Art, die auf englischen Weihnachtskarten abgebildet wird. Es war übrigens Weihnachtsabend, und Alexandra brach einen kleinen Zweig mit Beeren ab, der für einen nicht genannten Freund in Europa bestimmt war. Sie wollte sich selbst davon überzeugen, daß sie beide trotz ihrer Schwäche lange genug leben würden, um das Geschenk eines Tages überbringen zu können. Ironischerweise war der beabsichtigte Adressat, als sie dann nach Frankreich zurückkehrten, inzwischen gestorben.

Als die Reisenden gegen Mittag bemerkten, daß sie den falschen Weg eingeschlagen hatten, schienen ihre Chancen schlecht zu stehen. Sie kehrten auf demselben Weg, den sie gekommen waren, ins Lager zurück, kochten Schnee und tranken Wasser. Yongden machte sich auf, um die Gegend zu erkunden, während seine Mutter darüber nachdachte, daß ihre europäischen Bekannten sich an ihrer Stelle nun wahrscheinlich aufgeben, einander die Schuld zuschieben und das Schicksal verfluchen würden. Ein Bruchstück aus einem buddhistischen Vers kam ihr in den Sinn: »Glücklich wir, die wir leben / unter den Angstgeplagten, ohne Angst.«

Aber als Yongden zurückkehrte, sah sie, daß er blaß war und daß Fieber in seinen Augen leuchtete.

Die Nacht war eine Qual. Im schwachen Schein der Feuers erwachte Alexandra, um zu sehen, wie der Lama auf die Tür zustolperte. Er murmelte, daß der Schnee sich über ihnen auftürme und sie begraben werde; sie müßten sofort aufbrechen. Glühend heiß vor Fieber stürzte Yongden auf die Tür zu, hinter der sich vor dem schwarzen Himmel weiße Schneewehen abzeichneten. Er bat sie, mit hinaus ins Freie zu kommen. Alexandra schob ihn wieder in die Hütte und rang ihn nieder. Während sie kämpften, erinnerte sie sich daran, daß die Lichtung draußen sehr abrupt in einem nur wenige Meter entfernten Felsvorsprung endete. Sie warf einen Arm voller Zweige auf das Feuer, und das plötzliche Aufflammen des Lichtes erschreckte den jungen Mann so sehr, daß er wieder zu sich kam. Er leistete ihr keinen Widerstand mehr und legte sich hin. Alexandra, die nun mit offenen Augen döste, verbrachte die Nacht damit, über ihren Sohn zu wachen.

Als die Pilger sich am Weihnachtsmorgen erhoben, nagte der Hunger an ihren Gedärmen. Yongden schien durchaus bei Sinnen zu sein, aber als er sagte, er sei ein Berggott und bringe ein Geschenk, kamen seiner Mutter doch Zweifel. Der Lama förderte aber ein Stück Schinkenfett zutage, das er benutzt hatte, um ihre Yakfellstiefel wasserdicht zu machen, und einen Rest Leder von den Sohlen. Also gaben sie diese Leckereien in einen Topf mit kochendem Wasser und tranken dankbar die Brühe. Es war ein Bettlerfestmahl.

Der Tag stand unter einem glücklichen Stern und brachte ihnen noch ihre erste Begegnung mit einem Popa. Er trat, als sie weiterzogen, aus einer Hütte heraus und lud die Reisenden zu sich ein, damit sie sich aufwärmen konnten. In der Hütte saßen ein Dutzend Männer um ein Feuer herum – stämmige Burschen mit wallendem Haar und mongolischen Gesichtszügen. Sie hatten viele Fragen an Yongden, der zugab, daß er und seine Mutter den Aigni-la überquert hatten. Die Männer glaubten, die beiden seien gerade erst über den von Schnee blockierten Paß gekommen. Sie mußten geflogen sein! Die Popas verlangten von Yongden die Antwort auf eine besonders brennende Frage. Es war eine Rebellion gegen den Pompo im Gange, der Lhasa repräsentierte und in der Hauptstadt Verstärkung angefordert hatte. Die Rebellen hatten ihrerseits einen

Trupp entsandt, der den Kurier abfangen sollte, und nun wollten sie wissen, wie die Sache ausgegangen war. Der Lama versuchte die Männer hinzuhalten, da er wußte, daß sie mit einem falschen Propheten kurzen Prozeß machen würden.

Alexandra murmelte aus ihrer Ecke, daß alles ein gutes Ende nehmen würde. Yongden tischte den Popas daraufhin die Geschichte auf, nach der seine Mutter die Gefährtin eines Zauberers gewesen sei. Die Popas nötigten ihren Gästen Buttertee auf und stahlen sich dann, erfüllt von Angst vor solch mächtigen Magiern, aus der Hütte. Alexandra und Yongden schliefen gut und wanderten am Morgen nach Cholog weiter. Schon bald scharte sich das ganze Dorf um die zauberkundigen Bettler, die über den Aigni-la geflogen waren. Diese sahen sich ihrerseits einem wahren Wunder gegenüber – einer dicken Rübensuppe. Die beiden verschlangen mehrere Schalen und konnten endlich ihr einwöchiges Fasten brechen.

Als Alexandra und Yongden bei Abenddämmerung die ersten Hütten eines Dorfes erreichten, liefen die Bauern vor ihnen weg und warnten ihre Nachbarn, daß Pilger auf dem Wege seien. Jedes Haus wurde verriegelt, und vor einem wohlhabenden Gebäude wurden sie von grimmigen Mastiffs angegriffen. J. Hanbury-Tracy, ein Engländer, der Mitte der dreißiger Jahre den Po kartographierte, beschrieb diese behaarten Tiere, die bis zu hundertfünfzig Pfund wiegen konnten, als Kreaturen von »der Größe eines kleinen Ponys« mit »höchst barschen Neigungen«. Heinrich Harrer bemerkte, daß »ihre gewohnte Kost aus Milch und Kälberfleisch ihnen gewaltige Kräfte verlieh«. Er kämpfte mit einem unglücklichen Mastiff, der ihn angegriffen hatte, bis zu dessen Tod. Alexandra hielt diese kläffenden Viecher in Schach, indem sie ihnen mit ihrem Stab auf die Schnauzen hieb und mit dessen Eisenspitze nach ihnen stach. Aber in diesem Dorf bekamen die Pilger weder Almosen noch einen Platz am Feuer.

Nachdem sie einen dichten Wald durchquert hatten, kamen die beiden in Sung Dzong an. Ursprünglich bedeutete *dzong* »Festung«, aber zu Alexandras Zeiten bezeichnete ein Dzong jedes auf einer Anhöhe stehende Gebäude, das einen Beamten beherbergte. Obwohl die Stadt am Zusammenfluß zweier Flüsse lag und eine wichtige Rolle im Land Po spielte, war sie auf ihrer Karte nicht verzeichnet gewesen. Sie bedauerte, daß ihr Versteckspiel sie davon abhielt, irgendeine ernsthafte Kartographierung vorzunehmen. Aber die Entdeckung der wissenschaftlichen Instrumente in ihrem Bündel hätte für sie und Yongden das Todesurteil bedeuten können.

Die indischen Experten einer vergangenen Generation hatten bei ihren heimlichen Erkundigungen Tibets simple, versteckte Geräte bei sich getragen, um Entfernungen abzuschätzen. Hätte Alexandra mit ihrem Thermometer die Temperatur siedenden Wassers gemessen, so hätte sie daraus annäherungsweise die jeweilige Höhe über dem Meeresspiegel berechnen können. Aber die Vagabundin zog es vor, ihre erwählte Rolle als bettelnde Pilgerin nicht nur zu spielen, sondern wirklich zu leben. Auf diese Weise verschwand die Philing, und sie verschwand vor allem in ihren eigenen Augen. Nur für den Fall äußerster Bedrohung mußte Alexandra bereit sein, das wichtigste ihrer Ausrüstungsteile einzusetzen, ihren Revolver.

Die Popas haßten die Chinesen, weil diese während der Invasion von 1910–1911 ihre Städte und Dörfer verwüstet hatten. Damals ermordeten die Eindringlinge auch ihren König, dessen zwei Ehefrauen mit ihren Kindern fliehen konnten. Die Politik der verbrannten Erde hatte eine ohnehin primitive Gegend noch weiter verarmen lassen. Trotzdem feierte man in der Region das neue Jahr Mitte Januar, was dem chinesischen Kalender entsprach. An diesem Tag kamen die Pilger an einem abgelegenen Bauernhaus vorbei, aus dem gerade eine Anzahl betrunkener Männer trat, rauhe Burschen, die ihre Gewehre über dem Rücken trugen.

Die Männer riefen ihnen nach, aber die Pilger setzten ihren Weg fort und suchten sich eine Höhle für die Nacht. Am Morgen tauchte ein Popa bei ihnen auf, den ihre beiden billigen, fremdländischen Löffel sofort faszinierten. Um ihn loszuwerden, fragte Yongden, ob er etwas einheimischen Käse gegen Nähnadeln tauschen wolle. Der Mann ging auf den Handel ein und erklärte, er würde mit einer Kostprobe des Käses zurückkehren. Statt dessen holte er jedoch einen seiner Spießgesellen, einen unerschrockenen Halunken, der zuerst voller Bewunderung ihr Zelt befingerte und dann die beiden Löffel an sich riß. Der andere packte das Zelt, während beide sich immer wieder ungeduldig nach dem Bauernhaus umsahen, als erwarteten sie von dort Unterstützung. Wenn die Popas herausfanden, was diese angeblich armen Pilger bei sich trugen – unter anderem Gold und Silber –, würden sie sie ermorden.

267

Alexandra warnte die Räuber, daß es besser sei, von ihrer Habe abzulassen. Die Männer lachten ihr ins Gesicht und packten ihre Beute in Säcke. Die alte Mutter zog ihren Revolver und fügte einem der Burschen ohne Zögern eine Streifschußwunde am Kopf zu. Daraufhin ließen die beiden ihr Diebesgut fallen und rannten wie erschreckte Hasen davon. Wahrscheinlich stand ihnen nun ein Scharmützel bevor, aber glücklicherweise erschien in diesem Augenblick eine Schar von dreißig Pilgern. Sie kamen aus dem Nu-Tal und war bereits von einigen Popas angegriffen worden, die sie erfolgreich in die Flucht geschlagen hatten. Aber die Mönche der Gruppe, die das Kämpfen übernommen hatten, waren nur mit Schwertern und Speeren bewaffnet. Sie waren entsprechend froh darüber, auf Gefährten mit Schußwaffen zu treffen, und baten darum, sich diese Wunderdinge einmal ansehen zu dürfen. Yongden zeigte ihnen seinen alten Revolver und behauptete, er habe den Schuß abgegeben. Alexandra quittierte es mit Freude, daß die Pilger ihren Sohn als Helden priesen, denn ein Revolver im Besitz einer Frau wies unmißverständlich auf einen Philing hin, wenn nicht gar auf einen Dämonen.

Die Leute waren freundlich, und Alexandra teilte für ein paar Tage ihre Gesellschaft. Dann ließ sie sie weiterstürmen, während sie selbst es vorzog, das hier milde Winterklima zu genießen und inmitten einer spektakulären Landschaft und üppiger Vegetation, zu der auch Orchideen zählten, zu verweilen. Kingdon Ward berichtete von »vielen Arten kleiner Bodenorchideen, von denen einige köstlich dufteten«. Südtibet war auch das Land der Purpuriris, der gelben Schlüsselblumen und des Blauen Mohns. Die Französin spürte die seltsame, übersinnliche Atmosphäre der verborgenen Täler des Po-Landes, in dem sich schneebedeckte Gipfel über im Wind wehende Gerstenfelder erhoben; der Yogi in ihr erahnte eine lang verlorene Zeit, ein Paradies der Jugend und der Einfachheit.

Edwin Bernbaum, der über Shambala schrieb – auf das James Hilton sein Shangri-La gründete und das für einige Mythos und für andere Wirklichkeit ist – bemerkt dazu:

Es wird aussehen wie andere Täler, mit derselben Art von Bäumen, Wiesen und Flüssen, aber ein Mensch mit erhöhter Empfindsamkeit wird etwas in der Atmosphäre spüren, ein Gefühl von größerem Raum oder Freiheit, das ihn auf eine tiefe und machtvolle Weise berühren wird. Abgesehen davon, daß er dort ohne Mühe zu Nahrung und einem Dach überm Kopf kommen kann, wird er auch verschiedene spirituelle Schätze finden, wie zum Beispiel heilige Bilder und mystische Texte.

Man braucht ein besonderes Auge oder ein besonderes Bewußtsein, um Shambala zu sehen, das, wie Bernbaum andeutet, letztendlich im Herzen und im Geiste des Yogi liegt. Daß Alexandra in einem von Räubern und Kannibalen bevölkerten Land Zufriedenheit und geistige Erneuerung fand, sagt uns mehr über sie als über das Po-Gebiet. Diese Pilgerin war weder eine Heilige noch ein Buddha, wenn sie auch auf dem Wege dahin war.

Ein kurzer Aufenthalt in der Hütte eines einfachen Ehepaars berührte Alexandras Herz. Es hatte die Pilger eingeladen, seine magere Gastfreundschaft zu teilen. Die beiden schlichten, alten Leute gingen so zärtlich miteinander um wie frisch Verliebte. Der Mann hatte einen Kropf – das gab es bei den Popas häufig –, und die Frau war runzelig. Sie, die einst als Schönheit gegolten hatte, war die Geliebte eines reichen Händlers gewesen, bis sie mit ihrem Romeo davonlief. Jetzt lebte das vollkommen mittellose Paar unter einem Dach mit einer Kuh, deren Milchkalb und einem Wurf schwarzer Ferkel, die ihre Notdurft auf dem Fußboden verrichteten. Die Liebenden zeigten kein Bedauern und sehnten sich, was in Tibet selten vorkam, nicht einmal nach Kindern, so sehr gingen sie ineinander auf. Sie teilten eine Rübensuppe mit ihren Gästen und gaben ihnen Tsampa für unterwegs mit. In der Nacht legte Yongden einige Rupien in einen Topf auf einem Regal. Das leise schnarchende Paar würde glauben, die Götter hätten das Geld dort hingelegt.

Alexandra brach vor Sonnenaufgang auf, um nach Showa zu gehen, in die Hauptstadt der Popa. Hier kehrte sie auch wieder zu ihrer Rolle zurück und begann am Tor des Quartiers des Königs von Po laut zu betteln. Die Grenzregionen Tibets waren in dieser Zeit halb unabhängige Fürstentümer. Der lokale Herrscher weilte gerade in Lhasa, sollte sich zu guter Letzt jedoch mit der Zentralregierung überwerfen. Er war im Grunde ein Räuberhauptmann, und die neue Armee des Dalai Lamas würde ihn besiegen und er selbst als Wanderer in den Bergen den Tod finden. Seine Haushofmeister überhäuften die Bettler mit Butter und Eiern, um sie loszuwerden.

Es gab noch eine letzte große Hürde zu überwinden: eine Zollbrücke, die über die Schlucht von Tongyuk führte, wo man von einem Dzong aus die Reisenden beobachten konnte, die sich der Hauptstadt näherten. Ein Brückenwärter kontrollierte ein Tor, und als die Pilger anklopften, zog er es nur einen Spalt breit auf, um sie von oben bis unten zu betrachten. Sie stürzten sich auf den Wächter und begehrten den Aufenthaltsort einer großen Gruppe von Freunden zu wissen, die aus Nu gekommen waren. Der Wärter sagte, eine solche Gruppe sei am Morgen nicht vorbeigekommen. Was, keiner der Mönche hätte einen Beutel mit getrocknetem Fleisch für sie dagelassen? Nein! Aber das sähe ihnen gar nicht ähnlich. Hätte nicht vielleicht er, der Wärter, ihr Fleisch gestohlen? So ging der Schlagabtausch weiter, bis der Torhüter vergaß, daß sie einen Passierschein für die Festung benötigten, und sie ungeduldig durchwinkte. Er war froh, sie los zu sein, und Alexandra dankte im stillen ihren fiktiven Freunden, die sich schon bei mehreren Gelegenheiten als nützlich erwiesen hatten.

Die Reisenden, die nun bewaldetes Land mit weit verstreuten Dörfern durchwanderten und sich tagsüber verborgen hielten, glaubten, bald am Ziel zu sein. Sie kamen in ein Gebiet, das teils aus Ackerland, teils aus Weiden bestand und in Alexandra Heimweh nach den französischen Alpen weckte. Eines Abends, während Alexandra mit dem Gedanken spielte, den Norden zu erforschen, erschien ein einfach gekleideter Lama in ihrem Lager. Er hatte einen aus Menschenknochen geschnitzten Rosenkranz bei sich und trug einen Stab mit Dreizackspitze in der Hand. Er setzte sich und sah Alexandra durchdringend an. Der Mann, der keinerlei Vorräte bei sich trug, nicht einmal einen Beutel mit Tsampa, machte sie nervös. Schließlich förderte er einen zu einer Schale geformten Schädel zutage und nahm sich etwas Tee.

»*Jetsunma*«, begehrte er zu wissen, »warum hast du deinen Rosenkranz und deine Einweihungsringe abgelegt? Wen willst du täuschen?«

Yongden begann eine Geschichte zu spinnen, aber der tantrische Zauberer schickte ihn weg. Alexandra begriff, daß ein Täuschungsmanöver sinnlos wäre. Der Lama kannte sie, auch wenn sie nicht wußte, woher. »Du kannst es nicht erraten, Jetsunma«, bemerkte er in halb neckendem

Tonfall, als hätte er ihre Gedanken gelesen. »Ich bin nicht der, für den du mich hältst, ich bin der, den du in mir sehen möchtest.«

Die beiden ließen sich auf ein langes Gespräch über buddhistische Philosophie und tibetischen Mystizismus ein und die Ideen des Lamas, seine Ausdrucksweise und schließlich auch seine Gesichtszüge erinnerten sie mehr und mehr an Sidkeong, ihren ermordeten Prinzen. Dann war der Lama von einer Sekunde auf die andere im Wald verschwunden, genauso rätselhaft, wie er erschienen war. Alexandra beruhigte sich mit dem Gedanken, daß der Zauberer ihr wohlgesinnt war. – Oder war es ein Dschinn gewesen? – Er war gekommen, um ihr für ihre Reise nach Lhasa seinen Segen zu geben.

Eines Tages im Februar 1924, vier Monate nach ihrer Abreise aus Yünnan, erreichten Alexandra und Yongden endlich den Dunstkreis von Lhasa. Hier hatten Beamte im Jahr zuvor General Pereira mit Kuchen und Pfirsichen begrüßt. Selbst dem armen, erschöpften und als Träger verkleideten Montgomery McGovern »lief ein Schwarm von Bettlern über den Weg, die unserer Gruppe mehr als eine Meile weit folgten und dabei wild gestikulierten und nach Almosen schrien«. Aber diesen beiden staubigen, müden Pilgern, die sich durch nichts von jenen unterschieden, die wie sie zu den Neujahrsfestlichkeiten herbeikamen, schenkte niemand Beachtung.

Alexandra, der schwindelig war vor Erregung, entdeckte die goldenen Dächer des Potala. Das Licht der Sonne ließ die Dächer wie Brillanten vor einem dunkelblauen Himmel leuchten. Der Potala schien ganz Tibet zu krönen. Mit der dort typischen Plötzlichkeit kam ein Unwetter auf, das Staubwolken bis hoch in den Himmel hinaufwirbelte. Der Palast wurde verhüllt, und die Eindringlinge waren vor neugierigen Blicken sicher.

Alexandra deutete dies als ein gutes und hilfreiches Omen, da es auf der Hochebene für gewöhnlich von Leben nur so wimmelte. Sie redete sich ein, daß keiner der Bewohner Lhasas auch nur im Traum ahnte, daß eine Ausländerin im Begriff stand, in ihre Mauern einzudringen! Als die beiden noch unsicher zögerten, weil sie nicht wußten, wo sie während der betriebsamen Festtage Quartier finden würden, trat eine Frau an sie heran – und das war ein weiteres Wunder. Sie bot ihnen eine schmale Zelle in einer Bettlerherberge an. Diese Herberge war weit vom Zentrum der

Stadt entfernt und würde ein perfektes Versteck abgeben. Noch dazu hatte man von dort einen wunderschönen Blick auf den Potala.

Sobald sie drinnen waren, wagte Yongden – flüsternd, aber triumphierend – zu deklamieren: *»Lha gyalo!* Die Götter siegen!« Die Pilger hatten das heilige Lhasa erreicht.

18

»Der Potala ist das Paradies der Buddhas«

Lowell Thomas senior, ursprünglich ein Rundfunkmoderator, der es aber nur selten lange an einem Ort aushielt, wurde 1949 zusammen mit seinem Sohn Lowell Thomas junior von dem jugendlichen XIV. Dalai Lama in seine Hauptstadt eingeladen – das heißt, eigentlich ging die Einladung von dem Regenten und dem *kashag* (Ministerrat) des Dalai Lamas aus. Grund dafür war die Angst vor Maos rotem China, das über Tschiang Kai-scheks Nationalisten gesiegt hatte und an der verletzlichen chinesisch-tibetischen Grenze nun eine Invasionsarmee zusammenzog. Thomas wurde dieses ungewöhnliche Privileg zuteil, weil kein anderer Nachrichtensprecher seinerzeit ein so großes Publikum hatte und ähnlich gute Kontakte zu wichtigen Regierungsleuten pflegte. Wenn Tibet auf Hilfe aus war, sei es nun diplomatischer oder militärischer Art, mußte diese von der beherrschenden westlichen Macht kommen, den Vereinigten Staaten.

Glücklicherweise waren Vater und Sohn robuste, abenteuerlustige Typen, die an das Leben im Freien gewöhnt waren. Das Heilige Reich war für Außenstehende unzugänglich wie eh und je. »Die Gipfel sind unsere Wächter«, heißt ein altes tibetisches Sprichwort. Fünfundzwanzig Jahre, nachdem Alexandra ihr heldenhaftes Unternehmen gestartet hatte, war es kaum leichter geworden, nach Lhasa zu gelangen. Die Reisemittel hatten sich seit Hunderten von Jahren nicht geändert: Man kam zu Pferd, zu Esel oder zu Fuß oder mit einem Kamel aus der Mongolei. »Die Tibeter verbieten jede Reise per Flugzeug, mit dem Auto oder auch nur mit einem Wagen oder einer Kutsche«, schrieb der jüngere Thomas in dem bestrickenden Bericht über seine Reise nach Lhasa (*Tibet im Gewitter: Die letzte Reise nach Lhasa*). Da Radio Peking damit begonnen hatte, lautstark die »Befreiung« Tibets zu verlangen, mußten die beiden Amerikaner im Juli von Kalkutta aus reisen, mitten in der schwierigen Regenzeit.

Kaum hatten sie die Grenze nach Sikkim überschritten, wurde die Expedition von einem gewaltigen Erdrutsch aufgehalten: »Eine riesige Mauer aus Stein, Schmutz und ... Baumstämmen ... Eine ganze Bergfront war unter den Monsunregen zusammengebrochen.« Vater und Sohn überwanden diese und andere Schwierigkeiten: halsstarrige Maulesel, Blutegel, die sich an die bloßen Beine ihrer Kulis hefteten, durchweichte und darum gefährliche Bergpfade etc. Sie stiegen über die bewaldeten Hänge des Himalajas auf und hofften, Lhasa in drei Wochen von Gangtok aus erreichen zu können. Sie überquerten die tibetische Grenze – in der Nähe der Stelle, an der auch Alexandra ihren ersten Blick auf das Verbotene Land geworfen hatte – und befanden sich bereits in einer Höhe von viertausendfünfhundert Metern. Außerdem mußten sie drei wilde Yaks mit buschigen Schwänzen verscheuchen. Trotz der beißenden Kälte auf dem Hochplateau durchdrangen unablässige Regenfälle schließlich auch die Gummimäntel der Amerikaner. In einem Kiefernwald trafen sie auf den ersten Einheimischen: einen großen, weißen Affen mit langem Schwanz und schwarzem Gesicht. Nach dem tibetischen Mythos stammt der Mensch von Affenvorfahren ab. Die Einheimischen sind darum nicht bereit, diesen oder anderen fotogenen Geschöpfen, die diese fremdartige, ehrfurchtgebietende Landschaft bewohnen, einen Schaden zuzufügen. Hier lernte zuvor Alexandra, das in vielfacher Hinsicht nützliche Yak zu bewundern, die trittsicheren, blauen Schafe der Gipfel und den pelzigen, schwarzweißen Panda der östlichen Berge. Hier freundete sie sich mit Bären und Wölfen an, und hier suchte sie auch nach dem schwer faßbaren Schneeleoparden.

Alle Reisen in Tibet nehmen ein ganz besonderes Ende. Lowell Thomas junior schrieb: »Spät an jenem Abend ... erhaschten wir plötzlich einen Blick auf unser Ziel – Lhasa, in weiter Ferne unter einem dunklen Gebirgszug gelegen und in der Sonne blitzend; und dann der Potala, der die Stadt überragte, während seine goldenen Dächer wie ein ferner Leitstrahl zu locken schienen.« Montgomery McGovern, der britische Professor, der sich als Maultiertreiber verkleidete, schrieb von »einer großen und plötzlichen Erregung«, als er den Potala erblickte: »Ich wußte, daß auf der anderen Seite des Hügels, auf dem der Palast prangte, Lhasa lag, die Wohnung der Götter.« Heinrich Harrer und sein Gefährte schrieben nach einer mörderischen Reise durch Westtibet und ohne zu wissen, welchen Empfang man ihnen bereiten würde: »Wir verspürten den Drang, uns wie die Pilger auf die Knie zu werfen und mit der Stirn den Boden zu berühren.«

Auf die eine oder andere Weise bereitete man allen drei Gruppen ein königliches Willkommen – McGovern heimlich, Harrer erst nach und nach und Vater und Sohn Thomas mit allem Pomp und Zeremoniell. Alexandra, die einzige Buddhistin unter ihnen, war am wenigsten willkommen. Trotzdem war sie überglücklich, Lhasa während des *monlam* erreicht zu haben, jenes großen Festes zur Feier des Neujahrs. Sie war fest entschlossen, ihr Inkognito zu wahren und sich nach Kräften zu amüsieren. Als erste Vertreterin ihres Geschlechts, die die Tore der Verbotenen Stadt bezwungen hatte, würde sie alles sehen, was schön war, einzigartig oder heilig.

Wie sah denn nun dieses sogenannte »Rom der lamaistischen Welt« aus? Lhasas Reiz hing stark vom Auge des Betrachters ab. Wenn nicht gerade Neujahr war und seine Bevölkerung anschwoll, war Lhasa eine kleine Stadt von etwa zwanzigtausend Einwohnern in der Nähe des Flusses Kyi (eines Nebenflusses des Tsangpo) in einem weiten Tal mit einem beeindruckenden Horizont aus unwirtlichen Gebirgszügen. Zu beiden Seiten markierte ein Hügel die Grenzen der Stadt; auf dem kleineren, spitzeren lag die Ärzteuniversität, während sich auf dem anderen, umringt von einem eigenen kleinen Dorf, der prachtvolle Potala erhob. Lhasa, diese Ansammlung weißgetünchter Häuser aus getrockneten Lehmsteinen und flachen Dächern, drehte sich jedoch um den Jokhang-Tempel, das St. Peter des Tibetischen Buddhismus. Den Tempel gab es schon, bevor die Stadt entstanden war, die in gewisser Weise eine Art Vorstadt um den Tempel herum bildet. Der Markt wurde rings um den Jokhang herum abgehalten, in einer Gasse, die unter dem Namen Barkhor bekannt ist, und zweimal täglich pflegte ein jeder Pilger dieses heiligste aller Heiligtümer zu umrunden.

Alexandra beschloß, als erstes den Potala zu besuchen. Sie mußte zugeben, daß dieser Palast von imposantem Aussehen war. Im Grunde aber war sie der Meinung, daß seine Architekten eher Macht und Reichtum zum Ausdruck gebracht hatten als Schönheit. Andererseits schrieb McGovern, daß er, als er endlich vor dem Potala stand, »beinahe sprachlos war im Angesicht seiner Pracht … Er ist von solcher Schlichtheit und dabei von solch ehrfurchtgebietendem Stil, daß er selbst den anspruchsvollsten Beobachter beeindrucken muß.« Alexandra, die als Dokpa verkleidet war, als Nomadenhirtin, wollte den Potala mit einer Gruppe ähnlicher Leute betreten. Sie schickte Yongden zu zwei einfachen Burschen aus dem Grenzland, um sie einzuladen, mit ihnen den Potala »kennenzulernen« (ein tibetisches Idiom). Sie antworteten, sie hätten ihn bereits kennengelernt und wollten nun zu einem Changhaus gehen, bevor sie sich auf den Heimweg machten. Yongden gab sich mitleidig, wischte ihre Einwände beiseite und erbot sich, sie zu führen und ihnen die Namen und die jeweilige Bedeutung der zahllosen Gottheiten zu erklären. Das war doch sicher besser, als sich zu betrinken? Glücklicherweise stellte sich heraus, daß die beiden genauso fromm waren wie die meisten Tibeter.

Es war Neugier, die Alexandra zum Potala hinzog. Sie konnte die Verehrung von Götzenbildern immer noch nicht gutheißen, ebensowenig wie sie sich damit ausgesöhnt hatte, daß man Priestern ein Honorar dafür zahlte, daß sie Türen zu Kapellen öffneten und einige Körnchen Tsampa auf die Altäre sprengten. Dennoch folgte sie, den Kopf gesenkt, die Augen niedergeschlagen, den drei Männern in das Gebäude und bereitete sich auf einen Rundgang in dem riesigen Komplex vor. Der Potala bestand damals aus einer Ansammlung von Bauten, die seinerzeit Gräber, Tempel, Kapellen, Empfangs- und Zeremonienräume, Schulen und Amtsstuben enthielten. Der Türhüter, ein gnomenhaft wirkender Junge in schlecht sitzenden Gewändern, bestand darauf, daß sie ihre Kappe aus Kham abnahm. Das war ein Unglück. In ihrer Herberge gab es nicht die geringste Privatsphäre, so daß Alexandra sich das Haar nicht mit Tinte hatte nachschwärzen können und es wieder seine natürliche braune Färbung angenommen hatte. Schlimmer noch, es paßte nicht im mindesten zu den Zöpfen aus schwarzem Yakhaar, die mittlerweile so dünn wie Rattenschwänze geworden waren. Gerade ein solch banaler Zwischenfall – das Gebell eines Schoßhundes – hatte im Jahr zuvor zu der Demaskierung McGoverns geführt.

Eine erzürnte Alexandra mußte durch den Palast des Dalai Lamas marschieren und fühlte sich dabei wie ein Clown. Glücklicherweise schenkten die anderen Pilger ihr keine Beachtung, und das Labyrinth von Korridoren und Galerien schlug sie doch in ihren Bann. Besonders beeindruckt war sie von den lebensgroßen Wandgemälden, die die Legenden von Göttern und das Leben von Heiligen darstellten. In den Schreinräumen befanden sich Statuen der vielen Gottheiten des Mahayana-Buddhismus, bedeckt mit Goldornamenten und mit Einlegearbeiten aus Koralle,

Türkis und kostbaren Steinen verziert; davor glommen Butterlampen aus massivem Gold.

Wenn diese Häuser der Götter auch hell erleuchtet waren vom Schein der Lampen und mit Fahnen in den fünf magischen Farben Weiß, Grün, Rot, Blau und Gelb geschmückt, so erkundete Alexandra auch dunklere Nischen, in denen sie Altäre für die Götter und Dämonen vorbuddhistischer Zeiten fand. Es waren Figuren, von denen R.A. Stein zutreffenderweise bemerkt hatte, daß sie »der namenlosen Religion« entstammten, folkloristische und magische Dinge. Wie die heidnischen Götter gegen die Einführung des Christentums in Rom gekämpft hatten, so hatten die früheren Gottheiten ihre Schlachten gegen die buddhistischen Missionare geführt, die aus Indien neue Lehren brachten. Schamanen hatten Zaubersprüche gegen die Konvertiten gewoben, bis sie selbst unterworfen waren und bekehrt von der überlegenen Magie der neuen Heiligen. Sodann waren die alten Götter in das tibetische buddhistische Pantheon wohltätiger Mächte aufgenommen worden.

Weitaus schlimmere, wenn auch unsichtbare Wesen von gräßlicher Bosheit wurden angeblich in besonderen Gebäuden gefangengehalten – von der Macht magischer Talismane. Man fütterte sie mit symbolischen Opfergaben und hielt mit großer Sorgfalt Wache, damit sie nicht entkamen und die Menschheit verschlangen. Als Alexandra später über ihre Reise nach Lhasa schrieb, distanzierte sie sich von dem, was sie den Aberglauben der Leute nannte; ferner bekümmerte sie die Ehrfurcht, die die Pilgerhorde vor den goldenen Statuen des verstorbenen Dalai Lamas zur Schau stellte. Dies waren nicht die Lehren Gautama Buddhas, behauptete sie. Die Huldigungen von Idolen konnten die karmische Kette von Geburt und Tod nicht durchbrechen. Später entspannte sich ihre Haltung gegenüber der Magie und den Mysterien eines Volkes, das möglicherweise über ein anderes Wissen als das rationale verfügte. Als sie erst einmal hoch oben auf dem Palast stand, ließ Alexandra das Bild des Reiches, das sich ihr zu Füßen ausbreitete, auf sich einwirken. Rauchfahnen erhoben sich aus großen, im Freien stehenden Weihrauchkesseln. Bunte Papierdrachen, die man von den Dächern der Häuser aus hatte steigen lassen, tanzten in der klar-kalten Luft. Die siegreiche Entdeckungsreisende schwelgte im Panorama von Lhasa mit seinen Tempeln und Klöstern. Ein Teppich war vor ihren Füßen ausgerollt worden. Die in den

Gebirgen ringsum verstreuten Tempel wirkten wie Miniaturbauten; manche davon lagen wie Adlerhorste auf steilen Abhängen. Da die beiden Bauernburschen es eilig hatten, fortzukommen, mußte das »alte Mütterchen« wohl oder übel hinter ihnen her trotten, immer im Bewußtsein, daß ihre Zeit im Potala und in Lhasa begrenzt war.

Die Hauptstadt erschien Alexandra als ein lebhafter Ort, bewohnt von einem fröhlichen Völkchen, das gern herumtrödelte und draußen vor den Haustüren die Zeit mit Plaudern vertat. Sie beschrieb die Straßen als breit, die Plätze als weit und das Ganze als relativ sauber. Darin stimmte sie mit den Berichten anderer Besucher aus dem Westen nicht überein. Powell Millington, der mit der Expedition Younghusbands gekommen war, stellte Lhasa als »so schmutzig« dar, »daß es jeder Beschreibung spottete, ohne Kanalisation und ungepflastert«. Es konnte nichts anderes als »der Schauplatz unnatürlicher Frömmigkeit und des Verbrechens« sein. Spencer Chapman, der 1936 mit einer britischen diplomatischen Mission in Lhasa eintraf, erschien alles »mittelmäßig und düster … abstoßend und finster«. Vater und Sohn Lowell Thomas nahmen ihre Abenteuer schon viel gelassener, und das tat auch Hugh Richardson, der ebenfalls die Mission von 1936 begleitete. Er schrieb uns: »Es gab eine furchtbare Straße an den öffentlichen Latrinen, aber der Platz im Zentrum war groß und ziemlich gut in Ordnung gehalten. Ich fand Lhasa weder düster noch finster, und während des größten Teils des Jahres sorgte die große Trockenheit dafür, daß Gerüche nicht überhandnehmen konnten.« Wie Lhasa wirkte, hing also nicht zuletzt von der Nase des Besuchers ab!

Alexandra ging oft zum Jokhang und schlenderte an den Läden und Werkstätten vorbei, die das Heiligtum schon damals umgaben. Die Einwohner von Lhasa liebten und lieben noch ihre Märkte, und in ihrer Hauptstadt gehörte wie im Jerusalem der Zeit Jesu Tempel und Marktplatz zusammen. Der größte Teil des Einzelhandels lag, wie Alexandra bald feststellte, in der Hand oder besser im Schoß von Frauen. Sie liebte den Markt vor allem wegen der vielen verschiedenen Menschen, die dort zusammenliefen: schlaue Händler, Khampas in Schafsfellen, türkisbedeckte Nomadenfrauen, muslimische Kaufleute aus Kaschmir und, wie Harrer beobachtete, »hübsche Frauen, die dort ihre neuesten Kleider zeigten und ein wenig mit den jungen Männern des Adels flirteten«. Allerdings enttäuschte Alexandra zum Teil die angebotene Ware: billige Aluminiumteile und anderer Schund aus dem Ausland. Die Beschränkungen im Handel mit China hatten wohl den Import minderwertiger Waren aus Indien begünstigt.

Ein Zwischenfall brachte sie in ernste Gefahr, vielleicht mehr, als ihr selbst bewußt wurde. Ein Polizist auf dem Markt machte Alexandra nervös, weil er sie anstarrte. Statt einer Uniform wies sich dieser Herr durch einen schlechtsitzenden Hut und einen einzelnen herabbaumelnden Ohrring aus. Die Polizisten waren nicht gerade für ihre Ehrlichkeit bekannt und wandelten sich im Schutz der Dunkelheit manchmal zu Räubern. Alexandra reagierte rasch, wählte eine Aluminiumpfanne aus und begann lautstark darum zu feilschen.

Sie bot dem Händler einen absurd niedrigen Preis. Zuerst lachte dieser und sagte: »Ah, du bist ein Bauer, gar kein Zweifel!« Die anderen Kaufleute und Kunden fielen ein und machten sich gemeinsam über das dumme Weib lächerlich, das außer ihrem Vieh und ihrer Weide nichts kannte. Als sie aber mit ihrem ununterbrochenen Gewäsch fortfuhr, hatte der Händler nicht übel Lust, sie mit der Pfanne zu krönen. Nachdem der kichernde Polizist weitergegangen war, kaufte das »alte Mütterchen« das gräßliche Ding und schlurfte davon.

Wäre Alexandra begriffsstutziger gewesen und hätte sich erwischen lassen, dann wäre sie keinen weltlichen Autoritäten, sondern zwei Äbten des Klosters Drepung vorgeführt worden. Für die drei Wochen der Feierlichkeiten hatten sie die absolute Gewalt über Lhasa und konnten selbst den Dalai Lama zurechtweisen. Diese alte Sitte gründete sich darauf, daß während der Festlichkeiten bis zu zwanzigtausend Trapas aus den großen Klöstern Drepung, Sera und Ganden in die Stadt strömten, darunter viele sogenannte Radaumönche. Niemand sonst konnte diese durch und durch weltlichen, dem Trunk und der Streitsucht erlegenen Typen im Zaum halten. Die Äbte von Drepung waren allerdings für ihre unerbittliche Ausländerfeindlichkeit bekannt, und sie konnten jeden Eindringling dem aufgebrachten Mob überlassen. Auch die Tatsache, daß sie eine Frau war, hätte sie dann nicht mehr geschützt. Montgomery McGovern sah von einem Dach am Marktplatz aus einmal zu, wie eine Frau nackt beinahe zu Tode gepeitscht wurde, weil sie illegalerweise Feuerwerk verkauft hatte.

Die Atmosphäre beim Monlam-Fest war eine Mischung aus feierlichem Ernst und ausgelassener Fröhlichkeit. Als religiöses Fest erinnerte es an den Sieg des Fürsten Buddha über die bösen Geister, die ihn während seiner Meditationen versucht hatten. McGovern berichtet von schweren Alkoholexzessen, Rowdytum, aber auch von unschuldigeren Aktivitäten: »Den ganzen Vormittag [des ersten Tages] über war der Marktplatz voll von Nachtschwärmern beiderlei Geschlechts aus allen Teilen Tibets. Sie sangen, brachen immer wieder in laute Rufe aus und tanzten.« Alexandra war angetan von den bunten Trachten der Frauen und davon, daß sie spontan sangen, rhythmisch mit den Füßen stampften und die Schellen in ihren Händen schlugen. Stets fielen die Männer in den Gesang ein, und langsam bewegten sich die frohlockenden Scharen dann um den heiligen Jokhang.

Was man sah, hing buchstäblich vom Standpunkt des Betrachters ab. Im Jahre 1921 war der auf Verlangen des Dalai Lamas nach seiner Abdankung wieder in Dienst genommene Charles Bell für die Monlam-Feiern der Gast Seiner Heiligkeit. Von einem Ehrenplatz aus schaute er bei begeisternden Ponyrennen und Wettläufen zu, bei Ringkämpfen, einer Prozession Berittener und der als »weiße Teufel« bekannten Bettler, die die Menge mit obszönen Scherzen unterhielten. Bell saß außerhalb der Tore mit den höchsten Beamten auf der Tribüne und konnte die gewaltige Szenerie leuchtend blauer und weißer Zelte in sich aufnehmen. Männer in der traditionellen Kriegertracht maßen ihre Kräfte in Bogenschußwettbewerben und Reiterspielen, bei denen chinesische Seide oder Teeziegel gewonnen werden konnten. Die Khampa-Nomaden in ihren Fuchsfellmützen mit schweren Perlen erinnerten an die Horden des Dschingis Khan.

Da waren dem Pilgerpaar schon eher die Ereignisse zugänglich, die auf der breiten Allee des Barkhor stattfanden. Dort erwarben für gewöhnlich die frommen Buddhisten Verdienste, indem sie die Kathedrale umkreisten, Gebete rezitierten und sich verbeugten. Der Schrein enthielt als wichtigsten Schatz ein ehrwürdiges Abbild des Siddhartha Gautama als jungen Mann, das angeblich nach dem Leben gemalt war. Am Abend des Vollmonds im ersten Monat (März) sahen Alexandra und Yongden eine Prozession mit aus Butter hergestellten Statuen vorüberziehen – ein Brauch, der seine Wurzeln in alten Zeiten hat. Einhundertundacht

Szenen aus gefärbter, gegossener Butter stellten Bilder von Gottheiten, Menschen und Tieren dar. Die Parade sollte der Unterhaltung der Götter dienen.

Das Paar drängte sich in die Mitte einer enormen Volksmenge. Während man auf das Erscheinen des Dalai Lamas wartete, stieg die Erregung. In Schafsfelle gekleidete Hünen bildeten eine Kette und rannten übermütig umher, ohne Rücksicht darauf, ob sie andere niederrissen. Die aufsichtführenden Mönche aus Drepung schwangen lange Stöcke und Peitschen, ohne damit jedoch viel zu erreichen. Alles drängte sich zur Mitte, von wo aus man am besten sehen konnte. Alexandra wurde gegen die Mauer eines Hauses gepreßt und konnte kaum noch atmen, als Charles Bells moderne Armee zu einem englischen Music-Hall-Song vorbeidefilierte. Dann wurde der XIII. Dalai Lama in einer mit gelbem Brokat bedeckten Sänfte vorbeigetragen. Der in Ehrfurcht erstarrten Menge wurde nur ein flüchtiger Blick auf den Mitleidigen zuteil. Nach dem Durchzug der offiziellen Prozession folgten stolze Adelige in Seidenkleidern, die von Dienern mit chinesischen Laternen begleitet wurden; hohe Lamas mit Gefolgschaften von Mönchen; dann die reichen Kaufleute samt ihren Frauen in ausgesuchtem Kopfputz und mit all ihren Juwelen. Und endlich gesellte sich auch das Volk dazu und riß die beiden Eindringlinge in seiner ungekünstelt ausgelassenen Stimmung mit.

Die Menschen hielten sich möglichst von den Klosteraufsehern mit ihren scharfen Augen und langen Stöcken fern. Da sie relativ kleinwüchsig war, konnte sich Alexandra gewöhnlich zwischen den großen, wohlgelaunten Viehhirten verstecken, die die jetzt unterschiedslos verteilten Schläge abbekamen. Aber eines Tages wagte sie sich zufällig in einen Bereich vor, der nur den oberen Klassen zugänglich war. Ohne jede Warnung schlug ein Polizist das alte Mütterchen mit seinem Schlagstock. Die Vertraute hoher Lamas und Maharadschas war so dankbar, daß sie dem Rüpel am liebsten ein Trinkgeld gegeben hätte. Ihre Verkleidung war so vollkommen, daß selbst die Polizei sie für eine gemeine Bettlerin hielt.

Obwohl Alexandra ihre Meditationen vermißte, wie sie ihr auf den weiten, ruhigen Steppen von Amdo möglich gewesen waren, konnte sie doch nicht leugnen, daß Lhasa der Angelpunkt des tibetischen Lebens war. Natürlich konnte sie das Tun und Treiben der Lamas und hohen Beamten als arme Bettlerin inmitten der großen Volksmenge lediglich von weitem beobachten. Im Gegenzug erhielt sie die Gelegenheit, tief am Leben der einfachen Leute teilzunehmen. Die Herberge, in der Alexandra und Yongden eine enge Zelle bewohnten, erwies sich als eine Karawanserei talentierter exzentrischer Taugenichtse. Schmutzig und abgerissen, ohne sich dafür zu schämen, schliefen sie oft in dem offenen Innenhof. Und allesamt lebten sie von dem, was sie erbetteln, borgen oder stehlen konnten.

Unter ihnen stach ein hochgewachsener, attraktiver, ehemaliger Offizier hervor, den Trunksucht und Spielleidenschaft ruiniert hatten. Für Arbeit hatte er nur Verachtung übrig. Der Hauptmann a.D. ging jeden Tag aufrechten Gangs mit seiner Kuriertasche über der Schulter aus dem Haus, um einige seiner vielen Bekannten aufzusuchen. Am Abend kehrte er mit gefüllter Tasche heim und konnte seiner Frau und seinen Kindern etwas zu essen geben. Allerdings verlief nicht alles in diesen niederen Lagen der Gesellschaft so glatt und glimpflich; Diebstahl und Streitigkeiten, Ehebruch und gegenseitige Vorwürfe waren an der Tagesordnung. Die Nachbarn gaben dann ihren Senf dazu, wendeten die Sache hin und her, klopften sie auf Richtig und Falsch ab, bis in den frühen Morgenstunden alles betrunken auseinanderging. Bei einer solchen Gelegenheit bekam die Frau des Hauptmanns einen Schlag ab, der einer anderen Frau galt, und der Hauptmann drohte, die Sache vor Gericht zu bringen und Alexandra als Zeugin beizuziehen. Das beschleunigte ihre Abreise aus der Hauptstadt.

Alexandras liederliche Freunde sangen mit Vorliebe die Lieder des rebellischen VI. Dalai Lamas, der den Spitznamen »Melodiöse Reinheit« trug. Alexandra besaß neben anderen tibetischen Gedichtsammlungen ein Buch mit den Versen des VI. Dalai Lamas, in denen er seine Liebschaften besang. Ein Vers beginnt: »Man nennt mich den Lasterhaften, / denn Geliebte habe ich viele.« In ihren *Initiations lamaïques* gibt Alexandra preis, daß die niederen Klassen von Lhasa dem VI. Dalai Lama in einem halb geheimen Code huldigten. Angeblich machten sie durch ein rotes Zeichen kenntlich, in welchen Häusern er seine Geliebten antreffen würde. Sie sah Einwohner der Stadt im Vorübergehen dieses Zeichen mit den Brauen berühren – eine Geste tiefsten Respekts. Über den VI. Dalai Lama schrieb der Oxforder Gelehrte Michael Aris: »Er brachte die Nächte mit Mädchen seiner Wahl in der Stadt Lhasa und im Dorf Shöl am Fuße des Potala durch.« Jedenfalls war vor der Ankunft des XIV. Dalai Lamas der VI. der einzige, der die Elite der tibetischen Gesellschaft mit den einfacheren Elementen des Volkes verband.

Die Sympathie, die Alexandra dem VI. Dalai Lama entgegenbrachte, ist ein weiterer Hinweis auf ihre – zumindest mentale – Verbundenheit mit Außenseitern und Ausgestoßenen. Als sie dazu überging, Romane zu schreiben, stand im Zentrum der Handlung immer eine Figur, die den moralischen Code mißachtet. Der Mongolenhäuptling Lajang Khan, der den VI. Dalai Lama überwand und ins Exil schickte, merkte wehmütig an, »daß er von bewunderungswürdigem Charme gewesen sei, ganz anders als das gemeine Volk. Er war unglaublich kühn«. Alexandra teilte nicht nur diesen Charakterzug mit Melodiöser Reinheit, sondern auch dessen zentrales Dilemma: Wie kann man auf völlig unkonventionelle, weltliche Weise die Erleuchtung erlangen?.

Die Analogie läßt sich aber noch weitertreiben. Nachdem der VI. Dalai Lama nach China gegangen und dort im Jahre 1706 gestorben war und sein Leben in dieser Welt aufgegeben hatte, erschienen Biographien, in denen behauptet wurde, er hätte noch weitere vierzig Jahre gelebt und ein geheimes Leben als Wandermönch geführt. Die nackten Tatsachen seiner Biographie konnten weder sein inneres Leben noch die Ruhe und Würde erklären, mit denen er schließlich zum Wohle seines Volkes handelte.

Die Hochachtung, die die Tibeter für den VI. Dalai Lama empfanden, und Alexandras Begeisterung für dessen Verse hängen mit einer anderen Sitte zusammen, die alle Einwohner Lhasas verband: das Sündenbock-Ritual. Ein Mann erklärte sich bereit, alles Unglück, alles schlechte Karma der Einwohner auf sich zu nehmen. Durch seine Vertreibung aus der Stadt am dafür vorgesehenen Tage reinigte er die Stadt von deren kollektiver Schuld. Während der Woche, die dieser Zeremonie vorausging, wurde von dem Sündenbock erwartet, daß er – ausgerüstet mit einem riesigen, haarigen Yakschwanz – in der Stadt umherstreifte. Er konnte von jedermann Geld und Gut verlangen, und wehe dem, der dieser Bitte nicht nachkam. Alexandra sah den Burschen auf dem Markt: Wenn das Opfer an ihn zu mager ausfiel, hob er drohend den Yakschwanz, und der Händler beeilte sich, ihm mehr zu geben. Ein Fluch des Sündenbocks galt als sicherer Ruin für jeden Kaufmann.

Der Freiwillige konnte während der ihm zugestandenen Zeit ein kleines Vermögen zusammenbringen. Dann wurde der Sündenbock nach einer vom Dalai Lama vollzogenen Zeremonie gezwungen, in eine nahe gelegene Wildnis zu fliehen. Die Volksmenge entlang des Weges aus der Stadt heraus war dichter als jede andere, unter die sich Alexandra und Yongden zuvor gemischt hatten, und die Polizei war noch eifriger darauf bedacht, die Menge zurückzudrängen. Das Volk klatschte und pfiff, um alles Böse auszutreiben, als der Sündenbock in einem Fellkleid, das Gesicht zur Hälfte weiß, zur Hälfte schwarz geschminkt, von den Beamten vorübergehetzt wurde. Obwohl sein Exil nur zeitweiliger Natur war, erwies sich das Unglück, das er durch die Übernahme der Sünden anderer auf sich geladen hatte, fast immer als fatal für den Gierhals. Frühere Sündenböcke waren unter Schmerzen, aber ohne erkennbaren Grund verstorben.

An jenem Abend feierte Lhasa seine Befreiung von Sünden für ein weiteres Jahr. Alexandra erinnerte sich, daß die Menschen sich draußen versammelten, miteinander redeten, lachten und Chang tranken. Taube oder blinde Bettler, von Lepra halb verzehrt, freuten sich genauso närrisch wie die reichsten Bürger und die Angehörigen der höchsten Klassen. Sie traf Bekannte, die darauf bestanden, das alte Mütterchen und ihren Sohn zu einer Vielzahl von Speisen in ein Restaurant einzuladen. Alexandra, die sehr viel für die tibetische Küche übrig hatte, ging gerne auf das Angebot ein.

Am nächsten Tag fand noch die abschließende Zeremonie des Serpang statt. Nach wochenlanger Vorbereitung war nun der Potala Schauplatz, und zwar vor allem der große Hof im Erdgeschoß. Tausende von Mönchen trugen Hunderte großer, vielfarbiger Seidenfahnen. Würdenträger in Staatstracht traten unter ihren Baldachinen hervor, während Trommeln und über vier Meter lange Trompeten erklangen, deren Gewicht auf die Schultern mehrerer Männer verteilt war. Die ernste Musik erfüllte schon bald das ganze Tal mit überirdischen Klängen. Elefanten stapften voran, begleitet von Papierdrachen, die alle möglichen Späße aufführten. Halbwüchsige Jungen führten Ritualtänze auf, deren Ursprung sich in ferner Vergangenheit verlor.

Von dem steinigen Berghang aus sah Alexandra zusammen mit vielen anderen dieser Prachtentfaltung unter dem hellblauen Himmel und der unerbittlichen Sonne der asiatischen Hochebene zu. Die strahlenden Farben, in denen die Menge gekleidet war, und die Alabasterberge in der Ferne schmerzten geradezu in den Augen. Lhasa lag der Bettlerin zu Füßen, und sie fühlte sich reichlich entlohnt für alle Erschöpfung und Gefahr, die sie ertragen hatte. Dies war eine einmalige Szene, die wahrhaft eines Shangri-La würdig war. Seit der chinesischen Invasion im Jahre 1949 gibt es das Serpang-Fest nur noch auf Filmen in Archiven und durch die Beschreibungen in Alexandras Büchern.

In *The People of Tibet* übersetzt Charles Bell den Segen, der offiziell die Feierlichkeiten zum Neujahr abschließt: »Lhasas Gebete sind zu Ende. Jetzt laden wir die Liebe ein.« Im Frühherbst 1921, nach fast einem Jahr, ging sein Aufenthalt in der Hauptstadt seinem Ende zu. Es war für den umsichtigen Diplomaten, dessen krauses Haar inzwischen weiß wurde, kein Paradies gewesen. Er hatte den Aufbau einer kleinen, aber modernen Armee angeregt und dafür Todesdrohungen erhalten, die möglicherweise von chinesischer Seite inspiriert waren. Er kehrte auf seinen Landsitz in England zurück, wo er seine Bücher über Tibet schrieb. Da es sich in ihnen mehr um Politik und das offizielle Tibet handelt, ergänzen sie auf schöne Weise Alexandras Schriften, der es mehr um den Buddhismus, die Technik des Mystizismus und ihre eigene Person ging.

Nachdem sie sich zwei Monate lang herumgetrieben hatte, kehrte Alexandra der Hauptstadt unauffällig den Rücken. Sie ging heimlich, so wie sie gekommen war. Sie vermutete, die erste Frau aus dem Westen zu sein, die die Verbotene Stadt je sah, und glaubte nicht, daß jemand von ihrem Aufenthalt dort gewußt hatte. Als Montgomery McGovern ein Jahr zuvor Lhasa verlassen hatte, trat er den Rückweg mit einer bewaffneten Begleitmannschaft an, die ihn beschützen sollte. Alexandra wählte wieder eine taktische Lösung und verkleidete sich als Frau der Mittelklasse, die zwei Reittiere besaß und von ihrem Diener (Yongden) begleitet wurde. In *My Journey to Lhasa* erklärte sie, daß sie die Pferde zum Transport ihres Gepäcks gebraucht habe, da sie eine Reihe von Büchern gekauft und beabsichtigt habe, im Süden noch weitere aufzustöbern. Tatsache dagegen war, daß sie und Yongden sich beide unter der feiernden Menge eine Grippe zugezogen hatten und nur noch aus Haut und Knochen bestanden. Die Reittiere trugen *sie*.

Die Sonne schien strahlend, als das Paar zum letzten Mal an Lhasas Gärten vorbeiritt, in denen die Bäume die ersten blassen Blätter des

Aprils trugen. Nachdem sie den Fluß Kyi überquert und zu einem Paß aufgestiegen waren, bemächtigte sich die Wehmut Alexandras. Sie warf einen letzten Blick auf die gloriose Hauptstadt, über der wie ein Traumschloß der Potala schwebte. Die Pilgerin, die in sechs Monaten sechsundfünfzig Jahre zählen würde, bat um einen traditionellen Segen für alle empfindungsfähigen Wesen, die dort lebten. Dann wandte sie sich von der Heiligen Stadt ab.

Die Journalisten Lowell Thomas brachten später nur einige Wochen auf dem Dach der Welt zu, als Gäste des XIV. Dalai Lamas. Er war bereits im Alter von vierzehn Jahren sehr interessiert an weltlichen Fragen. Im September 1949 verließen sie Lhasa mit einer dringenden Botschaft an den Präsidenten der Vereinigten Staaten. Damit konnten sie aber die Geister, die die Pässe des Verbotenen Landes bewachen, nicht beeindrucken. Die Reisegesellschaft hatte den fünftausend Meter hohen Karola (einen Paß) bestiegen, als Thomas senior vom Pferd geworfen wurde und sich das rechte Bein unterhalb der Hüfte auf üble Weise brach.

Der Verletzte wurde in einen Schlafsack gepackt, auf eine Armeebahre gelegt und darauf bis zum Einbruch der Dunkelheit getragen, als die Karawane glücklicherweise eine Unterkunft erreichte. Thomas junior schrieb: »Diese erste Nacht war eine der schlimmsten, die Dad je durchgemacht hatte. Der Schock und der offene Bruch führten zu hohem Fieber mit häufiger Bewußtlosigkeit. Es war eine lange, lange Nacht der Schmerzen und des Kummers in einem der entlegensten Flecken, der auf diesem Planeten zu finden ist.« Die Thomas-Expedition kämpfte noch tagelang, bis sie den Verletzten, der getragen werden mußte, nach Gyantse geschafft hatte, wo es, wie sie wußten, einen Arzt gab. Sie überquerten dabei das gleiche monströse und eisige Gelände, das Alexandra fünfundzwanzig Jahre früher bewältigt hatte. Nur hatte sie keine Diener, die ihr helfen konnten.

In Gyantse machte die Karawane von Vater und Sohn Thomas Rast; sie wurden in der indischen Garnison freundlich aufgenommen. Als sie weiterzogen, wurde der Patient in einer Sänfte mitgeführt, deren Tragstangen auf den Schultern zehn starker Männer ruhten. Sie benötigten sechzehn furchtbare Tage, um die mehr als dreihundert Kilometer über die Pässe des Himalajas bis nach Gangtok zu bewältigen, und Thomas senior wurde die ganze Zeit über grausam durchgerüttelt und durchgeschüttelt. Von Gangtok aus flogen Vater und Sohn nach Kalkutta und weiter in die Vereinigten Staaten.

Während sich der Vater wieder behandeln lassen mußte, überbrachte sein Sohn die diplomatische Note des Dalai Lamas persönlich dem Präsidenten Harry Truman. Die würdevolle Bitte um Hilfe stand in tibetischer Schrift mit einem Bambuspinsel auf aus Strauchborke hergestelltem Papier geschrieben. Der Präsident, der drauf und dran war, amerikanische Truppen nach Korea zu schicken, weigerte sich leider, Tibet zu helfen oder dessen Unabhängigkeit anzuerkennen. Das binnenländische Heilige Reich konnte auf Amerikas Hilfe nicht zählen.

Ironischerweise seufzte der kühle Politiker traurig, als Lowell Thomas junior dem Präsidenten seine und seines Vaters Reiseroute auf einer Landkarte zeigte. Es war lange sein eigener Wunschtraum gewesen, einmal Lhasa zu besuchen. Aber, so vermutete er, jetzt war es dazu zu spät.

DRITTES BUCH

■ ■ ■

DIE GELEHRTE

Voller Liebreiz ist des Waldes Einsamkeit
für den Yogi, dessen Herz frei ist von Verlangen.
(BUDDHISTISCHES SPRICHWORT)

19

Der Traum von Ruhe

»Alexandra David-Néel ist niemals in Tibet gewesen.« Das schrieb Jeanne Denys in ihrem Buch *Alexandra David-Néel au Tibet* (1972). Die zornerfüllte Denys hatte ein Jahrzehnt auf den Versuch verwendet, zu beweisen, daß David-Néel ein Scharlatan war. Anders als spätere Biographen, die den Mythos David-Néel nur unkritisch nachbeteten, las sie sämtliche auf Englisch erschienenen Berichte der Entdeckungsreisenden, die im gleichen Gebiet gewesen waren. Denys' Hauptzeugen waren Colonel Frederick Bailey und Hanbury Tracy; der erstere hatte Tibet zehn Jahre vor der Französin erkundet, der letztere zehn Jahre nach ihr. Allerdings unterstützen diese beiden seriösen Schriftsteller im wesentlichen Alexandras *Reise nach Lhasa*. Die Unterschiede in der Beschreibung sind damit zu erklären, daß sie im Sommer mit besser ausgerüsteten Expeditionen unterwegs waren, während Alexandra und Yongden im Winter nach Tibet kamen, verkleidet, voller Angst und oft um eine Mahlzeit verzweifelt.

Denys kritisierte Alexandra für die Unbestimmtheit ihrer Daten und Ortsangaben und dafür, daß sie nicht mit Landkarten Zentralasiens gearbeitet hatte. Unsere Reisende hatte es gelernt, der vermeintlichen Genauigkeit von Karten zu mißtrauen, und es vorgezogen, den Informationen zu folgen, die sie von den Einheimischen erhielt. Wahrheitsgemäß berichtete sie Lawrence Durrell in einem Interview für das Frauenmagazin *Elle*, das sie ihm 1964 gewährte: »Mir verwischen sich die Daten.« Es war eine Aversion, die sie von Natur aus hegte; sie verabscheute Uhren und kümmerte sich nie um die genaue Zeit. Sicherlich gab es Widersprüche in Alexandras Charakter. Aber Denys ritt pedantisch darauf herum; verächtlich nannte sie ihre Gegnerin »eine Schauspielerin«.

Denys führte ihren Feldzug mit großem Fleiß. Sie korrespondierte mit französischen Diplomaten in Asien und mit protestantischen und katholischen Missionaren, die der Reisenden im chinesisch-tibetischen Grenzgebiet während des Zweiten Weltkrieges begegnet waren. Aber deren

Gedächtnis reichte nicht immer weit genug zurück, und außerdem konnten sie nichts über Alexandras frühere Reisen wissen. Recht hat Denys allerdings, wenn sie vermerkt, daß Alexandra sich oft über die Missionare lustig machte, in Zeiten der Not aber immer wieder zu diesen zurückkehrte und kaum jemals abgewiesen wurde.

Alexandras mühsamsten Reiseabschnitt durch das Land Po nahm Denys am genauesten unter die Lupe. Zugegebenermaßen sind ihre geographischen Angaben außerordentlich schwammig, und ihre Beschreibungen unterscheiden sich leicht von denjenigen Baileys, der im Lande Po akribisch genaue kartographische Arbeit geleistet hatte. Ihm stand allerdings auch einen Landvermesser des britischen Heeres zur Verfügung. Die Französin wußte schon früh von Baileys Bemühungen, denn sie erwähnt einen britischen Offizier, der in Showa gewesen sei, der Hauptstadt der Popas. Nach ihrer abenteuerlichen Reise lernte sie den Mann persönlich kennen und tauschte alte Geschichten mit ihm aus. Objektiv gesehen, war Alexandra keine Entdeckungsreisende, da sie keine Vermessungsinstrumente mit sich führte und keine Karten erstellte. Wie Peter Hopkirk festgestellt hat: »Ihr Beitrag zur wissenschaftlichen Erkundung Tibets war gleich Null.« Aber die Entdecker selbst einschließlich der bestens ausgebildeten britischen Offiziere hatten keinerlei Schwierigkeiten, sie als eine der ihren anzuerkennen.

Ein weiteres Geheimnis bleibt bestehen. In der englischen Ausgabe der *Journey* sind acht Fotografien enthalten, die von Alexandra angeblich in und um Lhasa herum aufgenommen wurden; diese sind auch in jüngst erschienenen Büchern und Museumsausstellungen wieder aufgetaucht und ihr zugeschrieben worden. Eines, das kleine Händler in Lhasa zeigt, kann sie anderswo erhalten haben. Alexandra entwickelte eine Begabung dafür, das wilde und gleichzeitig doch freundliche Aussehen der Nomadentypen im Bild einzufangen. Aber in Lhasa machte sie keine Fotos, weil sie keine Kamera dabeihatte. Braham Norwick, ein gestandener Tibetologe, hat darauf hingewiesen, daß Alexandra in der französischen Ausgabe ihres Reiseberichts, der mehrere Monate nach dem englischen erschien, zugegeben habe, keine Kamera mitgeführt zu haben, weil diese zu klobig und leicht zu entdecken gewesen wäre.

Norwick erklärt die Existenz der Fotos folgendermaßen: »Sie wurden von einem tibetischen Fotografen in Lhasa aufgenommen, und das erklärt ... wie sie gemacht werden konnten, ohne jeden Verdacht zu erregen.« Es ist allerdings nicht sehr wahrscheinlich, daß es damals irgendeinen tibetischen Fotografen gegeben hat, vor allem keinen, dem eine Dunkelkammer zur Verfügung gestanden hätte. Wir wissen allerdings von einem ortsansässigen nepalesischen Fotografen, über den uns Montgomery McGovern berichtet: »Er war irgendwie mit den Geheimnissen der Fotografie vertraut, und während ich gefangengehalten wurde, nahm er für mich in der Stadt eine Reihe von Bildern auf.« Der Nepalese, ein Mitglied der relativ großen Künstlergemeinde Lhasas, hatte vielleicht Verbindungen zu Johnston und Hoffmann in Kalkutta, einem kommerziellen Fotostudio, für das auch Agenten in Nepal und im südlichen Tibet tätig waren.

Ein anderes Geheimnis wirft das rätselhafte Foto von Alexandra, Yongden und einem kleinen Mädchen aus Lhasa vor dem Hintergrund des Potala auf. Denys, die überzeugt war, es handle sich um eine Fälschung, widmete diesem Schnappschuß viel Aufmerksamkeit, während andere Autoren vorgeschlagen haben, es könne dabei sich um eine Montage handeln. Aber wenn man das Foto in seinem ursprünglichen größeren Format betrachtet, in dem es zuerst 1926 in der Zeitschrift *Asia* erschien, bevor es so weit verkleinert wurde, daß man es in ein Buch unterbringen konnte, gewinnt es seine natürliche Tiefe wieder. Außerdem schickte die Reisende dieses einzelne Bild ihrem Ehemann 1924 als Weihnachtsgeschenk. Es ist – so, wie es geplant war – ein zusätzlicher Beweis dafür, daß Alexandras Reise tatsächlich stattgefunden hatte.

Jeanne Denys war eine Möchtegern-Orientalistin, die lieber andere kritisierte, als Feldforschung zu betreiben. Sie hatte eine Vorliebe für lange Abschweifungen über fernöstliche Themen. Noch ominöser ist ihr offensichtlicher Antisemitismus; sie gelangte zu der Überzeugung, Alexandras Vater und Mutter seien Juden gewesen, die zu Hause jiddisch gesprochen hätten. Ihre Haltung war typisch für die Ultrarechte Frankreichs, aber wir wollten diese Unterstellung nicht ohne weiteres von der Hand weisen. Der Archivar der Pariser *Alliance Israelite* hat freilich festgestellt, daß eine Suche im Archiv der Alliance keine Erwähnung eines Louis oder einer Alexandrine David zutage gebracht habe. Aber Alexandra pflegte von ihrem Vorfahren König David zu sprechen, und genau wie es bei Dschingis Khan der Fall war, schien sie damit eine leibliche Abkunft zu unterstellen. Zum Ende ihres Lebens hin interessierte sie Jesus immer mehr, er war für sie der Höhepunkt der hebräischen Propheten. Mehr gibt es zu dem angeblichen Judentums-Thema nicht zu sagen.

Selbst im hohen Alter blieb Alexandra zurückhaltend, was ihr persönliches Leben anbelangte. Vergessen waren in dem Bild, das sie von sich entwarf, ihre früheren Persönlichkeiten – die studentische Radikale, die Bohemienne, die Opernsängerin. Einem Vertrauten – ihrem Arzt – verriet sie das Geheimnis ihrer Exkursion auf dem Linkshändigen Pfad des Tantra. Für ihre Leser nahm sie die überlegene Pose eines Reporters an. Und auch ihre persönlichen Briefe enthüllen nicht die Frau, die sich dahinter verbirgt. Jacques Brosse lag richtig, als er feststellte, Alexandra fürchtete, zuviel zu sagen. Aber privatim erzählte Alexandra eine noch viel haarsträubendere Fassung ihrer Reise, als sie dem großen Publikum vorgesetzt hatte.

Alexandra schrieb Philippe am 28. Februar 1924, daß sie Lhasa erreicht habe; es war die erste Möglichkeit, Post aufzugeben, seit sie im vorangegangenen Oktober von Yünnan aus aufgebrochen war. Sie teilte ihm ihren Erfolg mit, gab gleichzeitig zu, daß die Reise ein Akt des Wahnsinns gewesen sei, und versicherte ihm, daß sie es nicht für eine Million Dollar noch mal versuchen würde. Sie und Yongden seien nicht viel mehr als Skelette, und sie hätten es nur mit Hilfe von Stimulanzien geschafft, das heißt, homöopathisch dosiertem Strychnin. Jetzt habe sie wirklich vor, nach Hause zurückzukehren – wenn sie nur eine Möglichkeit fände, ihr Gepäck (seltene Bücher, alte Manuskripte und Kunstgegenstände), das über halb China verstreut im Gewahrsam französischer Banken, Beamten und vor allem Missionare war, wieder zusammenzusammeln. Philippe müsse ihr helfen.

Alexandra schickte diesen Brief nicht sofort ab. Das tibetische Postsystem, das erst vor einem Jahr seine Tätigkeit aufgenommen hatte, fungierte in erster Linie, wie es Montgomery McGovern ausdrückte, »als das wirksamste Mittel, nichtoffizielle europäische Eindringlinge außerhalb der Landesgrenzen zu halten«. Sowohl per Brief als auch per Telegramm wurden die Grenzstationen von der Hauptstadt aus alarmiert und auf besondere Ereignisse vorbereitet. Außerdem bedurfte es nicht nur der Briefmarken, sondern »eines kleinen Geschenkes an den Postbeamten«, um die Postsendungen auf ihren Weg zu bringen. Zumindest bis

Gyantse, wo die Sendungen dem britischen Postbüro in der Festung über der Stadt übergeben wurden. Von dort aus konnte ein Brief ins Ausland gelangen. Hätte Alexandra ihren Brief an Philippe in Algerien von irgendeinem anderen Ort in Tibet aus abgesandt, würde er ihn nie empfangen haben, und sie wäre schnellstens entdeckt worden.

Alexandra schrieb ihrem Gatten auch in der Zeit, als keine Briefsendungen möglich waren. Sie hoffte, diese später abschicken zu können. Im März schrieb sie, daß sowohl sie als auch Yongden sich eine starke Erkältung zugezogen hätten und Blut husteten, obwohl sie inzwischen wieder auf dem Wege der Besserung seien. Sie hatte es eilig, Lhasa zu verlassen, auf das sie nicht besonders neugierig gewesen sei, wie sie schrieb. Es sei ein schöner Streich gewesen, dem Widerstand sowohl der britischen als auch der tibetischen Regierung zum Trotz dorthin zu gelangen! Dieser müde und zynische Zug fehlte der heroischen Persönlichkeit völlig, die Alexandra später ihren Lesern präsentieren sollte. Immer wieder trat sie auch mit praktischen Bitten an Philippe heran. Wenn er das nächste Mal nach Algier käme, müsse er den Gouverneur bitten, seinen Einfluß bei der Presse für sie geltend zu machen. Er solle herausstreichen, daß ihr Vater ein einflußreicher Verleger und 1848 Volksvertreter gewesen sei. Sie würde gerne zum Asienkorrespondenten einer größeren Tageszeitung werden.

Im April beklagte Alexandra sich, nach einer schwierigen Exkursion zum Kloster Ganden, daß sie ihr Alter spüre. Sie hatte ein paar magere Pferde erstanden, um damit im Frühjahr über die trügerisch verschneiten Himalaja-Pässe zu ziehen; ein weiterer Fußmarsch wäre sowohl für sie als auch für Yongden tödlich gewesen. Wieder bat sie um Geld. Ihre Halskette aus gestempelten, fast massiven Goldmünzen, die ihr der ehemalige Maharadscha von Sikkim geschenkt hatte, wollte sie als allerletzte Notreserve nicht antasten. Alexandra hielt diese Kette vor Philippe geheim.

Charles Bell bemerkte bissig, daß Alexandras »Möglichkeiten begrenzt waren«, da sie als Bettlerin reiste. Durch die von ihr selbst so geschätzte Verkleidung hatte sich die Pilgerin vom kultivierteren Leben der Hauptstadt und deren Bildungs- und Geistestraditionen selbst abgeschnitten. Auf ihrem Weg aus der Stadt heraus passierte sie den Juwelenpark, den Sommerpalast des Dalai Lamas. Sie fragte sich, wie er wohl reagieren würde, wenn er von ihrer Anwesenheit erführe. Tatsächlich war der Allwahrnehmende sich ihres Kunststückchens durchaus bewußt, ließ das aber nicht durchblicken. Alexandras Verkleidung als Bettelmönch war doch recht dünn geworden. Hugh Richardson vertraute uns eine ihm von Tsarong Shappe, dem Befehlhaber der tibetischen Armee, erzählte Anekdote über eine Frau an, die er für Alexandra hielt. Einer von Tsarongs Dienern berichtete seinem Herrn ängstlich von einer »merkwürdigen Nonne, die tatsächlich ein Handtuch besaß«! Er hatte sie beim Baden entdeckt. Zweifellos handelte es sich um Alexandra, deren Reinlichkeitswahn ihre Schamhaftigkeit übertrumpft und sie als Philing verraten hatte.

Ein Jahr zuvor hatte Tsarong heimlich McGovern verhört und ihn aus Lhasa herausgeschafft. Der Reformer und Aussteiger arbeitete insgeheim daran, Tibet zur Außenwelt hin zu öffnen. Da er dem Dalai Lama persönlich nahestand, wird er ihm Alexandras Anwesenheit wohl nicht vorenthalten haben. Aber vor allem während des Monlam fürchteten beide den Zorn der Mönche von Drepung. So schien es das beste, den Eindringling zu ignorieren und keinen häßlichen Zwischenfall zu riskieren.

Man sollte Alexandras kühle Pose auch nicht zu ernst nehmen. Ihre Route mit all ihren Abweichungen und Umwegen hatte immer schon nach Lhasa führen sollen – seit dem ersten Blick, den sie ein Jahrzehnt früher auf das Heilige Reich geworfen hatte. Anfang April allerdings kehrte sie dem Land mit gleicher Entschlossenheit den Rücken, mit der sie zuvor dorthin gekommen war. Was sie nicht vergessen konnte, war ihr Marsch durch das Land Po, durch das warme, fruchtbare Tal, wo im Januar wilde Orchideen wuchsen. Diese Region ist so außergewöhnlich, daß manche Tibeter, die sich mit den alten Texten beschäftigen, meinen, daß dort *Shambala* oder das Paradies, das im Westen als Shangri-La bekannt ist, gelegen haben könnte. Umgeben von mächtigen, schneebedeckten Bergen, findet man den Weg dorthin nur durch die Kraft des Geistes. Reisende finden dort Nahrung und Schutz, ewige Jugend und Gesundheit und verspüren nicht den Wunsch, je wieder zurückzukehren. Alexandra hatte eine Ahnung davon bekommen und trug seither das Geheimnis dieses üppig begrünten, sorgenfreien Tales tief in ihrem Inneren.

Nun wandte sie ihren Blick den schneebedeckten Gipfeln zu, die noch zwischen ihr und Ruhm und Beifall standen. Ihr lange genährter Ehrgeiz ließ Alexandra den Traum von Ruhe beiseite schieben. Eine wenig ereignisreiche dreiwöchige Reise über zerrissenes Gelände schloß auch einen

296

Besuch im Kloster Sanding bei Dorjee Phagmo, dem »Schlag des Donnerkeils«, ein. Diese Personifizierung weiblicher Macht, war jedoch unglücklicherweise nicht im Hause. Das abgerissene Paar stieg daraufhin zu David Macdonald, dem britischen Handelsagenten in Gyantse, herab, den sie Anfang Mai bei einem Schläfchen in einem Fort auf dem Hügel oberhalb der Stadt störten. Für die erschöpften Abenteurer war dieses Treffen ein kritischer Augenblick. Sie sagte später, daß ihr Instinkt sie bestimmt habe, dem Briten gegenüber ihre Identität preiszugeben. In Wirklichkeit hatte sie aber gar keine Wahl, als sich der Gnade ihrer alten Gegenspieler auszuliefern. Weder sie noch Yongden hatten sich inzwischen erholt, und ausgemergelt, wie sie waren, ging es ohne Hilfe ohnehin nicht mehr weiter.

Macdonald, der seinen Dienst noch unter Charles Bell aufgenommen hatte, kannte seine Pflicht. Er befragte Alexandra und informierte dann umgehend den Vizekönig:

> Madame sagte mir, daß sie vor sieben Monaten Yünnan verlassen habe und auf einer unbekannten Route, verkleidet als Tibeterin, nach Tibet eingedrungen sei ... Sie scheint Chamdo und andere Plätze, wo tibetische Truppen stationiert sind, vermieden zu haben. Sie reiste durch das Land Po, durch Gyamda und dann nach Lhasa und hielt sich dort zwei Monate lang als Bettlerin verkleidet auf ...
> Auf die Frage, warum sie Tibet besucht habe, antwortete sie fest, daß sie vorgehabt habe, religiöse Schriften zu sammeln und das Land zu sehen; darüber hinaus bleiben ihre Antworten sehr zurückhaltend. Sie beabsichtigt jetzt, durch das Chumbi-Tal nach Indien weiterzureisen ... Sie stellt einen Besuch in Amerika in Aussicht.

Hier haben wir in den knappen Worten eines Kommuniqués den Abriß von *Meine Reise nach Lhasa*. Hätte Jeanne Denys diese Worte gelesen, dann hätte sie sich vielleicht ein Jahrzehnt fruchtloser Mühen gespart.

Wie dem auch sei, jedenfalls überwand die Waghalsigkeit von Alexandras Expedition alle bürokratischen Skrupel, und die Briten nahmen sie gastfreundlich auf. Macdonald beherbergte die Reisende, verpflegte sie, kümmerte sich um die Versendung ihrer Post und lieh ihr sogar einen Betrag von vierhundert Rupien. Der Handelsagent war kein reicher

Mann, und nach seiner Pensionierung mußte seine Familie sich über Wasser halten, indem sie in Kalimpong eine Pension für die dort stationierten Briten unterhielt. Wichtiger aber als das Geld oder die Kleidung, die seine Tochter Victoria Alexandra schenkte, damit diese halbwegs präsentabel nach Indien reisen konnte, war Macdonalds Bereitschaft, den Aufenthalt seines Gastes in Lhasa zu bestätigen. Er kannte die Hauptstadt; ihn zu täuschen wäre unmöglich gewesen. Dennoch wartete der Beamte bis zum 21. August mit der Unterzeichnung und Datierung eines entsprechenden Briefes. Der Grund dafür ist offensichtlich: Dies war der Termin, an dem er das geborgte Geld zurückerhalten sollte!

Die Reisenden benötigten den größten Teil des Monats Mai, um wieder gesund zu werden. Alexandra litt tagelang unter Übelkeit und Abgeschlagenheit. Obwohl die in Gyantse anwesenden Briten – einschließlich Captain Perrys, Macdonalds Schwiegersohn – sie eindeutig bewunderten, fühlte sie sich fremd unter diesen Europäer mit ihren steifen Manieren. Sie hatte Tibet gerade erst den Rücken gewandt und begann es bereits zu bereuen. Beim Dinner am wohldekorierten Tisch mit weißem Leinen, Porzellan und Silberzeug saßen alle sittsam und plauderten über Belanglosigkeiten, während die Veteranin der Steppen zu kämpfen hatte, um ihre Tränen zurückzuhalten. Ende Mai war sie dann endlich so weit, daß sie nach Indien weiterreisen konnte.

Zwischen der windgepeitschten Ebene von Gyantse und dem blumenübersäten Chumbi-Tal, wo der Clan der Macdonalds beheimatet war, verbrachten Alexandra und Yongden neun gemächliche Tage. Sie machten unterwegs Rast in komfortablen Bungalows. Macdonalds Frau, die von der Ankunft der Reisenden telegrafisch informiert worden war, umsorgte die Abenteurer und fütterte sie wieder etwas heraus. Obwohl Alexandra für eine Fotografie in Kalkutta noch einmal in ihrer Pilgertracht Modell stehen würde, war ihre Entdeckungsreise zu Ende. Es war schön, von Victoria Williams zu erfahren, daß sie als junge Frau von Alexandra freundlich behandelt worden sei; Alexandra habe sich durchaus ihren Sinn für Humor erhalten, auch wenn aus heutiger Sicht ihre Briefe an Philippe aus jener Zeit ebenso kratzig und anspruchsvoll erscheinen wie je.

Abgesehen davon, daß Alexandra wieder Geld zu erhalten wünschte, beauftragte sie ihren Ehemann aus ungewisser Vorzeit, die Presseagentur

Argus zu beauftragen, alle über sie veröffentlichten Zeitungsartikel zu sammeln. Und er solle nicht nur ihre Briefe, sondern auch die in Tibet gestempelten Umschläge aufheben. Mochte ihren Erfolg bezweifeln, wer wollte, sie würde die entsprechenden Beweise zur Hand haben. Alexandra ging so in der Vermarktung ihres Erfolges auf, daß sie wenig Aufmerksamkeit für andere übrig hatte. Als sie vom Tod ihres Freundes, des Generals Pereira, in den Bergen Westchinas hörte, murmelte sie nur, daß dies für einen alten Soldaten nur ein angemessener Tod sei. Andererseits wurde sie, während sie in Chumbi verweilte, durch Alpträume geplagt, in denen sie die furchtbarsten Momente ihrer Reise noch einmal durchlebte. Sie erwachte zitternd in ihrem warmen Bett, überwältigt von einer Welle der Furcht. Entsetzt sah sie die Bilder vor sich wie sie und Yongden die Orientierung verloren, ziellos aufwärts kletterten, winzig und zerbrechlich gegen die gewaltigen schneebedeckten Gipfel.

Obwohl Alexandra sich jetzt bescheidenen Komforts erfreute, kam sie nicht schnell genug zu Kräften, um die Überquerung des Himalajas in Angriff zu nehmen, auch nicht beritten. Also mietete Macdonalds ältere Tochter Annie (die Frau von Captain Perry) eine Trage und Träger, die sie transportieren sollten. Die robuste Frau mußte aus Tibet herausgeschleppt werden wie ein Gepäckstück – ähnlich wie der verletzte Lowell Thomas senior. Aber dessen brauchte sie sich nicht zu schämen. Das Land des Schnees verlangt seinen Reisenden selbst heute noch viel ab.

Alexandra ließ zunächst die quälende Hochebene hinter sich, dann die von Schneestürmen heimgesuchten Berge, und tauchte schlußendlich wie der Held von *Lost Horizon* wieder in die Welt der Alltäglichkeit ein. Sie stieg ab in die stickige Luft der Tropen zur Regenzeit, um zunächst beim britischen Residenten in Gangtok, Sikkim, als Gast aufgenommen zu werden. Diese Stelle besetzte jetzt Colonel Frederick (Eric) Bailey, der Entdeckungsreisende, der dort mit seiner Frau, Lady Irma, hof hielt. Alexandra wurde gut aufgenommen und entsprechend ihrer Erwartungen von allen bewundert. Wenn sie beim Residenten eine Spur von Zurückhaltung ihr gegenüber ausmachte, führte sie dies auf die Zwiespältigkeit der Vertreter der indischen Regierung zurück. Diese fühlten sich verpflichtet, ihr Loblied zu singen, wünschten sich aber eigentlich, daß sie bald weiterzog.

Bailey selbst – ein hochgewachsener, attraktiver Mann, der mit ruhiger

Stimme sprach – war als junger Offizier ein Draufgänger gewesen. Er hatte sogar Befehle mißachtet, als er nach Tibet eindrang und den Lauf des Flusses Tsangpo vermaß. Er hatte teilweise die gleiche Gegend erforscht wie Alexandra, war dabei aber methodischer vorgegangen und war weniger einfallsreich gewesen. Im Weltkrieg schwer verwundet, schaffte Bailey es anschließend, eine Geheimmission im russischen Turkistan durchzuführen. Dort wurde er vom Geheimdienst der Bolschewiken engagiert, um in deren Auftrag nach einem britischen Spion, einem Captain Bailey, zu suchen! 1924 war der Colonel dann seßhaft geworden und verwaltete fortan Sikkim, wo er seiner Leidenschaft, der Sammlung seltener Schmetterlinge, nachgehen konnte. Seine wichtigen Bücher über Tibet schrieb er erst später.

Alexandra hatte das Gefühl, daß die meisten britischen Offiziere eifersüchtig auf sie waren. Sie konnten sich nicht damit abfinden, daß diese kleine, zarte Französin mit ihrem ordinär wirkenden asiatischen Sohn sie in ihrem ureigensten Spiel der Heldenhaftigkeit bezwungen haben sollte. Ihre Frauen, Lady Irma zum Beispiel, waren intelligent, charmant und dekorativ. Wie immer seine persönlichen Gefühle auch ausgesehen haben mochten, Colonel Bailey war der Mann, der das Ausmaß dessen, was Alexandra erreicht hatte, einschätzen konnte wie kein zweiter. Er hob die durch seinen Vorgänger, Charles Bell, ausgesprochene Landesverweisung für Alexandra auf und lud sie ein, so lange in Gangtok zu bleiben, wie es ihr gefiel.

Allerdings konnte der Resident nichts am Wetter in seiner Liliput-Hauptstadt ändern, und das war heiß und stickig. Die Preise waren in unermeßliche Höhe gestiegen. Alexandra staunte nur, wie aufmüpfig sich die einheimischen Diener, die früher so unterwürfig gewesen waren, gegenüber ihren europäischen Herren benahmen. Sie fragte sich, warum die Briten dieses Benehmen wohl duldeten. In ihrer Abgeschiedenheit hatte sie nicht begriffen, daß der Krieg die Totenglocke der alten Kolonialgesellschaft geläutet hatte. Auch belastete sie die Erinnerung an Freunde, die sie zu Zeiten gekannt hatte, die jetzt lange zurückzuliegen schienen.

Der Pantschen Lama war nach China geflohen. Der alte Maharadscha und Dawasandup, der Dolmetscher, waren gestorben. Von Prinz Sidkeong war ihr nichts geblieben als der Goldschmuck – ein wertvoller, aber kalter Trost. Gangtok war für sie nicht länger der Hort der Romantik, der es einst gewesen war. Verzweifelt hoffte sie auf einen Brief von ihrem »Mouchy«, von dem sie jetzt seit einem Jahr nichts mehr gehört hatte. Ihre Fragen nach seinem Gesundheitzustand waren jetzt wirklich von Angst diktiert.

Alexandra war überglücklich, als am 9. Juni 1924 ein Brief von ihrem Gatten eintraf. In ihrer Antwort fiel sie über einen französischen Roman von Pierre Benoît her – ein Buch, das sie gar nicht gelesen hatte –. Es war in Paris der Renner, aber wenn sie von einem Triumph hören wollte, dann nur von ihrem eigenen. Während sie die Regenzeit über ungeduldig auf Mittel wartete, die ihr eine Heimreise erlaubten, nahm sie die Einladung französischer Franziskaner an, einen Bungalow in Padong im Bezirk Darjeeling zu beziehen. Wieder einmal würden Missionare sie kostenlos mit einer Unterkunft versehen. Padong war höher gelegen. Hier konnte sie leichter atmen und auch die Niederschrift ihrer Abenteuer in Angriff nehmen. Sie wollte sie dem Publikum präsentieren, solange alles noch frisch und warm war.

Den ganzen Sommer über herrschte der Monsun mit schweren Regenfällen, die die Straßen des Dorfes in Schlammrinnsale verwandelten. Der Bungalow, ein ehemaliges Postamt, war klein und undicht. Alexandra kam sich vor wie eine Gefangene. Sie drängte Philippe, Geld zu schicken, und er stimmte zu, obwohl er einige Zeit brauche, um alles zu arrangieren. Was ihn überraschte, war die Erklärung seiner Frau, daß sie nach Hause und in seine Arme eilen wolle. Sie versicherte ihm, ihre Reisen seien nun zu Ende, und sie benötige einen Platz, wo sie die Artikel schreiben könne, derentwegen ihr die amerikanischen Verleger in den Ohren lägen.

Alexandra wollte sich nicht zugestehen, daß sie nach einer Abwesenheit von fast vierzehn Jahren ihre Ehe selbst aufgegeben hatte. Schon bald erhielt sie Briefe, die ihr ein Exil versüßen konnten: zuerst vom Präsidenten der Geographischen Gesellschaft von Paris, dann vom französischen Botschafter in China, einem alten Bekannten. Er versuchte, in Peking ein Stipendium der Regierung für sie zu erhalten. Professor Sylvain Levi, der bekannte Sanskritologe, schickte ihr eine herzliche Gratulation und das Angebot, an der Sorbonne Vorlesungen zu halten. Fürs erste verwies er sie an seinen Sohn Daniel, der das Amt des Konsuls in Bombay bekleidete. Nur Philippe blieb zurückhaltend, und es waren auch noch keine

Mittel für die Rückzahlung ihrer Schulden und ihre Überfahrt nach Frankreich eingetroffen.

Gegen Ende August erhielt Alexandra eine ausreichende Summe sowie die Botschaft von Philippe, daß er sich in Vichy einer Mineralwasserkur unterziehe. Aufs neue ermutigt versicherte sie ihm, daß sie vorhabe, den Winter in ihrem Haus in Bône zu verbringen, und daß sie hoffe, er könne ihr helfen, im Frühjahr in Paris einige Konferenzen abzuhalten. Aber schon im nächsten Augenblick gab Alexandra zu, daß ihre wahre Bestimmung Amerika sei. Da sie in Belgien aufgewachsen sei, fühlte sie sich unter den Franzosen fremd. Sie war jetzt an die »Angelsachsen« gewöhnt. Sie sei sich sicher, daß sie in der Neuen Welt Erfolg haben würde.

Selbst wenn Philippe dies zu diesem späten Zeitpunkt noch gewollt hätte, wäre er nach wie vor nicht in der Lage gewesen, den Komet, der seine Frau war, festzuhalten. Kein Wunder, daß er melancholisch und hypochondrisch wurde. Alexandra versprach, ihn aufzumuntern, sobald sie und Yongden zu Hause eingetroffen seien. Sie sah nur ihren Stern, der jetzt im Aufstieg begriffen war, und bemerkte nicht, daß Philippe sie inzwischen aus seinem Gefühlsleben ausgeschlossen hatte. Schlimmer, sie begriff nicht, daß ihr Ehemann es einfach nicht hinnehmen konnte, daß sie einen anderen Mann – auch wenn es der Adoptivsohn war – mit heimbrachte.

Während Alexandra die Vorbereitungen traf, den Himalaja und seine Vorberge in Richtung Kalkutta zu verlassen, befiel sie eine merkwürdige Stimmung der Reue. Aus den Alpträumen waren inzwischen Träume von wunderschönen friedlichen Tälern geworden, in denen man im Herzen immer jung blieb.

20

Erfolg in Paris

In seiner Autobiographie schreibt Alan Watts von »jener unglaublichen, geheimnisvollen russischen Lady, Helena Petrovna Blavatsky, die 1875 die Theosophische Gesellschaft in New York City gründete«. Fünfzig Jahre später träumte Alexandra David-Néel davon, ihrer Vorgängerin dieses Kunststück nachzumachen. Sie wies Philippe Néel, der einen guten alten protestantischen Namen trug, an, sich vom Präsidenten Frankreichs, einem Hugenotten, ein Empfehlungsschreiben an den Konsul in New York ausstellen zu lassen. Die äußeren Umstände und nicht zuletzt der Mangel an flüssigen Mitteln, sollten ihren Plan jedoch zu Fall bringen.

Im Oktober wurde Alexandra in Kalkutta mit spontanem Beifall begrüßt, ein willkommener Kontrast zur kühlen Haltung ihres Gatten. Die Zeitungen waren voll von Berichten über sie. Die Vorbereitungen für die Verschiffung ihrer Besitztümer von Schanghai über Colombo nach Algerien brachten eine Reihe von kleinen Problemen mit sich. Die Beamten der indischen Regierung gaben sich äußerste Mühe, ihr zu helfen. Der Gouverneur von Französisch-Indochina schenkte ihr eine Landparzelle, auf der sie ein Haus bauen konnte, um im Orient einen festen Stützpunkt zu behalten. Im Januar war sie in Benares, wo sie mit der Skizzierung der Geschichte ihrer Reise nach Lhasa in drei schweren Bänden begann.

In Bombay, wo sie Anfang Februar 1925 eintraf, sah sie sich neuen Herausforderungen gegenüber. Die *Revue de Paris* schickte ihr ein Telegramm, in dem sie dringend nach ihren tibetischen Memoiren verlangte, und die amerikanische Zeitschrift *Asia* sagte eine Vorauszahlung von dreihundertfünfundsiebzig Dollar für drei Artikel zu. Dieses Angebot gab die Antwort auf die Frage, wie und wo Alexandras Abenteuer zuerst erscheinen sollten: in Folgen für ein Publikum, das ganz allgemein am Fernen Osten interessiert war, aber durchaus nicht auf Buddhismus spezialisiert oder dem Buddhismus besonders zugeneigt.

Ein entsprechender Ton, der einen gewissen Abstand zum Ausdruck brachte, bei gleichzeitiger Offenheit für alles Wunderbare, was sie gesehen hatte, zieht sich dann auch durch das erfolgreichste und einflußreichste Werk von Alexandra. Ihr erster Bericht über ihre Reise nach Lhasa – verfaßt auf Englisch, nicht übersetzt und veröffentlicht in fünf monatlichen Folgen im darauffolgenden Jahr – ist Reiseschriftstellerei überzeugendster Art. Diese Beiträge für die Zeitschrift *Asia* sind frischer, authentischer und anders als Alexandras spätere Berichte in Buchformat, ganz gleich, ob diese dann auf Englisch oder Französisch erschienen.

Als die Adeptin der tantrischen Mysterien den berühmten indischen Dichter Rabindranath Tagore kennenlernte, bestätigte er sie in ihrer Entscheidung, für ein breiteres, wenn auch durchaus literarisches Publikum zu schreiben. Bei einem Mittagessen zu Ehren des Nobelpreisträgers gelang es Alexandra, alle Aufmerksamkeit auf sich zu lenken. Der Direktor des Musée Guimet, der gerade aus Afghanistan zurückgekehrt war, bestand darauf, daß sie im Museum eine möglichst originalgetreue tibetisch-buddhistische Andachtsstätte aufbaute. Da sie ihren Weg nach Lhasa im Musée Guimet begonnen hatte, bereitete ihr dieser Vorschlag besondere Freude. Tagore erwies sich ebenfalls als ermutigend und bot ihr in einem privaten Gespräch seine Hilfe an, wenn sie ihre Artikel in Lateinamerika unterbringen wolle, von wo er jüngst zurückgekehrt war. Bis heute hat Alexandra eine getreue Gefolgschaft unter den Lateinamerikanern.

Professor Sylvain Lévi erinnerte Alexandra daran, daß sie ihren weltweiten Erfolg unbedingt in Paris einleiten müsse. Sein Sohn Daniel, den sie als Jungen gekannt hatte, drängte ebenfalls auf ihre sofortige Weiterreise in die französische Hauptstadt. Lévi setzte sich sehr dafür ein, Alexandras Triumph in ihrer Geburtsstadt vollkommen zu machen. Er konnte es kaum abwarten, sich in ihre Sammlung von vierhundert seltenen tibetischen Büchern und Manuskripten zu vertiefen, und er verlangte sofort nach der Literaturliste. Nur Philippe blieb unnahbar; er schrieb, daß er in einem zu kleinen Haus lebe, um ihre Mitbringsel unterbringen zu können, vor allem einen gewissen jungen Mann. Alexandra, die ihn daran erinnerte, welch alte Freunde sie seien, ignorierte den Hinweis.

Am 4. Mai ging Alexandra, begleitet von Yongden und mit Bergen von Gepäck, in Valencia in Spanien an Land, immer noch in der Hoffnung, ihren Gatten in Südfrankreich zu treffen. Der spanische Zoll deutete nach einem Blick auf ihre Bücher, Roben, Masken und andere ungewöhnliche Erinnerungsstücke an, daß man es vorzöge, wenn sie die Reise nach Le Havre fortsetzte. Das bedeutete, daß sie Philippe erst Monate später sehen würde, aber es brachte sie vor die Tore von Paris. Alexandra reagierte mit einer starken Migräne, machte sich aber auf den Weg. Als ihr Schiff in Le Havre einlief, erwarteten sie dort viele Bewunderer, Gratulationen gingen ein, und dann wurden sie – und überraschenderweise auch Yongden – zum Gesprächsthema von Paris.

Vom Augenblick ihrer Ankunft am Bahnhof an stand sie im Hagel der Blitzlichter und neugieriger Fragen der Reporter. Obwohl sie an ihrer Abneigung dem weltlichen Leben gegenüber festhielt, glänzte die heimgekehrte Pilgerin bei den den zahlreichen Interviews. Sie gestattete den Männern und Frauen der Pariser Presse, in ihr zu sehen, was sie zu sehen wünschten: eine französische Heldin nach Art der Johanna von Orléans, eine Magierin, eine fleißige Orientalistin. Das erheiterndste und aufschlußreichste dieser Interviews – geführt von einer gewissen Simone Tery – erschien erst am 31. März 1926 in *Le Quotidien:*

> Madame David [immer noch kein Ehemann!] vermittelt den Eindruck einer sehr ruhigen Frau. Sie trägt zu ihrem Vorteil eine hohe Mütze aus schwarzem Samt, die merkwürdig flachgedrückt auf ihrem Kopf liegt und ihre bleiche Gesichtsfarbe noch mehr betont – von diesem Detail aber abgesehen ähnelt sie der durchschnittlichen französischen Hausfrau [wörtlich: »all den Familienmüttern«]. Sie spricht mit ruhiger Stimme, ein wenig scharf, ohne je ihre Stimme zu heben, so als erzähle sie ihrer Nachbarin von der Krankheit eines ihrer Kinder oder gebe ein Kochrezept weiter. Madame David verabscheut jeden »Chic«, alle Lyrik und allzu leichte Erfolge.

Alexandra brach die implizite Regel, daß Frauen nicht heroisch denken und handeln. Wie konnte man mit diesem bemerkenswerten Charakter fertig werden? Indem man sie entweder bändigte oder so tat, als sei sie genau wie alle anderen Frauen – nur eben ein bißchen bizarr. Mit dieser Sichtweise geht auch die Feststellung Hand in Hand, Alexandra sei der Spielball irgendeines herrischen Schicksals gewesen. Philippe wußte, daß es seiner Frau unmöglich sein würde, wieder die Rolle der bürgerlichen Ehefrau anzunehmen, Und zwar, weil sie sich aus freien Stücken für ein Leben des Lernens und der Disziplin, des Abenteuers und der Einsamkeit entschieden hatte.

Terys Bemerkungen zu Yongden entsprachen nacktem Rassismus:

Er ist in eine mönchische Tracht gekleidet, klein und untersetzt, mit teilnahmslosem Gesicht, einer kleinen platten Nase und engstehenden aufmerksamen Augen. Er spricht tibetisch und bewegt dabei sehr geschwind seine zehn spitzen Finger. Dann stimmt er irgendein merkwürdiges Lied an, das einem einen Schauer über den Rücken jagt, und unterbricht es mit unmenschlichem Schreien.

Der Artikel kommt zu dem Schluß, daß dem Duo eine erstaunliche Karriere im Varieté bevorstehe. Darin liegt ein Zipfelchen Wahrheit. Für die zwei Jahre nach ihrer Rückkehr nach Europa wurde Alexandra wieder Schauspielerin, und zwar als umherreisende Vorleserin. Aber zuerst drängte sie, in Sorge um Mouchys Gesundheit und das zwischen ihnen herrschende Unverständnis, auf ein Treffen mit ihrem Gatten. Dies konnte schließlich kurz vor Weihnachten 1925 in einem Seitenflügel des Hotels »Terminus« in der Nähe des Bahnhofs von Marseilles stattfinden – auf neutralem Boden.

Zwischen Philippe und Alexandra kam es zu einem angespannten Gespräch, dessen Zeuge Yongden und jeder andere wurde, der es zufällig mit anhören wollte. Der Ingenieur, inzwischen Mitte Sechzig, hatte sich sein gepflegtes Äußeres bewahrt. Sein Haar war ergraut, aber seinen Schnurrbart hatte er schwarz gefärbt. Dennoch wirkte die Eleganz von Monsieurs gesteiftem Kragen und Krawattennadel in den zwanziger Jahren hoffnungslos altmodisch. Albert – wie die anglisierte Version von Yongdens Vornamen lautete – war da schon modischer in seinem gestreiften Anzug mit Krawatte, der seine untersetzte Figur ohne jede Eleganz kleidete. Nur in der Maske eines tantrischen Lamas, eines Tulku, wirkte er einigermaßen passabel und erinnerte sogar etwas an den verstorbenen Maharadscha Sidkeong.

Alexandra trug damals auf Reisen mit Vorliebe ein steifes Kostüm mit gestärkter weißer Bluse und einem Barett, das sie etwas in ihre breite Stirn gezogen hatte. Unter ihren weitgeschnittenen Kleidern war sie schlanker geworden als früher. Aber die kokette, modische, leicht rundliche Gestalt blieb für Philippe ohnehin nur eine ferne Erinnerung. Diese Frau hier war für ihn eine Fremde, mit einem vom rauhen Wetter tief gefurchten Gesicht und aufmerksamen, aber harten Augen. Sie hatte eine gewisse Ähnlichkeit mit einem Onkel, der nach langen Jahren in Übersee heimkehrte und seine langatmigen, unglaubwürdigen Geschichten jedem erzählte, ob er sie nun hören wollte oder nicht.

Nach höflichen Küssen auf beide Wangen und dem Austausch der obligatorischen Höflichkeiten begann Alexandra die Tugenden des jungen Mannes zu loben: »Wir waren elf Jahre in der Wildnis zusammen. Einige Male sind wir beinahe erfroren, sind von wilden Hunden verfolgt worden, haben Banditen in die Flucht geschlagen. Es ist eine Ehrensache, daß du mir hilfst, den Jungen zu adoptieren, den ich als meinen Sohn ansehe.«

»Ich werde dich nicht daran hindern«, erwiderte Philippe. »Ich halte es nicht für eine gute Idee. Aber ich unterstütze auch nicht ein altmodisches Gesetz, das von dir verlangt, meine Erlaubnis dazu einzuholen.«

»Ich dachte, es würde dir Freude machen, einen Sohn zu haben«, warf Alexandra ein. »Albert könnte dich auf deinen Spaziergängen begleiten – er ist sehr amüsant.«

Was der junge Mann mit seinen fünfundzwanzig Jahren sagte oder in seinem Inneren empfand, bleibt unserer Phantasie überlassen.

»Ich habe dir nie irgendwelchen Widerstand entgegengesetzt«, rief Philippe seiner Gattin ins Gedächtnis. »Ich habe dir die Freiheit gelassen, mich zu verlassen, um in der Welt umherzuschweifen. Ich habe dir geholfen, deinen Appetit auf Asiatisches zu stillen.«

Der Blick, mit dem der Franzose Yongden bedachte, bewies, daß er ihn als Rivalen betrachtete. Alexandra, die wußte, daß ihr Gatte sich über seine Versorgung im Alter Gedanken machte, suchte bei ihrer Überredungskunst Zuflucht. »Albert hat seine Loyalität unter Beweis gestellt«, argumentierte sie. »Sollte er nicht besser in der Lage sein, für dich zu sorgen als irgendein fremder Diener?«

Philippe gab wie immer nach: »Verfahre nach deinen Wünschen. Ich werde dir die notwendigen Zustimmungen erteilen.« Die Verhandlungen scheiterten erst bei der Geldfrage. Alexandra, die jeden Gedanken an

Amerika beiseite ließ, verlangte eine große Summe, um in Südfrankreich ein Haus zu kaufen. Philippe nahm Anstoß an ihrem Angebot, daß er dort jederzeit herzlich willkommen sei. Die Diskussion artete in einen Streit aus, der sich zum Erstaunen der übrigen Hotelgäste in die Hotelhalle verlagerte und schließlich draußen auf der Straße mit bitteren Worten endete. Glücklicherweise war Marseille nicht die Stadt, in der sich irgend jemand darum kümmerte, daß ein Ehemann mit seiner Frau über einen jungen Mann in Streit geriet.

Kam es bei dieser Auseinandersetzung auf der Straße zu Flüchen oder Handgreiflichkeiten? Wir können es nicht wissen, weil Alexandra mit peinlicher Sorgfalt den größten Teil ihrer Korrespondenz aus dieser Zeit zusammen mit anderem Material, das sie für kompromittierend erachtete, verbrannte. Jedenfalls war der Sturm bis zum Mai folgenden Jahres abgeflaut, als Philippe sich einverstanden erklärte, ihr sechstausend Francs zum Lebensunterhalt beizusteuern. Alexandra dankte Mouchy von ganzem Herzen. Sie brauche Seelenfrieden, um eine weit kompliziertere Arbeit als ihre *Journey* zu verfassen, die sie als Abenteuergeschichte ansah.

Um sich über Wasser zu halten und ihre Popularität zu nähren, hielt Alexandra eine Serie von Konferenzen ab. Die erste fand im Herbst 1925 an der Sorbonne statt unter der Schirmherrschaft von Professor Lévi. Sie war lebhaft, bunt und erfolgreich, wie auch die folgenden. Im gleichen Vorlesungssaal, in dem sie als Studentin gesessen hatte, lauschte jetzt ein dichtgedrängtes Publikum atemlos ihrer Erzählung, wie »die erste weiße Frau Lhasa erreichte«. Es war eine Geschichte voller Wagemut, Täuschung und Hartnäckigkeit, die sie mit Informationsfetzen über die exotischen Geheimriten des Tantra anreicherte. Immer war Alexandra bemüht, sich wenn nicht als wissenschaftlich, so doch als leidenschaftslos darzustellen.

Zu Alexandras Überraschung übertrumpfte Yongden seine Mutter und brachte große Zuschauerscharen zusammen, die seinen Improvisationen in tibetischer Dichtung Beifall spendeten. Sie vermutete, daß er nach Tagores Beispiel zu seinem Stil gefunden habe. Seine Dichtungen, die er in der Tracht eines Lamas vortrug – und die sie übersetzte –, strotzten nur so von »korallenroten Bergen« und »türkisblauen Himmeln«. Bei anderen Gelegenheiten bezauberte der junge Lama seine Zuhörer mit Anekdoten von Ngagspas, die Menschenknochen zu lebensverlängerndem Pulver zermalten.

Im Winter gingen die Zwei im Süden auf Tour. Sie sprachen vor ausverkauftem Haus im großen städtischen Casino in Nizza; von dort aus ging es weiter nach Marseille und Toulon. Alexandra, die jetzt in farbenprächtigen tibetischen Gewändern auftrat, erhielt Beifall wie eine Diva. Aber sie suhlte sich nicht in diesen Triumphen. Sie haßte das Leben in Hotels, und die Zimmer waren teuer. In Paris hatte sie das Problem der Unterbringung gelöst, indem sie ihr dunkles Yakhaarzelt schlicht und einfach im Innenhof des Musée Guimet aufgeschlagen und tatsächlich auch bezogen hatte! In den Provinzen konnte sie nur die Matratze aus dem Bett ziehen, um zumindest auf dem Boden zu schlafen.

Nach ihrer Rückkehr nach Paris im darauffolgenden Frühjahr sprach Alexandra im Collège de France, im Musée Guimet und in der Theosophischen Gesellschaft. Überall hatte sie mehr Zuhörer, als Sitzplätze zur Verfügung standen. Um ihre Vorträge etwas abwechslungsreicher zu gestalten, und wahrscheinlich auch um Yongden wieder zu übertrumpfen, verwendete sie inzwischen Dias. Mitreißende Fotos von nomadischen Männern und Frauen, von Kaufleuten mit ihren Waren, von sogenannten Teufelstänzern in ihren Masken, von Klöstern, die sich wie Festungen hoch an die Felsen schmiegten, und den schneebedeckten Gipfeln des Himalajas. Um ihre Reisen zu dokumentieren, hatte Alexandra Hunderte von Fotos aufgenommen und von Yongden viele Schnappschüsse machen lassen, auf denen sie selbst zu sehen war. Der Anblick der Fotos versetzte sie jedoch in eine miserable Stimmung. Obwohl es nun nach Lausanne, Brüssel und London ging, wo sie zusätzliche Konferenzen abhielt und noch mehr Beifall einheimste, beschlich sie tief innerlich ein Gefühl der Leere. Dr. A. d'Arsonval vom Collège de France, ein führender Psychologe, ihr akademischer Schirmherr und Arzt der Orientalistin, diagnostizierte eine Kolitis, die sie sich aus Heimweh nach den Ländern und dem Leben der kalten Steppen zugezogen hatte. Im Herzen war Alexandra eine Nomadin, die nichts so sehr liebte wie ihr Zelt, ihre Pferde und ein weites Land.

Um die Neurasthenie fernzuhalten, schrieb Alexandra bis zu sechzehn Stunden am Tag in verschiedenen unauffälligen Hotelzimmern. Der erste Artikel in *Asia* erschien im März 1926. Die kollektiv »A Woman's Daring Journey into Tibet« betitelte, fünfteilige Serie ist heute schwer zugänglich, aber sehr viel ehrlicher als die längere Ausarbeitung, die in Buchform folgen sollte. Daran arbeitete Alexandra so emsig, daß sie sich im März 1927 in Toulon eine Augenentzündung zuzog, die sie für eine Woche blind machte. Dann konnte sie zumindest mit einem Auge die Durchsicht der Korrekturfahnen wiederaufnehmen. *My Journey to Lhasa* sollte im Frühjahr gleichzeitig bei Plon in Paris, bei Heinemann in London und bei Harper in New York erscheinen. Tatsächlich erschien die englische Ausgabe aber im Frühherbst und die deutlich verkürzte französische Fassung im November.

Luree Miller hat zur *Journey* treffend beobachtet: »Das Buch enthält alle Ingredienzien eines phantastischen Abenteuers: Inkognito reisen, vorgetäuschte Identitäten … ein vertrauenswürdiger Gefährte … Gefahren auf Leben und Tod … ein an Wunder grenzendes Davonkommen dank Klugheit und fast übernatürlich großem Glück.« Die zeitgenössischen Besprechungen waren größtenteils günstig. Die *New York Times* erklärte, daß »sie [Alexandra] als Reisende ein prachtvolles Kunststück vollbracht habe«. In London schätzte die *Saturday Review* die Arbeit als »eine durch und durch mitreißende Erzählung« ein, während *The Times Literary Supplement* etwas nüchterner mitteilte, man sei sich sicher, daß die Verfasserin »ein erhebliches Maß an nützlichen und glaubwürdigen Informationen« mitgeteilt habe. Sir Francis Younghusband besprach das Buch für das *Journal* der *Royal Geographical Society* aus einem einzigartigen Blickwinkel. Erst zwei Jahre zuvor hatte er die Tagebücher General George Pereiras zu einer zusammenhängenden Erzählung unter dem Titel *From Peking to Lhasa* verknüpft. Nur wenige Europäer oder Amerikaner kannten Tibet besser als Sir Francis. Auch war er mystischen Ideen zugeneigt und sollte 1936 den Weltkongreß der Religionen einberufen.

Jedoch entging dem »kleinen, stämmigen und auf rauhe Weise herzlichen Mann mit dem struppigen Schnurrbart« – so Alan Watts Beschreibung –, die wesentliche Natur von Alexandras Schrift. Nach dem obligatorischen Lob für ihren Wagemut und ihre Courage beklagte er: »Die geographischen Kenntnisse sind sehr mager, denn dem Buch ist keine Karte beigegeben, so daß man nie erfährt, welche Route sie genau gewählt hat.« Im Gegensatz dazu reiste Pereira fast zehntausend Kilometer an einem Stück, verzeichnete jeden einzelnen Schritt seines Weges auf Karten und starb an Erschöpfung. Es war kein Zufall, daß seine genaue Karte von Tibet und Westchina an das britische Kriegsministerium gesandt worden war und mit dessen Erlaubnis veröffentlicht wurde. Die Erkundung Zentralasiens durch Militärs war keine rein akademische Beschäftigung, und es ist reine Ironie, daß die Briten gerade Alexandra für eine Spionin hielten.

Journey to Lhasa, das erst kürzlich in Großbritannien und in den Vereinigten Staaten wieder aufgelegt wurde, ist die Geschichte einer Pilgerfahrt, und wenn wir an die Plätze reisen, die Alexandra aufgesucht hat, müßten wir dies heute im Reich des Geistes tun. Es ist ein Buch über eine Erkundungsreise, die aber nur in zweiter Linie den Landschaften galt. Das Pilgerpaar auf dem Weg in die Heilige Stadt, lotete die Tiefen seiner körperlichen Widerstandsfähigkeit aus, seinen Witz und seine Auffassungsgabe, sein Vertrauen auf seine Kräfte. Auf einer tieferen Ebene gehört *Journey* zum Genre der geistigen Autobiographien, vergleichbar den Geschichten, die von erleuchteten Seelen anderer Religionen erzählt werden. Auch der chassidische Rabbi Nachman aus dem achtzehnten Jahrhundert geriet auf seinem Weg nach Jerusalem von einer Katastrophe in die nächste – für einige davon war er selbst verantwortlich. Er legte Verkleidungen an, log oder betrog, falls das notwendig wurde, aber beobachtete immer sorgfältig die korrekte Durchführung der Riten, die notwendig waren, um einen auf die Erfolge anderer eifersüchtigen Gott zu besänftigen.

Alexandra hatte mit ihrem asiatischen Sohn im Schlepptau die ärmsten Regionen der Erde bereist, aber auch die ärmsten Regionen ihres Ichs erreicht. Sie liebte den Jungen mit der leidenschaftlichen Liebe einer Tigerin für ihre Jungen. Am Rande des feindseligen Landes Po, das selbst Entdeckungsreisenden unbekannt geblieben war, mußte sich das Paar in einer Höhle verkriechen, bis Yongdens verrenkter Knöchel wieder halbwegs geheilt war. Sie hatten keinen Bissen zu essen und fragten sich durchnäßt und zitternd, wann der Schneefall endlich nachließe, und ob sie von den Wölfen gefressen würden. Und doch konnte Alexandra ihrer Einsamkeit etwas abgewinnen. Sie vergaß ihren Schmerz und ihre Sorgen und verfiel in eine tiefe Meditation, ruhig, bewegungslos, schweigend.

Der Schnee fiel noch, als sich die Reisende niederließ und ihn, ohne jede Anstrengung zu unternehmen, mit Blicken in eine unsichere Zukunft durchdrang. Mit zur Ruhe gekommenem Geist wurden für einen zeitlosen Augenblick die Sehende und das Gesehene eins. Schließlich erreichte Alexandra in diesem verzweifelten Moment das Samadhi, das die Yogis durch Meditation zu erlangen suchen, die mystische Einheit, für die die christlichen Mystiker so andächtig zu beten pflegten. Im klaren Lichte der Weisheit erhaschte sie einen Blick auf die Leere, aus der alles kommt und in die sich alles auflöst.

Die geistige Nähe, mit der Alexandra ihren Lesern gestattete, sie zu begleiten, hatte allerdings ihre Grenzen. Sie folgte zwar nicht Emersons Diktum:»Mein Leben findet um seiner selbst willen und nicht als Schauspiel statt«, aber die ehemalige Diva wußte doch sehr genau, was sie zur Schau stellen wollte und was nicht. In delikaten oder tiefgehenden Angelegenheiten bediente sie sich oft einer »zwielichtigen Sprache«, die typisch ist für das Tantra, Symbolen mit doppelter Bedeutung. Alles in allem ist *Journey* eine Reise durch den Raum und durch die Seele eines Menschen und hält durchaus dem Vergleich mit Klassikern des Genres wie Lanza del Vastos *Le pèlerinage aux sources* stand. All diese Suchenden hatten durch Entdeckungsreisen in der äußeren Welt schließlich ein Gelände ihres Inneren ausgeleuchtet. Sie fügten ihren Büchern nicht die in der Geographie üblichen Routenbeschreibungen bei, aber wenn Karten von ihren Wanderungen gezeichnet würden, müßten sie den Seekarten aus den Zeiten der ersten Entdecker ähneln: bunt, wenig detailliert und etwas phantastisch. Sie wollten ihre Leser nicht etwa in die Irre leiten, sondern sie zu unerwarteten Orten mitnehmen.

Die Verkaufszahlen von Alexandras Publikationen waren von Anfang an gut – in nur zwei Jahren erschienen neun französische Auflagen –, und in einer Reihe von Sprachen einschließlich des Deutschen, Tschechischen, Italienischen und Spanischen erschienen Übersetzungen. Die Amerikaner, die die angebliche Amazone mit den Bezwingern des Nord- und des Südpols verglichen, waren besonders versessen auf das Buch. Alexandra, deren Vorstellungen von Amerika ebenso märchenhaft waren wie die Vorstellungen der Amerikaner von Tibet, dachte daran, sich nach New York einzuschiffen, um dort noch mehr Lorbeer und gewaltige Honorare einzuheimsen. Der Dollar stand im Verhältnis zum Franc mit eins zu fünfzig sehr gut. Aber das Leben zog die Autorin in eine andere Richtung.

Die Franzosen waren gern bereit, einer Landsmännin zu applaudieren und Alexandra mit Ehrungen und Zuschüssen zu überhäufen. Zuerst erhielt sie die Silbermedaille der Königlichen Geographischen Gesellschaft Belgiens, dann wurde sie zum Ritter der Ehrenlegion geschlagen und erhielt die Goldmedaille der Société Géographique. Mit letzterer war ein sehr willkommener Preis von sechstausend Francs verbunden. Eine Auszeichnung, die Alexandra mit einer gewissen Spitzbübigkeit entgegennahm, war der große Preis für weibliche Athletik von der französischen Sportakademie. Die Liebhaberin eines Lebens unter freiem Himmel konnte sich wirklich nicht als Athletin und die Pilgerreise durch Tibet nicht als Sport betrachten. Und eine gewisse Ironie lag auch darin, daß sie die Medaille im Mai 1927 in Paris erhielt, wo sie hauptsächlich Umgang mit Literaten pflegte, sich leidend fühlte und ihr Herz ihr Sorgen bereitete. Ihre Füße waren rot und geschwollen, weil sie mit den hochhackigen Schuhen nicht zurechtkam. Sie hatte nie die großen Städte geliebt, und das Leben in der Wildnis hatte ihrem Verlangen nach Einsamkeit eher entsprochen.

Schon seit ihrer »Huronenhütte« im Himalaja träumte Alexandra von einem Haus mit ausreichend großem Grundstück, um dort Gemüse anzubauen. Nachdem sie den Gedanken an Amerika fallengelassen hatte, rückte Südfrankreich in den Mittelpunkt ihres Interesses; aber nicht die Küstenregion, die sie für zu verbaut hielt. Im Herbst unternahm sie eine Wanderung in den Alpen oberhalb der Riviera – Dr. d'Arsonval hatte ihr aus grundsätzlichen Gründen dazu geraden –, und dort entdeckte die scharfäugige Reisende ein Fleckchen, das ihr zusagte. Die deutsche Ausgabe ihres Reiseberichts hatte einen Nettoertrag von zehntausend Francs erbracht, und außerdem hatte sie verschiedene Artikel für Zeitschriften verkauft, so daß sie zur Abwechslung einmal nicht in Geldnöten war. Sie legte großen Wert darauf, Philippe auf dem laufenden zu halten, was ihre Pläne betraf. Nach französischem Gesetz konnte sie ein Haus zwar selbst erwerben, war aber, wenn sie es verkaufen wollte, vom Einverständnis ihres Mannes abhängig.

Es war ihr auch nicht um die erstbeste Gelegenheit zu tun. Gelegentlich versuchte Alexandra zwar, sich von der Zivilisation und deren Errungenschaften abzuschotten, aber ihr neues Zuhause sollte sehr wohl mit der Bahn erreichbar sein und über Elektrizität verfügte. Sie war sich der Notwendigkeit von Öffentlichkeitsarbeit bewußt; sie mußte für die Presse erreichbar sein und ebenso für Persönlichkeiten, die sie aufsuchen wollten. Im Mai 1928 erwarb Alexandra außerhalb des Kurortes Digne etwa hundertundfünfzig Kilometer nordwestlich von Nizza gelegen eine kleine Villa auf einem Hügel mit Blick auf die schöne Umgebung. Sie nannte es Samten Dzong, Feste der Meditation. Die von Bäumen gesäumte Straße nach Nizza führte vor den Toren des Hauses vorbei; dahinter schlängelte sich ein Fluß, und im Hintergrund ragten Berge auf. Alexandra lud Philippe ein, sie und Yongden zu besuchen, wann immer es ihm gefiel.

Samten Dzong wurde der sechzigjährigen Gelehrten zum Refugium, allerdings eher für ihre Arbeit als für die Kontemplation. Die Serie von Büchern über Tibet, die sie zu schreiben plante, fiel beinahe einer übermäßigen Bewunderung durch das Publikum zum Opfer. Der französische Präsident Gaston Doumergue, der 1924 gewählt worden war, entwickelte sich zu einem begeisterten Gefolgsmann der bemerkenswerten Tibetreisenden. Der Präsident stellte der Autorin sechzigtausend Francs für eine Mission durch Sibirien in die Mongolei zur Verfügung, damit sie dort die Stämme des sowjetischen Zentralasien studieren könne, vor allem die Wirkung der Revolution auf die Frauen. Alexandra interessierte die Wechselwirkung zwischen Buddhismus und dem dort einheimischen Schamanismus.

Unruhen in den Gebieten, die Alexandra hatte besuchen sollen, veranlaßten Moskau, ihr das Visum zu verweigern. Derart aufgehalten, wandte sie sich an ihren Freund, den Schriftsteller Romain Rolland, der bei der sowjetischen Delegation des Völkerbunds in Genf intervenierte. Der sowjetische Erziehungsminister Lounatscharski schien der Sache freundlich geneigt, und so begann Alexandra unter Rückstellung all ihrer anderen Pläne mit den Vorbereitungen für die Reise. Dann fiel besagter Minister jedoch nach kurzer Zeit in Ungnade und wurde sogar erschossen. Und am Ende blieb es für die Bewerberin bei dem berüchtigten sowjetischen *njet*.

Dieser offensichtliche Rückschlag erwies sich letztlich als glücklich. Alexandra mußte zwar die Enttäuschung schlucken, verfügte nun aber über einen Kontakt zur französischen Regierung; deren Unterstützung würde sie für zukünftige Expeditionen benötigen. So umgab sie sich mit ihrer einzigartigen Sammlung tibetischer Bücher, ihren wunderbaren Dämonenmasken und anderen Souvenirs ihrer vierzehnjährigen Wanderschaft auf dem Dach der Welt, wozu auch Yongden gehörte. Es begann ein Jahrzehnt fruchtbarer Studien und produktiver Schriftstellerei.

21

Der Kurze Weg

Digne, eine kleine Stadt mit einer Kathedrale und verwinkelten Straßen, ist vor allem aus einer Episode in Victor Hugos *Les Misérables* bekannt. Dort war es, wo der gepeinigte Exzögling Jean Valjean dem Bischof, der sich mit ihm befreundet hatte, silberne Kerzenleuchter stahl. Aus lauter Mitleid log der gutmütige Kleriker der Polizei etwas vor und behauptete, er habe die Kerzenständer verschenkt. Vielleicht hoffte Alexandra David-Néel so wie Hugos Held, hier ein neues Leben beginnen zu können. Wahrscheinlicher ist, daß die berühmten Thermalbäder Dignes sie an diesen Ort gelockt hatten; diese Bäder datierten in römische Zeiten zurück und erwiesen sich als heilsam, vor allem gegen chronischen Rheumatismus. Auf einer Höhe von fünfhundertfünfzig Metern herrschte ein beinahe vollkommenes Klima.

Im Sommer des Jahres 1928, nachdem sie sich in Samten Dzong niedergelassen hatte, kamen Alexandra allerdings Zweifel. Sie ließ Philippe wissen, daß die umliegenden Berge nach ihrem Geschmack etwas kläglich seien, geradezu nichts, verglichen mit dem Himalaja. Es gab zwar Bäume auf ihrem Grund, aber sie und Yongden wollten noch einige zusätzlich pflanzen: Kirschen, Birnen, Kastanien und Linden. Wenn die Umgebung auch nicht wild oder pittoresk war, so schien doch zumindest das ganze Jahr über die Sonne, und sie konnte auf einer überdachten Terrasse auf einem Läufer schlafen.

Im Umland von Digne gab es wild wachsende Blumen in großer Menge. Zusammen mit Yongden erkundete Alexandra die Wege in den Bergen, bewunderte Enzian, Edelweiß, Margeriten und ganze Felder von Lavendel. Sie zog die Gebirgsluft der Meeresluft vor, und sie bat Philippe, sie noch vor Einbruch des Winters zu besuchen. Besiedelt war die Umgebung nur spärlich; in der Nähe standen nur wenige Häuser, und deren Bewohner machten um Alexandra und ihren asiatischen Sohn einen großen Bogen. Die meiste Zeit verbrachte sie am Schreibtisch.

Alexandra legte auf ihrem neuen Besitz ein Gemüsebeet an. Ihre erste

Ernte fiel so reichlich aus, daß sie den Überschuß verkaufen konnte. Sich selbst mit Nahrung zu versorgen, entsprach ihrer pionierhaften Natur und kam einer sich immer stärker ausprägenden Neigung zur Sparsamkeit entgegen, die sie von ihrer Mutter übernommen hatte. Im Osten hatte sie sich daran gewöhnt, jeden Pfennig umzudrehen, und obwohl sie jetzt im Wohlstand lebte, vergaß sie die mageren Jahre nicht. Wenn all ihre asiatischen Erwerbungen erst richtig untergebracht waren, wollte sie mit der Geschwindigkeit arbeiten, mit der ein *kyang* (ein wilder Esel) über die tibetische Hochebene jagt.

Die frischgebackene Hausbesitzerin ließ sich von Philippe diverse Objekte schicken, die er für sie aufbewahrt hatte, darunter auch ihre Briefe an ihn, die ihr einziges Reisejournal darstellten. Überraschenderweise führte sie ein peinlich genaues Verzeichnis all dessen, was sie von Asien aus an ihren Gatten gesandt hatte; sie hatte sogar jedes einzelne der Hunderte von Fotos numeriert. Wo war die Decke aus ihrer Studentenzeit, wollte sie wissen, und die Bücher von ihren Lieblingsautoren – Flaubert, Anatole France, Jules Verne und Tolstoi? Philippe sollte auch ihr Fahrrad schicken. Die Straßen hier waren gut, und sie brauchte etwas Bewegung.

Ende des Jahres hatte es sich Alexandra in ihrem sonnigen Refugium so gemütlich gemacht wie einst im schneebedeckten Lachen. Allerdings ging sie jetzt etwas auf Abstand zu ihrem akademischen Mentor Sylvain Lévi, der nicht gerne gesehen hätte, daß sie sich ausschließlich der wissenschaftlichen Arbeit widmete. Er hatte vorgeschlagen, daß sie eine philologische Studie über die tibetische Literatur in Angriff nehme, die in Zusammenhang stehen sollte mit seinen eigenen Arbeiten an einem Wörterbuch des Buddhismus. Die Orientalistin begriff langsam, daß die Autorität ihrer Ausführungen davon abhing, wie gut sie mit den Professoren stand, auch wenn diese niemals den Mut aufbrachten, sich nach Tibet zu wagen. Aber Arbeiten für ein sehr kleines Publikum warfen nichts ab, und die Kosten für die Renovierung von Samten Dzong häuften sich auf erschreckende Weise. Ohne ein Universitätsgehalt schien es der Schriftstellerin unmöglich, esoterische Abhandlungen zu verfassen.

Lévi war auch ärgerlich, daß seine ehemalige Schülerin ihm nicht bestimmte seltene Manuskripte überließ. D'Arsonval, der Arzt, hatte ihn inzwischen als Alexandras Patron überflügelt. Mit einem Anflug von

Humor schrieb er ihr, daß Lévi, die eingeschworene Bibliotheksratte, enttäuscht sei, daß seine Lieblingsschülerin ihm nicht einige alte tibetische Papyrusrollen zum Zernagen überließe. Die Autorin ignorierte die Rivalität zwischen den beiden und arbeitete fleißig. 1929 erschien bei Plon *Mystiques et magiciens du Tibet* (*Heilige und Hexer: Glaube und Aberglaube im Lande des Lamaismus*) mit einem Vorwort von Arsène d'Arsonval. Dieser Titel hat sich als Alexandras dauerhafteste und populärste Arbeit erwiesen und ist sogar ins Portugiesische (Brasilien), Ungarische und Vietnamesische übersetzt worden. Die Autorin behandelt darin, auch wenn sie wiederum eine etwas abgehobene Position einnimmt, die rationalen Mystiker, die ihr besonders am Herzen lagen. Es waren die Adepten des Kurzen Weges zur Erlösung, die sich auf dessen Gefahren einließen in der Hoffnung, die Erleuchtung in einer einzigen Lebensspanne zu erlangen.

Der Kurze oder Direkte Weg wird im Hinblick auf die Seele aber auch auf den Körper für gefährlich gehalten. Seine Methoden sind extrem und kompromißlos, und ein Mißerfolg kann zu einem geistigen Zusammenbruch führen, einem Verlust der Gnade wie bei Luzifers Sturz in der christlichen Tradition. Die Lehre von der vollkommenen Freiheit kann mißbraucht werden, vor allem da ihr Begründer oder besser gesagt derjenige, der sie im achten Jahrhundert übersetzte und nach Tibet brachte, Padmasambhava, ein mächtiger tantrischer Magier war. John Snelling, Verfasser von *Buddhismus: Ein Handbuch für den westlichen Leser*, schreibt: »Er allein besaß das geheime Wissen, das notwendig war, um die dämonischen Kräfte, die einer Annahme des Buddhismus im Wege standen, zu unterwerfen.« Allerdings seien, wie Snelling bemerkt, die alten schamanistischen Geister nicht ausgelöscht worden, sondern hätten auch weiterhin im Tibetischen Buddhismus eine Rolle gespielt. Alexandra beobachtete, daß die Adepten des Kurzen Wegs das ganze geistige und soziale Spektrum vom bettlerhaften Wahrsager bis hin zum hohen Lama umfaßten. Zum Glück für uns war sie mit Tibetern jedes Standes vertraut, sowohl mit dem Pantschen und Dalai Lama als auch mit Halsabschneidern und Banditen.

Nach unserer Kenntnis war Alexandra der erste Ausländer, der aktiv an tibetischen, tantrischen Riten einschließlich solcher der Linken Hand teilnahm und darüber berichtete. Der Chöd-Ritus zum Beispiel war zwar bekannt, aber man sprach davon nur im Flüsterton. David Snellgrove und der italienische Entdeckungsreisende und Gelehrte Giuseppe Tucci schrieben darüber nur vom Hörensagen. Das ist kaum überraschend, da zum Chöd immer geheime mündliche Überlieferungen gehörten, die vom Meister direkt an seine Schüler weitergegeben wurden. Evans-Wentz hatte durch Kazi Dawasandup von diesem Ritus gehört und beteiligte sich an der Übersetzung alter Texte dazu. Alexandra hingegen hatte eine milde Version des Chöd praktiziert, und diese Praxis setzte sie auch nach ihrer Rückkehr nach Frankreich weiter fort.

Sie begann ihre Experimente mit dem sogenannten mystischen Bankett unter der Aufsicht des Gomchens von Lachen. Dieser Ritus soll ein Einpersonendrama sein, das gesungen wird, während man dazu rituelle Schrittfolgen zur Begleitung einer Trommel aus zwei menschlichen Schädeln ausführt. Über die Schädel ist Haut gespannt, und seitlich sind Kügelchen daran befestigt; das Instrument wird wie eine Rassel mit einer Hand gespielt. Auch wird eine Trompete, die aus einem menschlichen Oberschenkelknochen hergestellt ist, gespielt und mit magischen Werkzeugen hantiert: mit dem Dorje (Vajra) oder Donnerkeilsymbol, dem *tilpu* (Ghanta), einer Handschelle und einem dreischneidigen magischen Dolch, der benutzt wird, um Dämonen zu durchbohren. Bei dem Ritus kommt es auf die richtige Koordination an, die man erst nach vielen Wiederholungen erreicht. Ein Fehltritt kann fatale Folgen haben.

Traditionellerweise waren die Asketen aus Kham, die Naljorpas, deren zu einem einzigen Zopf geflochtenes Haar ihnen fast bis auf die Füße reichte, die Meister des Chöd. Auf ihren Reisen durch die Grenzgebiete hatte Alexandra ihnen bei ihren Tänzen unter einem grenzenlosen Sternenhimmel zugeschaut. Zum Dröhnen der Trommeln und Klagen der Trompeten bewegten sie sich und sahen selbst aus wie die Dämonen, die sie beschworen, wenn sie jede einzelne Sehne zu schwierigen Verzerrungen verzogen. Ihre Gesichter glänzten, während sie ekstatisch ihr eigenes fieberndes Ich niedertrampelten und selbst dem Tod die Stirn boten in ihrem Bemühen, das zum Erliegen zu bringen, was die Buddhisten als wahnhafte Verfolgung von Trugbildern bezeichnen. Die Initiaten wußten, daß die Dämonen, die sie sich vorstellten, nur in ihrer Phantasie existierten, aber in ihrem tranceartigen Zustand wurden diese Symbole für den Praktikanten Realität. Ein alter Lama mahnte Alexandra eines Tages, sich vor den Tigern ihrer Vorstellungswelt zu hüten, ganz gleich, ob diese ihre Existenz ihr selbst verdankten oder ob jemand anders sie auf sie losgelassen hatte.

Einmal geriet Alexandra, als sie ihr Lager unter Rinderhirten im Norden Tibets aufgeschlagen hatte, in eine Bestattungszeremonie. Sie blieb, um sich die Zeremonie anzusehen, interessierte sich aber noch mehr für einen Asketen, Rabjoms Gyatso, der in der Nähe in einer Höhle Quartier bezogen hatte und von zwei Schülern umgeben war, von denen einer kaum mehr als ein Skelett war. Sie vermutete, daß dieser abgezehrte Lama als wesentlichen Teil seiner geistigen Übungen Chöd praktiziere, und sie wußte, daß der beste Platz dafür eine Begräbnisstätte oder ein anderer Platz in der Wildnis waren, wo ein frischer Leichnam abgelegt worden war.

Zusammen mit einer großen Versammlung anderer Tibeter aß und trank der fremdländische Lama im Angesicht der Leiche, die man in sitzender Position in einen großen Kessel gesteckt hatte. Freunde des Verblichenen kamen aus allen Himmelsrichtungen, um der um eines ihrer Mitglieder beraubten Familie Geschenke zu bringen. Rabjoms Gyatsos Schüler verlas für den Toten Stellen aus religiösen Werken; danach wurde die Leiche zu einem geeigneten Platz in den Bergen gebracht. Dort würde sie in Stücke geschnitten und als Opfer an die großen Geier ausgelegt werden.

Alexandra, die selbst die Tracht eines Naljorpas trug, wartete, bis es dunkel geworden war, und ging dann zu der Begräbnisstätte, um die Nacht dort unter dem Vollmond in Meditation zuzubringen. Sie versuchte, den Widerspruch zwischen der fröhlichen Wesensart der Tibeter und bestimmten ihrer grimmigen Gebräuche zu verstehen, als sie plötzlich hörte, wie sich über einem fortwährenden Trommelschlag heisere Schreie erhoben. In einer Kluft des kleinen Hügels verborgen erkannte sie den abgezehrten Schüler des tantrischen Meisters. Offensichtlich spielte er auf einer augenscheinlich verlassenen Bühne seine Rolle in dem makaberen Drama und verzerrte seine Gestalt zu haarsträubenden Stellungen. Er begleitete seinen Tanz mit Stakkatoschreien, mit denen er Dämonen herbeirief, damit diese sich an seiner Leiche labten.

In gewissem Sinne schauspielert der Zelebrant des Chöd. Er erschafft in seiner Phantasie mit allen Details eine weibliche Gottheit, die mit dem Schwert dem Schauspieler den Kopf abtrennen wird, während ganze

Trupps von leichenfressenden Dämonen die Runde machen und nach ihrem Festmahl schreien. Dann trennt die erbarmungslose Gottheit seine Glieder ab, häutet seinen Torso und reißt ihm den Bauch auf. Während seine Eingeweide herausquellen, muß der Aspirant die furchtbaren Dämonen durch Selbstaufgabe und Unterwerfung drängen, ihn anzugreifen. Thubten Norbu, der ältere Bruder des Dalai Lamas und ehemaliger Abt von Kum Bum, hat darauf hingewiesen, daß die Zeremonie von Menschenopfern in frühen Zeiten abgeleitet ist.

»Für den Adepten, der den Chöd-Ritus praktiziert«, fügt Norbu hinzu, »sind die dämonischen Formen, die sich ihm nähern, um seinen Kopf abzuschlagen, eine außerordentlich furchtbare Realität.« Der Zelebrant kann sehr leicht die Kontrolle über sich selbst und den Ritus verlieren und die Schmerzen und Schrecken, die er in seiner Rezitation beschwört, tatsächlich empfinden. Alexandra beobachtete, daß der ausgezehrte Mönch eine widersprüchliche Haltung einnahm. Sie hörte, wie er die rituelle Formel intonierte: *Ich, der furchtlose Naljorpa, ich zerstampfe das Selbst, die Götter und die Dämonen.* Er wirbelte herum, beugte die Knie in alle vier Himmelsrichtungen und stampfte wild auf, ganz der Formel entsprechend, mit der er Zorn, Lust und Dummheit besiegte. Gleichzeitig starrte er ständig auf die Teile der zerstückelten Leiche vom Vortage, die vor ihm verstreut lagen.

Bald schien der Schüler vollkommen benommen. Er begab sich in das kleine Zelt, das er sich aufgebaut hatte, und überließ die Leiche einem echten Wolf, der von den Bergen herabkam, um sich daran gütlich zu tun. Der angehende Zauberer hörte das Tier knurren und hielt es für einen Dämon. »Nimm von mir!« rief er aus. Er blies wild auf der Trompete, sprang auf und brachte dadurch das Zelt über sich zum Einsturz. Als er sich befreit hatte mit vor Wahnsinn verzerrten Zügen, heulte er auf vor Schmerzen, als wenn er gebissen worden wäre. Selbst der Wolf bekam es mit der Angst zu tun und machte sich davon.

Alexandra fing an zu glauben, daß der junge Mann den Verstand verloren habe und es hier mit ihrer Haltung als neutraler Beobachterin nicht getan sein würde. Mehr aus Sympathie denn aus Mitleid eilte sie zu ihm. Aber der arme Kerl hielt sie für einen Hungergeist der tibetischen Hölle. Er bot ihr sein Fleisch zu essen und sein Blut zu trinken an – bevor er stolperte und schwer zu Boden stürzte.

Alexandra, die es inzwischen selbst mit der Angst zu tun bekommen hatte, lief davon, um den Lama Rabjoms von den Vorgängen in Kenntnis zu setzen. Im schwachen Licht einer Altarleuchte hoch auf einem benachbarten Hang fand sie dessen Höhle. Der Meister saß mit gekreuzten Beinen in tiefer Meditation. Ohne zu zögern, platzte sie mit den Neuigkeiten über den Schüler des Meisters heraus. Sie betonte, daß dieser drauf und dran sei, an der Illusion, von Dämonen verspeist zu werden, zugrunde zu gehen. Der Naljorpa lächelte. »So, wie er das Opfer ist, so ist er auch der Beköstigte«, erwiderte er.

Angesichts der Ruhe des Lamas bereute Alexandra bereits ihr spontanes Eingreifen. Er hatte mittels Telepathie Kenntnis davon erhalten, was seinem Schüler widerfuhr und daß sie auf dem Weg zu ihm war. Rabjoms fuhr fort, sie gutmütig zu belehren und sie daran zu erinnern, wie schwierig es sei, sich selbst von Illusionen und lächerlichen Vorstellungen zu befreien. Er sei sich sicher, daß ihr Weg, auch wenn er kultivierter sei als der seines Schülers, sich als ebenso schwierig erweise. Krankheit, Wahnsinn und Tod waren die Risiken, die derjenige einging, der die Erleuchtung auf dem Kurzen Weg suchte. Ernüchtert stimmte Alexandra ihm zu und blieb noch einige Tage dort, um bei diesem tantrischen Meister zu studieren.

Alexandras Unwillen, ihre Fähigkeit zur Kritik aufzugeben, in gewissem Sinne ihren Verstand zu verlieren, war ihr in Tibet sicherlich ein Hindernis gewesen. Das wurde anders, als sie nach Paris zurückkehrte. In seiner Einleitung zu *Mystiques et magiciens du Tibet* lobte D'Arsonval Alexandra als philosophische Skeptikerin, als Schülerin Descartes', als Wissenschaftlerin, die in Tibet unparteiisch beobachtet und aufgezeichnet hatte, was sie sah. D'Arsonval war Präsident des Institut Général Psychologique, und sein Imprimatur für Alexandras Arbeit bedeutete deren Heraushebung aus dem Bereich des Mystischen oder Okkulten. Wenn man die allgemeine Herablassung der damaligen Zeit allem Östlichen gegenüber in Rechnung stellt, dann konnte sie zufrieden sein, sich hinter diesem Rauchvorhang zu verbergen.

Glücklicherweise ist *Mystiques et magiciens du Tibet* in einem spritzigen Stil geschrieben, der an Alexandras Beiträge für die Zeitschrift *Asia* erinnert. Er stellt uns eine ganze Galerie interessanter, aus dem Leben gegriffener Charaktere vor: Dawasandup, den gründlichen Gelehrten, der seine Flasche liebte; den Gomchen von Lachen, der ungeachtet seiner furchteinflößenden Schürze aus Menschenknochen zum Narren wurde, wenn es um seine Miezekatze ging; und den Maharadscha von Sikkim, attraktiv, hinreißend und dem Untergang geweiht. Wir treffen auf eine ganze Schar von Ngagspas und Naljorpas, die ebenso weise wie zauberkundig, ebenso verschlagen wie menschlich sind. Hinter all diesen Charakteren muß die studierte Lamina nicht unbedingt zurückstehen. Über ihr tieferes Selbst ließ Alexandra überall in ihren Schriften Hinweise fallen, aber man muß aufmerksam danach Ausschau halten.

Während der Jahre 1928 bis 1936 war Alexandra – von gelegentlichen Konferenzen in London, Belgien, der Schweiz oder Osteuropa abgesehen – in Samten Dzong in ihre Arbeit vertieft. Der einzige Besucher, den sie zu kommen ermutigte, war Philippe. Es kamen auch andere, einschließlich eines Reporters aus Mailand – auf besondere Bitte eines alten Bekannten, Benito Mussolinis. Im April 1931 lehnte sie dankend eine Einladung des italienischen Diktators in die Villa Borghese in Rom ab. Sie gab zu, daß sie mit Politik, ganz gleich welcher Art, nichts anzufangen wußte, und konnte guten Gewissens eine Freundschaft auf Distanz aufrechterhalten. Selbst Adolf Hitler zeigte Interesse an der Arbeit der Orientalistin. Sie ließ verlauten, daß *der Führer* vorhabe, an einer ihrer Konferenzen teilzunehmen, die 1936 in Berlin stattfinden sollte, aber in der letzten Minute bedauernd habe absagen müssen. Das Hakenkreuz ist ein altes Symbol des Blitzes, das sich schon in den Ruinen von Troja, bei den amerikanischen Indianern und vor allem in Tibet findet.

Alexandras *Initiations lamaïques* erschienen 1930. So dicht nach der Veröffentlichung von *Mystiques et magiciens du Tibet* erreichte das Buch nicht die gleiche Popularität, und Alexandra beklagte sich, daß sich die fremdsprachigen Versionen durch die zeitlich dichte Folge der Erscheinungsdaten verzögerten. Dabei sind die *Initiations lamaïques* dichter geschrieben und weniger anekdotisch von der Anlage als der vorangegangene Titel und für den ernsthaften Studenten der tantrischen Überlieferung, selbst für den Do-it-yourself-Okkultisten, unverzichtbar. Sie enthalten präzisere Beobachtungen und spezifische Methoden des tibetischen Mystizismus. Viele dieser anstrengenden Übungen wurden zum ersten Mal im Westen erläutert, und zwar von einer Initiatin, die einige davon praktiziert hatte. Heutzutage, da Initiationen regelmäßig und massenweise in den europäischen und amerikanischen Städten stattfinden, ist diese Arbeit zu noch größerer Bedeutung gelangt.

Alexandra wollte das Mißverständnis zerstreuen, eine Initiation bedeute notwendigerweise die Enthüllung geheimer Lehren. In ihren Tagen war die Initiation eine Sache zwischen Lehrer und Schüler, der oft längere Präliminarien und eine Prüfung des Schülers durch seinen Guru vorausging – eine Prüfung, die mitunter Lebensgefahr für den Schüler bedeutete. Außerdem wurden Initiationen durch spezielle esoterische Lehren begleitet. Sie erklärte vor allem, daß eine Initiation »die Übertragung einer Kraft, einer Gewalt durch eine Art psychischen Prozeß« war. Sie bildet einen Schritt auf dem Pfad zur Erleuchtung, der die Fähigkeit überträgt, tiefer zu sehen als die meisten anderen Menschen, oder, in ihren Worten: »herauszufinden, wer die Person, für die wir uns halten, wirklich ist, und welches wirklich die Welt ist, in der wir uns bewegen«.

Alexandra hatte sich ihre Kenntnisse der esoterischen tantrischen Methoden mühsam angeeignet, und da das traditionelle Tibet weitgehend in Trümmern liegt, können ihre Erfahrungen heute nicht mehr nachvollzogen werden. Allerdings kann man sich die buddhistischen Lehren durch einen der vielen exilierten tibetischen Lamas vermitteln lassen. Die Geheimhaltung, der in Alexandras Zeiten noch so großes Gewicht beigemessen wurde, ist weitgehend der Befürchtung gewichen, daß das Dharma (die Lehre) für immer verlorengehen könne. Unsere Orientalistin bereitete den Weg, der zur Akzeptanz des Tibetischen Buddhismus im Westen führte, wo er auf unabsehbare Zeit seine Heimat haben wird. Es erhebt sich die Frage, ob der Gomchen von Lachen, Alexandras tantrischer Meister, ihr die Erlaubnis gegeben hatte, der Welt dieses Füllhorn ehemals geheimen Wissens zu enthüllen, denn bis dahin war es nur mündlich wenigen Auserwählten weitergegeben worden. Lama Govinda, der eigentlich in der Lage sein sollte, es zu beurteilen, nahm an, daß jener es ihr gestattet habe.

Der große Padmasambhava schwang nur den Dorje (Donnerkeil), um die einheimischen Dämonen zu zähmen und zum Buddhismus zu bekehren. Der Donnerkeil ist männlich und symbolisiert die Leidenschaft oder Methode. Alexandra trug ihn an einem goldenen Ring an der rechten Hand; an der linken dagegen eine winzige Glocke an einem Silberring, das weibliche Symbol des Wissens. Die Einheit dieser beiden Energien ist für den tantrischen Buddhismus wesentlich, und der Besitz dieser Ringe zeichnete sie als Adepten aus, der vielleicht als nächstes den Status eines Naljorpas erreichen würde. Wörtlich bedeutet das: »Einer, der vollkommene Ruhe erreicht hat.« Das allerdings war weder in Alexandras Charakter noch in ihrem Karma angelegt.

Initiations lamaïques beleuchteten in mehr technischer Weise die Themen, die in *Mystiques et magiciens du Tibet* eingeführt worden waren. Das nächste Buch der Autorin, *Au pays des brigands gentilshommes: Grand Tibet* (Paris 1933; *Mönche und Strauchritter. Eine Tibetfahrt auf Schleichwegen*), knüpfte an ihren ersten Erfolg an, wie sein englischer Titel – *Tibetan Journey* – deutlich macht. Es ist ein Bericht über die Abenteuer der Verfasserin, nach dem Verlassen des Klosters Kum Bum 1921. Es ist sehr flüssig und zugänglich geschrieben und verdient ein größeres Publikum. Überwältigt von den unendlichen Weiten der Steppe, der Stille und Einsamkeit, einem einfachen Leben unter der Zeltbahn, war Alexandra hier in ihrem Element. In einer Erfahrung, die eher für Amerika als für Europa archetypisch ist, wurde die hochkultivierte Frau mit einer rohen, gleichgültigen Natur konfrontiert und verschmolz im wahrsten Sinne mit deren Kräften.

Alexandra hatte schon immer die Romane James Fenimore Coopers bewundert, und allmählich hatte sich auch eine coopersche Hast, wie Jacques Brosse schreibt, ihrer Arbeiten bemächtigt. Um ihre vertraglich vereinbarten Abgabetermine einzuhalten, nahm sie eine Vielfalt von Flüchtigkeitsfehlern in Kauf. Andererseits arbeitete Alexandra unter Druck besonders gut, und ein jedes ihrer frühen Bücher wurde aus einem inneren Zwang heraus geschrieben und zeichnet sich durch besondere Qualitäten aus.

Von ihren verschiedenen kürzeren Versuchen war »Women in Tibet« (*Asia* 1934) ein vollendeter Triumph. Sie rühmte sich mit dem Beitrag eines internationalen Erfolges und freute sich, daß Frauen aus Ländern aller Teile der Welt, sowohl aus Amerika als auch aus China, ihr schrieben und um weitere Informationen baten. In dem Beitrag analysiert sie die Art und Weise, wie die tibetischen Frauen mit einer rauhen Umgebung zurechtkommen und sich die Herrschaft über ihre Männer sichern. Die Frauen dieses Landes haben faktisch eine Gleichstellung erreicht – trotz entgegenstehender Gesetze und religiöser Traditionen, die ihnen ungünstig sind –, und zwar kraft ihrer natürlichen Unabhängigkeit und körperlichen Robustheit. Die tibetischen Frauen seien klug und mutig und werden daher von ihren Ehemännern hoch geschätzt. Überdies liege ein großer Teil des Einzelhandels in der Hand von Frauen. Der Tenor des Artikels zeige, daß Alexandra eine standfeste Feministin geblieben war – nicht weniger als während der Zeit, als sie sich am Kreuzzug für die Rechte von Hausfrauen und unverheirateten Müttern und für deren wirtschaftliche Unabhängigkeit einsetzte.

In dem Beitrag erwähnt Alexandra, daß sie einen Sommer als Gast der Gologs in Nordosttibet verbracht hat, im Schatten des Amne Machin (sechstausendvierhundert Meter), mitten unter den schwarzen Zelten, den Yak- und Schafherden dieses Volkes. Die Gologs, ein Stammesvolk, sind niemals erobert worden, und selbst die Rote Armee hat sie schließlich in Frieden gelassen. Sie sind Fremden gegenüber nicht gastfreundlich, und ihre Nebenbeschäftigung war zu Alexandras Zeiten die Straßenräuberei. Sie lauerten Händlerkarawanen auf, die Waren von China nach Tibet brachten. Aber Alexandra wurde auf Befehl des Weiblichen (!) Oberhauptes aller Golog-Stämme geduldet.

Ein anderer interessanter Aspekt des Artikels war die Versicherung der Verfasserin, daß in Tibet die Vielmännerei weit verbreitet, wenn auch außerhalb des Landes wenig bekannt war und daß die betroffenen Frauen deswegen nicht notwendigerweise körperliche oder statusmäßige Nachteile in Kauf nehmen mußten. David Macdonald, der ihre Beobachtung bestätigt, erwähnt verschiedene Fälle unter kleinen Bauern, in denen eine Frau alle Brüder einer Familie gleichzeitig ehelicht, auch wenn es sich um fünf oder sechs handelt! Man erwartet von ihr, daß sie jedem ein Kind zur Welt bringt, und der Nachwuchs betrachtet den ältesten Bruder als seinen Vater, die übrigen Brüder als Onkel. Thubten Norbu behauptet, daß diese Sitte dazu diene, das Land im Besitz einer Familie zu halten, und im übrigen völlig harmlos sei. Auf jeden Fall hat er dazu beigetragen, die Bevölkerungszahl niedrig zu halten, was sich für Tibet in der Konfrontation mit China als katastrophal erwies.

Alexandra bearbeitete mit der Hilfe Yongdens aber auch abstrusere Themen. Ihre Version von *La vie surhumaine de Guésar de Ling, le héros tibétain* (Das übermenschliche Leben des tibetischen Heroen Gesar von Ling) erschien 1931 in Frankreich und 1934 in London, dort bei Rider, dem ehrwürdigen Verlag okkulter und fernöstlicher Titel. Die Autorin, die das Buch zuerst auf französisch verfaßt hatte, konnte eine neue Übersetzerin für sich gewinnen, Violet Sydney, mit der sie an mehreren Büchern gemeinsam arbeiten sollte. Alexandra hielt sie für einen Snob und kritisierte manchmal ihre Übersetzungen. Welches ihre Verdienste im allgemeinen auch gewesen sein mögen, Sydneys Übersetzung von Alexandras erstem Versuch an einem Epos ließen dieses nur um so altmodischer erscheinen. Das verhalf der Geschichte von Gesar nicht gerade zu einem besseren Bekanntheitsgrad.

Abgesehen von der Wiederholung der Geschichten von ritterlichem Heldentum, die sie in Jyekundo kennengelernt hatte, berichtete Alexandra von einer wichtigen Prophezeiung für die zentralasiatischen Völker. Gesar, so geht die Legende, wird in irgendeiner Maske wiederkehren und mit dem Schwert zuerst den weißen Mann aus Asien vertreiben und dann dessen Heimat erobern. Ein gebildeter mongolischer Mönch, der als Sekretär eines Kaufmanns in Peking arbeitete, hatte Alexandra gegen Ende des Ersten Weltkriegs erklärt, wie das chinesische Volk (darin schloß er Mongolen, Tibeter und die eigentlichen Chinesen ein) aus seinem jahrhundertelangen Schlaf erwachen und Gesar folgen würde, um die europäischen Eroberer ins Meer zu jagen und dann mit der Unbarmherzigkeit der Goldenen Horde über deren Heimatländer herzufallen. Sie war damals sehr beeindruckt von dieser Vision eines neuen Dschingis Khan. Teilweise ist sie Wirklichkeit geworden, und wenn es uns insgesamt auch unwahrscheinlich vorkommt, so müssen wir uns doch fragen, was geschieht, wenn China statt sich gegen das übrige Asien zu stellen, dessen Führer wird.

Von ganz anderer Art ist Alexandras Buch *Vom Leiden zur Erlösung: Sinn und Lehre des Buddhismus*, das 1936 französisch erschien und dessen Übersetzung noch heute weltweit nachgedruckt wird. In seinem Vorwort zur englischsprachigen Ausgabe lobte Christmas Humphreys, ein bedeutender britischer Buddhist, die Arbeit als herausragend, jedoch wenig bekannt. Der westliche Student könne darin »die Prinzipien der ältesten Schule des Buddhismus – des Theravada – kennenlernen, wie sie in Sri Lanka, in Burma und Thailand praktiziert werde, und zwar in der Darstellung eines durch die spätere tibetische Tradition geschulten Geistes«. Humphreys fügte hinzu, daß es ihn überrascht habe, daß Alexandra sich wieder den ersten Prinzipien ihres angenommenen Glaubens zugewandt habe. Humphreys lernte Alexandra 1936 auf einer ihrer Konferenzen in Nizza kennen. Sie besprachen ihre letzte Arbeit ausführlich, aber offensichtlich begriff er nicht, daß es sich größtenteils um die Wiederaufbereitung ihres *Modern Buddhism* handelte, der vor dem Ersten Weltkrieg, vor ihrer großen Reise nach Zentralasien, erschienen war. Damals war diese Schrift ignoriert worden, und schon 1926 – auf dem Höhepunkt ihres Ruhmes – dachte die Orientalistin daran, es noch einmal herauszubringen. Verleger in verschiedenen Hauptstädten jammerten nach irgendeinem Manuskript von ihr. Mitte der dreißiger Jahre dagegen war diese Nachfrage erloschen. Europa sah sich mit dem Aufstieg des Faschismus und Nationalsozialismus konfrontiert. Daß Alexandra in der Lage war, dieses Projekt während ihres arbeitsreichsten Jahrzehnts noch unterzubringen, ist an sich schon bemerkenswert. Allerdings übernahm sie tatsächlich große Teile des Textes aus ihrer früheren Arbeit und durchsetzte sie nur mit tibetischen Varianten, die die zentralen Themen des Buddhismus betrafen. Das Ergebnis ist instruktiv und antwortet auf die Frage: »Wie werde ich ein Buddhist?«

In diesem Buch offenbart sich Alexandra als Rationalistin. Obwohl den Buddhismus der verblichene Duft eines jugendlichen Idealismus durchzieht, finden wir darin keine Erzählungen von Eremiten, die in Höhlen hoch im Gebirge irgendwelche Wunder vollbringen, keine Geschichten von mitreißenden Räubern oder Zelebranten in prächtigen Roben, die alte Riten vollführen, noch von Naljorpas, die sich in der Wildnis mit Kadavern einlassen. Statt dessen können wir die Essenz der buddhistischen Lehre auf einer zweiseitigen Karte bewundern. Sehr aufschlußreich sind ihre Anweisungen, wie man den eigenen Geist beobachtet; ihre Abhandlung über das Karma ist für jeden Novizen wesentlich, und sie betont, daß dieses Konzept nichts mit der westlichen Vorstellung von Schicksal zu tun habe, sondern eher auf freiem Willen beruhe. Die buddhistische Ermahnung, daß »der Mensch durch reine Taten rein wird und durch üble Taten übel«, war eine Botschaft, die die Welt von 1930 nicht hören mochte. Es ist die wesentliche Erkenntnis, die das mächtige China gegenüber dem unbewaffneten Tibet ganz offensichtlich ignoriert hat.

Zwei bedeutende Aussöhnungen fallen in Alexandras mittlere Lebensjahre. Die erste betrifft ihre Herkunft und ihre unglückliche Jugend. Im

Sommer 1934 besuchte sie Brüssel, um ihren Eltern an deren Grab ihren Respekt zu bezeugen. Falls sie zu Tränen gerührt gewesen sein sollte, so wissen wir nichts davon. Sie gab zu, daß die Verbitterung früherer Zeiten vergangen war: Ihr Vater hatte sie trotz seiner Vorbehalte immer geliebt, und inzwischen konnte sie auch ihre Mutter als ein Opfer ihrer Lebensumstände verstehen. Als nächstes besuchte sie von Wehmut ergriffen ihr altes Internat und dann das Dorf an der Küste, wo sie als junges Mädchen ihre Ferien verbracht hatte und von dort aus nach England entwischt war. Wie brennend sie sich gewünscht hatte, die weite Welt zu erkunden! Erst als Mittsechzigerin vermochte sie Belgien als ihr Heimatland anzuerkennen.

Dringlicher war, daß Alexandra eine Wiederannäherung mit Philippe, ihrem Gatten, erreichte. Ihre Korrespondenz war in all den Reisejahren unvermindert weitergegangen, zumindest, wenn Alexandra sich in der Nähe eines Postamtes befunden hatte. Ihre Beziehung hatte alle Nuancen von Zuneigung und Sorge füreinander bis hin zu wütender Feindschaft durchlaufen. Philippe scheint ebensosehr eingesteckt wie ausgeteilt zu haben, aber am Ende schickte er ihr doch stets das gewünschte Geld und gab ihr moralische Unterstützung. Jetzt erlangte ihre Beziehung eine gewisse Reife. Gelegentlich unternahm der alternde, aber immer noch gefällige Herr eine Reise von Algier aus, um seine Frau in Digne zu besuchen.

Alexandra drängte ihren Gatten, öfter zu kommen und länger zu bleiben. Sie hielt immer ein gut geheiztes Schlafzimmer für ihn bereit und lud ihn ein, den ganzen Winter in Samten Dzong zu verbringen. Wenn ihm ihre Spaziergänge und ihr Geplauder über alte Zeiten zuviel würden, könne er immer noch mit dem Zug nach Nizza ins Kasino fahren.

In diesem Jahre hatte die Orientalistin das Gefühl, endlich einmal eine gelehrtere Arbeit vollenden zu müssen, um ihren akademischen Ruf zu verbessern. Da sie aber die mangelnden Verdienstmöglichkeiten dabei in Rechnung stellte, entschloß sie sich, zunächst einmal Yongden mit der Rohfassung einer Übersetzung eines Textes von Tsong Khapa zu beauftragen. Die fertige Arbeit wollte sie Professor Sylvain Lévi widmen, der nicht mehr lange zu leben hatte. Yongden kam allerdings nicht mit dem archaischen Tibetisch zurecht, und Alexandra kam zu dem Schluß, daß sie andere Hilfe benötigte. Sie wußte, daß Giuseppe Tucci, der italienische Tibetologe, am gleichen Text arbeitete, und hatte vor, ihm in den Buchläden zuvorzukommen.

Alexandra erzählte allen und jedem, daß sie und ihr Sohn nach Peking reisen müßten. Im tibetischen Tempel dort kannte sie einen sehr versierten Lama, der ihnen würde helfen können. Sicherlich war dies ein Vorwand, um nach Asien zurückkehren zu können – ein Plan, den sie seit 1926 hegte. Sie hatte zwar sogar in Betracht gezogen, die Steppe mit einer Wohltätigkeitsexpedition zu durchqueren, die von Citroën und dem Gelben Kreuz unterstützt wurde und aus dreißig Wagen und Lastwagen bestehen sollte, zweihundert Packkamelen und Dutzenden französischer Freiwilliger. Schließlich gab sie diesen Plan aber auf, weil sie zugeben mußte, daß er ihr gefährlicher erschien, als alleine zu reisen.

Alexandra benötigte noch fast drei Jahre, um ihre Arbeiten in Digne abzuschließen und durch ihre Honorare sowie eine Zuwendung des französischen Erziehungsministeriums ausreichende Mittel für die geplante Reise aufzubringen. Am 9. Januar 1937, in einer eiskalten Nacht, bestieg das Pilgerpaar am Gare du Nord in Paris den Expreßzug Richtung Berlin, Warschau, Moskau und Ferner Osten. Der Zug rollte leise aus dem Bahnhof und glitt in die pechschwarze Finsternis, die nur von fallenden Schneeflocken unterbrochen wurde. Alexandras Stimmung war ebenso düster wie die sie umgebende Nacht.

22

Sturmwolken

Der Start in ihr nächstes und letztes großes Abenteuer brachte der ewig Suchenden keine Erleichterung. Ganz im Gegenteil störte sich Alexandra im Zug daran, daß sie einen Pyjama tragen mußte und unter Decken schlafen, die vorher zahllose andere bedeckt hatten. Sie wütete gegen die Paßbestimmungen, die die früheren Empfehlungsschreiben an lokale Würdenträger ersetzt hatten. »Damit kann ich abfahren, sooft ich will«, bemerkte sie, »aber ich werde nie irgendwo ankommen. Nicht in der bescheidensten Herberge werde ich damit aufgenommen werden.«

Alexandra und Yongden legten einen kurzen Stopp im winterlichen Warschau ein, wo sie Bilder von sich in den Schaufenstern der Buchläden vorfanden. Aber auch das verminderte ihr Gefühl unheilschwangerer Einflüsse und einer bevorstehenden Katastrophe nicht. Wenn man die Zerstörungen berücksichtigt, die dieser Stadt mit ihrem überfüllten jüdischen Ghetto schon bald bevorstehen sollten, mag man Alexandra ihre morbiden Vorahnungen nachsehen. Sie beschäftigte sich sehr mit dem *Bardo Thodol*, dem tibetischen Totenbuch und bestimmten darin beschriebenen okkulten Theorien. Ein Mensch war tot, sobald der ihn belebende Geist den Körper verlassen hatte. Aber die zurückbleibende Leiche, eine Art von Roboter, konnte weiterhin seinen täglichen Pflichten nachkommen und durchaus lebendig erscheinen – zumindest anderen Robotern, denen es genauso ging. Europa war bereits eine Leiche, die nur noch darauf wartete, unter dem Schutt des kommenden Krieges begraben zu werden, und Alexandra selbst fühlte sich ebenfalls nicht richtig lebendig.

Auch Rußland, ihr nächstes Ziel, war zu dieser Jahreszeit nicht angetan, das Herz der Pilgerin zu erheitern. Als kleines Kind hatte sie die schneebedeckte, ungeheure Weite dieses Landes fasziniert. Als junge Radikale in Paris hatte sie durch exilierte Intellektuelle von den zaristischen Grausamkeiten gehört. Nach der Revolution war die junge Sowjetunion dann das Mekka derer geworden, die drastische soziale Änderungen verlangten. Es entsprang also einer alten Neugierde, daß Alexandra eine Tagestour durch Moskau buchte – auf dem Höhepunkt von Stalins Säuberungen.

Was fand sie vor? Der Bahnhof war schwer bewacht, die Portiers, mit denen sie es zu tun bekam, hölzern und stumm. Ihre Führerin von Intourist, die perfekt Englisch sprach, ersuchte die von Alexandra vorgeschlagene Erkundungstour zugunsten einer gehetzten Besichtigung von Fabriken, die von einem Besuch in Lenins Grabstätte gekrönt und von einer stumpfsinnig heruntergebeteten Parteilitanei begleitet wurde. Danach verfrachtete die Reiseführerin die müden Reisenden in ein überteuertes Hotel, wo gleichgültige Kellnerinnen überteuerte Spiegeleier mit Speck servierten. Alexandra war klar, daß der Durchschnittsrusse sich diese Preise nicht würde leisten können und daß die Revolution keineswegs die Klassengegensätze zwischen Dienern und Bedienten beseitigt hatte.

Die gesamte Bevölkerung erschien ihr leer, verlassen, wie tot. Kurz vor der Abreise mußten Alexandra und Yongden noch stundenlang eine Vielzahl von Formularen ausfüllen. Alexandra hatte nicht erwartet, einen Himmel auf Erden zu finden, aber das alltägliche Leben in der Sowjetunion erschien ihr doch wie eine armselige Komödie. Sie war froh, daß sie im nächsten Zug einen Platz nach Wladiwostok bekam. Die lange Fahrt durch Sibirien machte ihr nichts aus, denn am Ende würde sie ja Asien erreichen. Sie dachte an ihren geliebten Maharadscha, der schon so lange verstorben war, und tröstete sich mit der Liebe, die sie mit China verband. Sie hätte eigentlich wissen können, daß sich solche Leidenschaften kaum erneuern lassen.

Am Tag vor Silvester 1937 nahm Alexandra mit einem französischen Arzt in freundlicher Atmosphäre auf einer Terrasse in Hankow, einer Stadt am Mittellauf des Yangtse, ihr Mittagessen ein. Es war nun fast ein Jahr her, daß sie und ihr Sohn den Transsibirienexpreß bestiegen hatten, der sie nach Osten brachte. Sechs Monate zuvor hatten die Spannungen zwischen Japan und China in einen Krieg gemündet. Streitkräfte der Aufgehenden Sonne, die bereits die Mandschurei in ihre Gewalt gebracht hatten, drangen schnell über die Große Mauer weiter nach Süden vor. Die Europäer, die davon tief im Landesinneren überrascht wurden, sammelten sich in den Küstenstädten, wo ihre Heimatländer Konzessionen mit extraterritorialen Rechten unterhielten. Diejenigen, die weitab festsaßen, gewöhnten sich daran, den Himmel nach Flugzeugen abzusuchen, die schnell wie der Wind den Tod bringen konnten.

Sowohl Alexandra als auch Yongden (der einen britischen Paß besaß) hätten sich mit einem Sonderzug, der für die Europäer reserviert war, evakuieren lassen können. Der Zug würde Hankow am nächsten Tag Richtung Hongkong verlassen; er würde ohne Zwischenstopp bis in die britische Kronkolonie durchfahren. Der Konsul hatte sie gedrängt, diese letzte Gelegenheit wahrzunehmen. Das Dach jedes Waggons würde mit der Landesflagge seiner Insassen bemalt werden, um eine Bombardierung durch die Japaner zu verhindern.

Alexandra hatte Philippe, der sich inzwischen in Südfrankreich niedergelassen hatte, von den Schrecken des Krieges geschrieben. Obwohl er von der neuesten Technik Gebrauch machte, handelte es sich bei dieser Auseinandersetzung um einen Rückfall in die Barbarei. Die Japaner massakrierten junge männliche, chinesische Zivilisten, damit aus ihnen später keine Soldaten werden konnten. Sie bombardierten Krankenhäuser. Keine der beiden Seiten machte Gefangene. Die Europäer benahmen sich nicht besser, sie liefen nur um ihr eigenes Leben. Die Chinesen verachteten ihre früheren Meister inzwischen. Wenn man als Europäer überhaupt noch chinesische Diener bekommen konnte, waren es Opiumraucher oder Trunkenbolde.

Warum bestiegen Alexandra und Yongden nicht den Zug und verließen das Land? Sie behauptete Philippe gegenüber, daß, ihr in Hongkong sowieso die nötigen Mittel fehlen würden, um sich nach Europa einzuschiffen. Aber die Geldanweisungen ihres Gatten konnten sie auf britischem Territorium wesentlich leichter erreichen als in China. In Wirklichkeit witterte die fast siebzigjährige Reisende das Abenteuer und war gar nicht daran interessiert, in ein friedliches, zahmes Frankreich zurückzukehren. Statt dessen beschloß sie, von Hankow aus auf einem recht abgewrackten Flußdampfer den Yangtse aufwärts bis Chungking zu fahren, von dort aus weiter nach Westen zu reisen und sich vielleicht noch einmal auf ihre alte Reiseroute nach Tibet zu begeben, wozu Yongden drängte. Als ihre nächste Postadresse gab sie an: zu Händen des französischen Konsuls in Yünnan-fou.

Während Alexandra beim Lunch plauderte, dröhnten plötzlich Kriegsflugzeuge, die auf den Flughafen von Hankow hinabstießen. Bomben explodierten, ließen Trümmer durch die Luft fliegen und hüllten die Nachbarschaft in schwarzen Rauch. Sie fragte sich, was wohl aus dem Dampfer geworden war, der am Fluß vor Anker lag und auf dem sich Yongden mit ihrem Gepäck befand – zusammen mit vielen anderen. Das Schiff mußte ein herausforderndes Ziel für die japanischen Flugzeuge darstellen. Die besorgte Mutter ließ sich von ihrem Ratgeber in seinem Wagen in hohem Tempo zum Hafen fahren, aber dort war kein Schiff mehr zu sehen. Der Frau rutschte das Herz in die Magengrube, bis sie erfuhr, daß der gewitzte Kapitän seinen Kahn einige Kilometer weiter stromaufwärts manövriert hatte. Nachdem der Angriff vorüber war, kam er wieder zum Hafen zurück, und Alexandra und Yongden waren wieder glücklich vereint. Am nächsten Tag legte der Dampfer – vollgepfropft mit angsterfüllten Menschen, hauptsächlich Asiaten – in Hankow ab und machte sich auf den Weg zum Oberlauf des Yangtse.

Wie hatte es der gewöhnlich sehr umsichtigen Alexandra passieren können, eine Fahrt auf dieser schwimmenden Sardinenbüchse zu buchen, die den Felsen im tückischen Flußbett ebenso hilflos ausgeliefert war wie den feindlichen Flugzeugen? Sie und Yongden waren ein Jahr zuvor mitten im Winter 1937 in Peking eingetroffen, bestrebt, sich sogleich an ihre Forschungen zu machen. Sie war damals beeindruckt vom selbstsicheren Auftreten der Chinesen und der Ausstrahlung von deren Hauptstadt. Sie hatte ein Gefühl für den Charme des verjüngten Peking. Alexandra war dort zu Gast bei Madame Rosa Hoa gewesen, einer polnischen Freundin aus Paris, die mit ihrem chinesischen Ehemann in einer einsamen, von Gärten umgebenen Villa lebte. Dort lernte die Französin junge chinesische Intellektuelle kennen, die beim Aufbau des neuen Chinas mitwirkten.

Trotzdem war Alexandra jedesmal, wenn sie die Villa verließ und sich von einer Rikscha durch die Stadt fahren ließ, zum Heulen zumute. Der Polizeispitzel, der ihr überallhin folgte, störte sie nicht, aber die Menschen selbst schienen eine Bedrohung geworden zu sein, waren eher antieuropäisch eingestellt als antijapanisch. Ende Juni des gleichen Jahres kehrte Alexandra der Hauptstadt freudig den Rücken und begab sich zum Wutaishan, dem heiligen Berg der fünf Gipfel, südwestlich der Stadt unterhalb der Großen Mauer gelegen. Die Reise dorthin per Zug und Maultier war anstrengend, der Anblick der Gipfel allerdings vermittelte ihr ein befreiendes, freudiges Gefühl.

Der Wutaishan erwies sich als recht zerrissenes, aber doch gastfreundliches Gelände, zweitausendvierhundert Meter über der nordchinesischen Ebene, das einen erstaunlichen Komplex von Hunderten von Klöstern, Tempeln und Schreinen beherbergte. Deren Geschichte ging zurück bis auf die Missionare aus Indien aus dem ersten Jahrhundert, die mit dem Schatz der buddhistischen Texte China erreicht hatten. Der Berg war Ziel der jährlichen Pilgerfahrt von frommen Gläubigen aus China, der Mongolei und Tibet, und Alexandra und Yongden erwiesen den Heiligen dort mit Tausenden anderer Gläubigen ihre Verehrung. Während ihres Aufenthaltes im Pousa-ting, dem größten der Klöster dort, beschlich sie der Gedanke, daß dies vermutlich das letzte Mal sei, daß sie in einem Gompa lebe.

Der Wutaishan, der von mannigfaltigen Blumen überzogen war und umgeben von grünen und purpurfarbenen Bergen, strahlte gleichwohl auch etwas Okkultes aus – vielleicht der vielen Tibeter wegen, die dort dem Mandschusri ihre Verehrung erwiesen. Er verkörpert das Mitleid in der Tat und das Schwert schwingt des Wissens. Das Paar suchte in den Bibliotheken der Klöster nach alten Texten, aber sie schweiften auch über die Bergpfade, erkundeten geheime Passagen, auf der Suche nach jener, die innerhalb von fünf Tagen nach Lhasa führte. Die fanden sie nicht, obwohl lange Gespräche mit tibetischen Lamas sie im Geiste dorthin brachten. Von den Lamas erhielt Alexandra auch »kostbare Pillen«. Diese enthielten vermutlich neben vielem anderen Fleisch aus der Leiche irgendeines verehrten tibetischen Eremiten. Sie sollten gegen Krankheit immun machen und ihr ein langes Leben sichern. Alexandra würde sie benötigen, um den sich bald zusammenballenden Sturm zu überstehen.

Im Juni stürmten japanische Truppen nach einem provozierten Zwischenfall an der Marco-Polo-Brücke Peking. In der nationalistischen Hauptstadt Nanking zögerte Tschiang Kai-schek, aber ein im August erfolgter Angriff auf Schanghai zwang ihn, etwas zur Verteidigung des Landes zu unternehmen. Ohne jede Erklärung hatte im Pazifik der Zweite Weltkrieg begonnen. Schanghai fiel im November und Nanking einen Monat später. Tschiang reagierte darauf, indem er seine Regierung zweitausendvierhundert Kilometer weiter ins Inland nach Tschungking in Szechuan verlegte. Glücklicherweise konsolidierten die Japaner ihre Position zunächst, indem sie sich die Kontrolle über die Eisenbahnlinien verschafften, statt sofort weiter stromaufwärts nach Hankow zu marschieren. So stabilisierten sich die Grenzen; die Fahnen der Aufgehenden Sonne flatterten über dem Norden und den Küstenprovinzen, die Nationalisten regierten im gebirgigen Südwesten, und zwischen und hinter den Fronten verbreiteten die kommunistischen Partisanen unter den Bauern die Botschaften Mao Tse-tungs.

Alexandra hoffte, daß der Wutaishan, obwohl innerhalb der japanischen Einflußsphäre gelegen, abgeschieden genug war, um von den Soldaten ignoriert zu werden. Es tat ihr nun leid, daß sie ihr Gepäck einschließlich zahlreicher Bücher in Peking gelassen hatte. Das erwies sich letzten Endes aber als ein Segen. Gezwungen, ihre gelehrten Arbeiten aufzuschieben, wollte Alexandra einen Roman über ein Thema schreiben, das sie schon länger beschäftigte.

Im September 1934 hatte Alexandra von ihrem französischen Verleger das kommentierte Manuskript einer Novelle zurückerhalten, die sie ihm geschickt hatte. Man fand sie charmant und farbig und sagte zumindest ein Achtungserfolg voraus. In gekürzter Fassung erschien im nächsten Jahr bei Plon *Mipam: Der Lama mit den fünf Weisheiten*. Aber angeblich handelte es sich um eine Arbeit Lama Yongdens, der sich in der Einleitung darüber beklagte, daß die Europäer über Tibet und dessen Volk falsch berichteten. Da er deren Versuche offensichtlich als lächerlich empfand, hatte er selbst zur Feder gegriffen, um die unzähligen Mißverständnisse bezüglich seiner Heimat zu korrigieren.

Dies wirft die Frage nach der Zusammenarbeit zwischen Alexandra und Yongden nicht nur an *Mipam*, sondern auch an zwei anderen Romanen auf, die leider unbeachtet geblieben sind. Bevor nicht Alexandras nachgelassene Schriften und Manuskripte in gelehrte Hände gelangen, werden wir niemals genau wissen, wie sich das Paar die Arbeit teilte. Sicherlich steuerte Yongden aus volkstümlichen Quellen die groben Umrisse des Handlungsverlaufs für *Mipam* bei, und wahrscheinlich schrieb er auch einen Entwurf auf tibetisch, vielleicht sogar auf englisch. Der Roman wurde zunächst ihm allein zugeschrieben – als Autor wird »Lama Yongden« angegeben –, und Alexandra bezog sich in privater Korrespondenz darauf als auf Alberts Buch. Aber nach dem Stil zu urteilen, schrieb er weder den französischen Text noch die Bemerkungen des Verfassers dazu. Tatsache ist, daß Yongden es im Französischen nie weit brachte.

Alexandra war über den erstaunlichen Erfolg von James Hiltons *Lost Horizon* verärgert, das 1933 erschienen war. Es löste in Amerika Begeisterung aus, und selbst Präsident Roosevelt taufte sein Urlaubsrefugium Shangri-La. Sie muß angenommen haben, daß ein von einem echten tibetischen Lama verfaßter Roman die gekünstelte Erzählung eines Briten, der niemals einen Fuß in das Land des Schnees gesetzt hatte, ausstechen mußte. *Mipam* verkaufte sich auch trotz der schwierigen Zeiten der Depression einigermaßen gut und wurde bald in ein halbes Dutzend weiterer Sprachen übersetzt. Obwohl man es uns schon als ein tibetisches *Der mit dem Wolf tanzt* beschrieben hat, führte bisher kein Versuch einer Verfilmung zu einem Erfolg.

Mipam, eine noch nicht erkannte Inkarnation, ist ein faszinierender, sorgfältig gezeichneter Charakter, aber seine konfliktgeladene Psychologie will nicht so recht zu einem Tibeter passen; es scheint sich da schon eher um Alexandras Alter ego zu handeln. Seine Abenteuer überzeugen den Leser durch ihre Authentizität, auch sein Zusammentreffen mit einem Schneeleoparden, das an Alexandras Begegnungen mit Wildtieren erinnert. Mipams Entschlossenheit und Furchtlosigkeit sind ein Echo von Alexandras eigenen Charaktereigenschaften, von ihrem Unwillen, sich mit einer Niederlage abzufinden. Yongden verfügte nicht über die psychologischen Ressourcen, um diesen verbissenen Kämpfer zu schaffen, der ungeachtet seiner niederen Herkunft schließlich zu einer höheren geistigen Ebene aufsteigt. Alexandra mußte sich genau wie Mipam mit ihren eigenen Gefühlsbestrebungen auseinandersetzen, aber bei ihr war das Ergebnis weniger klar als bei der Romanfigur. Nach und nach ging sie dazu über, ihren Adoptivsohn zu unterdrücken.

Ermutigt durch seinen Anfangserfolg beschloß das Paar, auch bei einem zweiten Roman *Liebeszauber und Schwarze Magie*, zusammenzuarbeiten. Dessen Titel läßt zu Recht an eine Geschichte von Schwarzer Magie, Begierden und Mord denken. Alexandra, die in einem psychischen Paradies festsaß, das von allen Seiten bedroht wurde, wandte sich dem Genre zu, das heute als »okkulter Horror« bezeichnet wird. Der Roman *Mipam*, der ein wenig ins Bittersüße spielt, hat eine optimistische Auflösung: Dolma, die lebenslange Liebe des Helden, opfert sich, um ihm zu helfen, den Thron des Lamas der fünf Weisheiten zu besteigen. Mipam und Dolma kannten einander bereits aus einem früheren Leben und würden sich im nächsten wiedersehen. Im Gegensatz dazu ist *Magie noire* eine bittere kalte Version des gleichen Themas: eine romantische Liebe zwischen Mann und Frau als Illusion und Hindernis auf dem Weg zur Erleuchtung. Während *Mipam* durchdrungen ist vom Licht der Steppe, lotet *Magie noire* die Tiefen vernunftwidriger Begierden aus.

Garab, der Held des Romans, ein schneidiger Räuber, entbrennt in Liebe zu der schönen, gutherzigen Detchema, die er bei einem Überfall auf eine Pilgerkarawane auf deren Weg nach Lhasa erbeutet hat. Sie erwidert seine Leidenschaft und schenkt ihm ihre Jungfräulichkeit und ihr Herz. Garab, dessen Vater ein Dämon war, unternimmt eine Pilgerfahrt zum Berge Kailas in Westtibet, um in Erfahrung zu bringen, wer sein Vater war. Aber dieser Anflug von Frömmigkeit bringt das Verderben, denn Detchema wird von eben diesem Dämonen geschändet. Garabs Eifersucht endet in Mord; anschließend will er der Welt den Rücken zukehren und Schüler eines Einsiedlers werden. Als Detchema ihn in seiner Einsamkeit ausfindig macht, mordet er ein weiteres Mal, um sie zu beschützen. Aber jedesmal wird seine Tat ihm schwerer erträglich, denn er weiß inzwischen um die karmischen Folgen seines Verbrechens.

Alexandra erklärt in ihrem Vorwort, daß Garab ein einigermaßen wohlhabender, durchaus realer Nomadenhäuptling war, der ihr seine autobiographische Geschichte bei vielen Schalen Chang anvertraut hatte. Sie zweifelte nicht an seiner Geschichte, vor allem, da sie mit deren Hauptschauplatz, der tibetischen Provinz Gyarong im Südosten an der Grenze zu Szechuan, vertraut war. Alexandra mochte die Geschichte erst nicht erzählen, weil darin gewisse okkulte Praktiken geschildert waren, die den schwarzen Bon-Magiern zugeschrieben werden. Allerdings hörte sie am Wutaishan von zwei tibetischen Lamas aus der Region, daß sie ebenfalls glaubten, die schwarzen Bons hielten Menschen als Gefangene, um die Säfte von deren verfaulenden Leibern zu trinken – ein Elixier, mit dem man ein extrem langes Leben erreichte. Nachdem dieser merkwürdige Ritus der Linken Hand bestätigt war, schrieb Alexandra mit Yongdens Hilfe den düsteren und doch brillanten Roman. Letztendlich beschrieb sie darin sogar Techniken, die sie selbst benutzt hatte, um sich vor einer besonders subtilen Form des Vampirismus zu bewahren – der Liebe.

Schwarze Magie spiegelt die persönliche Spannung der Verfasserin bezüglich ihrer Begierden wider, als auch die gespannten Verhältnisse, unter denen das Buch geschrieben wurde. Die Mönche der Berge der fünf Gipfel beschworen Geister, um ihre Feinde in Schach zu halten. Sie waren für die wildesten Gerüchte empfänglich. So hieß es zum Beispiel, daß eine bewaffnete, von den Japanern ausgebildete Abteilung von Orang-Utans auf den heiligen Berg losgelassen worden sei. Da Alexandra nie genau wußte, ob sie nicht plötzlich würde fliehen müssen, schrieb sie nicht nur unter Druck, sondern trug auch zusammen mit Yongden immer das einzige Exemplar ihres Manuskriptes bei sich – selbst bei ihren täglichen Spaziergängen, die sie unternahm, um in Form zu bleiben.

Ihre Lebensbedingungen verschlechterten sich bald. Das chinesische Papiergeld wurde wertlos, und von Peking abgeschnitten, hatten sie keine Möglichkeit, einen Scheck oder eine Anweisung einzulösen. Alexandra und Yongden gingen dazu über, sich von gekochtem Reis und Wurzeln zu ernähren, die sie ausgruben und mit etwas Essig würzten. Normalerweise schwelgte Alexandra geradezu in der Erregung kriegerischer Zeiten. Sie schlief gut und erwachte hungrig und wohlgelaunt, aber als dann das Herannahen der Japaner sich ankündigte, beschloß sie, in Richtung Süden nach Taiyuan zu gehen. Sie vermutete, daß Madame Rosa Hoa dorthin geflohen war, und hoffte, sich dort von ihr etwas harte Währung ausborgen zu können. Alexandra und ihrem Sohn gelang es sogar, sich Maultiere und Diener zu beschaffen, so daß sie aufbrechen konnten. Unter Verzicht auf jegliche Feindseligkeit gegen die Japaner wickelte sie sich als Vorsichtsmaßnahme in eine französische Flagge ein.

Wie vorauszusehen, war die Route fest in der Hand von Schwarzmarkthändlern, Banditen und Mördern. Gesetzeswidrigkeiten wurden dann plötzlich mit ungeahnter Strenge bestraft. Das Paar wurde Zeuge, wie ein hübscher junger Soldat von einem Exekutionskommando erschossen wurde, weil er ohne Erlaubnis seines Hauptmanns geheiratet hatte. Die Chinesen selbst erwiesen sich als größeres Hindernis denn die Invasoren. Ein unbedeutender Beamter hielt Yongden unter der Anklage fest, mit einem gefälschten britischen Paß zu reisen; er sei wohl ein Steuerflüchtling und könne schließlich keine blonden Haare und blaue Augen aufweisen. Der Ankläger rief seine Spießgesellen zusammen, um ihnen seine brillante Detektivarbeit zu demonstrieren. Er ließ Yongden dessen Namen und das Wort London in lateinischer Schrift aufschreiben. Verwundert über die Kenntnisse des Lamas ließ der Beamte ihn dann doch weiterziehen.

Alexandras Maultiertreiber desertierten. Es gab weder Züge noch Lastwagen, aber das Paar konnte sich einen Platz in einer Karre sichern, um dennoch weiterzukommen. Nicht weit vor ihrem Bestimmungsort wurde Alexandra durch einen heftigen Stoß aus der Karre geworfen; sie lag mit ausgestreckten Gliedern auf der Erde wie eine Stoffpuppe. Eine Kiste mit Büchern, die sie am Kopf traf, versetzte sie in eine komaähnliche Bewußtlosigkeit. Alexandra wurde einfach wieder in die Karre gehoben. Yongden bedeckte die langsam zu sich kommende Alexandra mit einem Stück schmierigen Öltuchs. Ihr Yoga-Training gestattete ihr, zeitweilig aus ihrem Körper herauszutreten. Während das Gefährt sie weiter durchrüttelte, rief sie sich eine alte Formel der Stoiker ins Gedächtnis: »Schmerz, du bist nichts als ein Wort.«

Nach neun Tagen kam Alexandra verletzt, erschöpft und schmutzig in Taiyuan an, nur um festzustellen, daß dort gerade die Japaner angriffen. Ihre europäische Freundin war nicht mehr da, und ihr ganzes Vermögen bestand noch aus vier chinesischen Dollars. Zum Glück lieh der französische Konsul ihr Geld, und wenn sie etwas warten konnte, würde Philippe ihr eine beträchtliche Summe schicken. Wie gewöhnlich wies die Siebzigjährige jeden Gedanken an einen Krankenhausaufenthalt oder medizinische Behandlung von sich. Die Luftangriffe konnte sie hingegen nicht ignorieren und mußte sie wie alle anderen auch in den Kellern aussitzen. Aber selbst daraus wußte sie noch etwas zu machen, sie arbeitete an dem Manuskript von *Magie noire*.

In Taiyuan konnte Alexandra zum ersten Mal Abteilungen der blau uniformierten kommunistischen Truppen beobachten. Deren militärische Disziplin und Bereitwilligkeit, gegen die Japaner zu kämpfen, stellten einen scharfen Kontrast gegenüber den Nationalisten dar. Mit ihrem typischen politischen Scharfblick sagte die Französin einen Bürgerkrieg voraus, wenn die Japaner erst geschlagen waren. Sie war sich ihrer Sache sicher. Aber im Augenblick war Alexandra einmal mehr auf die Missionare angewiesen. Es waren Baptisten, die sie aufnahmen und ihr Geld zur Verfügung stellten. Alexandra und Yongden bestiegen in Taiyuan einen Zug, der nach Hankow fuhr, das immer noch in nationalistischer Hand war. Die Fahrt dauerte drei Tage und drei Nächte, die die beiden eingepfercht zwischen Flüchtlingsfamilien unter katastrophalen Bedingungen überstanden. Der Zug wurde bombardiert, und einige der Passagiere kamen ums Leben. Alexandra wurde die Vergeblichkeit jeder Flucht klar, denn die Dorfbewohner flohen vom Süden in den Norden und umgekehrt – Hauptsache fliehen.

Als das Paar im Dezember in Hankow eintraf, waren sie bereits gelegentlich von Bauern bespuckt, von Kindern angepinkelt und von Soldaten mit Tritten traktiert worden. Im Mahlstrom der flüchtenden Menschenmengen und durch das zahlreiche Umsteigen hatten sie weitere tibetische Bücher eingebüßt, sowie Manuskripte und Notizen. In der strategisch wichtigen, aber bedrohten Hafenstadt am Yangtse wurde klar, daß Alexandras Handlungsspanne sehr begrenzt war: Sie konnte mit einem Sonderzug für Europäer Richtung Osten nach Hongkong fahren und von dort aus mit dem Schiff weiter nach Frankreich oder nach Westen ins Unbekannte. Sie hätte über ihre eigene Zwangslage am liebsten laut gelacht, als ihr plötzlich aufging, daß Yongden vielleicht zusammen mit dem Gepäck auf der Fähre untergegangen war. Da erst begriff sie, daß sie selbst zum Flüchtling geworden war.

Im Januar 1938 reisten die beiden von Hankow nach Tschungking den Yangtse-Strom aufwärts – ohne Zwischenfälle und etwa im gleichen Tempo wie in früheren Zeiten. An jedem Hafen, der am Weg lag, standen Tausende von Menschen am Wasser, drängten und schoben, blieben aber als Masse passiv. Sie blickten nur stumm hinterher, wenn das Boot, ohne haltzumachen, vorüberdampfte. Obwohl bitterkalte Winde bliesen, fand Alexandra Gelegenheit, die majestätische Schönheit der Yangtse-Schluchten zu bewundern. Das früher malerische Tschungking allerdings, die provisorische Hauptstadt der Nationalisten, war jetzt vollgestopft mit Beamten, Truppen und Flüchtlingen, ein Ort voller Schmutz, schlechter Stimmung und schlechten Manieren. Die Kinder riefen »Ausländische Teufel!«, zeigten offen ihren Haß auf die Europäer und bewarfen das Paar mit Steinen.

Dieser gesichtslose Krieg, die anscheinend zufällige Gewalt der Luftangriffe auf die Zivilbevölkerung begann an Alexandras Nerven zu zerren. Der Wasserstand des Flusses war zu niedrig, um per Boot weiter flußaufwärts zu fahren, ein Flugzeug nach Tschengtu war zu teuer, und eine Sänfte mit Trägern war nicht zu haben, ganz gleich welchen Preis man bot. Aus der nationalistischen Armee desertierte Soldaten machten mit ihren Plünderzügen das Land unsicher; vergessen war die Ritterlichkeit der Räuber alten Schlages. Aber nichtsdestotrotz schrieb die einfallsreiche Französin ihrem Mann schon Anfang März von Tschengtu aus. Sie und Yongden waren in einem kleinen Pavillon in der Nähe der französischen, medizinischen Mission bequem untergebracht; dort waren sie auch schon vor anderthalb Jahrzehnten gewesen. Sie sahen zweifelnd zu, wie die Ärzte und Krankenschwestern gewaltige Trikoloren auf die Dächer der Gebäude malten. Alexandra hatte inzwischen die Erfahrung gemacht, daß solche Flaggen ein schönes Ziel für die Japaner abgaben, die entschlossen schienen, alle Europäer aus Asien zu vertreiben.

Gute Nachrichten erwarteten die erschöpften und mittellosen Reisenden: »Mouchy« hatte ihnen zehntausend Francs gesandt. Fast während des ganzen Krieges, ungeachtet gegeneinander aufmarschierender Armeen, blieb die nationale chinesische Postverwaltung in Funktion – ihren eigenen Gesetzen folgend. *Magie noire* erreichte nach acht Monaten sicher Paris. Inzwischen hatte Alexandra eine zeitgenössische Arbeit begonnen. *Sous des nuées d'orages* (Unter Sturmwolken) handelte von den aktuellen Geschehnissen in China. In Paris waren ihre Verleger überzeugt, daß das Buch sich gut verkaufen lassen würde. Allerdings brauchte die Verfasserin einen friedlicheren Platz, wo sie über die Feindseligkeiten schreiben konnte. Das mit Flüchtlingen überfüllte Tschungtu bildete einen ständigen Anziehungspunkt für die japanischen Bomber.

Alexandra floh in Richtung Tibet und hoffte, noch einmal in einem Kloster unterzukommen. Mitte Juni, als der Schnee geschmolzen war, engagierten die Reisenden Träger und zwei Sänften, um sich über einen mehr als viertausend Meter hohen Paß nach Westen tragen zu lassen. Zehn Tage später erreichten sie die mittelgroße Grenzstadt Tachienlu. Sie hatten mit Frühjahrsstürmen zu kämpfen, schöpften aber trotzdem neuen Mut, da sie sich nun endlich in der tibetischsprachigen (wenn auch noch chinesisch regierten) Welt befanden. Alexandra kannte die Stadt nicht, war aber mit dem halbnomadischen Bevölkerungsgemisch der Grenzlande vertraut. Auf zweieinhalbtausend Meter Höhe lag Tachienlu in kalter, klarer Luft in einem trogförmigen Tal. Alexandra schöpfte Trost daraus, daß nur fünfzehn Kilometer weiter in den Bergen westlich der Stadt Tibeter ihre Schafe und Ziegen weideten.

Aber auch Tachienlu war überlaufen von Flüchtlingen, und Alexandra konnte keine Unterkunft finden. In den Klöstern befanden sich mehr Soldaten als Mönche. Ganze Familien kampierten auf den Straßen und waren den Unbilden des Wetters ausgesetzt. Wieder einmal hatte Alexandra Glück; englische Missionare schenkten der Orientalistin ihre Freundschaft und Unterkunft. Mitten im Sommer konnte sie dann endlich bei einem Eremiten auf der Ebene von Pomo San einige Kilometer außerhalb der Stadt Zuflucht finden. Das Paar streifte gerne in der Gegend umher, Alexandra in ausgebeultem Anzug und Umhang, einen zerbeulten Herrenhut auf dem Kopf und einem derben Stock in der Hand, Yongden im Schlepptau. Sie pflegte sich unterwegs Notizen zu machen und er Fotografien aufzunehmen, die an Philippe oder ihre Verleger geschickt wurden. So war es wenig überraschend, daß sie den Verdacht der nationalistischen Machthaber erregten. Die chinesischen Beamten untersagten ihr, mit einem Fernglas die nahe gelegenen Gebirgspässe zu beobachten. Sie befahlen den Ausländern sogar, nicht aus dem Fenster zu schauen, wenn Marschverbände der Armee vorbeizogen.

Alexandra machte das Beste aus der immer schwieriger werdenden Situation. Sie kaufte in weiser Voraussicht eines harten Winters Pelzroben, aber dennoch froren Yongden und sie bereits im November in der praktisch ungeheizten Eremitage. Von ihrer Arthritis geplagt, war sie zu sehr aus der Übung, um einen Versuch des Tumo-Atmens zu unternehmen. Wie die anderen Ausländer fühlte sie sich durch die Ereignisse überrollt und wußte nicht mehr, wo sie sich hinwenden sollte. Typisch für die Konvulsionen, die Asien erschütterten, war ein Überfall auf den französischen Bischof, der von einem brüllenden Mob beinahe umgebracht wurde. Inzwischen drangen auch die japanischen Bomber weiter nach Westen vor, bombardierten Chengtu dreimal in der Woche und im Süden Yünnan-fou auf Alexandras möglicher Fluchtroute nach Burma. Sie schrieb Philippe, die Japaner seien auch noch stolz auf ihre Massaker in einer Grundschule für Jungen. Chamberlain, der sich als Speichellecker Hitlers erwies, würde Europa gewiß nicht retten. Alexandras Gelenke mochten knirschen, aber ihr Gehirn arbeitete besser denn je.

Nachdem Alexandra Ende November von Philippe darüber ins Bild gesetzt worden war, daß die Alliierten in München vor den Nazis zu Kreuze gekrochen waren, kehrte sie zu der Mission nach Tachienlu zurück. Es schneite fünfzig Stunden hintereinander, und kurz danach setzten die Missionare Madame David-Néel nebst ihrem Sohn und sämtlichem Gepäck kurzerhand auf die Straße. Jeanne Denys, die mit den Missionaren korrespondiert hatte, schrieb, daß Alexandra versucht habe, ihre Unterkunft unterzuvermieten, um anderswo eine billigere Bleibe zu finden und die Differenz in die zu Tasche zu stecken. Wohnraum war damals verzweifelt knapp in der Stadt, aber Alexandra wandte sich an einen Orden französischer Nonnen, die ihr eine alte Kornkammer vermieteten. Der hölzerne Schuppen verfügte über mehrere Räume und einen eigenen Innenhof. Einmal gesäubert und gelüftet, konnte sie daraus für sich und Yongden eine gemütliche Wohnung machen.

Dort begann Alexandra darüber zu schreiben, was sie in jüngster Zeit in China gesehen hatte. Bis Mitte Sommer 1939 hatte sie *Sous des nuées d'orages* vollendet, und im September traf Violet Sydney ein, um das Manuskript zu übersetzen. Das bewerkstelligte sie zwischen Luftangriffen, bei denen sich der größte Teil der Stadt auf einem nahe gelegenen Friedhof versammelte. Chinesen und Tibeter, Buddhisten und Bons versammelten sich dort in einer Atmosphäre der Kameraderie, wo die Unterschiede nicht mehr zählten. Im November konnte Alexandra das französische Manuskript mit diplomatischer Post von Chengtu nach Paris senden. Wegen ihrer ständigen Mäkelei an der von Sydney vorgelegten Übersetzung hatte diese gerne das Weite gesucht – aber wie so viele andere saß auch sie fest, ohne jede Möglichkeit, das vom Krieg zerrissene Land zu durchqueren. Wie die Frau von Mitte Sechzig im Mai 1940 aus China herauskam, ist unklar. Fest steht allerdings, daß nie eine englische Fassung von *Sous des nuées d'orages* erschien.

Die Arbeit ist ein Beispiel für persönlich gefärbten Journalismus. Ihre unzweifelhafte Autorität gestattete es ihr, auch über Triviales zu schreiben. Gleichwohl ist dieser Bericht über Alexandras Mühen bei ihrer neuerlichen Durchquerung Chinas von Osten nach Westen nicht wahrhaft heldenhaft. Wegen der politischen Situation war sie mehr der Gnade ihrer Diener ausgeliefert, als daß sie diesen befahl. Die frühere Dakini war auf den Status eines Flüchtlings reduziert worden. Als eine unter vielen konnte Alexandra nur wie unzählige andere vor den furchterregenden, unpersönlichen Mächten fliehen, die sie bedrohten. Ihre Rettung verdankte sie wohl ihrer außergewöhnlichen Klarsicht. Der Wahnsinn der

Männer hatte das Übel dieses Krieges geboren, und sie würden zu Millionen dafür sterben.

Als *Sous des nuées d'orages* im Frühjahr 1940 erschien, stand Frankreich selbst eine verheerende Niederlage bevor. Polen war Hitlers Blitzkrieg zum Opfer gefallen, Europa in Auflösung begriffen. China schien zu weit entfernt, als daß man sich über das Schicksal dieses Landes Gedanken gemacht hätte. Im Juni hatten die Deutschen Paris besetzt, und das in solcher Eile verfaßte Buch versank im Staub der Geschichte. Alexandra schrieb an Philippe, der inzwischen am Gard in Südfrankreich wohnte, daß sie und Yongden sich mit einem gelehrten Projekt beschäftigten, einer Grammatik des gesprochenen Tibetischen. Verzweifelt um offizielle Unterstützung bemüht, hoffte sie, daß die Grammatik, die sie als Schinderei erachtete, ihr Mittel des französischen Außenministeriums eintragen würde.

Alexandra widmete sich viel lieber einem Werk in dem von ihr bevorzugten freieren Stil: *A l'Ouest barbare de la vaste Chine (Land der Is: In Chinas wildem Westen)*. Die Arbeit, die nach dem Krieg einigermaßen populär werden sollte, ist eine Beschreibung des Grenzlandes und seiner Eingeborenenstämme. Alexandra fehlte jede anthropologische Ausbildung, dennoch schrieb sie über die anarchischen Nomaden der chinesisch-tibetischen Grenzmarken und den Status ihrer Frauen mit viel Gefühl. Sie hatte sehr viel Hoffnungsvolles über die Beziehungen zwischen den Chinesen und den Tibetern zu sagen. In dieser Region hatten sich die beiden Völker vermischt und seit Jahrhunderten untereinander verheiratet, waren auf beiden Seiten tolerant, wenn nicht außerordentlich respektvoll. Was Alexandra nicht vorhersah, war der heftige Kampf zwischen der chinesischen Besatzungsarmee und tibetischen Khampa-Partisanen, der die fünfziger Jahre kennzeichnen sollte.

Während der frühen vierziger Jahre blieb Alexandra in Tachienlu in der Reichweite des französischen Konsuls in Tschengtu, der katholischen Missionare und vor allem des Postamtes, ihrer Verbindung zu Philippe Néel. Der Krieg wurde auch hier immer bedrohlicher, aber die Korrespondenz mit Frankreich blieb möglich, wenn auch verlangsamt. Alexandra sorgte sich um Philippes Sicherheit unter der deutschen Besatzung und sandte ihm Ratschläge, wie er Leib und Seele zusammenhalten solle. Der ältliche Ingenieur baute langsam ab, und er schrieb ihr von seinem

Testament, das sich strikt an ihren Ehevertrag hielt. Er brachte Yongden gegenüber seinen Dank zum Ausdruck, daß er seiner Ehefrau eine solche Hilfe gewesen sei. Am 14. Februar 1941 erhielt Alexandra einen abgerissenen schmutzigen Umschlag mit einem Telegramm. Schon Wochen zuvor hatte sie gespürt, daß Mouchy gestorben war. Als sie sah, daß das Telegramm von seiner Nichte Simone abgesandt worden war, die ihn gepflegt hatte, fand sie ihre Befürchtungen bestätigt.

Von Jugend an hatte Alexandra sich dagegen abgehärtet, auch nur das geringste Zeichen von Gefühlen erkennen zu lassen. Sie schlief auf einem Holzbrett, las die Stoiker und entdeckte die subtile Philosophie Gautama Buddhas. Sie hatte mit Magiern und Räubern verkehrt und auch mit der Liebe experimentiert. Jetzt starrte sie ungläubig den Fetzen Papier an, las ihn immer wieder, als sei er in einer fremden Sprache verfaßt. Tränen traten ihr in die Augen und liefen ihr übers Gesicht. Yongden war völlig überrascht, seine Mutter ohne jede Scham weinen zu sehen.

Alexandra wußte nicht, daß nur einen Monat zuvor Doktor d'Arsonval, ihr akademischer Förderer, gestorben war. Auch wußte sie wahrscheinlich nicht, daß ihr Freund, der Pantschen Lama, in eine neue Inkarnation übergegangen war. Der Gomchen von Lachen, der noch einige Jahre zu leben hatte, war unerreichbar für sie. Die Männer, die Alexandra etwas bedeutet und sie gehalten hatten, waren dahingegangen.

23

Die Frau des Chinesen

Von 1938 bis Mitte 1944, während einer langandauernden von Feindseligkeiten gekennzeichneten Kriegspause, waren Alexandra und Yongden
zahlende Gäste des französisch-katholischen Hospitals in Tachienlu. Sie
litten mehr unter der allgemeinen Unsicherheit als unter wirklich ernsthaften Entbehrungen. Gerüchte gingen um, und Alexandra war nicht in
der Lage, herauszufinden, was im Riesenreiche China vor sich ging, geschweige denn in Europa. Sie blieb in Verbindung mit dem Konsul in
Chengtu, sie las, schrieb und sammelte Informationen für ihre Bücher.
Aber sie konnte die Wirkung, die Philippes Tod auf sie hatte, nicht ohne
weiteres abschütteln.

Ihr altvertrauter Feind, die Neurasthenie, stellte sich wieder ein. Sie
hörte auf zu essen, mußte sich übergeben, verlor Gewicht. Sie verspürte
grimmige Schmerzen im Rücken. Ein chinesischer Arzt diagnostizierte
ihr Leiden als nervöse Erschöpfung. Darauf reagierte sie in sehr eigenwilliger Form: Sie stand auf, schlug erst einen Diener, dann Yongden und
fühlte sich danach besser.

Aber solche Ausbrüche konnten den inneren Schmerz nicht vertreiben. Liebe zum Ausdruck zu bringen oder das Gefühl der Trauer zuzu-
lassen widersprach Alexandras Selbstbild, und so versuchte sie, diese
ungebührlichen Emotionen zu unterdrücken. Das Ergebnis war eine Verbitterung gegen die, die ihr am nächsten standen. Immer wieder hatte sie
an Yongden etwas auszusetzen. Um ihrer schlechten Stimmung zu entgehen verbrachte der Adoptivsohn dann einen großen Teil seiner Zeit in
kleinen Teehäusern, wo er mit den Besitzern und anderen Gästen plauderte. Der ehemalige Abstinenzler wandte sich mehr und mehr dem
Alkohol zu. Obwohl alle anderen ihn akzeptabel fanden, drohte seine
Mutter, ihren erwachsenen Sohn zu enterben. Die Fünfundsiebzigjährige
wurde von immer größerer Angst vor Alter und Hilflosigkeit gequält.
Jetzt setzte ihr Klagelied ein, das sie noch so oft wiederholen sollte: Ich
hätte in meinem Zelt in der Einsamkeit Tibets sterben sollen.

Statt dessen sollte Alexandra sehr bald neuen Herausforderungen gegenüberstehen. 1944, nach der Schneeschmelze, versuchten die Japaner in einem letzten verzweifelten Angriff, China zu teilen und ihre über Land führende Route nach Südostasien zu verteidigen. Die nationalistischen Armeen mußten starke Verluste hinnehmen, die Geschäftemacherei blühte, und die Polizei wurde immer brutaler. Die galoppierende Inflation ruinierte die große Anzahl von Lehrern und Studenten, die praktisch mit ihrer Universität im Gepäck nach Westchina gekommen waren. Viele schlossen sich der Roten Armee an, die unter dem Kommando des Vorsitzenden Mao stand und sich gegen die vordringenden Japaner verbiß. Vermutlich kannte Alexandra Maos Gedichte; in keiner ihrer Schriften aus dieser Zeit gibt es jedoch einen Hinweis darauf.

Japans Kamikaze-Angriff war zum Scheitern verurteilt, und zwar wegen der immer stärkeren Präsenz amerikanischer Streitkräfte im chinesischen Südwesten. Hier hatte »Vinegar Joe« Stilwell das Kommando – zusammen mit seinem Erzrivalen Chennault und dessen berühmten »Flying Tigers«. Fünfunddreißigtausend GIs bauten den dann betriebsamsten Flughafen der Welt in der Nähe von Kunming in Yünnan. Von Indien kamen über den Himalaja immer mehr Männer, immer mehr Material, immer mehr Luftunterstützung. Nachdem sie sich in jenem Frühjahr endgültig für den Rückzug entschieden hatte, gab Alexandra ihren umfunktionierten Kornspeicher in Tachienlu auf und kehrte nach Chengtu zurück.

In der Hauptstadt Szechuans lernte Alexandra John Blofeld kennen, der damals als Hauptmann der britischen Streitkräfte der britischen Botschaft in Chungking zugeteilt war. Der zweiunddreißigjährige Blofeld war ein Bewunderer von Alexandras Arbeiten und hoffte, in deren Fußstapfen treten zu können. Als Bewunderer vor allem seines autobiographischen Buches *The Wheel of Life (Rad des Lebens: Erlebnisse eines westlichen Buddhisten)* unternehmen wir jede Anstrengung, um mit ihm in Kontakt zu treten. Unsere Nachforschungen ergaben, daß er in Bangkok ans Bett gefesselt war. Von dort aus schrieb er uns:

Während der frühen 1940er Jahre traf ich [David-Néel] in einem sehr guten Hotel in Chengtu in Westchina. Im Scherz fragte ich sie, warum sie diesen luxuriösen Wohnplatz den begeisternden Härten einer einsamen Bergeshöhle vorgezogen habe. Als Antwort erhielt ich eine sehr detaillierte Beschreibung einer Reise, die sie jüngst nach Tibet unternommen habe und während deren sie ausgeraubt und so gezwungen worden sei, in eine Stadt zurückzukehren, wo sie Kredit erhielt und hoffen durfte, daß Mittel aus Frankreich sie bald erreichten. Erst später fand ich heraus, daß die ganze lange Geschichte, die ihr Selbstbild gehörig aufgebessert hatte, reine Erfindung war!

Warum hinterging Alexandra einen jungen Mann, von dem sie wußte, daß er ein ausgesprochener Buddhist war? Anders als Blofeld, der auch vierzig Jahre danach noch von »Madames Fähigkeit zu detailliertem Betrug« schockiert war, glauben wir nicht, daß es ihr um ihr Selbstbild ging. Die entscheidende Frage ist vielmehr, wie Alexandra sich mitten im Zweiten Weltkrieg ein teures Hotel leisten konnte, obwohl ihr sowohl ihre eigenen als auch die Mittel ihres verstorbenen Ehegatten unerreichbar waren? Ihr französischer Biograph erzählt, daß das französische Außenministerium ihr über den Konsul in Chengtu ein Stipendium von dreißigtausend Francs pro Jahr (etwa sechshundert Dollar) habe zukommen lassen. Laut Jacques Brosse verlangte der Konsul von Alexandra und Yongden keine Gegenleistung. Eine andere unwahrscheinliche Erklärung Jean Chalons lautet, daß ihr dieses Geld für die Abfassung ihrer tibetischen Grammatik zur Verfügung gestellt worden sei. Dabei handelte es sich bei dieser Grammatik um ein Buch, an dem nach dem Krieg kein Verleger und keine Regierungsstelle das geringste Interesse zeigte und das erst nach Alexandras Tod privat gedruckt wurde.

Man muß im Auge behalten, daß es sich um die Vichy-Regierung handelte, die das Geld angeblich für ein Projekt an der chinesisch-tibetischen Grenze zur Verfügung stellte, während in Frankreich die Truppen der deutschen Besatzer und die Résistance einander umbrachten und die Alliierten militärische und industrielle Ziele bombardierten. Uns erscheint dies viel unwahrscheinlicher als Alexandras erfundene Reise nach Tibet. Wir vermuten, daß sie ihre Tibet-Geschichte Blofeld, einem aufgeweckten britischen Offizier, absichtlich aufband, weil es ihr peinlich war, in den Diensten von Vichy zu stehen. Denn ihr bekannter politischer Scharfsinn wußte sehr wohl zu urteilen, daß sich das bald als reale Schuld erweisen konnte. Wir können ihr nicht zum Vorwurf machen, das Geld akzeptiert zu haben, ohne welches es ihr sehr schlecht gegangen wäre. Aber es bleibt die Frage, ob Alexandra den französischen Konsul in Chengtu als Gegenleistung mit Informationen versorgte? Auf jeden Fall unterstellten das die chinesischen nationalistischen Machthaber. Möglicherweise ist damit das Zipfelchen einer vielleicht spannenden Spionagegeschichte gelüftet, aber bis die Archive in Digne für die Forschung ganz zugänglich sind, ist den Biographen nur ein flüchtiger Blick darauf vergönnt.

Alexandra und Yongden verbrachten etwas über ein Jahr in der Stadt, die Blofeld als »mauerumgeben, aus grauen Backsteinen erbaut und mit Hingabe wie ein kleines Peking hergerichtet« beschreibt. Er fährt fort: »Die Wohnstraßen der Stadt sind von niedrigen, grauen Mauern gesäumt, welche von bronzebeschlagenen, lackierten Toren unterbrochen werden ... Und die bezaubernden Innenhöfe, die sich dahinter verbergen, vermitteln oft den Eindruck einer überraschenden Ähnlichkeit mit der Kaiserin der Städte.« Hier vollendete Alexandra ihre Grammatik sowie À l'Ouest barbare de la vaste Chine und brachte Stunden vor dem Radio zu, um Hitlers letzte irrige Botschaften über Radio Saigon im japanisch kontrollierten Indochina zu hören. Hier erfuhr sie im Mai 1945 vom Ende der Feindseligkeiten. Ende Juli wurde sie – eine höfliche Geste der neuen gaullistischen Regierung Frankreichs – zusammen mit Yongden nach Kunming geflogen. Nachdem sie dort zwei Monate verbracht hatte, flog sie über das Gebirge nach Kalkutta, auch diesmal auf Staatskosten.

In den nächsten neun Monaten war das Grand Hotel Alexandras Stützpunkt. Ihre bevorstehende Rückkehr nach Frankreich ragte drohend wie ein Gipfel des Himalajas am Horizont auf. Später erzählte sie Vertrauten, daß sie nur zurückgekehrt sei, um Philippes Erbe zu regeln, und daß sie später nur ihrer Arthritis wegen nicht nach Asien zurückgekehrt sei. Ohnehin konnte sie nicht länger das Leben leben, über das sie schrieb. Ohne Philippe als Vermittler benötigte sie selbst größere Nähe zu ihren Verlegern, den Zeitungen und den Schmeicheleien ihrer Bewunderer. Der Süden Frankreichs war gerade weit genug von Paris entfernt.

Während sie darauf wartete, daß sich die Situation in Frankreich beruhigte, sah Alexandra zu, wie vor ihrem Hotelfenster am Vorabend der indischen Unabhängigkeit muslimischer und hinduistischer Mob brandschatzend, plündernd und mordend durch die Straßen zog. Truppen mit Panzern und Maschinengewehren wurden entsandt, um dem Blutbad ein

Ende zu machen. Alexandra glaubte allerdings auch nicht mehr an eine bessere Moral der Europäer. Die Freiheiten im Benehmen und Kleidung erzürnten sie. Sie verachtete Frauen in Uniform, die Bein sehen ließen. Die kurzen Shorts, wie sie die attraktiven jungen Offiziere trugen, fand sie schockierend. Es waren die Klagen einer in der Mitte des neunzehnten Jahrhunderts geborenen Frau; der Schwanengesang einer Frau, die ihren Ehemann und ihren Prinzen verloren hatte. Die Männer gab es nicht mehr, die sie in der Blüte ihrer Jugend und Schönheit gekannt hatte und die ihr selbst auf die Ferne das Gefühl gegeben hatten, attraktiv zu sein.

Alexandra erfuhr wahrscheinlich nicht vom Tod ihres früheren Gegenspielers Sir Charles Bell, der Ende 1945 in Britisch-Kolumbien verstorben war. 1922, nach seiner Rückkehr von einem einjährigen Lhasa-Aufenthalt als Sondergesandter von Lord Curzons Außenministerium geadelt, hatte Bell bis zu den dreißiger Jahren nach und nach all seine Illusionen über die britische Politik in Zentralasien eingebüßt. Er sah, daß in Vorbereitung eines möglichen Rückzugs aus Indien Großbritannien versuchte, sich China anzunähern und anzupassen. Bell allerdings blieb ein standhafter Fürsprecher der Unabhängigkeit Tibets, und zwar so sehr, daß ihm das Außenministerium auf einer Reise durch Tibet, China und die Mongolei in den Jahren 1933 bis 1935 untersagte, dem damals in China im Exil befindlichen Pantschen Lama oder irgendwelchen anderen tibetischen oder mongolischen Beamten mit Rat und Tat zur Seite zu stehen. Bells letzte Tat war die Abfassung einer Monographie – oder eines Epitaphs, da es erst nach seinem Tod veröffentlicht wurde –, in dem er sich dafür einsetzte, daß Tibet, Ladakh, Sikkim und Bhutan ermutigt werden sollten, eine unabhängige buddhistische Nation zu bilden.

In Indien stand Alexandra weiterhin mit den dortigen Militärs auf gutem Fuße, vor allem, wenn diese jung und attraktiv waren. Im April 1946 bat sie der britische Hauptmann Jan Davie um ihre Hilfe. Er gehörte einer Expedition der Royal Airforce an, die mit den beiden britischen Funktechnikern Kontakt aufzunehmen hoffte, die für die tibetische Regierung arbeiteten und von denen einer ernsthaft erkrankt war. Die Mitglieder der Expedition waren ebenfalls im Grand Hotel abgestiegen, und Davie, der Alexandras Arbeiten kannte, war erfreut, ihren Namen in der Gästeliste zu finden. Er befragte sie natürlich über Tibet, und sie lud ihn zum Tee ein. Davie hat uns folgendes berichtet:

Sie sagte, sie hätte über meine Bitte nachgedacht; die wirksamste Hilfe, die sie geben könne, sei ein Empfehlungsschreiben an jedweden tibetischen Beamten oder Lama, den wir auf unserem Weg träfen. Sie hatte eine solche Empfehlung bereits auf Tibetisch geschrieben; darin bat sie den Empfänger schlicht, den Besitzer dieses Schreibens mit aller tibetischen Gastfreundschaft willkommen zu heißen. Es erwies sich tatsächlich als unschätzbar, da es bei jedem Abt und *gyapon* (lokalem Regierungsvertreter) dem wir es auf unserer Reise präsentierten unmittelbare Wirkung zeigte.

Die Mission war erfolgreich, und die Hilfe, die Alexandra ihren Mitgliedern gewährte, ist typisch für ihre freie und unbeschwerte Beziehung zu tatkräftigen und mächtigen Männern. Sei es nun Hauptmann Davie, Oberst Bailey oder General Pereira oder auf einer anderen Ebene der Gomchen von Lachen oder der Maharadscha von Sikkim, Alexandra fühlte sich diesen Gentlemen kameradschaftlich verbunden, war bereit, von ihnen zu lernen und ihnen freimütig zu helfen. Daß die Männer, mit denen sie in ihrem langen Leben den intimsten Umgang pflegte – ihr Vater, ihr Ehemann und ihr Adoptivsohn –, von ganz anderem Schlage waren, enttäuschte Alexandra zwar, unterstrich aber um so mehr ihre eigenen Heldentaten. Die bizarre Ansicht ihres Biographen Jean Chalon (von Ruth Middleton nachgeplappert), daß Alexandra die Männer haßte, entsprang lediglich einer – wie sooft – unseriösen Gerüchteküche.

Alexandra war in den Bergen einfach in ihrem Element. Auf einem Ausflug nach Darjeeling stand sie vor der Morgendämmerung auf, um in der frischen Luft zu verweilen und die Sonne über dem fünfgipfeligen Kanchenjunga aufgehen zu sehen. Sie rief sich in Erinnerung, daß dies vor fünfunddreißig Jahren ihr erster verlockender Blick auf das Heilige Reich gewesen war. Entgegen aller Vorschriften hatte sie sich dort hineingewagt, war in das Verbotene Land gereist und hatte dort gelernt. Jetzt konnte ihr niemand mehr die Seele einer Tibeterin rauben, auch wenn sie nach Europa zurückkehren mußte.

Alexandras endgültiger Abschied aus dem Orient vollzog sich auf dem Flughafen Kalkutta am regnerischen Vormittag des 30. Juni 1946. Voller Reue bestieg sie das Flugzeug. Als es abhob und in die Wolken eintauchte, fühlte sie sich wie betäubt. Sie fragte sich, ob sie vielleicht bereits tot sei und als Schatten im Bardo umherwanderte. Aber nein, sie hatte sich nur gerade von Indien verabschiedet, wo sie einst jung gewesen war. Waren ihre Abenteuer damit zu Ende?

Die Rückkehr Alexandras und Yongdens nach Paris blieb in der Presse nicht unbeachtet. Allerdings sprachen die Journalisten von ihr immer noch als »von der ersten weißen Frau, die nach Lhasa durchkam«, oder »der großen Entdeckungsreisenden«, also von Episoden ihres Lebens, die lange schon Vergangenheit waren. Ihr kurzer Aufenthalt in der Hauptstadt, die immer noch unter kriegsbedingter Knappheit zu leiden hatte, war von Wehmut beherrscht. Viele alte Freunde aus Paris waren inzwischen verstorben. Yongden, der besser Französisch verstand, als sprach, flanierte gern über die Boulevards und ging ins Kino. Er war von der Rückkehr nach Digne längst nicht so angetan wie seine Mutter.

Sie fanden Samten Dzong in recht ordentlichem Zustand vor, abgesehen von den Einrichtungen, die von der Polizei demoliert worden waren, als die Villa während des Krieges beschlagnahmt worden war. Alexandra, die ihren Pilgerstab jetzt gegen einen derben Gehstock tauschte, war immer noch in der Lage, lange Spaziergänge in der Umgebung zu machen. Mit fast achtzig hatte sich ihr Schritt verlangsamt, aber ihr Geist war immer noch rege und mit verschiedenen Projekten beschäftigt. *À l'Ouest barbare de la vaste Chine*, das 1947 erschien, wandte den Blick zugleich in die Zukunft und in die Vergangenheit. Die Autorin, bemerkte Lowell Thomas junior, »war eine aufmerksame Beobachterin, die sehr viel über Chinas fernen Westen und die Geheimnisse der Grenzgebiete dort wußte«.

Obwohl Alexandra froh war, Zentralasien hatte erforschen zu können, bevor dessen bunte, geheimnisvolle Lebensart unter den Schienensträngen und Eisenrädern des Fortschritts zermahlen wurde, warnte sie den Westen davor, sich Asien als allzu passiv vorzustellen. Die Chinesen vor allem wären ebenso energisch wie fähig. Asien würde von Asiaten regiert werden, stellte sie kurzerhand fest, und zwar größtenteils von Peking aus. Sie riet den Europäern und Amerikanern, die diplomatischen Kanäle offenzuhalten und baldmöglichst wieder kulturelle und wirtschaftliche Beziehungen zu etablieren – ganz gleich, welches Regime sich in den Bürgerkriegswirren nach dem Ende des Weltkrieges als siegreich erweisen würde. Sie selbst zweifelte kaum daran, daß Mao sich durchsetzen würde. Diesen Standpunkt vertrat sie bereits, als die USA immer noch Tschiang Kai-schek mit Geld und Waffen unterstützten und die Sowjetunion die Kriegswirren nutzte, um sich die Konzessionen der ehemals japanischen Eisenbahnen in der Mandschurei zu sichern.

Die späten vierziger und frühen fünfziger Jahre erwiesen sich als eine außerordentlich produktive Zeit für Alexandra, auch wenn ihre beiden nächsten Bücher finanziell nicht erfolgreich waren. *Im Schatten des Himalaja: Zauber und Wunder in Nepal* erschien 1949 und *Zwischen Göttern und Politik: Indien – gestern, heute, morgen* 1951. Die Bücher wollten einigen Europäern ein tieferes Verständnis für die indische Realität vermitteln, und zwar in einer Zeit, da der Subkontinent unabhängig wurde und sich zunächst in drei große Staaten aufspaltete. Die Verfasserin hatte wichtige Verbindungen zu Indien, aber sie hatte es nicht zu ihrem eigenen Land gemacht wie Tibet. Das Interessanteste an diesen Arbeiten sind die persönlichen Anekdoten, vor allem Alexandras detaillierte Beschreibung der *pancha tattva* oder der tantrischen sechs Riten, die wir bereits früher angesprochen haben. Die beschriebenen Erfahrungen hatte Alexandra zwischen 1912 und 1914 gemacht, jedoch nie zu Philippes Lebzeiten darüber gesprochen oder geschrieben.

Sowohl in *Népal* als auch in *L'Inde* ist noch eine große Mannigfaltigkeit von Erinnerungen lebendig. Aber den Franzosen kam es in den mageren Jahren nach dem Krieg vor allem darauf an, Leib und Seele zusammenzuhalten. In Digne waren die wirtschaftlichen Verhältnisse besser; dort schossen in den fünfziger Jahren in der Nachbarschaft von Samten Dzong andere Häuser wie Pilze aus dem Boden. Alexandra, die immer schlechter zu Fuß wurde, legte sich einen Wagen zu, einen Citroën 4CV. Die braven Bürger, die sie sahen, wie sie von Yongden als Chauffeur herumkutschiert wurde, gaben ihr den Spitznamen »die Frau des Chinesen«. Daß er ihr Sohn und Sikkimese war, bedeutete ihnen nicht viel.

Am zentralen Platz, der heute den Namen Place Général de Gaulle trägt, liegt die Librairie Sicard, die Bücher und Schreibwaren verkauft. Die Besitzerin, Madame Sicard, erinnert sich noch gut daran, wie oft Yongden und seine Mutter in ihrem Citroën angetuckert kamen. Yongden, untersetzt und kurzsichtig, betrat dann mit der Bestellung den Laden, und die Verkäufer beeilten sich, alles zusammenzutragen. Wenn

Alexandra draußen das Warten zu lange wurde, betätigte sie lautstark die Hupe, um die Angestellten zur Eile anzutreiben. Später, als ihre Arthritis sie davon abhielt, das Haus zu verlassen, bestellte sie telefonisch ihre Schreibmaterialien, die ihr wichtiger waren als Nahrungsmittel.

Gegenüber auf der anderen Seite des Platzes befindet sich das Atelier Lorion Photo. Hier hatte Alexandra ihre Filme entwickeln, in einigen Fällen auch Kopien herstellen lassen von ihren alten Glasplattennegativen für die Illustrationen für *Népal, L'Inde* und andere Arbeiten. Der Besitzer erinnert sich noch an das Foto von ihr und Yongden vor dem Hintergrund des Potala und ist sich sicher, daß es echt war. Welche bittersüßen Erinnerungen müssen diese Fotos in der ruhig gewordenen Reisenden erweckt haben! Die gestrandete Reisende benötigte dringend Gesellschaft.

Sie wandte sich an die Englischlehrerin Judith Jordan, um mit ihr die Sprache zu sprechen, die ihr in Asien so gute Dienste geleistet hatte. Dann hörte sie von einer Frau, Maria Borrely, die sich seit Jahren auf eigene Faust mit Sanskrittexten beschäftigte. Alexandra lud sie zu einem Besuch ein, zu dem Borrelys Sohn Pierre seine Mutter chauffierte. »Alexandra«, so erzählte er uns, »wollte gerne den anderen seltenen Vogel im gleichen Land kennenlernen.« Während sich die Frauen in Samten Dzong unterhielten, überließ man ihn Yongdens Gesellschaft. Das sei eine zähe Angelegenheit gewesen, »weil er nur Englisch gesprochen habe«.

Einige Jahre später, 1954, studierte Pierre in Marseille. Sein Philosophieprofessor, Gaston Berger, schlug ihm vor, er solle doch einmal Alexandra fragen, ob sie nicht einen Artikel zur Universitätszeitschrift beisteuern wolle. Alexandra war bereit, den gutaussehenden lockigen, jungen Mann zu empfangen. Sie erwartete ihn im Garten von Samten Dzong »in einem hellgrünen italienischen Zweiteiler, auf dem Kopf einen Hut mit einer gewaltigen Feder«. Sie begrüßte den nervösen Studenten mit einer Bemerkung, die in der Übersetzung folgendermaßen lautet: »Hallo, guter Mann. Ich bin dabei, ein elendes Leben zu beenden.«

Als Alexandra zu erfahren wünschte, was er von ihr wolle, zögerte Pierre zunächst: »Ich studiere Philosophie.«

»Philosophie. Was wollen Sie denn damit, mein Herr? Vermutungen! Eitelkeiten! Wissen Sie nicht, daß die westliche Kultur eine einzige Gedankenlosigkeit ist? Sie ist … abgeschmackt! Völlig abgeschmackt!«

Nachdem sie Luft geholt hatte, ging Alexandra sofort wieder zum Angriff über: »Bergson! Bergson war ein Kretin, Immanuel Kant geisteskrank, verrückt. Sie haben Bücher geschrieben und Bücher geschrieben, bis hierhin [dabei gestikulierte sie mit der Hand], und sie mit nichts gefüllt. Dabei hat der [Sanskrit-]Dichter Valmiki vor tausend Jahren alles schon gesagt – und viel besser.«

Der unerschrockene Student kam nicht ins Wanken und bat sie wie geplant um einen Beitrag für die *Revue d'études philosophiques de Marseille*. Die Orientalistin brach in lautes Gelächter aus. Der arme Pierre berichtete Professor Berger, daß Alexandra zu müde sei, um irgend etwas für die Zeitschrift zu schreiben. Sie war inzwischen sechsundachtzig, und obwohl ihre Schaffenskraft abgenommen hatte, war sie noch weit davon entfernt, ganz verbraucht zu sein. Monsieur Borrely, der so freundlich war, uns die angeführte Anekdote komplett mit allen dazugehörigen Gesten und mit sehr echt wirkender stimmlicher Imitation Madame David-Néels vorzustellen, ist inzwischen selbst von seiner Philosophieprofessur emeritiert.

In den fünfziger Jahren übersetzte Alexandra im Westen zuvor unbekannte Texte aus dem Sanskrit und dem Tibetischen ins Französische und gab sie heraus. Diese Texte wurden in aller Stille und in kleiner Auflage veröffentlicht. Sie war in der glücklichen Lage, die Texte aus ihrer großartigen persönlichen Bibliothek auswählen zu können, zu der vierhundert seltene tibetische Bücher und Manuskripte gehörten. Angesichts des tibetischen Dramas und der mutwilligen Zerstörung buddhistischer Kunstwerke dort ist diese Sammlung eines abenteuerreichen Lebens noch wertvoller geworden. Einige der Bücher waren auch in einem sehr materiellen Sinne kostbar, zum Beispiel ein tibetisch-mongolisches Wörterbuch, das mit Goldstaub geschrieben war.

1954 veröffentlichten Alexandra und Yongden einen weiteren »volkstümlichen« Roman mit dem Titel *La puissance du néant: Roman tibétain (Der verborgene Türkis)*. Ursprünglich erschien das Buch allein unter Yongdens Namen, und unter den drei belletristischen Gemeinschaftsarbeiten von Mutter und Sohn ist es diejenige, die der Romanform am meisten gerecht wurde. Es ist ein unheimlicher Thriller. Der Übersetzer der englischen Ausgabe, Janwillem van de Wetering, der hauptsächlich mit seinen eigenen »Zen«-Fällen bekannt geworden ist, glaubt, daß ganz generell der

Plot, die Figuren und der Grobentwurf auf Yongdens Konto gehen. Die Geschichte dieses Romans allerdings beruht auf der wahren Geschichte des Mordes an dem alten Guru von Kazi Dawasandup, welcher David-Néel diese Geschichte in Sikkim erzählt hatte. Gewiß ist auch, daß die Hauptfigur, ein loyaler, aber nicht besonders mutiger Mönch namens Munpa, mit Gefühlen ausgestattet ist, die denen Yongdens ähnlich sind.

Munpa verfolgt die Mörder seines Gurus; die Geschichte spielt im chinesisch-tibetischen Grenzland bis hin zur Wüste Gobi. In der Tradition östlichen Geschichtenerzählens entwickelt sich das Geschehen langsam und bewegt sich spiralförmig zum Kern der Dinge, die zugleich leer und schwindelerregend sind. Munpa fällt nicht direkt in eine Landschaft hinein, wovor man Alexandra in ihrer Jugend gewarnt hatte, aber er wird in einer Einzelmeditation verpflichtet, mit dem Pinsel seiner Gedanken ein buntes Epos auf eine weiße Wand zu malen. Der Mönch bekommt es mit der Angst vor seinem eigenen Geist zu tun und läuft davon. Später akzeptiert er dann, daß die sogenannte wirkliche Welt nicht mehr ist als eine Reihe von Bildern, die auf eine imaginäre Wand gemalt sind. Das gut strukturierte Stück ist liebenswürdig und tief buddhistisch zugleich.

Alexandras Suche nach einem geistigen Weggefährten im Süden Frankreichs war schließlich erfolgreich, als sie 1953 von Dr. Marcel Maille hörte. Als wir ihn in einem Dorf bei Toulon, ungefähr zwei Fahrstunden von Digne entfernt, aufsuchten, war der Arzt bereits über siebzig und aus dem Berufsleben ausgeschieden; wegen seiner Sehschwäche bewegte er sich nach der Erinnerung durch die Straßen. Aber 1953 stand dieser gepflegte Franzose in der Blüte seiner Jahre. Seine aufrechte Haltung, seine schlanke Gestalt und sein Benehmen, als er sich bei ihr vorstellte und nach ihrer Gesundheit erkundigte, erinnerte Alexandra an Philippe Néel. Daß sie nach ihm geschickt hatte, überraschte kaum, denn er war als Tibetologe bekannt, und von dieser Spezies gab es nur sehr wenige Exemplare.

»Sie war unglaublich fett, und Knie und Beine waren schmerzhaft angeschwollen«, erzählte uns Dr. Maille. »Sie konnte kaum laufen.«

Aber Alexandra ließ das Thema ihrer Gesundheit sehr schnell fallen. Sie prüfte seine Kenntnis des Buddhismus, vor allem der obskuren tantrischen Riten. Er ließ sich indes nicht beschämen, denn er war in den Texten sehr bewandert und, was sich als noch wichtiger erwies, hatte nach dem Krieg in Indochina und Burma unter Mönchen gelebt. Alexandra begriff schnell, daß es sich um einen Mann handelte, dessen Leidenschaft für die buddhistische Philosophie ihrer eigenen gleichkam.

Die alte Orientalistin erwiderte den Besuch – vorgeblich, um ihn wegen ihrer Beine zu konsultieren. Yongden blieb draußen im Wagen, der falsch herum in einer Einbahnstraße geparkt war. »Ihre Beine waren in furchtbarem Zustand«, erinnert sich Dr. Maille, »mit Krampfadern und offenen Geschwüren, die sie mit Tüchern umwickelt hatte. Aber sie ließ nicht zu, daß ich ihr irgendwie half.«

Alexandra wollte nur über Tibet sprechen. Als sie erfuhr, daß der Doktor vorhatte, sich in die Berge zurückzuziehen, bestand sie darauf, daß sie zusammen den Chöd-Ritus praktizierten. Der Ausdruck bedeutet eigentlich »abschneiden«; die weltberühmte Autorin wußte, daß sie es immer noch nötig hatte, ihr Ego zurechtzustutzen.

»Nehmen Sie mich mit!« forderte sie.

Beim Gedanken an das schwierige Gelände protestierte der Doktor: »Ich kann Sie doch nicht auf dem Buckel tragen, Madame!«

Alexandra gab nach und empfahl ihm den idealen Platz für ein Refugium in den Alpes Maritimes; er war felsig und abgelegen, ein wenig gefährlich zu erreichen und innerhalb eines keltischen Ruinenfeldes gelegen. Während sie ihm das erklärte, mußte sie an frühere Zeiten denken, an ihre Reise nach Lhasa, als sie auf einer Lichtung von dem Bedürfnis überwältigt worden war, den mystischen Tanz der Verleugnung zu tanzen. Sie hatte damals ihren Sohn Wasser holen geschickt, während sie trommelte und rasselte und die verschlungenen Figuren ineinanderwebte, mit denen sie die Dämonen zu ihrem Festmahl einlud.

Mit der Zeit kamen sich die beiden Tibetologen näher. Dr. Maille besuchte sie, so oft er konnte, und sie übersetzten sogar Texte zusammen. Er war sehr beeindruckt von Alexandras Bibliothek und ihrer hervorragenden Kenntnis des Tibetischen. »Wenn ich über die Bedeutung eines obskuren Ausdrucks rätselte«, erinnert er sich, »sagte sie mir die Lösung, bevor ich ihn im Wörterbuch nachschlagen konnte. Und ihre Angaben waren immer zutreffend.« Sie erzählte ihm Geschichten – »haarsträubend!« –, die nicht in ihren Büchern zu finden waren. Um fünf Uhr räumte ein dienstbarer Geist alle Unterlagen beiseite, und sie beendeten ihr Treffen mit Tee nach englischer Manier.

Als Alexandra andeutete, daß sie gerne in seine Nähe zöge, daß sie Samten Dzong aufgeben würde, falls er für sie ein gleichwertiges Haus finden könne, war er baß erstaunt. »Sie sind doch mein Arzt«, erklärte sie.

»Was für ein Arzt? Sie weigern sich, Medikamente einzunehmen. Sie geben keinen roten Heller um die ganze Medizin.«

Jetzt war es an ihr, erstaunt zu sein. »Aber wir könnten uns zumindest öfter über alles unterhalten, was mit Tibet zu tun hat.«

Falls der Arzt zögerlich war, so hing das zweifellos mit den Gewohnheiten der Orientalistin zusammen. Sie schlief sehr wenig wegen ihrer Schmerzen, und sie lebte in einem einzigen Durcheinander von Zeitungen, Büchern und Manuskripten. Er traf sie stets in ihrem Sessel vor, umgeben von Papierbergen und tief versenkt in ihr jeweils aktuelles Projekt. Und sie war natürlich, wie sie selbst zugab, ein schwieriger Charakter.

»Sie war eine autoritäre Frau, die keinen Widerspruch duldete«, erinnert sich Dr. Maille. »Selbst wenn sie falsch waren, verteidigte sie ihre Vorstellungen, mit Zähnen und Klauen.«

»Sie war *sehr freundlich* zu mir, und ich mochte sie sehr gern, aber mitunter kam ich auch an einen Punkt, wo ich am liebsten gesagt hätte, ›genug!‹ Ich hätte sie manchmal ohrfeigen können. Weil sie so ärgerlich voreingenommen in ihren Urteilen war. Sie beachtete andere Argumente gar nicht.«

Alexandras Umzugsplan schlug fehl; statt dessen engagierte sie sich eine russische Haushälterin. Dr. Maille war erleichtert, trotzdem wurde ihre Freundschaft, die bis in die sechziger Jahre anhielt, noch vertrauter. »Sie hat es mir nicht ausdrücklich gesagt«, erzählte uns Dr. Maille, »aber sie erklärte mir deutlich genug, daß sie sexuelle Riten praktiziert hatte … Sexualriten des linkshändigen Tantrismus. Darüber hat sie nie geschrieben … Sie erwähnte es mir gegenüber, weil ich ihr Arzt und nicht so leicht zu schockieren war. Aber ich bin überzeugt, daß sie aus eigener Kenntnis davon sprach.«

»Ich habe eine Reihe von Texten zum tantrischen Sex übersetzt«, fuhr der Doktor fort. »Sie müssen von zwei Blickpunkten aus gelesen werden; einmal als Beschreibung einer Wirklichkeit und zum anderen als Symbol. In ihnen sind gewisse medizinische Beobachtungen enthalten. Sie [Alexandra] sprach davon wie ein Adept, der sich diesen Praktiken wirklich unterzogen hatte.«

Das Gespräch war auf dieses Thema gekommen nach einer Bemerkung von Dr. Maille, daß man ihm in seiner Zeit an der Universität einmal einen alten tibetischen Text wegen dessen tantrischen Vokabulars hatte übersetzen lassen. »Mein Professor war alt und prüde; sein Interesse daran war streng akademisch.«

Alexandra erklärte ihm, daß die Texte in dieser Hinsicht nicht verläßlich seien, weil die tantrische Tradition im wesentlichen geheim sei und mündlich überliefert werde. »Ich versichere Ihnen«, setzte sie emphatisch hinzu, »man gewinnt viel dabei, wenn man diese Dinge selbst erlebt.«

Dr. Maille fügte hinzu, daß sie damals bereits neunzig war, ihre Augen aber immer noch entzückt leuchteten bei der Erinnerung an die mitternächtlichen Riten. Wir fragten ihn, wo diese denn seiner Meinung nach stattgefunden haben könnten. Er war sich nicht sicher, vermutete aber, entweder in Sikkim oder in Nepal.

24

Die Weise von Digne

Anfang Oktober 1955, an einem Samstag, fuhr Yongden mit dem Wagen zum Einkaufen. Nach seiner Rückkehr aßen Alexandra und er Kalbsschnitzel zum Abendessen. Sie hörten Radio und gingen dann zu Bett. Es war ein Tag gewesen wie viele andere in Samten Dzong. Aber im Laufe der Nacht erkrankte Yongden schwer. Alexandra, die wach geworden war, versuchte, sein Fieber zu senken. Als erstes schickte sie am Morgen nach Dr. Maille. Aber als er eintraf, war Yongden bereits verstorben. Er war sechsundfünfzig, die Todesursache eine Harnvergiftung.

»Er endete als Alkoholiker«, meinte Dr. Maille dazu. »Völlig deprimiert, weil er restlos entwurzelt war.« Gespräche mit verschiedenen Einwohnern Dignes, die Yongden gekannt hatten, ergaben ähnliche Antworten. Letzten Endes hatte der vorsichtige Philippe Néel recht behalten damit, daß es nicht klug war, den jungen Mann aus seiner asiatischen Heimat nach Europa zu verpflanzen.

Ein Teil des Problems bestand darin, daß Alexandra ihrem Adoptivsohn mit einer »kolonialen« Haltung begegnete, ihn mit der gleichen Herablassung behandelte, mit der die Briten und Franzosen die von ihnen unterworfenen Völker behandelt hatten. Yongden hatte sich manchmal darüber beklagt, daß seine Mutter ihn mitunter eher wie einen Diener als wie einen Sohn behandelte. Sie mußte zugeben, daß sie dazu neigte, ihn immer noch als den Teenager zu betrachten, den sie in Sikkim in Dienst genommen hatte. Als Yongden auf die Vierzig zuging, erklärte Alexandra Philippe immer noch, daß er in fast jeder Hinsicht wie ein Kind sei. Ihre Hauptsorge war, daß er tat, was sie sagte, und stets zu ihrer Verfügung stand. So blieb er von ihr abhängig, ihr »Boy«.

Der Boy war zu einem gedrungenen Mann herangewachsen; er trug eine Brille mit starken Gläsern und dunkle europäische Kleidung, die ihm nicht gerade schmeichelte. In Digne war er recht beliebt; er pflegte seine Botengänge in gestreiftem Hemd, blauer Hose und einer Baskenmütze zu erledigen. Wenn ein Café-Besitzer ihm ein Glas Bier anbot oder eine

Zigarette, lehnte er nicht ab. Er lernte ein wenig Caféhaus-Französisch. Die Gerüchte wollten, daß er sich durchaus für Frauen interessierte, aber Angst vor seiner anspruchsvollen »Frau« hatte. Wegen der Vergnügungsmöglichkeiten, die es dort gab, hätte Yongden jedenfalls lieber in Paris gelebt oder dort zumindest regelmäßig Besuche abgestattet. Alexandra bevorzugte das zurückgezogene Leben in der Erinnerung an ihre Vergangenheit.

Yongden machte das Beste aus den Gegebenheiten. Er stand früh auf und begleitete seine Mutter auf deren Spaziergängen. Als diese aus Gesundheitsgründen aufgegeben werden mußten, züchtete er Rosen, arbeitete zusammen mit ihr an ihren gemeinschaftlichen Veröffentlichungen oder meditierte, wenn er nicht gerade eine der tausend Aufgaben erledigte, für die er sich als hilfreich erwiesen hatte. Wir erfuhren von General George Pereira – nicht von Alexandra, die darüber Stillschweigen bewahrte –, daß »sie als ihren Sohn einen jungen Lama der Rotmützen adoptiert hatte, der einer der geringeren ›lebenden Buddhas‹ aus Südtibet war«. Als Tulku lebte Yongden ebenso wie Sidkeong nicht lange genug, um die in ihm schlummernden Möglichkeiten zum Ausdruck zu bringen. Vielleicht tut er es ja inzwischen in seiner nächsten Inkarnation.

Alexandra erholte sich nicht mehr von dem Schlag, den der Verlust Yongdens ihr zufügte. Er war vierzig Jahre lang ihr Gefährte gewesen. Ohne ihn schrieb sie mit ihren sechsundachtzig Jahren kein weiteres wichtiges Buch mehr über den Osten. Yongden war ihr lebendes Band zu Tibet gewesen. Sie ließ den Körper des Lamas verbrennen und stellte die Asche in einer Urne zu Füßen eines Buddhas in ihrem Schreinraum. Etwas von seinem ruhigen Geist war auf Samten Dzong übergegangen, davon war sie überzeugt. Und von dem emotionalen Verlust einmal ganz abgesehen, hatte die Orientalistin ihren rechtmäßigen und literarischen Erben verloren. Yongden hätte ihre Urheberrechte geerbt und wäre der richtige Wächter der von ihr mit solcher Leidenschaft zusammengesammelten Schätze geworden. Alexandra mußte sich in ihren letzten Lebensjahren, sowohl was die Arbeit als auch was die Gesellschaft anbelangte, mit Fremden arrangieren.

Die interessanteste Beobachtung, die Lawrence Durrell während seines Besuchs bei dieser »erstaunlichsten aller Frauen« 1964 machte, war sein

Vergleich Alexandras mit Prospero aus dem *Sturm*. Er wollte damit sagen, daß sie wie Shakespeares Magier eine schüchterne, hübsche Miranda versteckt halte. Die junge Frau, die kaum in Erscheinung trat – Marie-Madeleine Peyronnet –, ist inzwischen selbst Mitte Sechzig, ohne daß sich indes ihr bestimmtes spitzes Gesicht sehr geändert hätte. Immer noch schlank, jetzt allerdings mit viel selbstsichererem Auftreten, kleidet sie sich immer noch am liebsten zwanglos in Hosen. Ursprünglich als Haushälterin angestellt, ist sie zur Hüterin des Hauses, der Papiere und Fotografien Alexandras geworden sowie zur Herausgeberin ihrer posthumen Schriften; und auf jeden Fall zum Schiedsrichter ihres Angedenkens.

Die beiden Frauen waren aus völlig verschiedenem Holz geschnitzt. Während Alexandra, die Pariserin, einer politisch links stehenden Familie entstammte, war Marie-Madeleine in Französisch-Algerien in der Familie eines Soldaten aufgewachsen. Die angehende Orientalistin brach zu ihren Reisen auf, sobald sie alt genug war, um davonzulaufen; im Gegensatz dazu blieb Madeleine daheim, beherrscht von einem Vater, der als Oberst eines Bataillons in der Sahara stationiert war. Marie-Madeleine träumte nur von weit entfernten Orten, vor allem von Kanada. Mit Ende Zwanzig wurde sie Kindermädchen bei einer reichen Familie und siedelte nach Aix-en-Provence über. Dort wurde sie 1959 der berühmten Autorin empfohlen, bei der es wegen ihrer oftmals üblen Laune und ihrer bizarren Angewohnheiten weder ein Diener noch ein Sekretär je lange ausgehalten hatten. In der ersten Nacht, die die zögerliche Madeleine mit Alexandra verbrachte – die Autorin hatte sie telefonisch gebeten, in ihr Hotel zu kommen, da sie im Sterben liege –, konnte sie mit ansehen, wie die plötzlich wiederbelebte Achtzigjährige ihr Dinner hinunterschlang. Als sie das Bett für die angeblich Kranke machen wollte, erfuhr sie, daß es sich dabei um einen Sessel handelte, der mit Kissen gepolstert war und über den, wenn Alexandra sich erst einmal hineingesetzt hatte, eine alte tibetische Decke gebreitet wurde. Die Gelehrte bestand darauf, ihre Bücher, Stifte und Schreibblöcke stets zur Hand zu haben. Sie schlief nur leicht, und jederzeit konnte ein wichtiger Gedanke ihre Aufmerksamkeit entfesseln. Sie spottete nur über die konventionellen Tag- und Nacht-Rhythmen.

Schon bald fuhr das Paar in dem zerbeulten Citroën nach Digne. Madeleine war in bester Laune. Als sie am Ende der Fahrt ihrer Arbeitgeberin und Schutzbefohlenen aus dem Wagen helfen wollte, nannte

Alexandra sie eine Närrin. Es machte sie wütend, hilfsbedürftig zu erscheinen. Dennoch sollte die Basis der Beziehung zwischen den beiden willensstarken Frauen eine mit Zuneigung verwobene Abhängigkeit sein, ein Kampf zwischen Alter und Jugend, Wissen und Überzeugung, daß Madeleine gewinnen mußte, weil sie die Zeit auf ihrer Seite hatte.

Madeleines erster Blick in Samten Dzong galt dem *ehemaligen* Garten; dort wuchs das Unkraut inzwischen mannshoch. Im Inneren des Hauses, eines Tibet im kleinen, sah es noch schlimmer aus: Räume mit niedrigen Decken und schmutzigen, roten Tapeten. Die abgewrackten Möbel schienen reif für die Müllkippe, und die Kücheneinrichtung sah so aus, als wäre sie von dort geholt worden. Madeleine folgte Alexandra, die ihr voran auf ihren Gehstöcken durchs Haus humpelte und dabei wahre Staubwolken aufwirbelte. Als sie schüchtern vorschlug, sauberzumachen, knurrte die Orientalistin nur.

Wenn die Novizin das Haus selbst schon beunruhigend fand, so war der Raum, der den Schrein beherbergte, regelrecht zum Fürchten. Der Geruch von Weihrauch, der Anblick der mit menschlichen Schädeln und phallischen Symbolen bedeckten Tische, das Tanka an der Wand, das lustvoll ineinander verschlungene Leichen abbildete, des kleinen Kastens vor dem Buddha, der die Asche von Yongden enthielt, all das ließ Madeleine sich stumm bekreuzigen. Die Nacht verbrachte sie schweißgebadet in ihrem Zimmer. Eine große schwarze Spinne hing von einem Balken herab, aber die störte sie nicht annähernd so stark wie die merkwürdigen Glocken, Buddhalampen und Donnerkeile, die sie überall hatte herumliegen sehen, oder die Emanationen, die von einem mit Juwelen verzierten magischen Dolch ausgingen. Aber die durchaus willensstarke Madeleine wurde schließlich ihrer Ängste Herr und ihrer Dienstherrin unentbehrlich. Später machte sie sich sogar einen Spaß daraus, selbst andere mit dem Phurba zu erschrecken.

Es war das totale Durcheinander in Alexandras Leben, das Madeleine zu ihr hinzog. Alexandra hauste in einem Zimmer, das zugleich Schlafraum und Büro war: Es enthielt ein großes hölzernes Pult und einen Schreibtisch – beladen mit Büchern und Papieren –, einen Sessel, Truhen, in denen alles mögliche aufbewahrt war und nicht zuletzt einen Koffer von der Jahrhundertwende, der in einer Ecke stand und die einsatzbereite Campingausrüstung enthielt. Ein tibetischer Altar mit den üblichen

Opfergaben beherrschte eine Wand, und andere Flächen waren mit Tankas dekoriert. Jeden Abend mußte Madeleine ihre Arbeitgeberin in deren Sessel betten, die Füße auf ein Kissen legen, das mit dem Stoff des alten Yakzeltes überzogen war, und dann die wunden Beine massieren. Alexandra muß ständig Schmerzen gehabt haben. Da die Bemühungen meist vergeblich waren, befahl die Ältere der jüngeren Frau zuletzt immer, ihre Beine wieder einzuwickeln, so daß man sie wenigstens nicht anzusehen brauchte.

Alexandra dämmerte dann vor sich hin, erwachte aber oft und notierte sich dann häufig irgendeine Idee, die sie im Halbschlaf gehabt hatte. Dann klingelte sie nach Madeleine, die ihr Tee bringen mußte, ganz gleich, wieviel Uhr es war. Neben der Haushaltsführung hatte sie der Autorin bei Arbeiten wie etwa dem Herbeischaffen von Zitaten behilflich zu sein, ganz gleich, ob sie die betreffende Sprache kannte oder nicht. Von freien Tagen wollte Alexandra nichts wissen. Sie half Madeleine allerdings, ihre Mutter und ihre Schwester von Algerien herüberzuholen, damit sie sich in der Nähe niederlassen konnten. Während des gesamten nächsten Jahrzehnts sollten die einzigen freien Zeiten der jungen Frau drei halbe Tage sein, an denen sie Beerdigungen beiwohnen mußte. Während dieser zehn Jahre arbeitete die Orientalistin an ihren Erinnerungen, an Neufassungen ihrer früheren Bücher und an *Quarante siècles d'expansion chinoise* (Viertausend Jahre chinesischer Expansion), in dem sie den Aufstieg Chinas zur Weltmacht voraussagte.

In ihre weinrote Robe gewickelt, das dichte weiße Haar zu einem Pferdeschwanz gebunden, hatte Alexandra immer einen simmernden Teekessel zur Hand, ein Vergrößerungsglas, um kleine Schrift zu entziffern, ihren Tagesplan sowie ihre Notizen für das Buch, an dem sie gerade arbeitete. Ende der sechziger Jahre traf sie sich nicht mehr so oft mit Dr. Maille, und nun wurde Dr. Julien Romien, der Bürgermeister von Digne, ihr Arzt. Als er ihr riet, sich eine Brille zuzulegen, erwiderte sie, daß sie noch keine benötige. Als Christmas Humphreys seine buddhistische Glaubensschwester besuchte, war er »beeindruckt, sie im Alter von fünfundneunzig Jahren ohne Brille in einem gegen die Sommersonne abgedunkelten Raum beim Korrigieren von Fahnenabzügen zu sehen«.

Und dennoch war dieser bewundernswerten und zugleich entsetzlich selbstbezogenen Frau, deren Leben überaus originell war, in ihrer Einsamkeit herzenselend. Manchmal bereitete ihr der Gedanke ein finsteres Vergnügen, daß, genau wie sie einmal nicht mehr sein würde, auch *ihr* Tibet in der Flut der chinesischen Expansionspolitik untergehen würde. Nur in Samten Dzong konnte Alexandra mit eiserner, wenn auch arthritischer Hand regieren. Madeleine wurde befohlen, die Bekämpfung des Unkrauts im Garten aufzunehmen, damit dort Erbsen, Bohnen, Petersilie und andere Kräuter gepflanzt werden konnten. Diese Gemüse sollten dann als dicke Suppen zubereitet werden, die an die guten Mahlzeiten in Kum Bum erinnerten. Während ihrer Reisen in Asien hatte Alexandra mehr oder weniger vegetarisch gelebt, und sie hatte diese Diät immer bevorzugt. Allerdings aß sie weiterhin gern Nudeln, Kaffee und Süßigkeiten, was für eine Frau von über Neunzig, die an Arthritis litt, nicht gerade empfehlenswert war. Während ihrer letzten Jahre konnte sie überhaupt nicht mehr gehen, und Madeleine mußte sie von einem Sessel oder Stuhl zum anderen schleppen. Glücklicherweise war sie inzwischen nicht mehr so schwer, wie sie einmal gewesen war.

Ein Zankapfel zwischen den beiden Frauen, die eine tiefe, aber stets angespannte Beziehung zueinander entwickelten, war Alexandras buddhistische Hochachtung vor allen Formen des Lebens. Das Zimmer mit dem Schrein war ein Refugium für Mäuse, die die tibetischen Teppiche und Manuskripte zernagten. Alexandra lehnte es ab, Fallen aufzustellen, und versuchte statt dessen einige der kleinen Lebewesen zu zähmen. Heimlich vergiftete Madeleine die ganze Brut, ebenso wie sie zunächst heimlich und dann immer offener dem Schmutz und der Unordnung in Samten Dzong den Krieg erklärte. Was die Welt der Ideen anbetraf, war die ältere der Frauen grausam und hart, die jüngere sentimental. Alexandra zwang ihre Gefährtin, das Grundgerüst ihrer herkömmlichen Glaubensvorstellungen einer genauen Prüfung zu unterziehen.

Im Gegenzug bohrte Madeleine nach Ritzen und Schwächen im Panzer der alten Stoikerin. Diese vermißte ihren Gatten sehr, und die bloße Erwähnung von Yongdens Name verdunkelte ihre Züge. Madeleine war die erste Frau, die Alexandras seit deren Jugend verhärtete Schale durchdrang. Der Mangel an Verständnis ihrer Mutter hatte eine tiefe Narbe hinterlassen. Seit damals neigte die Orientalistin dazu, ihre Erfolge an denen der Männer zu messen, ganz gleich, ob es sich um Bewunderer, Lehrer oder Rivalen handelte. Die Beziehungen ihrer letzten Lebensdekade dagegen waren intimer und femininer. Die Gebieterische kritisierte ihre Angestellte als zu langsam in der Ausführung ihrer Befehle und nannte sie liebevoll ihre *Tortue* (Schildkröte).

In den sechziger Jahren bombardierten Menschen, die auf der Jagd nach Kuriositäten waren, Samten Dzong mit Briefen und Besuchen. Von Alexandras okkulten Mächten überzeugt, kamen diese leicht überdrehten Besucher mit den merkwürdigsten Bitten aus allen Ecken der Welt. Ein Südamerikaner fiel auf die Knie und küßte Madeleines Füße, als diese die Tür öffnete. Ganze Heerscharen von Frauen baten darum, als zölibatäre Schwestern mit Alexandra zusammenleben zu dürfen, die sie für ein großes Medium hielten, während andere wiederum erwarteten, daß sie ihnen helfen könne, im Geschäftsleben erfolgreich zu sein, eine Krankheit zu kurieren oder ein Verbrechen zu begehen. Eine vornehme Dame wollte unbedingt erfahren, ob ihr verstorbener Gatte im Bardo umherschweifte oder bereits reinkarniert war. Parfumierte Briefe, die sie in seinem Nachlaß gefunden hatte, hatten Zweifel an seiner Treue geweckt, und nun wollte sie die Wahrheit aus ihm herausholen. Eine andere zornentbrannte Ehefrau flehte die Zauberin von Samten Dzong an, ihren abtrünnigen Ehemann aus der Ferne umzubringen. Alexandra kicherte und dachte an die große Zahl von Witwen, die es bald gäbe, wenn dieses Beispiel Schule machte.

Ganze Karawanen von Hippies, die sich auf Pilgerfahrt in den Fernen Osten befanden, legten regelmäßig in Digne einen Halt ein. Sie vergötterten die Weise, die unter tibetischen Eremiten gelebt hatte; aber zu Alexandras Ehrenrettung muß hier gesagt werden, daß sie die Unterstützung jedweden Kultes ablehnte und sich auch nie selbst zum Guru erklärte. Mädchen in Miniröcken wurden in Samten Dzong für nicht willkommen erklärt, da Alexandra solch freizügige Garderobe für eine wohlerzogene Frau als unpassend ansah. Aber sie sprach sonst gerne mit ihren jungen Bewunderern und ließ sich gerne von deren Jugend animieren. Wenn ihre Besucher nur ein oder zwei Bücher von ihr gelesen hatten und etwas östliche Philosophie, dann behandelte sie sie schon wie alte Freunde.

Alexandra betonte immer wieder, daß das ernsthafte Geschäft des Umhervagabundierens nichts für die Mutlosen und die Schrullenhaften ist. Zunächst müsse man die Sprache eines Landes beherrschen. Wer sich ohne Geld auf eine Reise begebe, erwiese den Bettlern am Reiseziel einen schlechten Dienst. Sie vertrat die Auffassung, daß zehn Jahre Aufenthalt an einem Ort notwendig seien, um die dort gesprochene Sprache wirklich zu beherrschen. Aber darüber hinaus forderte die Buddhistin nichts, und sie ließ ihre Bewunderer auch keine Mantras singen oder Übungen durchführen, die nicht in ihren Schriften enthalten gewesen wären. Um ein ermüdendes Gespräch zu beenden, schloß sie einfach die Augen und döste ein.

Die uralte Frau hatte manchmal einen Hang zur Morbidität. Sie zitierte regelmäßig die griechische Maxime: »Wer jung stirbt, ist ein Liebling der Götter.« Sie statt dessen werde, so meinte sie, für ihre Sünden mit den Grausamkeiten hohen Alters gestraft und mit einem lächerlichen Ende – an den Sessel gefesselt. Sie sehnte sich nach der zentralasiatischen Hochebene und verfluchte sich, daß sie jemals von dort fortgegangen war. Sie hatte Visionen, wie sie in der Steppe in der Nähe des Koko Nor starb, unter ihr die tibetische Erde, über ihr der unendliche Sternenhimmel. Die Lamas würden aus dem Buch der Toten singen, um ihre Wiedergeburt in einer freundlicheren Welt zu sichern. Dann würden die gewaltigen Geier herabkommen, um sich über ihre Leiche herzumachen – die »Himmelsbestattung«. Sie würde seufzen, überwältigt von der Großartigkeit des Bildes.

Alexandra wußte aber sehr wohl, daß sie aufgrund eigener Entscheidungen diesen ganzen Kreis zurückgelegt hatte: Sie war behindert und von Dienstboten abhängig. Das erinnerte sie an die letzten Tage ihrer Mutter, an ein Schicksal, das sie in der Blüte ihrer Jahre nur verachtet hatte, ohne je einen Gedanken daran zu verschwenden, daß es auch ihr eines Tages bevorstehen könnte. Madeleine lenkte Alexandra dann gerne ab, indem sie ihr ein besonderes Dessert zubereitete. Besucher waren ebenfalls ein unfehlbares Tonikum, aber die jüngeren davon verärgerten die oft unruhige Köchin und Sekretärin. Sie sah diese jungen oder junggebliebenen Wahrheitssuchenden als einen Haufen ungekämmter Bettler an. Einmal platzte sie heraus, daß sie als Präsident der Republik als erstes Alexandras Bücher verbieten würde wegen des Unheils, das sie bei der Jugend auslösten. Die Erkunderin der äußersten Grenzen gab keine Antwort, sondern starrte nur ins Leere. Dachte sie damals schon daran, sich der jüngeren Frau zu bedienen und Teile ihrer Korrespondenz zu vernichten?

Als Jacques Brosse Madeleine nach beträchtlichen Lücken in den handschriftlichen Briefen fragte, vertraute sie »ihm an, daß sie sie auf spezielles Geheiß von Alexandra hin sehr wahrscheinlich verbrannt habe, ohne zu wissen, worum es darin überhaupt ging«. Diese Lücken in den Aufzeichnungen erstrecken sich über mehrere stürmische Jahre nach ihrer Hochzeit mit Philippe, und spätere Lücken sollten augenscheinlich peinliche Begebenheiten verschleiern, zum Beispiel Krankheiten und Geldforderungen. Beachtlich ist auch, daß die von Madeleine Peyronnet herausgegebenen, auf Französisch posthum veröffentlichten Briefe Alexandras nur ungefähr ein Drittel der erhaltenen Briefe umfassen. Sehr oft wird gerade im interessantesten Augenblick der Leser auf eine Auslassung stoßen. Die häufigen Auslassungspunkte maskieren eine Realität, der wir im vorliegenden Buch auf den Grund gehen wollten.

Beide Frauen lebten auf, wenn erlesene Gäste Samten Dzong besuchten. Der Bischof von Digne, Monseigneur Collin, war ein Gelehrter, mit dem sich Alexandra gern unterhielt, über Politik, die Bibel u.v.m. Die Bilderstürmerin war immer bemerkenswert gut mit dem hohen Klerus zurechtgekommen. Teilhard de Chardin war ein anderer katholischer Intellektueller, mit dem sie in Verbindung stand. Als er sie einmal dafür schalt, daß sie nicht an Wunder glaube, erwiderte sie ihm, daß *sie* Wunder *vollbringe*.

Es bedurfte eines anderen Schlages, um Alexandras spritzige, kokette Ader zum Leben zu erwecken. Als Lawrence Durrell sie 1964 für die Zeitschrift *Elle* interviewte, beeindruckten ihn ihre »großartigen Augen«, ihre »kleinen und hübschen Ohren« und »Nase und Mund, die zart gezeichnet waren«. Zuerst war sie etwas schwierig und erzählte Durrell, wie sie nach ihrem ersten Eindringen nach Tibet dort krank geworden und im Schnee beinahe zugrunde gegangen wäre. Charles Bell, der damalige Resident in Gangtok, habe von ihrer Notlage gehört, aber nichts unternommen, um ihr zu helfen, weil sie seinem Befehl nicht gehorcht habe. »Ihr Engländer seid keine Gentlemen!« warf sie ihm vor.

Ob diese Geschichte nun wahr war oder nicht, die ausgefuchste Alexandra stellte ihre Besucher gern auf die Probe. Darauf hatte sich Durrell aber gut vorbereitet. Angerührt durch eine der nur briefmarkengroßen Illustrationen aus der französischen Ausgabe von *My Journey – Voyage d'une*

Parisienne à Lhassa, die mit einer veralteten Plattenkamera gemacht worden waren, hatte er ein solches Bild vergrößern lassen. Wie er uns später sagte, »zeigte es eine junge Frau von ganz außergewöhnlicher Schönheit und Vergeistigung in der Tracht eines buddhistischen Pilgers mit Rosenkranz und Bettelschale und einem kleinen spitzen Strohhut, wie ich sie aus meiner eigenen Kindheit noch in Erinnerung habe« – in der Zeit, da er Alexandras Arbeiten kennengelernt hatte.

Um Alexandras Stimmung zu verbessern, zog Durrell das Foto hervor. Er schilderte ihre Reaktion:

> »Ja«, sagte sie, »es war ein Abschiedsfoto, das ich unmittelbar vor meiner Abreise aus Darjeeling hatte aufnehmen lassen.« Dann wurde sie wieder grantig und fügte außerordentlich vorwurfsvoll hinzu: »Man sollte eigentlich meinen, daß Sie mir eins mitgebracht hätten.« Ich erwiderte: »Madame, ich habe Ihnen vier Stück mitgebracht.« Daraufhin entspannte sich ihr Gesicht und zeigte hübsche, jugendliche Linien. Erfreut nahm sie die Abzüge von mir entgegen und sagte: »Ah Monsieur, Sie sehen, daß ich einmal schön war.« Es war sehr rührend, sehr feminin, und von da an waren wir die besten Freunde.

Also plauderten die beiden Autoren freundschaftlich miteinander, und Alexandra, deren Haar noch nicht ganz weiß war, kam Durrell wie eine Frau von vielleicht sechzig Jahren vor. Es war ein weiterer Triumph des Willens über den Schmerz, den die Abenteurerin erzielte. Vielleicht hatte es aber auch Methode – praktizierte sie vielleicht irgendeine Form von innerem Yoga? Durrell glaubte, daß sie es tat, und wir sind überzeugt, daß sie stillschweigend irgendwelche Praktiken beibehalten hatte, bei denen es darum ging, den Geist zu sammeln, über Aspekte der Leere zu meditieren und sich auf den Tod vorzubereiten. Tantrische Methodologie war Alexandras Stärke, und es ist unwahrscheinlich, daß sie jemals vergaß, was sie sich so mühsam erworben hatte, oder daß sie jemals mit anderen als mit Initiierten darüber gesprochen hat.

Nach fast einem Jahrhundert ausgefüllten Lebens begann die Frau körperlich hinfällig zu werden. Ab und an brach ein Zahn und fiel aus. Ihre Haut juckte furchtbar, und sie kratzte sich bis aufs rohe Fleisch. Dennoch blieb in ihr der Geist des Abenteuers lebendig. Mit hundert Jahren erneuerte sie noch ihren Reisepaß – sehr zur Verwirrung des diensttuenden Beamten. Es handelte sich dabei keineswegs nur um eine leere Geste, sondern sie wollte tatsächlich eine Reise vorbereiten. Alexandra flog nicht gerne, aber in ihrer Vorstellung hatte sich ein gewisser Reiseplan herauskristallisiert. Gelegentlich enthüllte sie Madeleine gegenüber den grandiosen Entwurf: Sie würden in ihrem Citroën zuerst nach Berlin fahren, wo sie von einem Arzt wußte, der angeblich ihre Arthritis heilen konnte. Dann ginge es weiter nach Rußland und durch die Weite Sibiriens bis nach Wladiwostok. Dort könnten sie und Madeleine sich nach New York einschiffen.

Alexandra hatte sich alles schon genau ausgedacht, bis hin zur Notwendigkeit, im Wagen zu schlafen und zu kochen, um die Ausgaben im Rahmen zu halten. Wenn sie an unbekannte Orte käme, würde sie sich wieder jünger und gesünder fühlen. Madeleine legte ihr Veto gegen diesen Vorschlag ein, und um keinen Streit zu provozieren, berief sie sich darauf, daß ihre Beine zu lang seien, als daß sie sich in so einem winzigen Gefährt zum Schlafen zusammenrollen könnte. Der langgehegte Traum der Hundertjährigen, einmal Amerika kennenzulernen, war also schnell wieder ausgeträumt.

1969 wurde Alexandra in den höchsten Orden der französischen Ehrenlegion aufgenommen. Gelehrte zollten ihr Respekt. René Grousset, der Orientalist, pries ihre Gelehrsamkeit und fügte hinzu, daß sie bei seinen tibetischen Bekannten ausnahmslos in höchster Gunst stehe und den Titel einer Jetsunma innehabe. Ähnlich wohlwollend äußerte sich der XIV. Dalai Lama aus seinem Exil in Indien in einem Interview mit Arnaud Desjardins. Der geistige Führer Tibets hätte gern die Frau getroffen, die seinen Vorgänger gekannt hatte, und fügte hinzu: »Wir haben ihre Bücher gelesen und erkennen darin unser eigenes Tibet wieder.«

Aber als die französische Regierung beschloß, eine Bronzemedaille Alexandras zu Ehren zu prägen, weigerte sie sich, dafür Modell zu sitzen. Sie machte geltend, dafür zu alt und zu häßlich zu sein. Die Medaille mußte ohne ihre Unterstützung nach einem Foto hergestellt werden. Sie wählte aber das Motto aus, das auf die Rückseite geprägt wurde: »Tu, was dein Herz gelüstet.« Es ist aus dem Buch des Predigers Salomo (Kohelet

11,9)[1] und hatte bereits drei Viertel eines Jahrhunderts früher die Aufmerksamkeit der jugendlichen Rebellin gefunden.

Widerstrebend beteiligte sich Alexandra an einer Fernsehproduktion
über Tibet, die ihren Heldentaten zwanzig Minuten einräumte. Sie benahm sich merkwürdig, antwortete dem Interviewer auf französisch, englisch oder tibetisch, wie es ihr gerade in den Sinn kam. Als der Bürgermeister Dr. Romieu und die Ratsmitglieder von Digne den Wunsch an
sie herantrugen, ihren hundertsten Geburtstag mit einer Party zu feiern,
mußte sie ihrem Freund diesen Gefallen tun. Vor der Gala verfiel sie wochenlang in eine düstere Stimmung. Während Madeleine – beeindruckt
durch die Großartigkeit der bevorstehenden Veranstaltung – die Villa vor
dem erwarteten Ansturm der Reporter und der Lokalprominenz zu säubern versuchte, suchte ihre Mentorin Zuflucht bei ihren tibetischen
Büchern, aus denen sie sich mit lautem Gemurmel etwas vorlas.

Der Fotograf machte bei der Feier dann Bilder einer glückseligen
Alexandra, die, den Haarknoten säuberlich gewickelt, in eine Robe von
chinesischer Seide gekleidet war. An jeder Hand trug sie den entsprechenden Ring des Initiaten, die ihr vor langer, langer Zeit vom Maharadscha von Sikkim geschenkt worden waren. Sie plauderte mit den Repor-
tern ebenso anregend, wie sie es bei ihrer Rückkehr nach Frankreich im
Jahre 1925 getan hatte. Die Gemeinde hatte den Champagner offeriert,
und das Büro der Schriftstellerin wurde in eine Bar verwandelt, die von
den Toasts auf ihren Mut und ihr langes Leben widerhallten. Die staunenden Mitbürger und die herausgeputzten Pariser sorgten gemeinsam
dafür, daß es auf Samten Dzong zuging wie in einem Riesenzirkus.

Der anfänglich gute Wille der Eremitin erodierte während dieses An-
schlags rasch. Sie traktierte den Fotografen mit bissigen Bemerkungen
und ging sogar auf einen Trupp von Mittelschulmädchen los, die schüchtern warteten, um ihr ein Bukett von Rosen zu überreichen. Nachdem die
Menge abgezogen war, verbrachte Alexandra einige Stunden mit ihren tibetischen Büchern. Ehrungen waren für sie ebenso nutzlos wie alte Lauf-
schuhe. Obwohl die aufrechte Sitzposition in ihrem Korbsessel ihr das

---

[1] [Anm. des Übersetzers] Der vollständige Vers lautet: »So freue dich, Jüngling, in
deiner Jugend, und laß dein Herz guter Dinge sein in deinen jungen Tagen. Tu, was
dein Herz gelüstet und deinen Augen gefällt; aber wisse, daß dich Gott um das alles
vor Gericht ziehen wird.«

Gefühl vermittelte, heiße Eisenstäbe bohrten sich in ihr Rückgrat, blieb die Arbeit ihr einziger zuverlässiger Schmerztöter. Sie nahm auch diese Herausforderungen an und ließ Madeleine einmal wissen, daß Leiden den Charakter von Männern und Frauen verfeinere. Alexandra war gerührt, als Digne beschloß, eine geplante, weiterführende Schule nach ihr zu benennen. Zusammen mit Dr. Romieu studierte sie die Pläne und bedauerte nur, daß Philippe Néel diesen Augenblick nicht mehr miterleben konnte. Wie klug von den Ratsmitgliedern, ihrer bereits vor ihrem Tod und nicht erst danach zu gedenken. Sehr wichtig wurde für die Gelehrte jetzt auch ihr Testament, der Verbleib ihrer unschätzbaren Bibliothek und großen Sammlung tibetischer Kunst- und Kultgegenstände, vor allem der phantastischen Masken. Dr. Maille wurde konsultiert, und er war bereit, Verbindung mit seinem guten Freund, Professor R. A. Stein, aufzunehmen, dem Vorsitzenden der Französisch-Asiatischen Gesellschaft. So kam es, daß die beiden führenden Tibetologen des Landes in Samten Dzong zusammenkamen. Alexandra wollte ihre Bibliothek und ihre Sammlung als Ganzes erhalten und nach ihrem Tod irgendwo wissen, wo sie dem Studium zugänglich sein würde. Sie hoffte, daß Stein sich um die Unterbringung ihrer Sammlung in Paris kümmern würde. Als Gegenleistung würde er ihre Asche im Ganges verstreuen lassen. Um ihm den Handel zu versüßen, bot sie ihm verschiedene Ritualknochen an. Professor Stein, ein Gelehrter von der alten Schule, lehnte ab und merkte Dr. Maille gegenüber an: »Diese Frau ist nicht besonders interessant.«

Vielleicht war der Konflikt zwischen diesen beiden Befürwortern rivalisierender Fassungen des Gesar-Epos unvermeidlich. Alexandra war von der Zurückweisung getroffen, aber wir müssen an dieser Stelle an ein altes Sprichwort denken, das sie gerne zitierte: »Wer kennt die Blumen besser – derjenige, der über sie in einem Buch liest, oder derjenige, der sie wild im Gebirge findet?«

In Panik hielt Alexandra jetzt Ausschau nach irgendeiner Möglichkeit, um die Kontinuität ihrer Arbeit sicherzustellen. Sie spürte, daß Madeleine zu unerfahren war, um sich wirklich angemessen um ihr Vermächtnis kümmern zu können. Wie ein Informant berichtete, »verfaßte sie jede Woche ein neues Testament, und das alte war wertlos«. Ihre gesamte Bibliothek – alle französischen, englischen und tibetischen Titel – wurde dem Musée Guimet vermacht, wo sie als junge Frau ihre Studien begonnen hatte. Heute sind nur noch die tibetischen Bücher – vierhundertvierzig Titel – dort zu finden. Ihre Handbibliothek französischer und englischer Titel – die für jeden Biographen von großem Interesse gewesen wäre – ist verstreut.

Was mit der wertvollen Sammlung von Kunst- und Kultgegenständen geschehen sollte, blieb in der Schwebe, was außerordentlich unglückliche Folgen hatte. Kurz nachdem sie verstorben war, fuhr ein LKW vor, um die kostbaren Teppiche, Tankas, Statuen, Ritualobjekte aus Knochen und die seltenen Masken abzuholen, die die Orientalistin mit sicherem Auge im Verlauf ihrer mühseligen Reisen in allen Teilen Asiens gesammelt hatte. Madeleine rettete, was sie konnte, aber zwölf große Container mit diesen Dingen wurden nach Paris verfrachtet. Unter Überwachung des Testamentsvollstreckers wurden sie auf verschiedene Museen verteilt. Wer mag, kann sie ja suchen.

Nur Alexandras Briefe und unveröffentlichte Manuskripte sollten unter der unmittelbaren Obhut von Madeleine in Samten Dzong bleiben; die Aufsicht darüber hatte ihr literarischer Testamentsvollstrecker, Dr. Monod Herzen aus Paris. Die Erlöse aus früheren und zukünftigen Veröffentlichungen würden der Gemeinde Digne zukommen, die zum legalen Erben der Verfasserin wurde. Unglücklicherweise starb Dr. Romieu, ein Beinahe-Buddhist, bevor die ganze Sache in der Gemeinde auf eine tragfähige Grundlage gestellt werden konnte. In ihrem Testament hatte sich Alexandra ausbedungen, daß Samten Dzong ein echtes Tibetzentrum werden sollte: Im Garten sollte ein Bau errichtet werden, in dem diejenigen, die auf dem Weg waren – Buddhisten, Gelehrte und Studenten –, zu sehr niedrigen Kosten untergebracht werden sollten. Die Absicht war, Studium und Meditation zu verbinden, die tibetische Tradition der Tsams (tiefer, abgeschiedener Meditation) wieder aufleben zu lassen, allerdings für die Menschen des Westens. Der Plan wurde niemals verwirklicht, und Samten Dzong ist heute nur ein kurzer Stopp auf dem Weg der Touristen nach Südfrankreich.

Eine von Madeleines ersten Erfahrungen bei Alexandra war deren Aufforderung gewesen, sofort zu ihr zu eilen, um Zeugin ihrer letzten Atemzüge zu werden. Während der folgenden zehn Jahre sollte ihre Dienstherrin immer wieder die Glocke nach ihr läuten, gewöhnlich mitten in der Nacht, um ihr damit den Beginn des angeblich letzten Aktes anzukündigen. Selbstverständlich lernte Madeleine schnell, diese falschen Alarme zu ignorieren. Wider alle Vernunft erschien ihr Alexandra schließlich als unsterblich, eine Vorstellung, die von deren starkem Willen unterstützt wurde, ihrer Weigerung, Schwächen zu zeigen. Aber im Juli 1969 war für Madeleine unübersehbar, daß die alte Forschungsreisende nicht mehr Alarm gab, nur um bemitleidet zu werden. Bereits beim Frühstück hatte ihr verhärmtes Gesicht ein glückseliges Glühen gezeigt, das noch von einer Erleuchtung herrührte, die ihr in der Nacht zuvor zuteil geworden war.

»Gottvater hat zu mir gesprochen«, flüsterte Alexandra. »Er hat ein großes Licht in meiner Seele entzündet, und ich habe die Nichtigkeit all dessen gesehen, das einmal ich selbst war.«

Diese Worte, deren Ton christlich und buddhistisch zugleich ist, sind ein Zitat aus Anatole Frances *Thaïs*, das Massenet zu einer Oper verarbeitet hat. Alexandra in der Rolle – einer Kurtisane, die zum Glauben bekehrt ist, aber nichtsdestotrotz einen Mönch verführt –, eine Rolle, die sie einst gesungen hatte.

Von diesem Augenblick an zeigte die weltmüde alte Frau kaum noch emotionale Reaktionen, nur eine gewisse Verzücktheit, eine Freundlichkeit, die Madeleine bei ihr zuvor noch nie bemerkt hatte. Ihr größter Kummer war, daß sie nun ihre laufenden Forschungen einstellen mußte: über das Leben von Jesus und Mao. Sie hatte den christlichen Erlöser als typischen hebräischen Propheten darstellen wollen, als Patrioten, und den Vorsitzenden der Kommunistischen Partei Chinas als die Inkarnation des mythischen Gesar, des Rächers der Leiden der asiatischen Völker. Was immer sonst man über diese Frau denken mag, sie wünschte jedenfalls ernsthaft, ihr schwer erlangtes Wissen zu teilen. Sie war ein treuer Krieger in dem allgegenwärtigen Kampf der Menschen, sich von der Unwissenheit zu befreien.

Wie Conway in *Lost Horizon* kehrte Alexandra aus einem Gefühl der Pflicht heraus aus ihrem Paradies im Himalaja in die weltlichen Gefilde zurück. Das Traurige an ihrem Leben, das untrennbar mit ihrem Triumph verbunden war, entsprang dem Wissen, daß es für sie keinen Weg zurück nach Shangri-La gab. Am 8. September 1969 um drei Uhr morgens mit Madeleine an ihrer Seite hörte Alexandra zu atmen auf. Sie war zu ihrer letzten Reise aufgebrochen.

Am 11. September wurden die sterblichen Überreste von Alexandra David-Néel verbrannt. Madeleine und Dr. Romieu waren anwesend, außerdem verschiedene Forscher, Freunde sowie eine Nichte und ein Neffe von Philippe Néel. So wie die Dahingeschiedene es gewünscht hatte, beschied man sich mit einem Minimum an Förmlichkeit, und ihre Asche wurde in eine Urne gefüllt, in der sie neben der Yongdens in Samten Dzong ruhen sollte, bis Madeleine sie zum Ganges schaffen konnte. Die Zeitungen, das Radio und das Fernsehen meldeten in vielen Ländern den Tod der Forschungsreisenden – in einer Welt, die vorrangig den Vietnamkrieg zu beachten suchte.

Und doch war Alexandra David-Néel alles andere als vergessen. Zusammen mit ihrem Nachruf brachte die *International Herald Tribune* ein Foto von Alexandra, die auf einem Yak reitet; es war unterschrieben: »Frau auf dem Dach der Welt«.

Koda: Das Vermächtnis

Einschließlich der posthum erschienenen Arbeiten tragen über dreißig selbständige Veröffentlichungen (Übersetzungen nicht eingerechnet) Alexandra David-Néels Namen. Alle handeln immer auch vom Fernen Osten, sie umfassen ansonsten die ganze Spannweite von früher Utopie bis zu hoher Gelehrsamkeit, von der trockenen Förmlichkeit einer Grammatik bis hin zur Intimität privater Briefe. Ihre Bücher berühren die Bereiche der Philosophie, der Philologie der Anthropologie, der Asienwissenschaften, der geographischen Entdeckungen, der historischen und politischen Reflexion sowie das Thema Tantrismus. Und stets gehört ein Schuß Abenteuer dazu.

Alexandras *erstaunlichstes* Vermächtnis – um einen Ausdruck Lawrence Durrells zu gebrauchen – ist vielleicht ihr Leben selbst. Dieses stellt uns vor ebenso viele Rätsel wie ihr Charakter. Geboren im Auge eines revolutionären Wirbelsturms verachtete die radikale Studentin schließlich die Politik, blieb dabei aber immer eine scharfe Beobachterin der Weltgeschichte. Als eine standfeste Feministin lernte sie dennoch hauptsächlich von Männern, liebte in sehr eigenwilliger Weise ihren Vater, ihren Ehemann und ihren Sohn und wurde von den größten Draufgängern ihrer Zunft als Kameradin anerkannt. Colonel Eric Bailey geriet in seinem vertraulichen Brief, in dem er den Vizekönig in Indien von Alexandras verbotener Spritztour nach Lhasa unterrichtete, unwillkürlich ins Schwärmen über deren »wunderbare Reise«.

George Schaller, der Retter des Himalaja-Schneeleoparden, sagte von ihr: »Sie erreichte auf scheinbar improvisierte Weise so viel mehr als die meisten anderen Forschungsreisenden in diesem Teil der Welt.« Obwohl sie riesige, nicht kartographierte Gebiete durchquerte und sich durch vereiste Schneelandschaften und egelverpestete Dschungel schlug, wagte sie sich noch weit entschiedener in die Spalten und Klüfte der menschlichen Seele vor. Wenn es darauf ankam, war sich diese willensstarke Frau allerdings nicht zu schade, einen widerspenstigen Diener zu schlagen; sie war ganz klar eine Nutznießerin des Imperialismus der Jahrhundertwende, die einem der größten Weltreiche Paroli bot und ihre individuelle Freiheit, die volle Entfaltung des »Ich« verteidigte. Auch das stand im Widerspruch ihrer buddhistischen Philosophie.

Mitte Vierzig nahm Alexandra ihre Zuflucht zu Buddha. Ihre wahre Karriere begann in einem Alter, in dem andere bereits an das Ende ihrer Berufslaufbahn denken. Sie studierte und meditierte im winterlichen Himalaja, versteckt in einer Höhle, und was das schwierigste für sie war, sie ordnete ihren Willen einem anderen unter. Der Gomchen von Lachen war ein guter Lehrer. Und sie nutzte das so erworbene Wissen, um selbst weiterzuforschen, ihre Erkenntnisse aufzuzeichnen und anderen weiterzugeben. Sie verschloß sich der Welt niemals für lange, sondern kämpfte ebenso entschieden um Gehör, wie sie gegen die Räuber am Koko Nor gekämpft hatte.

Man hat gegen Alexandra den Vorwurf erhoben, daß sie unorthodox war. Jacques Brosse glaubte, daß sie, weil sie ihren Guru verließ, bevor sie die drei von der Tradition vorgeschriebenen Jahre und drei Monate bei ihm verbracht hatte, die Erleuchtung nicht erlangte und es ihr schließlich an Mitleid im buddhistischen Sinne mangelte. Aber er hatte die Frau überhaupt nicht kennengelernt und war auf die Beschreibung ihrer letzten, durch Krankheit gezeichneten Jahre aus dem Munde Madeleine Peyronnets angewiesen. Im Gegensatz dazu hat Ian Davie uns geschrieben: »Sie war von heiterer Gelassenheit, und die Person, der sie am meisten ähnelte, sowohl von der Erscheinung als auch von ihrer Liebenswürdigkeit her, war Mutter Teresa.«

John Blofeld bemerkt kritisch, daß es »David-Néel so sehr um ihre Publikumswirkung zu tun war, daß sich ihre meisten Bücher auf die populären Aspekte des Tibetischen Buddhismus beschränkten. Es wird darin wenig über spirituell oder philosophisch grundlegende Aspekte gesagt«. Dieses Urteil ist oberflächlich und möglicherweise von Neid diktiert. Die Öffentlichkeit hat selbst bestimmt, welche Bücher beliebt wurden und blieben; das kann Alexandra nicht angelastet werden. Daß ihre grundlegenderen Werke wie zum Beispiel *Les enseignements secrets dans les sectes bouddhistes tibétaines*, vor allem aber ihre Novellen nicht besser bekannt sind, ist im wesentlichen ihren Erben zuzuschreiben, die über keine ausreichende Kenntnis ihrer Werke verfügen. Alles in allem haben Alexandras Schriften sehr viele Menschen erreicht und tun dies auch heute noch.

Lama Govinda, ein Deutscher, der vielleicht noch mehr zum Tibeter geworden ist als Alexandra, folgte bewußt dem Pfad, den sie aufgezeigt hatte. In Sikkims königlichem Kloster Podang war es ihm ein Vergnügen, »die gleiche Zelle zu bewohnen, in der sie gelebt hatte und wo eine merkwürdige Stimme sie vor dem bevorstehenden Ende des jungen Maharadschas … und dem Scheitern seiner beabsichtigten religiösen Reform gewarnt hatte«. Lama Govinda lernte ebenso wie Alexandra von dem Gomchen, daß »reine Güte und Moralität ohne Weisheit ebenso nutzlos ist wie Weisheit ohne Güte«. Blofelds Feststellung, daß Alexandra »im Prinzip bis zuletzt eine fundamentalistische Buddhistin geblieben sei«, ist korrekt, wenn wir damit jemanden im Gefolge der Lehren des Gautama Buddha meinen. Sie nahm Buddhas Verfügung ernst, nichts auf der Basis irgendeiner Autorität zu akzeptieren, sondern jede verkündete Wahrheit sogleich im klaren Licht des Verstandes und der Erfahrung zu prüfen.

1972 studierten George Schaller und Peter Matthiesen das Verhalten wild lebender Tiere in der Nähe der nepalisch-tibetischen Grenze in einem Terrain, das sowohl schwierig als auch gefährlich war. Ganze Gebiete längs ihrer Route wurden von Khampas kontrolliert, die der langjährige Guerilla-Krieg gegen die chinesische Besatzungsarmee verbittert hatte. Aufgehalten durch späte Monsunregen, stiegen die beiden in einem kleinen Hotel in einem abgelegenen tibetischen Dorf westlich des Annapurna ab. Es regnete immer weiter, die Reisenden brauchten Träger, und die Einheimischen weigerten sich, ihnen dienstbar zu sein. Also blieben sie tagelang in ihren Schlafsäcken und lasen begeistert in Alexandras Büchern, vor allem im *Mystiques et magiciens du Tibet*. Schließlich klärte sich das Wetter auf, es erschienen Träger, und die Forscher konnten weiterziehen. Nach dieser Reise entstanden zwei glänzende – und gern gelesene – Reiseberichte, Schallers *Stones of Silence* und Matthiesens *Das verborgene Tal*.

Zehn Jahre nach Alexandras Tod begann die erste allein von Frauen unternommene Floßfahrt den Colorado-Fluß hinunter durch den Grand Canyon; es herrschten Temperaturen von 46 Grad Celsius im Schatten und die Flößer überschütteten sich gegenseitig kübelweise mit Wasser, um nicht dahinzuschmelzen. Einige steuerten, andere paddelten und nur wenige redeten. China Galland, die diese und andere Abenteuer in ihrem

Buch *Women in the Wilderness* beschreibt, sagt: »Unsere Gruppe war außerordentlich heterogen zusammengesetzt ... Aber trotzdem muß es irgendeinen gemeinsamen Zug geben, der uns alle hier zusammengebracht hat.«

In dem »Wie wir dort hinkamen« überschriebenen Kapitel erzählt die Autorin von einer für sie außerordentlich wichtigen Entdeckung: Dem Leben Alexandra David-Néels. Galland schreibt: »Ich ließ im Geist noch einmal die Änderungen Revue passieren, die ich durchgemacht habe, seit ich zum ersten Mal von Alexandra las ... den Triumph der Unerbittlichkeit des Geistes, die Gefahr und den Lohn dafür, dem eigenen Weg zu folgen, und schließlich die Realität des Lebens aus einem Traum heraus.«

Alexandra inspirierte China Galland, ihre Chancen zu ergreifen und ihre Siege publik zu machen. Am anderen Ende der Welt auf dem achttausendachtundsiebzig Meter hohen Annapurna in Nepal diktierte Dr. Arlène Blum, die Führerin der ersten, nur aus Frauen bestehenden Expedition auf den gigantischen Achttausender, in ihr Bandgerät: »Ich frage mich ständig, wann die nächste Lawine herunterkommen wird. Ich bin gleichzeitig voller Angst und erregt ... Wir setzen unser Leben aufs Spiel; o Gott, es ist verrückt. Und warum? Weil in noch einmal sechs Tagen eine von uns auf dem Gipfel stehen kann.«

Es rührte Dr. Blum tief, ein Exemplar von *My Journey to Lhasa* in einem Antiquariat in Katmandu aufzustöbern. Sie trug die Botschaft des Buches mit sich die gewaltige Eis- und Schneemasse hinauf, und die geradezu verbissene Bestimmtheit der Französin festigte den Willen der Frauen, zum Erfolg zu gelangen. Die Gruppe bezwang den dritthöchsten Gipfel der Welt, obwohl dann beim Abstieg zwei davon in den Tod stürzten. Dr. Blums *Annapurna. Die erste Frauenexpedition auf den höchsten Gipfel der Erde* muß sicherlich als eine Art Fortführung oder Frucht von Alexandras Schaffen angesehen werden.

Im August 1985, sechzehn Jahre, nachdem die sterblichen Reste der »Himmelsgeherin« (Dakini) zu Asche zerfallen waren, stand eine junge amerikanische Frau, Letha Hadady, an dem geschmückten Eingang des Jokhang. Lhasas »Kathedrale« war mit Flaggen geschmückt, um den zwanzigsten Jahrestag der Herrschaft der Volksregierung über die Autonome Region Tibet und die Ankunft des X. Pantschen Lamas zu feiern, der zu diesem Anlaß seinen Segen erteilen wollte. Nach altem Brauch waren viele Menschen vom Land in Lhasa zusammengeströmt. Gefeiert wurde, wie es inzwischen unter chinesischer Fremdherrschaft Sitte war, mit karnevalsartigen geschmückten Wagen, die das neue Tibet und »zwanzig Jahre des Fortschritts« priesen. Die Stadtbewohner, die Bauern und die Nomaden grinsten dazu. Das einfache Volk, das nach wie vor vom Dalai Lama gelenkt wurde, hatte nie daran gezweifelt, daß dem Pantschen Lama, der von der chinesischen Regierung den größten Teil seines Lebens unter strenger Aufsicht gehalten worden war, die Interessen seines Landes am Herzen lagen.

Letha Hadady war groß, schlaksig und blond und konnte trotz ihrer türkisch-tibetischen Kleidung aus dunklem Filz ihre fremde Herkunft kaum verbergen. Sie schaute sich suchend um und begann dann den Rundgang um das Bauwerk mit dem steilen, geschwungenen Dach. Sie hielt ihren Rosenkranz mit einhundertundacht Holzperlen in der Hand und sang dazu »Om Mani Padme Hum!« – gemeinsam mit anderen Pilgern, die alle im Uhrzeigersinn den schon seit Jahrhunderten benutzten Weg gingen. Manche humpelten, manche warfen sich immer wieder in voller Länge zu Boden, andere waren in ihr Gebet versunken. Die Reise der Amerikanerin nach Lhasa. Ein halbes Jahrhundert nach dem Besuch der ersten Frau aus dem Westen in Lhasa hatte die Lektüre von Alexandras Büchern die Amerikanerin zu ihrer Reise bewogen.

In Katmandu hatte man ihr auf dem chinesischen Konsulat gesagt, daß sie von Nepal aus nicht nach Tibet einreisen könne. Aber in New York habe man ihr doch versichert, daß die Grenze offen sei, daß China Touristen willkommen heiße. Ja, nun, erwiderte ihr der Beamte, aber es habe Probleme gegeben, und sie müsse sich zunächst in Hongkong ein Visum besorgen. Der dazu nötige Hin- und Rückflug war für die Amerikanerin unbezahlbar. Verzweifelt tröstete sie sich mit einem Mittagessen wohlschmeckender Momos in einer kleinen Nudel- und Suppenküche. Während sie mit den Tränen kämpfte, fühlte sie sich wie Alexandra nach deren erstem verbotenen Blick auf ihr gelobtes Land.

Dann tauchten drei junge Tibeter auf, sie wüßten um ihre Schwierigkeiten. Einer zog einen Flugschein von Kalkutta nach Hongkong aus der Tasche. Der gehöre ihr, wenn sie sich einverstanden erkläre, ein Päckchen nach Lhasa zu bringen. Was sei denn mit dem Ticket für den Rückflug? Sie hätten keins, aber sie solle doch von Hongkong über die Grenze nach

Guangzhou (Kanton) gehen und von dort weiter mit der Bahn nach Kunming in Yünnan fahren. Von dort führen Lastwagen durch das Land Po nach Lhasa – eine zweiwöchige Reise. Das sei der sicherste Weg, denn dort sei man weniger auf Fremde fixiert als an der tibetischen Grenze. Sie fragte sich, ob diese freundlichen Burschen von etwas Mitte Zwanzig wohl die antichinesischen Guerillakämpfer waren, die Quelle des von den Chinesen angedeuteten »Problems«. Die Partisanen operierten von Nepal aus, und selbst der Dalai Lama war nicht immer in der Lage, sie zu kontrollieren. Und außerdem, was befand sich denn in dem Päckchen?

Es sei ihr verboten, es zu öffnen, das war die Bedingung. Aber wem sollte sie es übergeben? Darum brauche sie sich keine Gedanken zu machen. Es würde schon jemand auftauchen, der das Päckchen für sich fordere; mehr könnten sie nicht sagen. Sie fragte sich, was Alexandra wohl an ihrer Stelle getan haben würde? Jedenfalls wäre sie nicht unverrichteter Dinge zurückgekehrt, nachdem sie erst einmal von Amerika hierher gekommen war. Sie akzeptierte das mittelgroße Paket, das vielleicht fünf bis sechs Kilo wiegen mochte und erreichte in nicht zwei Tagen ein ultramodernes Hotel in Hongkong. In Guangzhou bestieg sie den Zug nach Kunming und verbrachte die nächsten dreieinhalb Tage auf einer Fahrt vierter Klasse durch Südwestchina: steinharte Bänke, Abteile, die vollgepfropft waren mit armen Familien, verrunzelten Frauen, Kindern, die unter den Sitzen schliefen, erdverkrusteten Männern, die eine Zigarette nach der anderen rauchten. Die Toiletten waren unbenutzbar, die Gänge voll von Menschen, denen übel war.

In Kunming erfuhr die Amerikanerin, daß die Grenze zu Tibet geschlossen war, ganz gleich, ob man ein Visum besaß oder nicht. Die Hotels in Lhasa seien wegen der Feiern überfüllt. Sie könne vielleicht versuchen, von Chengtu in Szechuan aus zu fliegen. Aber dort erhielt sie zunächst ebenfalls eine Absage, obwohl man ihr sagte, sie solle ruhig noch einmal nachfragen. Und siehe da, eines Tages hatte sich plötzlich der Himmel ebenso wie Lhasa auf wundersame Weise geöffnet, und von dem Flugzeug, das über Südosttibet flog, blickte sie auf eine Kette schneebedeckter Berge hinab, die sich bis zum Horizont hinzog wie eine Schule von Buckelwalen auf See. Endlich brach diese Welle von Bergen, und während sie auf die Ebene hinabglitten, glänzte vor ihnen weiß und golden der Potala in changierenden Farbtönen wie ein Brillantring. Sie hatte

382

die Reise, für die Alexandra vier Monate gebraucht und unglaubliche Kämpfe hatte ausstehen müssen, in ein paar Stunden geschafft.

Der Barkhor rund um den Jokhang verläuft durch den Kern von Lhasa, mitten durch das Gewühl des Marktplatzes, und ein Pilger muß sich schon sehr auf seine Mantras konzentrieren, um sich nicht von den farbenprächtigen Nomaden ablenken zu lassen, die dort ihre Waren anpreisen. Wo sich diese Straße weitet und sich die Menge der Händler allmählich lichtet, sah die Amerikanerin eine ältere, unauffällige Tibeterin neben einem gewaltigen Weihrauchkessel an einer Wand lehnen, eine Bettlerin, falls so etwas hier geduldet wurde. Die Frau winkte ihr, und die Pilgerin folgte dem Wink. Die Alte steckte ihr mit geschicktem Griff ein zusammengerolltes Stück Reispapier zu und drehte sich dann mit zahnlückigem Grinsen wie ein Rad. Die Amerikanerin begriff, daß sie die Umkreisungen des Jokhang vollenden müsse. In der Jugendherberge rollte die Amerikanerin am Abend, als ihre Mitbewohner ausgegangen waren – man wurde dort willkürlich ohne Rücksicht auf Nationalität oder Geschlecht auf die Zimmer verteilt, und die Toilette war ein für beide Geschlechter benutzbares Loch im Boden –, das dünne Stück Papier auf. Schlecht gedruckt las sie dort auf tibetisch, chinesisch und englisch den Aufschrei eines ganzen Volkes, das unter die Räder der Geschichte geraten war, für nichtexistent erklärt wurde und sich dennoch den Glauben an das Gewissen der Welt bewahrte. »Lang lebe Seine Heiligkeit, der Dalai Lama!« begann es, um in einem atemberaubenden Sprachfluß fortzufahren.

Wir wollen Tibet befreien. Wir gegen durch Gewal 20 Jahresfeier der [unleserlich]. Raus mit Rotchina. Wir sind gegen die chinesische Regierung. Wir wollen die Einhaltung der Menschenrechte durch die U.N.O. Wir wollen Gerechtkeit. Gerechtkeit. Gerechtkeit. Lang lebe ein Freies Tibet! Freies Tibet!

Dieses Blättchen, so dünn, daß es fast durchsichtig war, und in entstelltem Englisch geschrieben, reichte im Falle einer Entdeckung durch die omnipräsente Polizei aus, eine beliebige Anzahl von tibetischen Patrioten ins Gefängnis zu bringen, zu foltern und zu erschießen. Die Amerikanerin steckte es rasch weg, als ihre britischen, französischen und deutschen Zimmergefährten heimkehrten.

Am nächsten Tag war die Bettlerin nicht mehr da; sie tauchte auch nicht mehr auf, bis es für die Amerikanerin beinahe an der Zeit war, zurück nach Chengtu zu fliegen. Jeden Tag umrundete sie mit dem geheimnisvollen Paket unterm Arm, verborgen unter ihren tibetischen Roben, den Jokhang, streifte ein wenig auffällig über den Markt, aber alles vergebens. Am letzten Tag hatte sie an einem Stand haltgemacht, um einer buntgekleideten und mit Türkisen beladenen Händlerin aus Amdo etwas Modeschmuck abzukaufen, als sie plötzlich eine Hand auf ihrem Arm spürte. Als sie sich umwandte, sah sie die Bettlerin, die ihre Lippen zu einem Lächeln gekräuselt hatte.

Sie folgte der Alten durch eine enge Nebengasse. Ohne anzuklopfen, traten sie in ein Haus ein; die Finsternis drinnen wurde noch getrübt durch die Weihrauchschwaden, aber dennoch konnte die Amerikanerin einige Lamas erkennen, die an einem Altar beteten. Es handelte sich um einen buddhistischen Untergrundtempel. Die Religion ist in ihrer alten Heimat mit allen Mitteln zerstört und unterdrückt worden. Aber die Riten werden in aller Heimlichkeit praktiziert, und nach wie vor werden Jungen als Mönche ausgewählt und erzogen, ohne daß sie nach außen hin anders wirkten als ihre Kameraden. Immer noch werden Tulkus, so wie Sidkeong oder Yongden es waren, erkannt. Über dem Altar hing ein eingerahmtes, verblaßtes Porträt des XIV. Dalai Lamas in strahlender Jugend.

Einer der Lamas fragte die Besucherin in zögerlichem Englisch, ob sie ein Opfer bringen wolle. Sie verstand und brachte das Paket zum Vorschein. Als es geöffnet wurde, enthielt es lediglich Hunderte kleinformatiger Fotos Seiner Heiligkeit, die mit fünfzig Jahren immer noch jugendlich wirkte, aber trauriger und gütiger als auf den Jugendbildern. Unter dem Foto stand ein tibetischer Segensspruch. Die Amerikanerin war so aus dem Häuschen über die Entdeckung, was sie die ganze Zeit mit sich herumgetragen hatte, daß sie Freudentränen weinte. Der Lama, ein stämmiger Khampa, erteilte ihr seinen Segen. Sein fragmentarisches Englisch erinnerte sie an das Flugblatt für die Befreiung Tibets. Der Dalai Lama, die Inkarnation von Chen-re-zi, Bodhisattva des Mitleids, segnet ohne jede Parteilichkeit Tibeter, Chinesen und Philings.

Die Amerikanerin trat den Rückweg nach New York an. Sie hatte die Klöster Drepung und Sera besucht, die allmählich wiederhergestellt wurden und in denen noch einige freundliche Mönche lebten. Sie war mehrmals im Potala gewesen – das ging nicht anders, weil sie jedes Mal von einem offensichtlich angsterfüllten Führer geradezu hindurchgetrieben worden war. Eher bizarr muteten die Privatquartiere des Dalai Lamas an, die seit seiner Flucht nach Indien im Jahre 1959 unberührt geblieben waren. Eines Morgens sah sie zu, wie ein Lama eine Leiche für eine »Himmelsbestattung« vorbereitete und seine Lieder sang, um die Seele des Dahingeschiedenen durch den Bardo zu leiten, während sie darauf warteten, daß die dienststeifrigen Geier sich an der Bestattungsstätte niederließen. Sie wanderte viele Meilen bis zur Stätte von Ganden, fand aber keine Pilgermassen am Grab des Tsong Khapa. Das Grab ist völlig zerstört und seine Kostbarkeiten geraubt oder eingeschmolzen worden. Ganden, das einstmals Tausende von Mönchen und Tibets führende Universität beherbergte, ist nur noch ein Schatten seiner selbst.

Die Amerikanerin begriff, daß der wahre Strom tibetischen Lebens im Untergrund pulsiert, getarnt, so wie es Alexandra gewesen war, als arme, alte Bettlerin. Der als unterdrückter Glaube zu seinen Wurzeln zurückgekehrte Buddhismus findet seinen Ausdruck durch Künstler, die immer noch mit ungebrochener Hingabe Tankas malen; durch das Marktvolk von Lhasa, das während jedes Handels ständig mit leiser Stimme die heiligen Namen rezitiert; durch die Pilger aus weit entfernten Orten, die sich weigern, kurz vorm Ziel aufzugeben. Shangri-La bestand schließlich auch nicht aus Ziegelsteinen und Mörtel.

Kurz nach der Abreise der Amerikanerin entlud sich die Verzweiflung der Tibeter in dem ersten von mehreren Aufständen in Lhasa, denen immer härtere Vergeltungsmaßnahmen durch die chinesischen Besatzungstruppen folgten. Während wir dies schreiben – im August 1997 –, ist die Unterdrückung des traditionellen tibetischen Lebens in der alten Hauptstadt fast allumfassend geworden. In der Mai-Nummer der *Far Eastern Economic Review* wird in dem Beitrag »Lhasa Is Turned into a Chinatown« (Lhasa wird zu einer Chinesenstadt gemacht) berichtet, wie »die Chinesen in Scharen in die tibetische Hauptstadt strömen« – angelockt von Löhnen, die hier fünfmal so hoch sind wie in China –, »die durch Wolkenkratzer und Verkehrschaos zu einer völlig neuen Stadt geworden ist«. Lhasa ist zu einer boomenden Chinesenstadt geworden, so wie es Guangzhou oder Schanghai sind. Die Altstadt ist größtenteils in

Trümmer gelegt worden, Korruption aller Art macht sich breit, und die Tibeter selbst sind völlig an den Rand gedrängt. Ein tibetischer Geschäftsmann bringt es lakonisch auf den Nenner: »Der Fall Lhasa ist verloren.« Außer natürlich in zwei jüngst in Argentinien und Marokko gedrehten amerikanischen Filmen, für die ein Ersatz-Lhasa aus Pappmaschee geschaffen wurde.

Aber die Vorstellung von Shangri-La bleibt mitreißend. Wir brauchen den Glauben daran, daß es irgendwo ein Land der erleuchteten Meister gibt, die uns ein geheimes Wissen lehren können und das uns von Ungemach und Sorge befreien wird. Alexandra David-Néel fand diesen Ort – und zwar genau dort, wo er Madame Blavatsky zufolge hatte liegen sollen – im Himalaja. Sie studierte mit den Meistern – ob sie nun Lamas, Naljorpas oder der Gomchen von Lachen heißen –, und sie kehrte mit dem erklärten Ziel in den Westen zurück, ihre Erkenntnisse weiterzugeben. Dieses Ziel erreichte sie auf scharfsinnige, sehr produktive und unterhaltsame Weise. Ihr Weg war der eines Bodhisattvas, der die eigene Erleuchtung hintanstellt, um anderen zur Erleuchtung zu verhelfen.

Über viele Jahrhunderte hinweg haben die Tibeter das Wissen der alten Welt gesammelt. In der Form von Büchern oder Manuskripten schafften sie es mit Lasttieren von China oder auf ihrem eigenen Rücken über den Himalaja von Indien her heran – und manchmal brachten sie die kostbaren Geheimnisse auch nur in ihren Köpfen mit. Alexandra kehrte diesen Vorgang um, leitete einen Transfer der Lehre nach Westen ein, der heutzutage durch den Flüchtlingsstrom aus Tibet stark beschleunigt worden ist. Der Buddhismus ist auf ähnliche Weise zu uns gekommen, wie die griechische Wissenschaft den Rest Europas nach dem Fall von Byzanz erreicht hat, eine Umwälzung, die schließlich zur Renaissance führte. Stehen wir womöglich wieder mal an der Schwelle zu einer bedeutenden Verschmelzung östlichen und westlichen Denkens, östlicher und westlicher Kunst? Falls dem so ist, hat Alexandra David-Néel dabei eine ganz besondere Rolle gespielt.

Für uns persönlich gibt es eine Momentaufnahme aus dem Reisetagebuch von Alexandras Leben, das ihren ganzen Weg umfaßt. 1936 zitterte Europa vor den erpresserischen Forderungen Hitlers. Die Tschechoslowakei sollte bald den Nazis zum Opfer fallen, aber das hinderte die

Orientalistin nicht, auf der Höhe ihres Ruhmes in Prag eine Konferenz abzuhalten. Während ihres Aufenthaltes dort besuchte sie auch das Haus des Rabbi Loew, eines Kabbalisten des sechzehnten Jahrhunderts, das direkt neben einer sehr alten Synagoge liegt. Um sein Volk zu verteidigen, hatte dieser gelehrte Mystiker einen Golem geschaffen, so will es jedenfalls die Legende. Er schuf dieses Wesen, indem er die Statue eines Mannes aus Lehm formte, die er dann mit Zaubersprüchen zum Leben erweckte. Diese Kreatur besaß außerordentliche Kräfte, um Gutes oder Böses zu tun.

Alexandra glaubte nicht an Golems. Sie fand diese Vorstellung zu körperlich. Diese Art von Arbeit sollte besser ein Akt geistigen Schaffens sein. Und doch zögerte sie kaum – als der Museumswächter sie kurz im Zimmer des Rabbis allein ließ –, das Seidenband beiseite zu ziehen, das den Zugang zu Rabbi Loews Amtsstuhl versperrte. Nachdem sie dort Platz genommen hatte, spürte sie die elektrische Aufladung ihres Erbes.

Ihr ganzes Leben hindurch hatte Alexandra hinter den Schatten der Stellwände nach der eigentlichen Substanz gesucht. Sie hatte mit ihren Werken einen Beschützer für ihr Volk geschaffen. Ihre Arbeiten werden dazu beitragen, den wahren Geist Tibets lebendig zu halten. Nach einem Jahrhundert der Bemühungen verabschiedete sie sich und machte sich auf zu den dunklen Gestaden, an die uns alle eines Tages unsere Reise führt. Was sie dort entdeckte, gehört ihr allein.

■ ■ ■

Quellen und Danksagung

Léon Edel hat über die Biographen im allgemeinen gesagt: »Sie denken zu wenig über die Kunst nach und reden zu viel von objektiven Fakten, als ob Fakten so hart wären wie Ziegel oder Steine.« Wir wüßten niemanden, dem man damit einen schlechteren Dienst erwiese als Alexandra David-Néel. Viele Jahre lang tappte man, was die Fakten ihres langen Lebens anbelangte, im dunkeln. Teilweise, weil sie es vorgezogen hatte, vertrauliche Dinge vertraulich zu behandeln, weil sie menschliche Gefühle und sogar Krankheiten als Zeichen der Schwäche ansah. Unglücklicherweise sind Alexandras posthume Pläne für Samten Dzong, ihre Sammlung tibetischer Kunst- und Kultgegenstände und ihre persönlichen Papiere größtenteils vereitelt worden. Es besteht ein dringender Bedarf, ihre Dokumente und Fotos unter geschulte Aufsicht zu bringen, einer wissenschaftlichen Prüfung zu unterziehen und freier Benutzung zugänglich zu machen. Alexandra David-Néels Reputation läßt nicht weniger zu.

Die beträchtlichen Lücken in Teilen der von ihr hinterlassenen Aufzeichnungen, die zudem die kritischsten und folgenreichsten Phasen ihrer Lebensgeschichte betreffen, haben uns bewogen, die gesprochenen Dialoge unserer Biographie frei zu behandeln. Die Worte (und Gedanken), die ihr hier zugeschrieben werden, finden sich nicht notwendigerweise in ihren Werken, Aufzeichnungen oder Briefen. Unsere Methode ähnelt in gewissem Sinne derjenigen, die John Blofeld in seinem autobiographischen *City of Lingering Splendour* angewandt hat: »Ich habe mich der Methode der Fiktion bedient, um Gespräche zu rekonstruieren oder Situationen aufzupolieren, an die ich mich nicht mehr genügend genau erinnerte. Alles, was ich hier niedergeschrieben habe, zeichnet also wahrheitsgetreu entweder das auf, was war, oder das, was leicht hätte sein können.« In unserem Falle trifft dies auf Alexandra selbst und gelegentlich auf Philippe Néel oder Yongden zu. Zitate von Dritten, seien sie nun gesprochen oder geschrieben sowie Archivquellen wurden so genau wie menschlich möglich wiedergegeben.

Wir haben den größten Teil der letzten beiden Jahrzehnte damit zugebracht, sowohl die verborgenen Tatsachen über Alexandras Leben ans Licht zu bringen als auch unser eigenes Leben auf eine Art zu führen, die ihr gefallen hätte. Es schien uns sinnlos, das Material im Sinne einer Beweisaufnahme hin und her zu wälzen, sei es nun mit der Absicht des Angriffs oder der Hagiographie. Unser Ziel war eine objektivere, wenn auch durchaus enthusiastische Betrachtungsweise. Wir haben versucht, die moralische und geistige Bedeutung des Lebens und der Schriften Alexandras aufzuzeigen und herauszustellen, was sie auch weiterhin anderen bedeuten.

Wir begannen unsere Rundreise mit Dorothy Middletons *Victorian Lady Travellers*, einem Buch, das unser Interesse an einigen phänomenalen, aber weitgehend unbeachtet gebliebenen Frauen erregte. Die Bekanntschaft von Mrs. Middleton, der Ehrenvizepräsidentin der *Royal Geographical Society*, zu machen, gehörte zu den äußerst angenehmen Seiten unserer Unternehmung. Luree Miller schrieb in ihrem *On Top of the World* ein Kapitel, das einige Winkel von Alexandras Leben ausleuchtete. Eine dritte Frau, Letha Hadady, Autorin der *Asian Health Secrets* (mit einem Vorwort von Seiner Heiligkeit, dem Dalai Lama), ist die Patentante unseres Buches. Wir können ihr gar nicht genug danken für ihre Übersetzungen aus dem Französischen, für ihre prüfenden Einblicke in Alexandras Charakter, ihre mühseligen Reisen, die sie um unseretwillen unternommen hat und bei denen sie Kamera und Zeichenstift gekonnt benutzte.

Gleichen Dank schulden wir drei Herren aus Großbritannien. Peter Hopkirk, Autor und Auslandskorrespondent, war so großzügig mit seiner Zeit, unser Manuskript zu lesen und Verbesserungsvorschläge zu machen. Seine gelegentlichen Bemerkungen über das Geheimarchiv des India Office führte uns zu einer wahren Fundgrube von Informationen. Dieses Material, das zuvor niemals benutzt worden ist, lieferte den ersten unparteiischen Beweis dafür, daß Alexandra tatsächlich in Tibet gewesen war. Es erklärt, warum sie so viele Umwege nahm und gelegentlich Rückzieher machte. Hier finden wir den Schlüssel zum Geheimnis ihrer merkwürdigen Reiseroute.

Hugh Richardson, dem Doyen der Tibetologen, sind wir mehr als dankbar, sowohl für seine gewissenhafte Anleitung als auch für seine amüsanten und informativen Anekdoten. Unsere Korrespondenz mit Großbritanniens letztem politischen Beamten für Sikkim und Tibet nahm schnell monumentale Ausmaße an. Durch ihn wurde uns ein Blick auf die tatsächliche Welt zuteil, in der sich Alexandra bewegt hatte. Ohne die dadurch erworbenen Kenntnisse wäre es die reinste Raterei gewesen, ihre Karten und Schritte zu bewerten. Lawrence Durrell steuerte eine andere Sicht auf die Dinge bei, persönlich und eindringlich. Wir sind ihm dankbar für die Zeit und Aufmerksamkeit, die er uns geschenkt hat, und für die Ermutigung, die er uns hat zuteil werden lassen.

Es tut uns außerordentlich leid, daß wir Christmas Humphreys unseren Dank für die Schilderung seiner Bekanntschaft mit Alexandra posthum abstatten müssen. Wir haben uns, sowohl was die Bedeutung als auch was die Schreibung buddhistischer Termini anbelangt, an Mr. Humphreys *Popular Dictionary of Buddhism* gehalten. Wir haben nicht unbedingt Alexandras Formulierungen benutzt, sondern versucht, uns an die verbreiteteste, zeitgenössische Form zu halten. Unsere Karten – die Letha Hadady gezeichnet hat – folgen den Grenzen, die auf der Konferenz von Simla von 1914 vereinbart wurden, den Grenzen eines Asien also, wie Alexandra es kannte.

Es hatte vor uns auch noch niemand daran gedacht, Alexandras Bekannte, sofern sie noch lebten, zu interviewen. Das erwies sich sowohl als informativ als auch unterhaltend. Wir bedanken uns bei Professor Pierre Borrely für seine Offenheit (und seine Kunst gestischer und stimmlicher Imitation) sowie bei Frank Treguier für seine Hilfsbereitschaft. Zu Dank verpflichtet sind wir Dr. Marcel Maille für seine profunde Gelehrsamkeit, sein Interesse für den Tibetischen Buddhismus und die Bereitschaft, seine einzigartigen Einsichten mit uns zu teilen. Ein Extra-Dankeschön an seine charmante Frau Michèle für ihren Beitrag zu unserer Kenntnis der rätselhaften Alexandra. Und an Dr. Yves Requena, der uns mit Dr. Maille bekannt gemacht hat. Das Wissen, das uns durch diese wunderbaren Menschen und eine Anzahl von Geschäftsleuten aus Digne zugänglich wurde, konnten wir vorteilhaft in unser Buch einbauen.

Unter den Institutionen, deren Sammlungen wir benutzt haben, stehen wir in der besonderen Schuld der Bibliothek des *India Office*, der *British Library*, London, und des unbekannt gebliebenen Bibliothekars am Britischen Museum, der uns die unveröffentlichten Aufzeichnungen Sir

Charles Bells zugänglich machte. Diese Aufzeichnungen enthalten Material, das Bell für zu persönlich hielt, um es in seine diversen guten Bücher über Tibet einzubeziehen. Die Bibliothek der *Royal Geographical Society*, London, hat, was den Bereich Reisen anbelangt, nicht ihresgleichen. Man findet, was man braucht. Unser Dank gilt auch dem Musée Guimet und der Bibliothèque de l'Opéra sowie der Bibliothèque Nationale in Paris. Es war uns ein Vergnügen, die sehr spezialisierte, aber ansonsten ausgezeichnete Sammlung des Ashram Sri Aurobindo in Pondicherry und der Theosophischen Gesellschaft in Adyar in Indien zu benutzen. Näher der Heimat haben die Bibliothekare des Dartmouth College, der New York Public Library und der Columbia University sich als durchgehend hilfsbereit und hilfreich erwiesen. In tiefer Dankesschuld stehen wir bei den folgenden Bibliothekaren des Hunter College, CUNY: der verstorbenen Magda Gottesmann, Norman Clarius und Harry Johnson. Sie beschafften Bücher für uns, von denen wir niemals zu hoffen gewagt hätten, daß sie zu beschaffen waren, und zwar aus den bemerkenswertesten Quellen!

Es war eine Freude, zunächst mit Professor Robert Thurman aus Columbia zu korrespondieren und den Gelehrten des Tibetischen Buddhismus später persönlich kennenzulernen; das gleiche gilt für den unerschrockenen Reisenden in eigener Sache, Lowell Thomas jr. aus Alaska. Wir profitierten von den Ratschlägen, die uns Marion Meade gab, die Biographin von Madame Blavatsky, einer Autorin, die weiß, was es bedeutet, sich als Biograph mit einer gigantischen Frau zu befassen.

Und noch einmal nach Paris; wir danken Dr. Gabriel Monod-Herzen dafür, daß er uns an seinen Erinnerungen an Alexandra teilhaben ließ. In New York war Braham Norwick, Tibetologe und Bewunderer von Alexandra schon seit geraumer Zeit unsere Quelle für fachliche Information. Der Enthusiasmus von Frau Dr. Arlène Blum und die Hingabe einer Valérie La Brèche halfen uns, auf dem rechten Weg zu bleiben. Wir danken auch Sir John Thompson, dem früheren britischen Botschafter bei den Vereinten Nationen und in Indien, für seine weisen und scharfsinnigen Kommentare zu Charles Bell und dem Diplomatenleben im Orient.

Einige wenige Worte noch zu den früheren Biographien, die in französischer Sprache erschienen sind und auf die wir uns in verschiedenem Umfang gestützt haben. Jeanne Denys' *Alexandra David-Néel au Tibet* (1972) ist problematisch, weil von Haß motiviert, aber dennoch kann es nicht einfach ignoriert werden. Unser schlimmster Feind weiß oft sehr viel über uns. Jacques Brosses *Alexandra David-Néel: L'aventure et la spiritualité* (1978) ist veraltet, aber doch interessant und halbwegs ausgewogen. Seine Urteile zeugen von echtem Wissen vom Buddhismus. Das Buch ist unverdienterweise ignoriert worden.

Jean Chalons *Le luminéaux destin d'Alexandra David-Néel* (1985; *Alexandra David-Néel: Das Wagnis eines ungewöhnlichen Lebens*) ist die autorisierte Biographie. Chalon zeigt nur eine oberflächliche Vertrautheit mit dem Gedankengut des Ostens. Dem Autor sind leider bestimmte wesentliche englische Quellen verschlossen geblieben. Darüber hinaus hat er einige Theorien entwickelt, die wir nicht unterstützen können. Der Vorzug des Buches ist seine Lesbarkeit, das Gefühl des Autors für erzählerischen Fluß, lebhaften Stil und die ausführliche Behandlung von Alexandras Zeit als junger Frau, als Bohemienne und frischgebackene Ehefrau. In englischer Sprache existiert Ruth Middletons *Alexandra David-Néel: Portrait of an Adventurer*. Es ist ein impressionistisches Buch, dem keinerlei Forschung zum Gegenstand vorausging – eine Pastellminiatur einer großen Frau.

Wir möchten diese Gelegenheit auch ergreifen, um unseren Führern in die tiefe Welt buddhistischen Denkens und buddhistischer Glaubenspraxis zu danken: John Blofeld, Alan Watts und Allen Ginsberg. Zu unserem großen Erstaunen erhielten wir von Mr. Blofeld eine lange, hilfreiche Kritik unseres Manuskripts, die er kurz vor seinem Tod noch auf dem Krankenlager verfaßt hat. Unser bescheidener Dank gilt auch unseren geistigen Führern Chögyam Trungpa Rinpoche und den Dharma-Meistern, Mönchen und Nonnen der Chinese-American Buddhist Association, Chinatown, New York. Wir möchten unterstreichen, daß wir nichts am chinesischen Volk auszusetzen haben, sondern lediglich mit der Politik der Volksrepublik China in und gegenüber Tibet nicht einverstanden sind.

Wir wissen, daß wir Fehler gemacht haben, für die wir selbstverständlich allein verantwortlich sind. Alles Gute und Richtige an unserer Arbeit widmen wir dem tibetischen Volk, wo immer es heute leben mag.

New York, N. Y. 1997   BARBARA FOSTER
                                                              MICHAEL FOSTER

Literaturverzeichnis

ARCHIVALISCHE UND UNVERÖFFENTLICHTE QUELLEN

Bell, Charles: Unpublished Notebooks on Tibet, Bhutan, Sikkim and Chumbi Valley. 4 Bde., handschriftlich 1936. The British Library, London.
-: Diary. Bd. 3–21, handschriftlich 1907–1938. The British Library, London.
The Political and Secret Annual Files (1912–1930). L/P8cS 11, India Office Records. The British Library, London.

SCHRIFTEN ALEXANDRA DAVID-NÉELS

(Bis 1905 veröffentlicht unter dem Pseudonym Alexandra Myrial, 1906–1924 unter Alexandra David, seit 1925 unter Alexandra David-Néel)

Veröffentlichungen in Sammelwerken

»Auprès du Dalai Lama«. In: *Mercure de France* 99 (Oktober 1912) 466–476.
»Behind the Veil of Tibet«. In: *Asia* 26 (April 1926) 320–328, 346–353.
»Le bouc émissaire des tibétains«. In: *Mercure de France* 176 (Dezember 1924) 649–660.
»Les colonies sionistes en Paléstine«. In: *Mercure de France* 80 (Juli 1909) 266–275.
»Les congrégations en Chine«. In: *Mercure de France* 47 (August 1903) 289–312.
»Edge of Tibet«. In: *Asia* 44 (Januar 1944) 26–29.
»A Frenchwoman Secretly Headed for Lhasa«. In: *Asia* 26 (März 1926) 195–201, 266–271.
»High Politics in Tibet«. In: *Asia* 43 (März 1943) 157–159.

»L'Iliade tibétaine et ses bardes«. In: *Mercure de France* 166 (September 1923) 714–725.

»Lhasa at Last«. In: *Asia* 26 (Juli 1926) 624–633.

»La libération de la femme des charges de la maternité«. In: *Le Monde* (1908) 115–119.

»Lost in the Tibetan Snows«. In: *Asia* 26 (Mai 1926) 429–435, 452–454.

»Mohammedans of the Chinese Far West«. In: *Asia* 43 (Dezember 1943) 677–679.

»Moukden«. *Mercure de France* 56 (Juli 1905) 69–79.

»New Western Provinces of China I. Ching-hai«. In: *Asia* 42 (Mai 1942) 286–289.

»New Western Provinces of China II. Sikang«. In: *Asia* 42 (Juni 1942) 367–370.

»Le pacifisme dans l'antiquité chinoise«. In: *Mercure de France* 67 (Qunt 1907) 465–471.

»Le phénomènes psychiques au Tibet«. In: *Revue de Paris* (Dezember 1929) 566–594.

»La question du Tibet«. In: *Mercure de France* 140 (Mai–Juni 1920) 366ff.

»The Robber Land of the Po«. In: *Asia* 26 (Juni 1926) 312–516, 565–566.

»Un Stirner chinois«. In: *Mercure de France* 76 (November 1908) 445–452.

»Theatre in China Now«. In: *Asia* 44 (Dezember 1944) 559–560.

»Le Tibet mystique«. In: *Revue de Paris* I (Februar 1928) 855–898.

»Tibet Looks at the News«. In: *Asia* 42 (März 1942) 189–190.

»Tibetan Border Intrigue«. In: *Asia* 41 (Mai 1941) 219–222.

»Women in Tibet«. In: *Asia* 34 (März 1934) 176–181.

»A Woman's Daring Journey into Tibet«. In: *Asia* 26 (März 1926) 195–201, 266–271.

Buchveröffentlichungen

Ashtavakra Gita. Discours sur le Vedanta Advaita. Paris: Adyar, 1951.
Au cœur des Himalayas; Le Népal. Paris: Dessart, 1949.
– Deutsch: *Im Schatten des Himalaja. Zauber und Wunder in Nepal.* Übers. Lothar Tobias. Paris und Brüssel 1949.

Le Bouddhisme. Ses doctrines et ses méthodes. Paris: Plon, 1936.
- Deutsch: *Vom Leiden zur Erlösung. Sinn und Lehre des Buddhismus.* Übers. Ada Ditzen. Leipzig: Brockhaus, 1937.
- Englisch: *Buddhism. Its Doctrines and Its Methods.* Vorw. Christmas Humphreys. Übers. H.N.M. Hardy und Bernard Miall. London: John Lane the Bodley Head, 1939.

La connaissance transcendante d'après le texte et les commentaires Tibétains. Paris: Adyar, 1958.

En Chine. L'amour universel et l'individualisme intégral. Les maîtres Mo Tse et Yang Tchou. Paris: Plon, 1976.

Les enseignements secrets dans les sectes bouddhistes tibétaines. La vue pénétrante. Paris: Adyar, 1951.
- Deutsch: *Die geheimen Lehren des tibetischen Buddhismus.* Übers. Hans-Georg Türstig. Satteldorf: Adyar, 1998.
- Englisch: *The Secret Oral Teachings in Tibetan Buddhist Sects.* Mitarb. Lama Yongden. Übers. H.N.M. Hardy. Calcutta: Maha Bodhi Society of India, [1958]. (Andere Ausg.: – Vorwort Alan Watts. [San Francisco:] City Lights Books, 1967.)

Grammaire de la langue tibétaine parlée. Paris: O.V., o.J.

Au pays des brigands gentilshommes. Grand Tibet. Paris: Plon, 1933.
- Deutsch: *Mönche und Strauchritter. Eine Tibetfahrt auf Schleichwegen.* Übers. K. Pfanntuch. Leipzig: Brockhaus, 1933.
- Englisch: *Tibetan journey.* London: John Lane, 1936.

Immortalité et réincarnation. Doctrines et pratiques en Chine, au Tibet, dans l'Inde. Paris: Plon, 1961.
- Deutsch: *Unsterblichkeit und Wiedergeburt. Lehren und Bräuche in China, Tibet und Indien.* Übers. Fritz Montfort. Wiesbaden: Brockhaus, 1962.

L'Inde hier, aujourd'hui, demain. Paris: Plon, 1951.
- Deutsch: *Zwischen Göttern und Politik. Indien – gestern, heute, morgen.* Wiesbaden: Brockhaus, 1952.

L'Inde où j'ai vécu. Avant et après l'indépendence. Paris: Plon, 1969.
- Deutsch: *Mein Indien. Die abenteuerliche Reise einer ungewöhnlichen und mutigen Frau.* Übers. Liselotte Julius. München: Knaur, 1992.

Initiations lamaïques. Des théories, des pratiques, des hommes. Paris: Adyar, 1930 (3., neu durchges. und erw. Ausg. 1957).
- Deutsch: *Meister und Schüler. Die Geheimnisse der lamaistischen Weihen. Auf*

Grund eigener Erfahrungen dargestellt. Übers. Ada Ditzen. Leipzig: Brockhaus, 1934. (Weitere Ausgaben: *Weg zur Erleuchtung. Geheimlehren, Zeremonien und Riten in Tibet.* Übers. Erwin Reinisch. Stuttgart: Günther, 1960.)

Journal de voyage. Lettres à son Mari. Hrsg. Marie-Madeleine Peyronnet.
Bd. 1: *11 août 1904–27 decembre 1917.* Paris: Plon, 1975.

– Deutsch: *Wanderer mit dem Wind. Reisetagebücher in Briefen 1904–1917.*
Übers. Christoph Rodiek. Wiesbaden: Brockhaus, 1979.
Bd. 2: *14 janvier 1918–31 decembre 1940.* Paris: Plon, 1976.

Mipam. Le lama au cinq sagesses. Roman tibétain. Mitarb. Lama Yongden.
Paris: Plon, 1955.

– Deutsch: *Mipam. Der Lama mit den fünf Weisheiten. Ein tibetischer Roman.*
Übers. Friedrich von Oppeln-Bronikowski. Leipzig: Brockhaus, 1935.

La lampe de sagesse.[2] Vorw. Jean Chalon. Paris: Le Rocher, 1986.

Magie d'amour et magie noire. Scènes du Tibet inconnu. Paris: Plon, 1938.

– Deutsch: *Liebeszauber und Schwarze Magie.* Übers. Fritz Werle. München-Planegg: Barth, 1952.

Mein Weg durch Himmel und Hölle. Das Abenteuer meines Lebens. Übers. Ada
Ditzen. Knaur: München, 1995.

Le modernisme bouddhiste et le bouddhisme du Bouddha. Paris: Alcan, 1911.

*My Journey to Lhasa. The Personal Story of the Only White Woman Who Succeeded
in Entering the Forbidden City.* New York und London: Harper, 1927.
(Andere Ausg.: Einl. Peter Hopkirk. London: Virago, 1969. – Vorw.
Dalai Lama. Einl. Diana N. Rowan. Boston: Beacon Press, 1993.)

– Französisch: *Voyage d'une Parisienne à Lhassa. À pied et en mendiant, de la
Chine à l'Inde à travers le Tibet.* Paris, Plon, 1927.

– Deutsch: *Arjopa. Die erste Pilgerfahrt einer weißen Frau nach der verbotenen
Stadt des Dalai Lama.* Übers. Ada Ditzen. Leipzig, 1928.

Mystiques et magiciens du Tibet. Vorw. Arsène d'Arsonval. Paris: Plon, 1929.

– Deutsch: *Heilige und Hexer. Glaube und Aberglaube im Lande des Lamaismus,
nach eigenen Erlebnissen in Tibet dargestellt.* Übers. Ada Ditzen. Leipzig:
Brockhaus, 1931.

– Englisch: *With Mystics and Magicians in Tibet.* Einl. A. d'Arsonval. London: Lane, 1931. (Andere Ausg.: *Magic and Mystery in Tibet.* New York,

---

[2] Der Titel ist die Übersetzung von A. David-Néels tibetischem Namen ins Französische (»Lampe der Weisheit«).

NY: Kendall, 1933. – Einl. Aaron Sussman. New Hyde Park, N.Y., University Books [1965].)

À l'Ouest barbare de la vaste Chine. Paris: Plon, 1947.

– Deutsch: *Land der Is. In Chinas wildem Westen.* Übers. Herbert Furreg. Wien: Ullstein, 1952.

Pour la vie. Bruxelles: O. V., 1898.

La puissance du néant. Roman tibétain. Mitarb. Lama Yongden. Paris: Plon, 1954.

– Deutsch: *Der verborgene Türkis. Roman.* Mitarb. Lama Yongden. Übers. Dagmar Türck-Wagner. München: Nymphenburger, 1997.

– Englisch: *The Power of Nothingness.* Mitarb. Lama Yongden. Übers., Einl. Janwillem van de Wetering. Boston: Houghton Mifflin, 1982.

Quarante siècles d'expansion chinoise. Paris: Plon, 1964.

Socialisme Chinois. Le philosophe Meh-Ti et l'idée de solidarité. Londres: Girard et Briere, 1907.

Le sortilège du mystère. Faits étranges et gens bizarres recontrés au long de mes routes d'orient et d'occident. Paris: Plon, 1972.

– Deutsch: *Im Banne der Mysterien.* Übers. Dagmar Türck-Wagner. München: Nymphenburger, 1972.

Sous des nuées d'orages. Récit de voyage. Paris: Plon, 1940.

Textes tibétains inédits. Paris: La Colombe, 1952.

– Deutsch: *Unbekannte tibetische Texte.* Übers. Ursula von Mangoldt. München: Barth, 1955.

Les théories individualistes dans la philosophie chinoise. Paris: Girard et Briere, 1909. Reprint, Paris: Plon, 1970.

Le Tibet d'Alexandra David-Néel. Paris: Plon, 1979.

La vie surhumaine de Guésar de Ling, le héros tibétain. Racontée par les bardes de son pays. Mitarb. Lama Yongden. Vorw. Sylvain Lévi. Paris: Adyar 1931.

– Englisch: *The Superhuman Life of Gesar of Ling the Legendary Tibetan Hero, as Sung by the Bards of His Country.* Mitarb. Lama Yongden: Vorwort Sylvain Lévi. Mitarb. bei Übers. V[iolet] Sydney. London, Rider & co., 1933. (Andere Ausg.: Vorw. Chögyam Trungpa]. Boulder: Prajñâ Press, 1981.)

Le vieux Tibet face à la Chine nouvelle. Paris: Plon, 1953.

– Deutsch: *Altes Tibet, neues China.* Wiesbaden: Brockhaus, 1955

Vivre au Tibet; Cuisine, traditions et images. O.O.: Morel, 1975.

– Deutsch: Leben in Tibet. Kulinarische und andere Traditionen aus dem Lande des ewigen Schnees. Übers. Thomas Meyer. Basel: Sphinx, 1976.

ARBEITEN ÜBER ALEXANDRA DAVID-NÉEL

Brosse, Jacques: *Alexandra David-Néel. L'aventure et la spiritualité.* Paris: Retz, 1978.

Chalon, Jean: *Alexandra David-Néel. Das Portrait einer Unbezähmbaren. Das Wagnis eines ungewöhnlichen Lebens.* Übers. Giovanna Waeckerlin-Induni. Knaur: München 1998. (Originaltitel: *Le lumineux destin d'Alexandra David-Néel.*)

Denys, Jeanne: *Alexandra David-Néel au Tibet. Une supercherie dévoilée.* Paris: Pensée Universelle, 1972.

Foster, Barbara M., und Michael Foster: *Forbidden Journey. The Life of Alexandra David-Néel.* San Francisco u. a.: Harper & Row, 1987.

Galland, China: *Women in the Wilderness.* New York: Harper & Row, 1981.

Hopkirk, Peter: *Trespassers on the Roof of the World.* London: J. Murray, 1982.

Middleton, Ruth: *Alexandra David-Néel. Portrait of an Adventurer.* Boston: Shambhala, 1989.

Miller, Luree: *On Top of the World.* New York: Paddington, 1976.

Peyronnet, Marie-Madeleine: *Dix ans avec Alexandra David-Néel.* Paris: Plon, 1973.

WEITERFÜHRENDE LITERATUR

Aris, Michael: *Hidden Treasures and Secret Lives. A Study of Pemalingpa, 1450–1521, and the Sixth Dalai Lama, 1683–1706.* Shimla: Indian Institute of Advanced Study; Delhi: Motilal Banarsidass, 1988.

Bailey, Frederick: *China, Tibet, Assam. A Journey.* London: Cape, 1945.

– *No Passport to Tibet.* London: Rupert Hart-Davis, 1957.

[Bardo Thodol] Das tibetanische Totenbuch oder Die Nach-Tod-Erfahrungen auf der Bardo-Stufe. Nach der englischen Fassung des Lama Kazi Dawa Samdup. Hrsg.

W.Y. Evans-Wentz. Einf. und psycholog. Komm. C.G. Jung. Übers. und Einl. Louise Gopfert-March. Zürich: Rascher, 1948. (Weitere Ausgaben: *Das Totenbuch der Tibeter.* Übers. und Komm. Francesca Fremantle und Chögyam Trungpa. Übers. aus dem Engl. Stephan Schuhmacher. Düsseldorf, Köln: Diederichs, 1976. – *Das tibetische Buch der Toten.* Einl. Anagarika Govinda. Hrsg. Eva K. Dargyay in Zsarb. mit Gesche Lobsang Dargyay. Bern, München, Wien: Barth, 1977. – *Das tibetische Totenbuch oder das große Buch der natürlichen Befreiung durch Verstehen im Zwischenreich.* Übers. und Komm. Robert A.F. Thurman. Vorw. Dalai Lama. Aus dem Amerikan. von Thomas Geist. Frankfurt am Main: Kruger, 1996.

Baldizzone, Tiziana, und Gianni Baldizzone: *Tibet. Eine Reise auf den Spuren von Alexandra David-Néel.* Stuttgart: Belser AG, 1995.

Basnet, Lal Bahadur: *Sikkim. A Short Political History.* New Delhi: S. Chand, 1974.

Beauvoir, Simone de: *Das andere Geschlecht. Sitte und Sexus der Frau.* Übers. Eva Rechel-Mertens (1. Buch) und Fritz Montfort (2. Buch). Hamburg: Rowohlt, 1951. (Andere Ausg.: – Übers. Uli Aumüller und Grete Osterwald. Reinbek bei Hamburg: Rowohlt, 1992. Originaltitel: *Le deuxième sexe.*)

Bell, Charles: *Manual of Colloquial Tibetan.* 2 Bde. in 1. Calcutta: Baptist Mission Press, 1905.

–: *The People of Tibet.* Oxford: Clarendon Press, 1928.

–: *Portrait of the Dalai Lama. The Life and Times of the Great Thirteenth.* London: Collins, 1946.

–: *Tibet einst und jetzt.* Übers. Carl Hanns Pollog. (Originaltitel: *Tibet Past and Present.*) Leipzig: Brockhaus, 1925.

Bernbaum, Edwin: *The Way to Shambala.* New York: Doubleday, 1983.

Bharati, Agehananda: *Die Tantra-Tradition.* Vorw. Detlef-I. Lauf. Übers. Renate Rana. Freiburg im Breisgau: Aurum, 1977. (Originaltitel: *The Tantric Tradition.*)

Blofeld, John: *City of Lingering Splendour. A Frank Account of Old Peking's Exotic Pleasures.* London: Hutchinson, 1961.

–: *Rad des Lebens. Erlebnisse eines westlichen Buddhisten.* Übers. Lorenz Richter und Eva Grünert. Zürich [u.a.]: Rascher, 1961. (Originaltitel: *The Wheel of Life.*)

–: *The Tantric Mysticism of Tibet. A Practical Guide.* New York: Dutton, 1970.

Borin, Françoise: *Le Tibet d'Alexandra David-Néel.* Paris: Plon, 1979.

Blum, Arlène: *Annapurna. Die erste Frauenexpedition auf den höchsten Gipfel der Erde.* Übers. Hermann Leifeld. Stuttgart u. a.: Orac, 1982. (Originaltitel: *Annapurna. A Women's Place.*)

Chapman, Spencer: *Lhasa. The Holy City.* Vorw. Sir Charles Bell. London: Chatto & Windus, 1938.

Christie, Clive J.: *A Modern History of Southeast Asia. Decolonization, Nationalism and Separatism.* London und New York: Tauris Academic Studies, 1996.

Cooke, Hope: *Time Change. An Autobiography.* New York: Simon & Shuster, 1980.

Dalai Lama VI (d. i. Tshaçns-dbyaçns-rgya-mtsho): *Songs.* Übers. K. Dhondup. Dharamsala: Library of Tibetan Works & Archives, 1981.

Dalai Lama XIV.: *Mein Land und mein Volk. Die Tragödie Tibets.* Übers. Maria Steininger. (Originaltitel: *Bstan-dzin-rgya-mtsho.*) München [u. a.]: Droemer-Knaur, 1962.

Das, Sarat Chandra: *Journey to Lhasa and Central Tibet.* Hrsg. W. W. Rockhill. London: J. Murray, 1904.

–: *Narrative of a Journey to Lhasa.* Calcutta: Bengal Secretariat Press, 1885.

Desideri, Ippolito: *An Account of Tibet. The Travels of Ippolito Desideri of Pistoia, S. J., 1712–1727.* Hrsg. Filippo de Filippi. Einl. C. Wessels, S. J. Übers. J. Ross. 2., verb. Aufl., London: Routledge & Sons, 1937.

Désiré-Marchand, Joëlle: *Les itinéraires d'Alexandra David-Néel. L'espace géographique d'une recherche intérieure.* Paris: Arthaud, 1996.

Dhammapada – Die Weisheitslehren des Buddha. Übers. und Komm. Munish B. Schiekel. Vorw. Thich Nhat Hanh. Freiburg im Breisgau [u. a.]: Herder, 1998.

The Diamond Sutra and the Sutra of Hui Neng. Übers. A. F. Price und Wong Mou-lam. Vorw. W. Y. Evans-Wentz, J. Miller und C. Humphreys. Berkeley, Calif.: Shambala Publications, 1969. (Deutsche Ausgaben des Diamantsutras: Thich Nhat Hanh: *Das Diamant-Sutra. Kommentare zum Prajnaparamita-Diamant-Sutra.* Übers. Ursula Richard. Zürich, München: Theseus, 1993. [Bahandelt das Vajrachchedika-Prajnaparamita-Sutra.] – *Meditations-Sutras des Mahâyâna-Buddhismus.* Hrsg. Raoul von Muralt. Bd. 1.: *Maha-Prajna-paramita-hridaya.* Zürich: Origo, 1956.

Ekvall, Robert: *Tibetan Sky Lines.* New York: Farrar, Straus & Young, 1952.

Eliot, Charles: *Hinduism and Buddhism. An Historical Sketch.* 3 Bde. London: E. Arnold, 1921.

Ellis, Havelock: *From Rousseau to Proust.* Boston: Mifflin, 1935.

Epiktet: *Ausgewählte Schriften. Griechisch – deutsch.* Hrsg. und Übers. Rainer Nickel. München [u. a.]: Artemis & Winkler, 1994.

Evans-Wentz, Walter Y.: *Yoga und Geheimlehren Tibets.* Übers. Ursula v. Mangoldt. München-Planegg: Barth, 1937. (Originaltitel: *Tibetan Yoga and Secret Doktrines. Or 7 Books of Wisdom of the Great Path, According to the Late Lama Kazi Dawa-Sandup's English Rendering.*)

–: *Milarepa, Tibets großer Yogi.* Übers. Alterego. München-Planegg: Barth, 1937. (Originaltitel: *Tibet's Great Yogi Milarepa. A Biography from the Tibetan, Being the Jetsun-Kahbum or Biographical History of Jetsun-Milarepa According to the Late Lama Kazi Dawa-Sandup's English Rendering.*)

Franke, Wolfgang: *China und das Abendland.* Göttingen: Vandenhoeck & Ruprecht, 1962.

Garrison, Omar: *Tantra. The Yoga of Sex.* New York: Causeway Books, 1964.

Ginsberg, Allen: *Indische Tagebücher, März 1962–Mai 1963. Notizhefte, Tagebuch, leere Seiten, Aufzeichnungen.* Übers. Carl Weißner. München: Hanser, 1972. (Originaltitel: *Indian Journals, March 1962–May 1963. Notebooks, Diary, Blank Pages, Writings.*)

Govinda, Anagarika (d. i. Ernst L. Hoffmann): *Grundlagen tibetischer Mystik. Nach den esoterischen Lehren des Großen Mantra Om Mani Padme hum.* Aufn. tibetischer Plastik von Li Gotami. Zürich (u. a.): Rascher, 1957. (Originaltitel: *Fundamentals of Tibetan Mysticism.*)

–: *Der Weg der weißen Wolken. Erlebnisse eines buddhistischen Pilgers in Tibet.* Übers. und erw. vom Autor. Zürich (u. a.): Rascher, 1969. (Originaltitel: *The Way of the White Clouds.*)

Grousset, René: *Die Reise nach Westen oder Wie Hsüan-Tsang den Buddhismus nach China holte.* Übers. Peter Fischer und Renate Schmidt. Köln: Diederichs, 1986. (Originaltitel: *Sur les traces du Bouddha.*)

Hanbury-Tracy, John: *Black River of Tibet.* London: Muller, 1938.

Harrer, Heinrich: *Sieben Jahre in Tibet. Mein Leben am Hofe des Dalai Lama.* Wien: Ullstein, ²1952.

Hedin, Sven: *Abenteuer in Tibet.* Leipzig: Brockhaus, 1904.

Hilton, James: *Der verlorene Horizont.* Roman. Frankfurt/Main: Fischer 1979 (= Fischer Taschenbücher 2446). (Originaltitel: *Lost Horizon.*)

Humphreys, Christmas: *Buddhismus als Lebensweise.* Übers. Modeste zur Nedden Pferdekamp. Rüschlikon-Zürich [u.a.]: Müller, 1975. (Originaltitel: *The Buddhist Way of Life.*)

–: *A Popular Dictionary of Buddhism.* London: Arco, 1962.

Kerouac, Jack: *Gammler, Zen und Hohe Berge.* Übers. Werner Burkhardt. Reinbek: Rowohlt, 1963. (Originaltitel: *The Dharma Bums.*)

Knight, Captain: *Diary of a Pedestrian in Cashmere and Tibet.* London: Edward, 1863.

Kotturan, George: *The Himalajan Gateway. History and Culture of Sikkim.* New Delhi: Sterling, 1983.

Lanza del Vasto, Joseph Jean: *Le pèlerinage aux sources.* Paris: Denoël, 1943.

Lawrence, Thomas E.: *Die sieben Säulen der Weisheit.* Leipzig: List, 1936. (Originaltitel: *Seven Pillars of Wisdom.*)

Ling, Trevor O.: *A Dictionary of Buddhism.* New York: Scribner, 1972.

Macdonald, David: *The Land of the Lama. A Description of a Country of Contrasts & of Its Cheerful, Happy-Go-Lucky People of Hardy Nature & Curious Customs; Their Religion, Ways of Living, Trade & Social Life.* Vorw. Earl of Ronaldshay. London: Seeley, Service & Co., 1929.

–: *Twenty Years in Tibet. Intimate & Personal Experiences of the Closed Land Among All Classes of Its People from the Highest to the Lowest.* Vorw. Earl of Lytton. London: Seeley, Service, 1932.

McGovern, William Montgomery: *An Introduction to Mahayana Buddhism. With Especial Reference to Chinese and Japanese Phrases.* London: K. Paul, Trench, Trubner, 1922.

–: *To Lhasa in Disguise.* London: Century, 1924.

MacGregor, John: *Tibet. A Chronicle of Exploration.* London: Routledge & Kegan Paul, 1970.

Massenet, Jules: *Mein Leben. Autobiographie.* Hrsg. Reiner Zimmermann. Übers. Eva Zimmermann. Wilhelmshaven: Heinrichshofen, 1982.

Matthiesen, Peter: *Das verborgene Tal. Chronik einer Reise in die Steinzeit.* Einf. v. Heinrich Harrer. München: Droemer, 1964.

Meade, Marion: *Madame Blavatsky. The Woman Behind the Myth.* New York: Putnam, 1980.

Middleton, Dorothy: *Victorian Lady Travellers*. London, Routledge & Kegan Paul, 1965.

Millington, Powell: *To Lhassa at Last*. London: Smith & Elder, 1905.

Morgan, Kenneth W. (Hrsg): *The Religion of the Hindus. Interpreted by Hindus*. Beiträge: D. S. Sarma u. a. New York: Ronald Press, 1953.

National Geographic Society: *Aufbruch ins Unbekannte. Abenteurer und Forscher entdecken die Welt*. Übers. Marion Pugge. Gütersloh: Bertelsmann, 1989. (Originaltitel: *Into the Unknown – The Story of Exploration*.)

Norbu, Thubten Jigme: *Mein Tibet. Geist und Seele einer sterbenden Kultur. Der Bruder des Dalai Lama berichtet*. Beteiligt Colin M. Turnbull. Wiesbaden: Brockhaus, 1971.

Norwick, Braham: »Alexandra David-Néel's Adventures in Tibet«. *The Tibet Journal* I (1976) In: 70–74.

Pallis, Marco: *Peaks and Lamas*. London: Cassell, 1940.

Poncheville, Marie Jaoul de: *Sieben Frauen in Tibet. Auf den Spuren von Alexandra David-Néel*. Köln: Vgs, 1991. (Originaltitel: *Sept femmes au Tibet*.)

Richardson, Hugh: *Tibet. Geschichte und Schicksal*. Übers. Frank R. Hamm. Frankfurt/M. u. a.: Metzner, 1964.

Rockhill, William Woodville: *Diary of a Journey through Mongolia and Tibet in 1891 and 1892*. Washington, D.C.: Smithsonian Institution, 1894.

–: *Land of the Lamas*. London: Longmans, Green, 1891.

Roerich, Nicholas: *Shambhala. Das geheime Weltzentrum im Herzen Asiens*. Braunschweig: Aurum, 1988.

Ronaldshay, Lawrence John Lumley Dundas Earl of: *Lands of the Thunderbolt. Sikhim, Chumbi and Bhutan*. London: Constable, 1923.

Saraswati, Janakananda: *Yoga, Tantra and Meditation*. New York, Ballantine Books, 1976.

Schaller, George: *Stones of Silence. Journeys in the Himalaja*. New York: Viking, 1980.

Shelton, Albert: *Pioneering in Tibet*. New York: Revell, 1921.

Shelton, Flora Beal: *Shelton of Tibet*. New York: G.H. Doran, 1921.

Snellgrove, David, und Hugh Edward Richardson: *A Cultural History of Tibet*. New York: Praeger, 1968.

Snelling, John: *Buddhismus. Ein Handbuch für den westlichen Leser*. München: Diederichs, 1991. (Originaltitel: *The Buddhist Handbook*.)

Stein, R. A.: *Tibetan Civilization*. Stanford, Calif.: Stanford University Press, 1972.

Taylor, Michael E.: *Mythos Tibet. Entdeckungsreisen von Marco Polo bis Alexandra David-Néel*. Übers. Karin M. Brown. Braunschweig: Westermann, 1988. (Originaltitel: *Le Tibet.*)

Thomas, Lowell [junior]: *Tibet im Gewitter. Die letzte Reise nach Lhasa*. Berlin: Universitas-Verl., 1951. (Originaltitel: *Out of This World. Across the Himalajas to Forbidden Tibet.*)

Thomas, Lowell [senior]: *With Lawrence in Arabia*. London: Hutchinson, 1921.

Tolstoy, Ilia: »Across Tibet from China to India«. In: *National Geographic Magazine* 90 (August 1946) 169–222.

Trungpa, Chögyam: *Ich komme aus Tibet. Mein Leben in der buddhistischen Mönchswelt und die Flucht über den Himalaja. Ein Bericht ...* aufgezeichnet von Esmé Cramer Roberts. Vorw. Marco Pallis. Olten u.a.: Walter, 1970 (Originaltitel: *Born in Tibet.*)

Tucci, Giuseppe: *Shrines of a Thousand Buddhas*. New York: R.M. McBride, 1936.

–: *Geheimnis des Mandala. Theorie und Praxis*. – Erw. und rev. Ausg. Weilheim/Obb.: Barth, 1972.

–: *Tibet. Land of Snows*. Übers. J.E. Stapleton Driver. Fotos Wim Swaan u.a. London: Elek, 1967. (Originaltitel: *Tibet paese delle nevi.*)

–: *To Lhasa and beyond. Diary of the Expedition to Tibet in the Year MCMXLVIII. with an Appendix on Tibetan Medicine and Hygiene*. Anh. R. Moise. Rom: Istituto Poligrafico dello Stato, 1956. (Originaltitel: *A Lhasa e oltre. Diario della spedizione nel Tibet 1948. Con un'app. sulla medicina e l'igiene nel Tibet.*)

Van Heurck, Philippe: *Alexandra David-Néel – Mythos und Wirklichkeit (1868–1969)*. Übers. Sabine Seitzinger. Geleitw. Peter Lindegger. Nachw. der dt. Ausg. Michael Henss. Ulm: Fabri, 1995. (Originaltitel: *Alexandra David-Néel. Le mythe et la réalité.*)

Waddell, Laurence Austine: *The Buddhism of Tibet or Lamaism. With its Mystic Cults, Symbolism, Mythology, and in its Relation to Indian Buddhism*. London: Allen, 1895.

–: *Lhasa and Its Mysteries. With a Record of the Expedition of 1903–1904*. London: Murray, 1905.

Ward, F. Kingdon: *The Land of the Blue Poppy. Travels of a Naturalist in Eastern Tibet.* Cambridge: Cambridge University Press, 1913.

–: *Life in Eastern Tibet.* London: Windsor, 1921.

–: *The Mystery Rivers of Tibet.* Philadelphia: Lippincott, 1923.

–: *On the Road to Tibet.* Shanghai: The Shanghai Mercury, 1910.

–: *A Plant Hunter in Tibet.* London: J. Cape, 1934.

The Warrior Song of King Gesar. Übers. Douglas J. Penick. Boston: Wisdom Publ., 1996.

Watts, Alan Wilson: *Zeit zu leben. Erinnerungen eines »heiligen Barbaren«.* Bern: Scherz, 1979. (Originaltitel: *In My Own Way. An Autobiography. 1915–1965.*)

–: *Zen-Buddhismus. Tradition und lebendige Gegenwart.* Übers. Manfred Andrae. Reinbek b. Hamburg: Rowohlt, 1961. (= Rowohlts deutsche Enzyklopädie 129/130. Originaltitel: *Way of Zen.*)

Younghusband, Francis Edward, Sir: *India and Tibet. A History of the Relations Which Have Subsisted Between the Two Countries from the Time of Warren Hastings to 1910. With a Particular Account of the Mission to Lhasa of 1904.* London: John Murray, 1910.

–: *Peking to Lhasa. The Narrative of Journeys in the Chinese Empire Made by the Late Brigadier-General George Pereira ... from Notes and Diaries Supplied by Major-General Sir Cecil Pereira.* London: Constable, 1925.

Gedanken freisetzen

Michael Kastner
Syn-Egoismus
Nachhaltiger Erfolg durch soziale Kompetenz
320 Seiten, gebunden
ISBN 3-451-26919-8

Erfolgreich überleben wird, wer Situationen als ganze richtig einschätzt, die richtigen Schlüsse aus den Interessen der anderen zieht, Folgen richtig abschätzt und vorausschauend reagiert. Das Buch zu einem Thema der Zukunft.

Irmtraud Tarr Krüger
Schutzengel
Boten aus dem Raum der Seele
224 Seiten, gebunden
ISBN 3-451-26761-6

Was ist die Wirklichkeit der Engel? Sie schaffen Zugang zu inneren Kräften, geben Sicherheit und Geborgenheit. Sie sind Boten, die in verschiedenen Gestalten kommen können - man muß sie nur wahrnehmen. Ein Buch, das Erfahrungen ernst nimmt und die seelische Situation unserer Zeit auf überraschende Weise erhellt.

Anna Elisabeth Rosmus
Out of Passau
Von einer, die auszog, die Heimat zu finden
288 Seiten, gebunden
ISBN 3-451-26756-X

Das Leben einer unabhängigen Frau, die „einer ganzen Stadt die Stirn geboten" hat (Freundin), einer „Wahrheitssucherin, die sich von nichts abschrecken läßt" (Berliner-Tagesspiegel) - nach wie vor.

HERDER / **SPEKTRUM**

Thich Nhat Hanh
Das Herz von Buddhas Lehre
Leiden verwandeln - die Praxis des glücklichen Lebens
288 Seiten, gebunden
ISBN 3-451-26739-X
Glück können wir täglich erfahren - in Körper, Geist und Sprache. Eine Anleitung zur
Kunst des guten Lebens und die Quintessenz lebenslanger Praxis.

Ama Adhe
Doch mein Herz lebt in Tibet
Die bewegende Geschichte einer tapferen Frau,
niedergeschrieben von Joy Blakeslee
304 Seiten, gebunden
ISBN 3-451-26708-X
Die Lebensgeschichte einer der Mütter Tibets zeigt die tiefe spirituelle Kraft dieser
Kultur. Menschliche Würde bekommt hier ein Gesicht.

Julia Tavalaro mit Richard Tayson
Bis auf den Grund des Ozeans
„Sechs Jahre betrachtete man mich als hirntot.
Aber ich war es nicht. Ich bekam alles mit."
224 Seiten, gebunden
ISBN 3-451-26658-X
„Das Martyrium einer Frau, die sechs Jahre für tot gehalten wurde" (BILD). Eine
unglaubliche, bewegende Geschichte.

Verena Kast
Abschied von der Opferrolle
Das eigene Leben leben
192 Seiten, gebunden
ISBN 3-451-26629-6
Erstarrte Positionen auflösen. Endlich zum eigenen Leben kommen. Eine Analyse des
Zusammenlebens im Alltag.

HERDER / SPEKTRUM

Allan Luks mit Peggy Payne
Der Mehrwert des Guten
Wenn Helfen zur heilenden Kraft wird
304 Seiten, gebunden
ISBN 3-451-26659-8
Das offensive Programm gegen soziale Kälte: Wer hilft, ist nicht der Dumme. Im Gegenteil.

Kurt Meyer
Geweint wird, wenn der Kopf ab ist
Annäherungen an meinen Vater - „Panzermeyer",
Generalmajor der Waffen-SS.
288 Seiten, gebunden
ISBN 3-451-26677-6
Die Tabus der jüngsten deutschen Vergangenheit sind durch Verdrängung nicht aus der Welt geschafft. Der Sohn des bekannten Generals der Waffen-SS stellt sich seiner und unserer Geschichte.

Felipe Fernández-Armesto
Wahrheit
Die Geschichte. Die Feinde. Die Chancen.
288 Seiten, gebunden
ISBN 3-451-26667-9
Eine brillante Geschichte der Wahrheit. Der Führer für alle, die ihren Kindern eine Welt hinterlassen wollen, die den Unterschied zwischen wahr und falsch noch kennt.

David F. Noble
Eiskalte Träume
Die Erlösungsphantasien der Technologen
320 Seiten, gebunden
ISBN 3-451-26594-X
Hinter den Allmachtsphantasien der Technologen stehen durchaus religiöse Aspekte – und hochbrisante Vorstellungen.

HERDER / SPEKTRUM

Alexandra David-Néels Reise nach Lhasa

Februar 1921:	Alexandra verläßt Kum Bum Richtung Sinning.	März 1923	Sie betritt den äußeren Rand der Wüste Gobi und kehrt dann nach Kanchow und Lanchow zurück.
Frühling Sommer 1921	Durch die Provinz Kansu, westliches Szechuan, über Lanchow und Labrang.	Abril 1923	Sie verläßt Lanchow Richtung Süden und durchquert die Provinzen Shensi und Szechuan
September 1921	Ankunft in Dzogchen Gompa (Kloster), Aufbruch nach Batang, sie bricht frühzeitig die Reise ab und reist weiter nach Jyekundo.	Juli 1923	Ankunft in Chengtu, Aufbruch in die Provinz Yünnan. Sie erreicht Likiang im September.
Oktober 1921	Ankunft in Jyekundo – abgebrochene Expeditionen in den Norden Richtung Gobi und in den Süden zur Po-Region.	Oktober 1923	Sie verläßt die christliche Mission an der rechten Uferseite des Mekong, überquert den Dokarpaß und die Kha Karpo Bergkette (Schneeberge).
Juni 1922	General Pereira kommt nach Jyekundo. Im Juli reist er weiter nach Lhasa.	November 1923	Sie reist weiter im Flußtal des Salween und entdeckt die Quelle des Po-Tsangpo.
August 1922	Alexandra verläßt Jyekundo, reist nach Norden (Richtung Sinning) und erreicht im November Kanchow.	Januar 1924	Durch Po Yul (Po-Gebiet) nach Showa.
Januar 1923	Aufbruch nach Anhsi, Wüste Gobi.	Februar 1924	Ankunft in Lhasa. Lha gyalo! (Sieg den Göttern!)

Ungefähre Weglänge: 3,900 Meilen Luftlinie. Aber zu Pferd, in der Sänfte und zu Fuß legte Alexandra wahrscheinlich an die 8,000 Meilen zurück.